기출이 답이다

ERP 정보관리사
회계 2급
최신기출문제집

12회

시대에듀

INFORMATION
ERP 정보관리사 자격시험 안내

◾ 응시자격 | 제한 없음

◾ 시험정보

응시교시	응시과목	급수	문항수	시험시간
1교시	회계	1급	이론 32, 실무 25	이론 40분 실무 40분
		2급	이론 20, 실무 20	
	생산	1급	이론 32, 실무 25	
		2급	이론 20, 실무 20	
2교시	인사	1급	이론 33, 실무 25	
		2급	이론 20, 실무 20	
	물류	1급	이론 32, 실무 25	
		2급	이론 20, 실무 20	

※ 같은 교시의 응시과목은 동시신청이 불가하며, 실무능력평가는 더존의 핵심ERP와 영림원의 SystemEver 중 1개를 선택하여 실시합니다.

◾ 시험시간

응시교시	입실 완료시간	교시별 시험시간	비고
1교시	08:50	09:00 ~ 10:25	정기시험기준
2교시	10:50	11:00 ~ 12:25	

※ 정기시험기준이며 주관처의 사정에 따라 변경될 수 있습니다.

◾ 합격기준

구분	합격점수	과락점수
1급	이론, 실무 평균 70점 이상	이론, 실무 각 60점 미만
2급	이론, 실무 평균 60점 이상	이론, 실무 각 40점 미만

◾ 응시료

구분	1과목	2과목
1급	40,000원	70,000원
2급	28,000원	50,000원

※ 동일급수의 2과목 응시 시 응시료가 할인되며, 부분 과목 취소는 불가합니다.

◾ 준비물 | 신분증, 수험표, 필기구, 일반계산기(공학 · 재무 · 윈도우 계산기 등 사용불가)

STRUCTURES
이 책의 구성과 특징

STEP 1 최신기출 12회분 제공

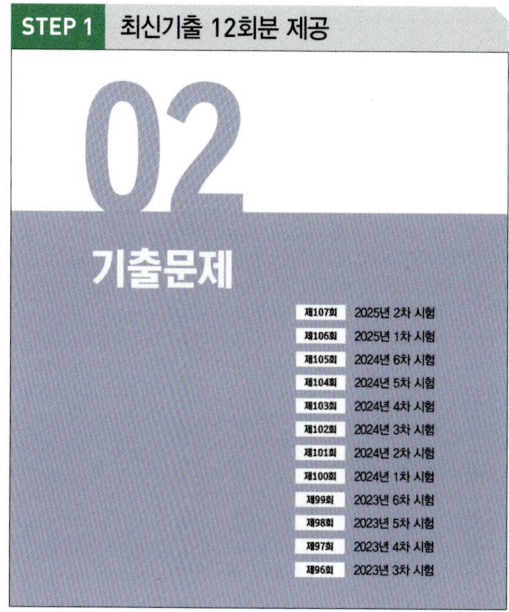

기존에 출제된 문제가 다시 출제되는 시험의 특성에 맞추어 최신기출 12회분 수록

STEP 2 문제풀이의 핵심을 한 번 더 정리

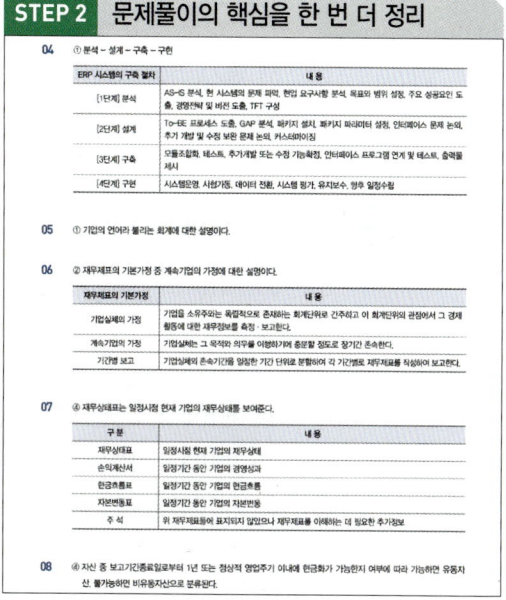

이론문제에 대한 풀이는 물론, 풀이를 위한 핵심이론까지 한 번 더 정리하여 학습효율 극대화

STEP 3 자세하게 수록한 프로그램 입력 경로

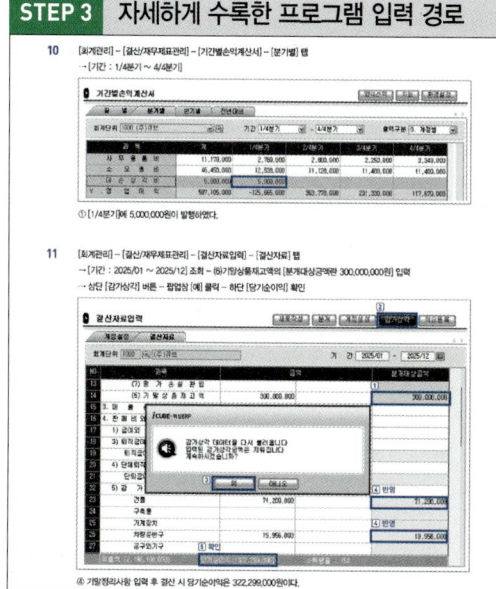

복잡한 ERP 프로그램의 입력 경로를 누구나 쉽고 정확하게 입력할 수 있도록 자세히 수록

STEP 4 프로그램 및 DB 파일 제공

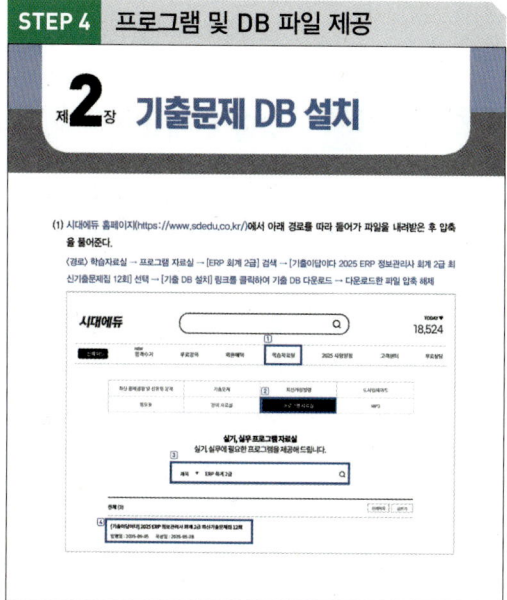

본사 사이트를 통해 핵심ERP 설치파일과 기출 DB를 모두 제공

CONTENTS

이 책의 차례

제1편　프로그램 및 DB 설치
01 핵심ERP 프로그램 설치 ······································· 3
02 기출문제 DB 설치 ··· 7

제2편　기출문제
01 제107회 기출문제(2025년 2차) ······························ 17
02 제106회 기출문제(2025년 1차) ······························ 28
03 제105회 기출문제(2024년 6차) ······························ 39
04 제104회 기출문제(2024년 5차) ······························ 50
05 제103회 기출문제(2024년 4차) ······························ 61
06 제102회 기출문제(2024년 3차) ······························ 72
07 제101회 기출문제(2024년 2차) ······························ 83
08 제100회 기출문제(2024년 1차) ······························ 94
09 제99회 기출문제(2023년 6차) ······························ 105
10 제98회 기출문제(2023년 5차) ······························ 116
11 제97회 기출문제(2023년 4차) ······························ 126
12 제96회 기출문제(2023년 3차) ······························ 136

제3편　정답 및 해설편
01 제107회 정답 및 해설 ·· 147
02 제106회 정답 및 해설 ·· 161
03 제105회 정답 및 해설 ·· 176
04 제104회 정답 및 해설 ·· 189
05 제103회 정답 및 해설 ·· 204
06 제102회 정답 및 해설 ·· 218
07 제101회 정답 및 해설 ·· 233
08 제100회 정답 및 해설 ·· 248
09 제99회 정답 및 해설 ·· 260
10 제98회 정답 및 해설 ·· 273
11 제97회 정답 및 해설 ·· 286
12 제96회 정답 및 해설 ·· 300

01

프로그램 및 DB 설치

제1장 iCUBE 핵심 ERP 프로그램 설치
제2장 기출문제 DB 설치

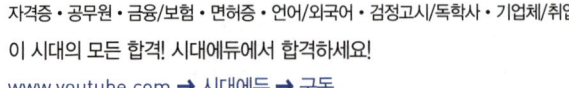

제1장 iCUBE 핵심 ERP 프로그램 설치

(1) 시대에듀 홈페이지(https://www.sdedu.co.kr/)에서 아래 경로를 따라 들어가 파일을 내려받은 후 압축을 풀어준다.

학습자료실 → 프로그램 자료실 → [ERP 회계 2급] 검색 → [기출이답이다 2025 ERP 정보관리사 회계 2급 최신기출문제집 12회] 선택 → [프로그램 설치] 링크를 클릭하여 프로그램 다운로드 → 다운로드한 파일 압축 해제

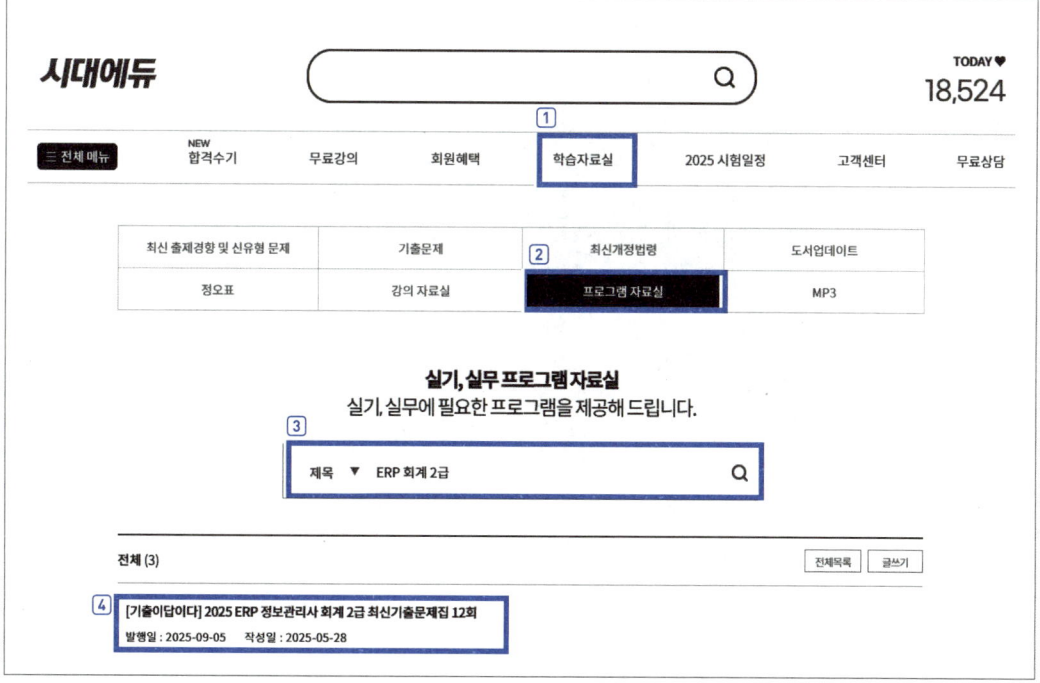

※ 핵심 ERP 2025년판 최소 요구 사양

- 설치 가능 OS : Microsoft Windows 7 이상의 OS (Mac OS X, Linux 등 설치 불가)
- CPU : Intel Core2Duo / i3 1.8Ghz 이상의 CPU
- Memory : 3GB 이상의 Memory
- DISK : 10GB 이상의 C:₩ 여유 공간

(2) 압축을 풀어둔 [2025_ERP 설치프로그램] 폴더에서 [CoreCubeSetup]을 클릭한다.

이름	수정한 날짜	유형	크기
RequireServer	2025-05-12 오후 5:37	파일 폴더	
SQLEXPRESS	2025-05-12 오후 5:37	파일 폴더	
UTIL	2025-05-12 오후 5:37	파일 폴더	
매뉴얼	2025-05-12 오후 5:37	파일 폴더	
CoreCube	2025-05-12 오후 5:37	응용 프로그램	664,685KB
CoreCubeSetup	2025-05-12 오후 5:37	응용 프로그램	4,387KB
핵심ERP 2025 설치 매뉴얼(상세)	2025-05-12 오후 5:37	PDF 파일	2,975KB
핵심ERP 2025 설치 매뉴얼(요약)	2025-05-12 오후 5:37	PDF 파일	617KB

(3) 자동설치 순서에 따라 설치를 진행한다.

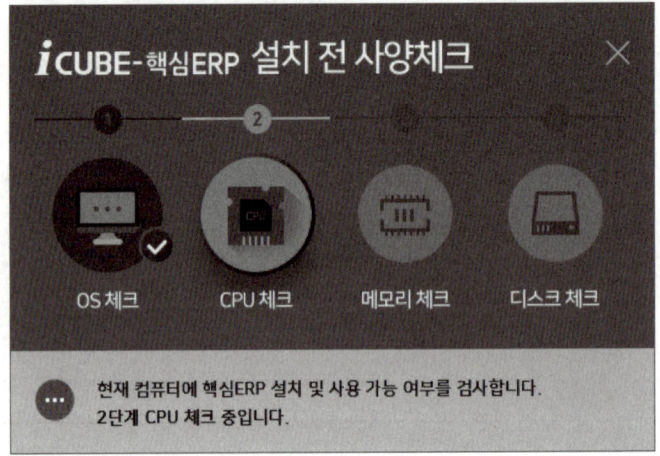

(4) iCUBE 핵심 ERP 사용권에 [예]를 클릭하여 동의한다.

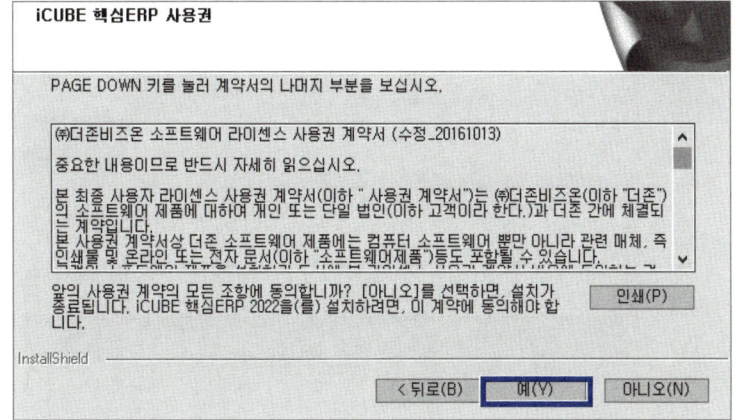

(5) 설치가 완료되면 [완료]를 클릭한다.

참고 필수 구성 요소에 따른 프로그램 자동 추가 설치

※ PC 환경에 따라 ERP 구동에 필요한 SQL 프로그램 설치 및 NetFramework 3.5에 대한 활성화 작업이 자동으로 추가될 수 있으므로 아래의 화면 등이 생성되면 프로그램 진행에 따라 설치를 계속한다.

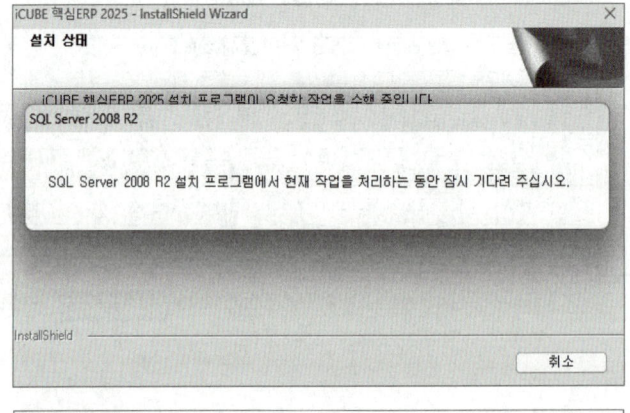

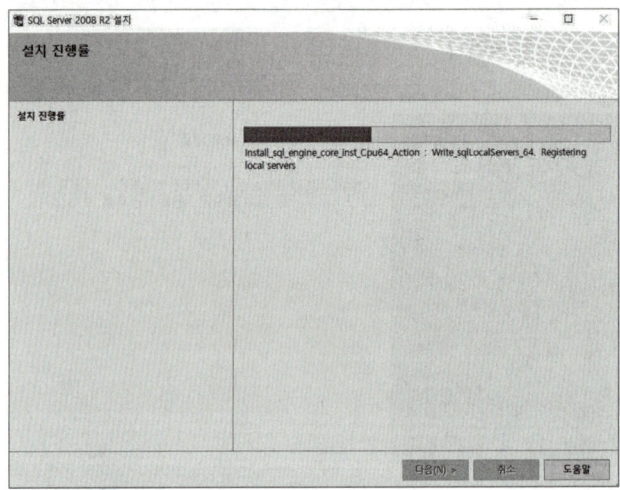

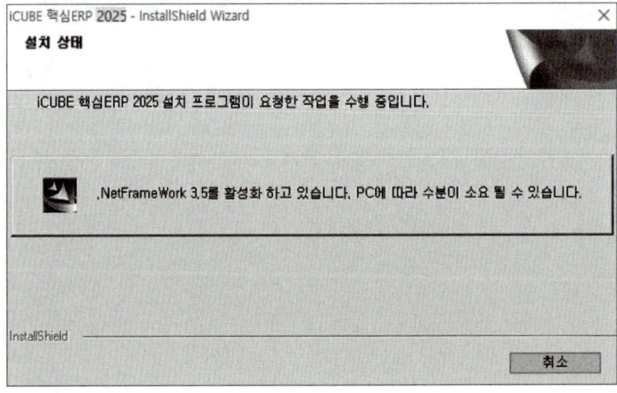

제2장 기출문제 DB 설치

(1) 시대에듀 홈페이지(https://www.sdedu.co.kr/)에서 아래 경로를 따라 들어가 파일을 내려받은 후 압축을 풀어준다.

학습자료실 → 프로그램 자료실 → [ERP 회계 2급] 검색 → [기출이답이다 2025 ERP 정보관리사 회계 2급 최신기출문제집 12회] 선택 → [기출 DB 설치] 링크를 클릭하여 기출 DB 다운로드 → 다운로드한 파일 압축 해제

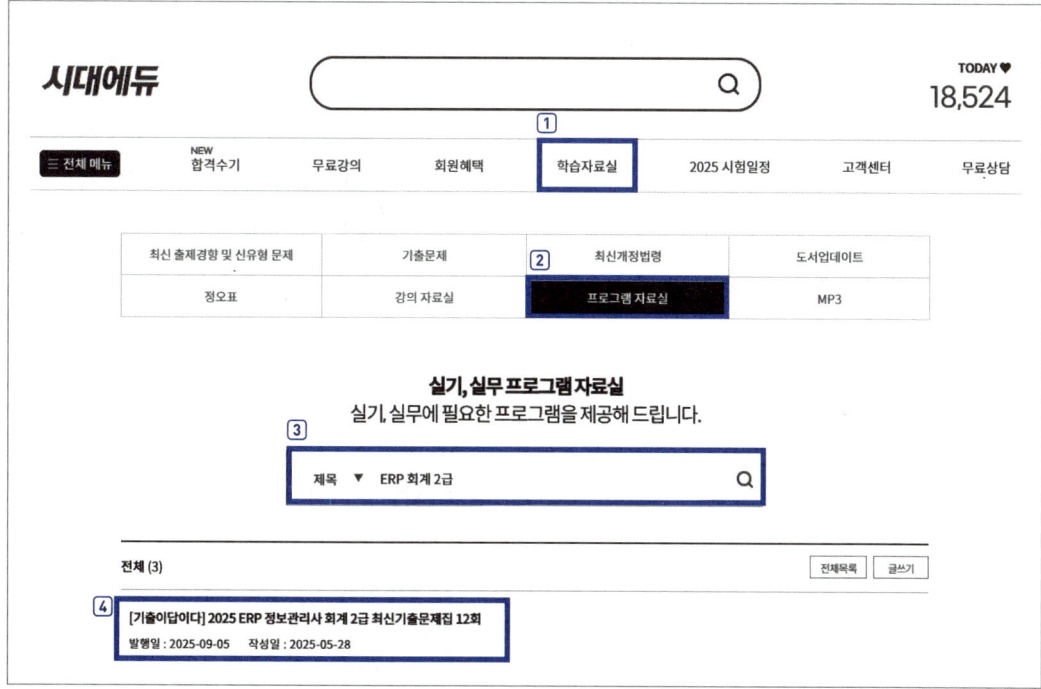

(2) ERP 프로그램을 실행한 후 하단의 [DB Tool]을 클릭한다.

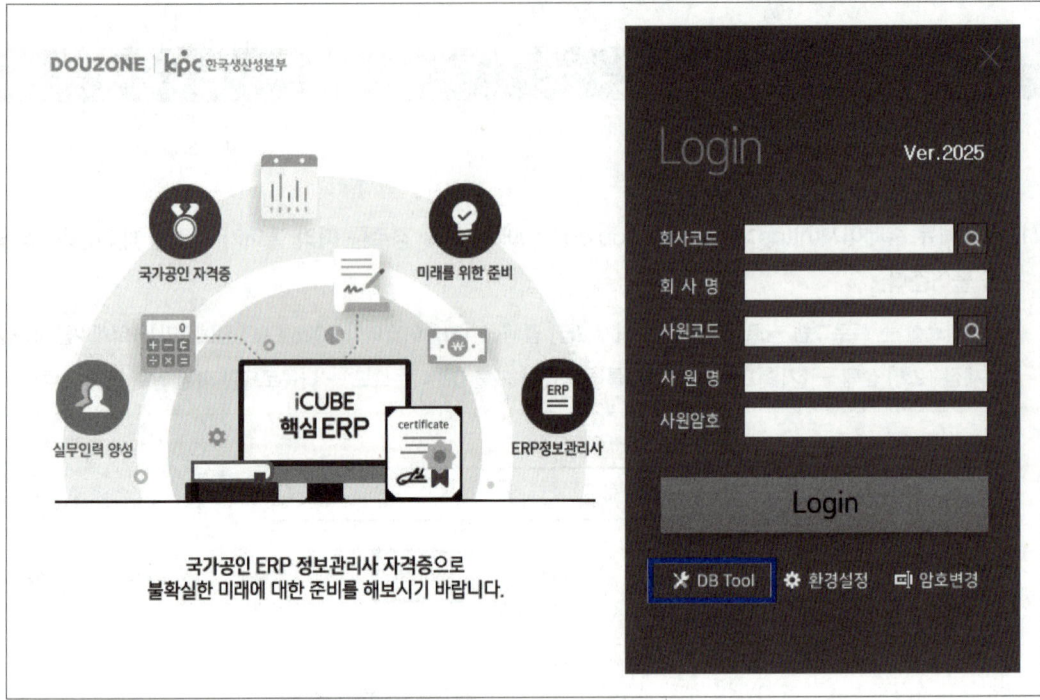

(3) [DB복원]을 클릭한다.

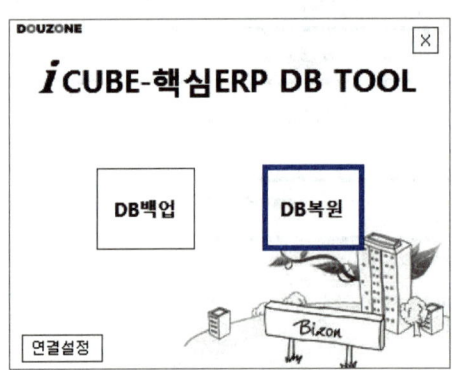

(4) 백업폴더 선택 팝업창에서 [다른 백업폴더 복원]을 선택한 후 확인을 클릭한다.

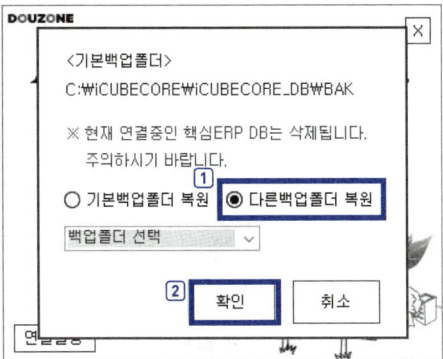

(5) 압축을 풀어둔 [ERP 기출 DB] 폴더 안의 해당 회차를 선택한 후 확인을 클릭한다.

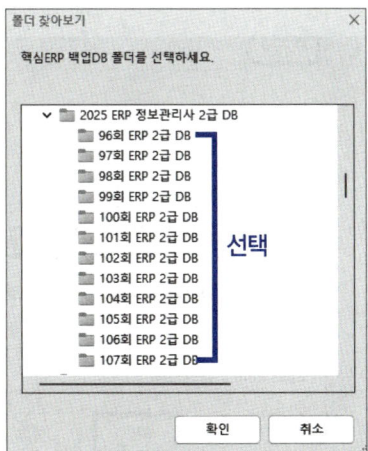

TIP 아래와 같은 서버 연결 실패 관련 팝업창 생성 시

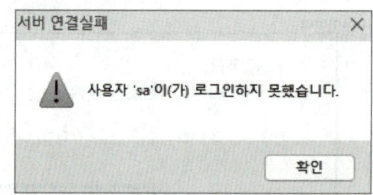

① DB TOOL 메인화면에서 하단에 위치한 **[연결설정]**을 클릭한다.

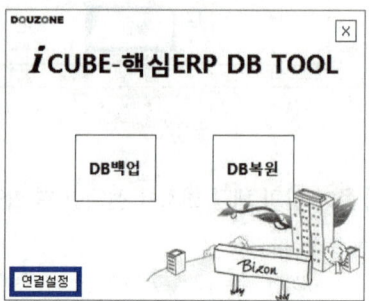

② PC 환경에 맞게 [Windows 인증] 또는 [SQL Server 인증]을 선택한 후 확인을 클릭한다.

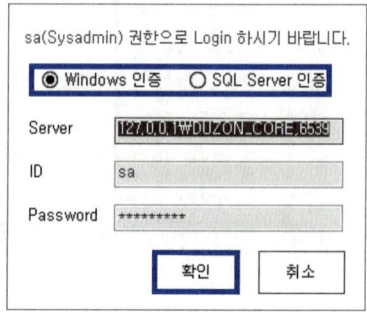

※ 선택한 인증방식에 대한 오류 팝업이 생성된다면 다른 인증방식을 선택하여 진행한다.

③ 서버정보 저장 팝업을 확인 후 DB 복원을 다시 진행한다.

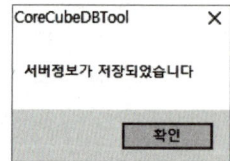

(6) DB 복원이 완료되면 프로그램을 다시 실행한 후 [코드도움] 버튼을 사용하여 각 회차별 회사코드와 사원코드를 선택한 후 [Login]을 클릭한다.

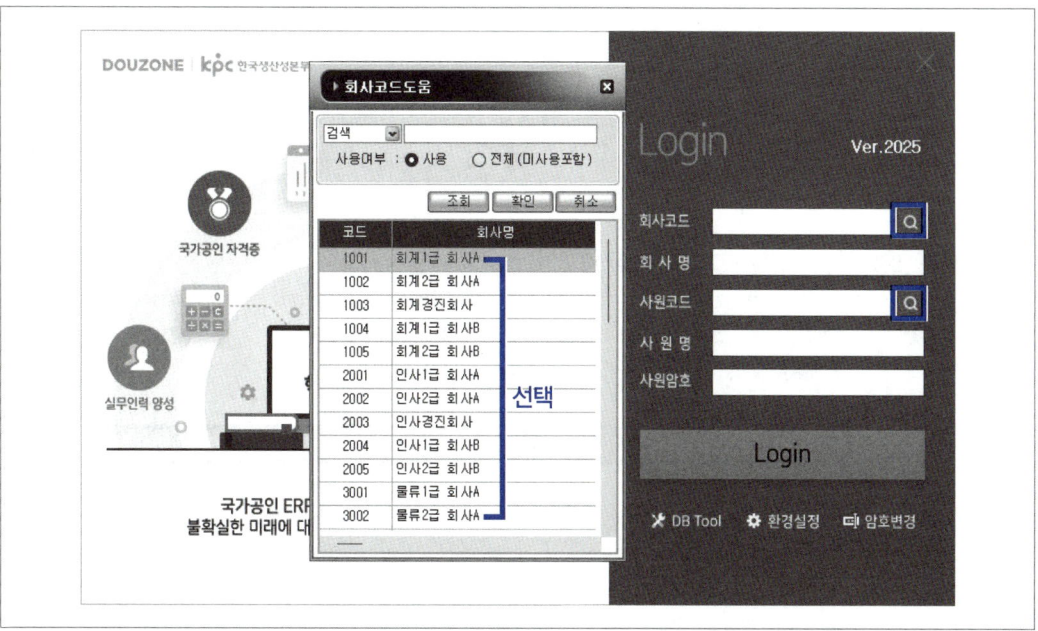

(7) 프로그램이 실행되면 문제에 따라 풀이를 진행한다.

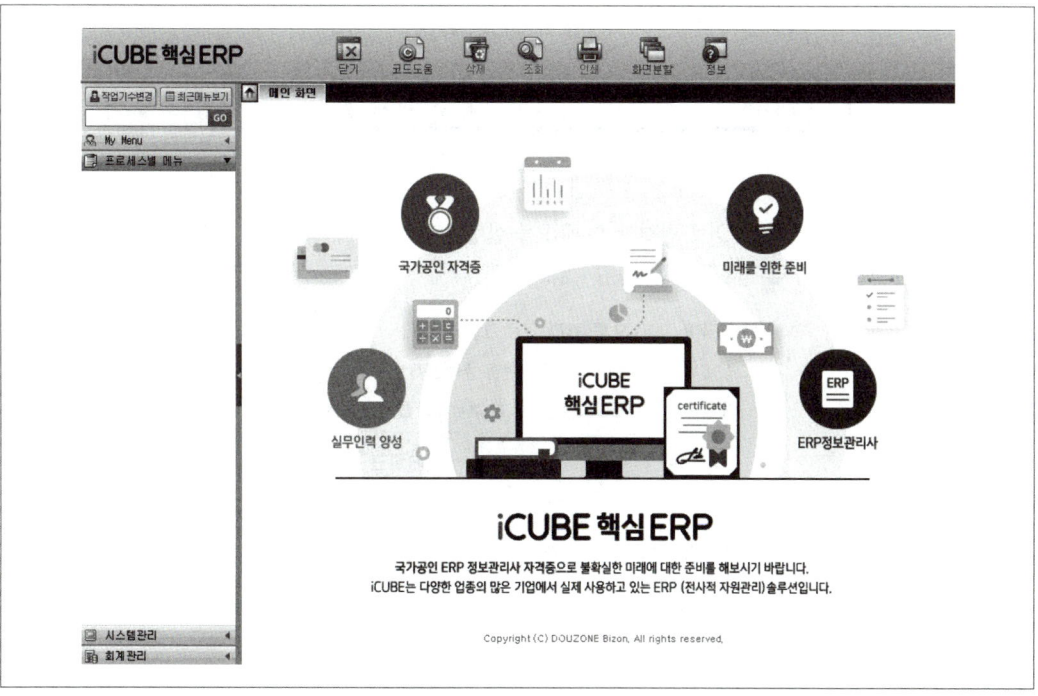

TIP 접속정보 오류 관련 팝업창 생성 시

① 코드도움을 클릭하였는데 아래와 같은 오류 팝업창이 생성되는 경우 우선 ERP를 종료한다.

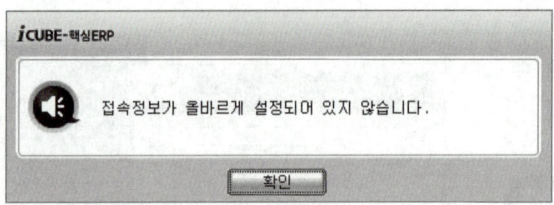

② 내려받은 [2025_ERP 설치프로그램] 폴더 내의 [UTIL] 폴더를 선택한다.

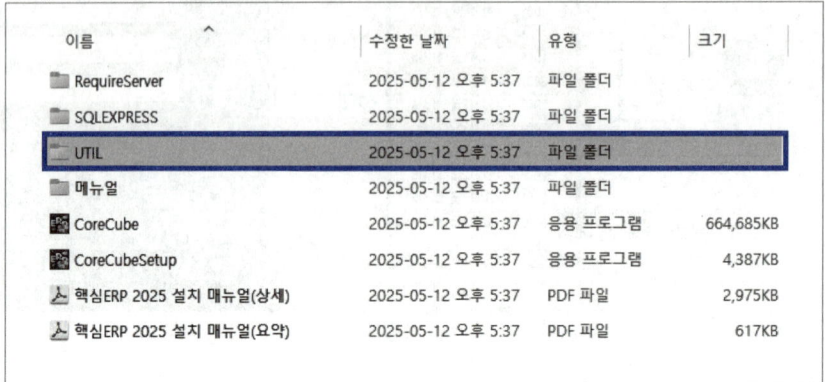

③ [UTIL] 폴더의 [CoreCheck]을 실행한다.

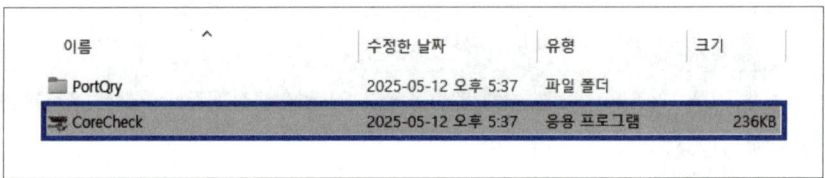

④ [X]아이콘을 클릭하여 모두 [O]로 변경한 후 ERP를 실행한다.

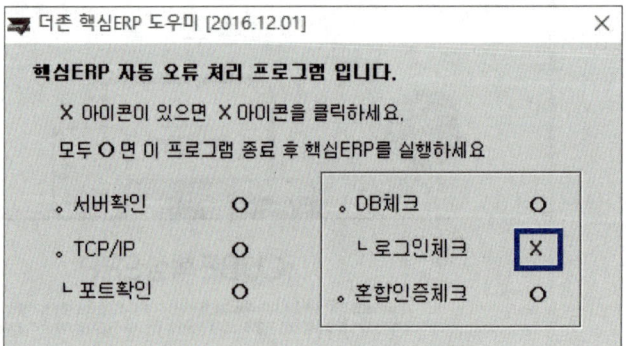

TIP 다른 백업폴더 복원 관련 오류 팝업창 생성 시

① 백업폴더 선택 팝업창에서 [다른 백업폴더 복원]을 선택한 후 확인을 클릭하였는데 아래와 같은 오류 팝업창이 생성되는 경우 우선 ERP를 종료한다.

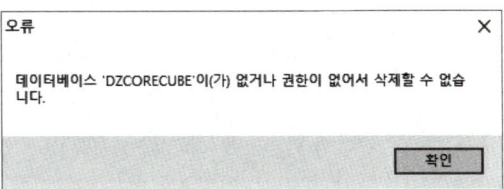

② 프로그램에 가져오고자 하는 2개의 파일[DZCORECUBE.mdf, DZCORECUBELOG.ldf]을 내컴퓨터 [C:\iCUBECORE\iCUBECORE_DB\Attach] 폴더에 붙여넣기 한다.

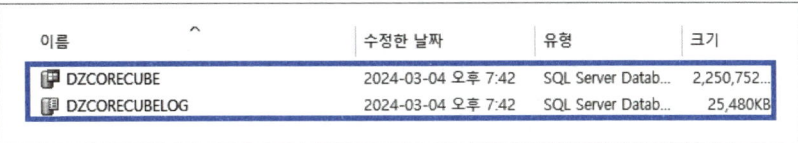

③ 내컴퓨터 [C:\iCUBECORE\Restore] 폴더에 있는 [CoreCubeRestore.exe] 파일을 클릭한다.

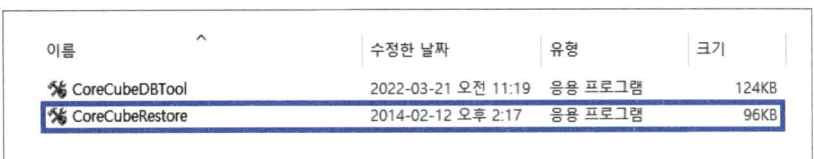

④ 폴더선택에서 설치 DB 경로를 아래와 같이 [C:\iCUBECORE\iCUBECORE_DB]로 지정한다.

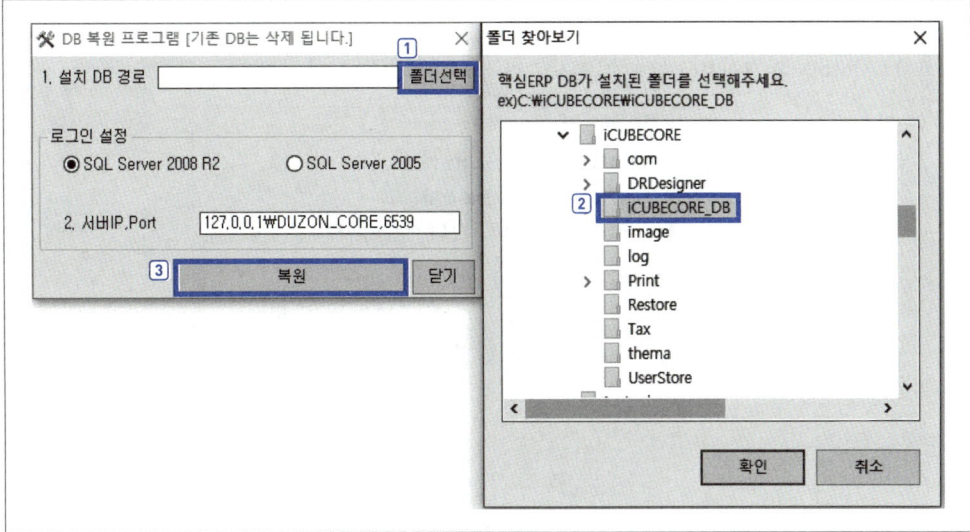

⑤ 아래와 같이 데이터 복원 작업이 진행되고, 복원 작업이 완료되면 아래 화면은 자동으로 종료된다.

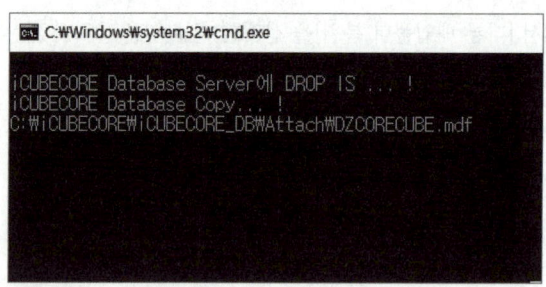

⑥ 다운로드 받은 [2025_ERP 설치프로그램] 폴더 내의 [UTIL] 폴더를 선택한다.

⑦ [UTIL] 폴더의 [CoreCheck]를 실행한다.

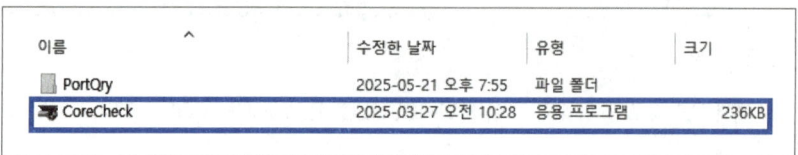

⑧ 서버확인 [O]아이콘을 클릭하여 SQL Server를 다시 시작한 후 ERP를 실행한다.

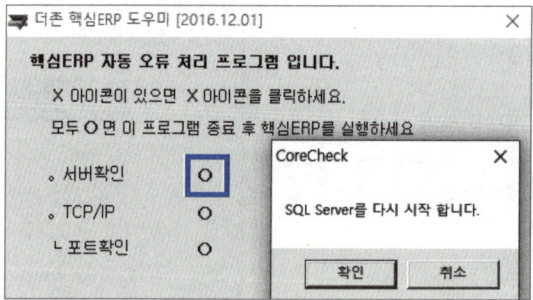

02

기출문제

제107회	2025년 2차 시험
제106회	2025년 1차 시험
제105회	2024년 6차 시험
제104회	2024년 5차 시험
제103회	2024년 4차 시험
제102회	2024년 3차 시험
제101회	2024년 2차 시험
제100회	2024년 1차 시험
제99회	2023년 6차 시험
제98회	2023년 5차 시험
제97회	2023년 4차 시험
제96회	2023년 3차 시험

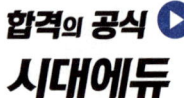
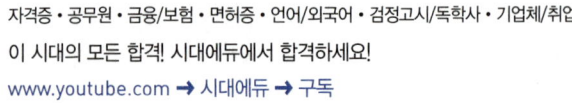

제107회 2025년 2차 시험

이론문제

01 사물인터넷(IoT)의 주요 특징이 아닌 것은?
① 자동화된 프로세스 수행
② 내장 센서를 활용한 데이터 수집
③ 사물 간 인터넷 연결을 통한 정보 소통
④ 클라우드 없이 오프라인 환경에서만 작동

02 ㈜생산은 매월 수백 개의 거래 명세서를 수작업으로 입력하고 있었다. 이에 따라 업무 시간이 길어지고 오류가 빈번하게 발생하여 기업은 로봇 프로세스 자동화(RPA)를 도입하기로 했다. ㈜생산이 RPA 도입을 통해 기대할 수 있는 효과로 옳지 않은 것은?
① 데이터 입력 오류를 줄이고, 정확도를 향상할 수 있다.
② 문서 처리 시간을 단축하고, 업무 생산성을 향상할 수 있다.
③ 도입 초기의 RPA는 스스로 학습하여 창의적인 의사결정을 할 수 있다.
④ 단순 반복 업무를 자동화하여 직원들이 고부가가치 업무에 집중할 수 있다.

03 [보기]를 참고하여 ㈜스마트생산성의 성공적인 ERP 도입을 위한 전략으로 옳지 않은 것은?

[보기]
㈜스마트생산성은 기존의 수작업 중심 업무 프로세스를 개선하기 위해 ERP 시스템을 도입하려 한다. 이를 통해 업무 효율성을 높이고, 데이터 일관성을 확보하는 것이 목표이다. 하지만 ERP 도입 과정에서 일부 임직원들은 기존 업무 방식을 그대로 유지하려 하거나 시스템 기능만을 중점적으로 고려하는 경향이 있었다.

① BPR에 대비해야 한다.
② 업무상의 효과를 고려하여 도입 대상을 선정해야 한다.
③ 최고경영진이 함께 참여하는 프로젝트로 진행해야 한다.
④ 임직원들의 의지를 존중하여 기존의 업무 방식을 그대로 유지해야 한다.

04 ERP 구축 순서로 적절한 것은?

① 분석 – 설계 – 구축 – 구현   ② 설계 – 분석 – 구축 – 구현
③ 설계 – 분석 – 구현 – 구축   ④ 분석 – 설계 – 구현 – 구축

05 [보기]의 ( )에 들어갈 내용을 고르시오.

[보 기]
회계는 기업의 경영활동에 관련된 모든 계산을 말하며, 경제활동을 전반적으로 해석·설명하거나 의사결정을 위한 여러 가지 정보를 제공하는 일도 포함되므로 회계를 기업에서 이루어지는 수많은 경영활동을 숫자로 표현하는 (   )라고 말한다.

① 기업의 언어   ② 투자자의 언어
③ 기업의 데이터베이스   ④ ERP시스템의 개발코드

06 [보기]는 무엇에 대한 설명인가?

[보 기]
• 일반적으로 기업이 예상가능한 기간 동안 영업을 할 것이라는 가정
• 기업은 그 경영활동을 청산하거나 중요하게 축소할 의도나 필요성을 갖고 있지 않다는 가정을 적용

① 회계분류의 가정   ② 계속기업의 가정
③ 기업실체의 가정   ④ 기간별 보고의 가정

07 재무상태표에 대한 설명으로 적절하지 않은 것은?

① 유동성 배열법에 의해 작성한다.
② 채권자 및 소유주 청구권을 표시한다.
③ '자산 = 부채 + 자본'을 재무상태표 등식이라고 한다.
④ 일정시점 현재 기업의 경영성과를 보여주는 재무보고서이다.

08 재무상태표에서 유동자산과 비유동자산에 대한 설명으로 적절한 것은?

① 비유동자산은 현금및현금성자산을 포함한다.
② 유동자산은 기업의 장기적인 투자 성향을 나타낸다.
③ 비유동자산은 즉시 현금으로 전환할 수 있는 자산이다.
④ 유동자산은 1년 기준 또는 정상적인 영업주기 기준으로 분류된다.

09 2025년 기중 소모품 50,000원을 현금으로 구입하여 자산으로 처리하였다. 12월 31일 현재 미사용 소모품이 15,000원일 경우 수행하여야 할 회계처리로 올바른 것은?

① (차) 소모품   50,000원   (대) 현금   50,000원
② (차) 소모품비   35,000원   (대) 소모품   35,000원
③ (차) 소모품   35,000원   (대) 소모품비   35,000원
④ (차) 소모품비   15,000원   (대) 소모품   15,000원

10 [보기]에서 현금및현금성자산을 계산하면 총 얼마인가?

[보 기]
- 현금 : 7,000,000원
- 미수금 : 850,000원
- 수입인지 : 250,000원
- 우표 : 50,000원
- 송금환 : 200,000원
- 받을어음 : 3,000,000원

① 7,050,000원
② 7,200,000원
③ 7,250,000원
④ 7,450,000원

11 ㈜생산성은 기말 현재 외상매출금에 대한 채무불이행률을 분석하여 200,000원의 현금을 수취할 것으로 추정하였다. 외상매출금에 대한 추가적인 정보가 [보기]와 같을 때, 결산조정분개를 통해 기록해야 할 대손상각비는 얼마인가?

[보 기]
- 대손충당금 기초잔액 : 20,000원
- 당기 대손확정액 : 18,000원
- 외상매출금 기말잔액 : 220,000원
- 당기 대손확정된 외상매출금 회수액 : 5,000원

① 8,000원
② 10,000원
③ 13,000원
④ 15,000원

12 재고자산의 평가방법에 대한 설명으로 적절하지 않은 것은?

① 가중평균법은 모든 재고의 평균원가를 사용하여 평가한다.
② 후입선출법(LIFO)은 나중에 들어온 재고가 판매된다고 가정한다.
③ 선입선출법(FIFO)은 먼저 들어온 재고가 먼저 판매된다고 가정한다.
④ 재고자산은 결산 시, 획득한 원가가 아닌 랜덤하게 선택된 원가로 평가해야 한다.

13 일반기업회계기준에 따라 [보기]의 유가증권 취득원가를 구하시오.

[보 기]
단기매매증권으로 분류되는 주식 5,000주를 주당 6,000원에 취득하면서 수수료 500,000원과 증권거래세 300,000원을 지급하였다.

① 30,000,000원
② 30,300,000원
③ 30,500,000원
④ 30,800,000원

14 [보기]의 (가), (나)에 해당하는 자산으로 적절한 것은?

[보 기]
(가) 기업이 영업에 사용할 목적으로 소유·사용하고 있는 토지 위에 정착된 건물 이외의 토목설비, 공작물 및 이들의 부속설비 등을 말한다.
(나) 유형자산의 건설을 위해 지출한 금액으로 건설완료 전까지 처리하는 임시계정으로, 건설이 완료되면 본래의 계정과목으로 대체한다.

① (가) 구축물   (나) 건설중인자산
② (가) 투자부동산   (나) 구축물
③ (가) 건설중인자산 (나) 투자부동산
④ (가) 건설중인자산 (나) 공정가치측정금융자산

15 [보기]의 일반기업회계기준의 영업권에 대한 설명 중 (㉠), (㉡)에 들어갈 내용을 고르시오.

[보 기]
- 기업의 좋은 이미지, 우수한 경영진, 뛰어난 영업망, 유리한 위치 등으로 동종의 타기업에 비해 특별히 유리한 자원을 말한다.
- 영업권은 (㉠)으로 취득한 영업권과 내부창출영업권이 있는데, 내부창출영업권은 인정하지 않는다. 매수 합병이라는 사업결합 시 (㉡)을 초과하여 지급한 금액을 영업권으로 인식한다.

① ㉠ 신뢰측정 ㉡ 견본품
② ㉠ 무형자산 ㉡ 당기순이익
③ ㉠ 자본 ㉡ 감자차익
④ ㉠ 사업결합 ㉡ 순자산(자본)

16 [보기]의 자료에서 당기에 설정할 퇴직급여충당부채를 산정하면 얼마인가?

[보 기]
당기 말 현재 전 임직원 퇴직 시 지급할 금액이 20,000,000원이고 당기 중 실제로 지급한 퇴직금은 6,000,000원이다. 전기 말 현재 퇴직금 총추계액은 15,000,000원이다.

① 6,000,000원 ② 7,000,000원
③ 9,000,000원 ④ 11,000,000원

17 자본금에 대한 설명으로 가장 적절하지 않은 것은?

① 자본금은 주주들이 기업에 투자한 자본을 나타낸다.
② 자본금은 기업의 자기자본을 구성하는 중요한 요소이다.
③ 자본금은 회사의 부채를 상환하는 데 사용되는 자산이다.
④ 자본금은 기업이 설립될 때 발행한 주식의 액면 가격의 총액이다.

18 [보기]의 자료를 근거로 회계처리를 할 경우 감자차익(손)은 얼마인가?

[보 기]
- 감자 주식수 : 20주
- 주당 액면가액 : 5,000원
- 주식구입 현금지급액 : 120,000원

① 감자차익 50,000원　　② 감자차손 20,000원
③ 감자차익 20,000원　　④ 감자차손 50,000원

19 자본조정에 해당하지 않는 것은?
① 자기주식　　　　② 재평가잉여금
③ 자기주식처분손실　④ 미교부주식배당금

20 [보기]의 자료를 이용하여 순매입액을 계산하면 얼마인가?

[보 기]
- 총매입액 : 22,000,000원
- 매입할인 : 750,000원
- 매입운임 : 850,000원
- 매입에누리 : 850,000원
- 매입환출 : 1,200,000원

① 16,050,000원　　② 17,050,000원
③ 18,050,000원　　④ 20,050,000원

실무문제

로그인 정보

회사코드	1005	사원코드	ERP13A02
회사명	회계2급 회사B	사원명	김은찬

01 당사의 예산통제구분과 81100.복리후생비 계정의 예산통제방식으로 알맞은 것을 고르시오.

① 예산통제구분 : 사용부서, 예산통제방식 : 월별통제
② 예산통제구분 : 사용부서, 예산통제방식 : 통제안함
③ 예산통제구분 : 결의부서, 예산통제방식 : 월별통제
④ 예산통제구분 : 결의부서, 예산통제방식 : 년간통제

02 당사의 계정과목등록을 조회하여 보기의 계정과목 중 거래처별로 이월되는 계정과목을 고르시오.

① 10700.단기매매증권
② 10800.외상매출금
③ 11600.미수수익
④ 12200.소모품

03 다음 중 전표입력 시 승인 전표로 입력되고, 전표승인해제 작업 없이 승인 전표를 수정 및 삭제할 수 있는 사원은 누구인지 고르시오.

① ERP13A02.김은찬
② ERP13A03.김종민
③ ERP13A04.신서율
④ ERP13A05.박혜수

04 ㈜큐브의 2025년 초기이월등록에서 미수금 금액이 가장 작은 거래처는 어디인지 고르시오.

① 00001.㈜성호기업
② 00004.㈜형광공업
③ 00006.㈜상상컴퓨터
④ 00008.도민실업㈜

05 ㈜큐브는 거래처를 분류하여 지역별 매출액을 관리하고 있다. 2025년 한 해 동안 지역별로 매출액을 관리하는 거래처 중 상품매출액 잔액이 가장 큰 거래처의 거래처 분류를 고르시오.

① 1000.강남구
② 2000.성북구
③ 4000.송파구
④ 5000.강동구

06 ㈜큐브는 2025년 4월 6일 도민실업㈜ 거래처에 받을어음(어음번호 자가202504060001)을 발행하였다. 해당 어음의 만기일은 언제인지 고르시오.

① 2025년 6월 30일
② 2025년 7월 30일
③ 2025년 8월 15일
④ 2025년 8월 30일

07 당사는 매월 고정적으로 지출되는 자금을 관리하고 있다. 다음 보기 중 2025년 5월에 종료되는 고정자금 자금과목은 무엇인지 고르시오.

① 2120.원재료비
② 2210.인건비
③ 2310.일반경비
④ 2510.사무실임차료

08 2025년 1월 한 달 동안 ㈜큐브에서 현금으로 판매관리비를 지출한 내역 중에서 지출 금액이 가장 작은 계정과목을 고르시오.

① 81200.여비교통비
② 81300.접대비
③ 82900.사무용품비
④ 83000.소모품비

09 ㈜큐브는 당사의 고정자산을 부서별로 관리하고 있다. [20800.차량운반구] 자산유형에 대해서 다음 중 [4001.총무부]에서 관리하는 자산코드는 무엇인지 고르시오.

① 20800001.쏘렌토(12A8087)
② 20800002.투싼(12B0927)
③ 20800003.QM6(12B0316)
④ 20800004.티볼리(13B0717)

10 ㈜큐브의 손익계산서에서 대손상각비(판매관리비) 계정이 발생한 분기는 언제인지 고르시오.

① 1/4분기 ② 2/4분기
③ 3/4분기 ④ 4/4분기

11 당사는 1년에 한 번 ERP 프로그램으로 자동결산을 진행하고 있다. 다음 [보기]의 기말정리사항 입력 후 2025년 12월 말 결산 시 당기순이익은 얼마인지 고르시오.

[보 기]
- 기말재고 : 상품 300,000,000원
- 고정자산등록의 자료를 반영하고, 그 외 기말정리사항은 없다.

① 당기순손실 219,796,976원 ② 당기순손실 213,925,000원
③ 당기순이익 213,925,000원 ④ 당기순이익 322,299,000원

12 당사는 [25100.외상매입금] 계정과목 전표입력 시 관리항목으로 프로젝트를 등록하여 관리하고 있다. 2025년 1월 중 발생한 외상매입금 계정을 조회 시 입력된 프로젝트로 옳지 않은 것을 고르시오.

① 1002.모바일 ② 1003.알피에이
③ 1004.클라우드 ④ 1005.온라인팩스

13 당사는 예산을 사용부서별로 관리하고 있다. 2025년 4월 한 달 동안 [1001.재경부]에서 사용한 예산 중 손익계산서에 표시되는 복리후생비 계정의 집행율은 얼마인지 고르시오. 단, 집행방식은 승인집행으로 조회한다.

① 76% ② 81%
③ 84% ④ 88%

14 ㈜큐브의 2025년 3월 31일 기준 현금및현금성자산 잔액은 얼마인지 고르시오.
① 57,600,000원
② 130,755,000원
③ 1,380,172,100원
④ 1,746,579,400원

15 ㈜큐브의 부가가치세 신고 시 관할세무서는 어디인지 고르시오.
① 종로
② 송파
③ 서초
④ 마포

16 다음 중 ㈜큐브의 2025년 1기 부가가치세 확정신고 기간에 매출계산서합계표를 작성했을 때 전자계산서를 발급한 거래처는 어디인지 고르시오.
① ㈜성호기업
② ㈜한동테크
③ ㈜형광공업
④ ㈜나라상사

17 ㈜큐브는 2025년 1기 부가가치세 예정신고 기간에 고정자산을 매입하고 신용카드로 결제한 거래가 발생하였다. 해당 거래의 세액 합계로 올바른 것을 고르시오.
① 100,000원
② 200,000원
③ 300,000원
④ 400,000원

18 ㈜큐브는 2025년 1기 부가가치세 예정신고 기간에 매입세금계산서합계표를 작성하였다. 매입전자세금계산서(11일이내 전송분) 발급분 부가세액 총 합계는 얼마인지 고르시오.

① 11,300,000원
② 15,390,000원
③ 19,390,000원
④ 24,300,000원

19 ㈜큐브는 2025년 1기 부가가치세 예정신고 기간에 감가상각 자산을 취득 후 해당 내역에 대한 명세를 작성하였다. 다음 중 기타감가상각자산으로 취득한 공급가액 합계는 얼마인지 고르시오.

① 2,000,000원
② 3,000,000원
③ 4,000,000원
④ 5,000,000원

20 ㈜큐브의 2025년 1기 부가가치세 예정신고 기간에 부가세신고서를 작성하고 부가세 납부, 환급 여부와 납부할세액(환급받을세액)에 대한 설명으로 옳은 것을 고르시오.

① 부가세 환급 / 52,015,000원
② 부가세 환급 / 64,550,000원
③ 부가세 납부 / 52,015,000원
④ 부가세 납부 / 64,550,000원

제106회 2025년 1차 시험

▶ 정답 및 해설 p.161

이론문제

01 빅데이터의 주요 특성(5V)으로 옳지 않은 것은?

① 속도(Velocity)
② 규모(Volume)
③ 필수성(Vital)
④ 다양성(Variety)

02 챗봇(ChatBot)에 대한 설명으로 적절하지 않은 것은?

① 단순한 고객상담 등의 업무를 일부 대체할 수 있다.
② 대부분 대화형 인터페이스를 통해 서비스를 제공한다.
③ 법률자문, 헬스케어 등 다양한 분야에서 시장이 성장하고 있다.
④ 분산형 데이터베이스의 형태로 데이터를 저장하는 연결구조체를 의미한다.

03 ERP와 기존의 정보시스템(MIS) 특성 간의 차이점에 대한 설명으로 가장 적절하지 않은 것은?

① 기존 정보시스템의 업무범위는 단위업무이고, ERP는 통합업무를 담당한다.
② 기존 정보시스템의 전산화 형태는 중앙집중식이고, ERP는 분산처리구조이다.
③ 기존 정보시스템은 수평적으로 업무를 처리하고, ERP는 수직적으로 업무를 처리한다.
④ 기존 정보시스템은 파일시스템을 이용하고, ERP는 관계형 데이터베이스시스템(RDBMS)을 이용한다.

04 차세대 ERP의 비즈니스 애널리틱스(Business Analytics)에 관한 설명으로 가장 적절하지 않은 것은?

① 비즈니스 애널리틱스는 구조화된 데이터(structured data)만 분석대상으로 한다.
② ERP시스템의 방대한 데이터 분석을 위해 비즈니스 애널리틱스가 차세대 ERP의 핵심요소가 되고 있다.
③ 비즈니스 애널리틱스는 리포트, 쿼리, 대시보드, 스코어카드뿐만 아니라 예측모델링과 같은 진보된 형태의 분석기능도 제공한다.
④ 비즈니스 애널리틱스는 질의 및 보고와 같은 기본적 분석기술뿐만 아니라 예측 모델링과 같은 수학적으로 정교한 수준의 분석을 지원한다.

05 [보기]에서 설명하는 회계의 기본가정(전제조건)을 고르시오.

[보 기]
- 기업을 소유주와는 독립적으로 존재하는 회계단위로 간주한다.
- 하나의 기업을 하나의 회계단위의 관점에서 재무정보를 측정·보고한다.
- 소유주와 별도의 회계단위로서 기업실체를 인정하는 것이다.

① 회계분류의 가정 ② 계속기업의 가정
③ 기업실체의 가정 ④ 기간별 보고의 가정

06 [보기]의 내용이 설명하고 있는 것은?

[보 기]
회계정보가 신뢰성을 갖기 위해서는 그 정보가 기업의 경제적 자원과 의무 그리고 이들의 변동을 초래하는 거래나 사건을 충실하게 표현해야 한다.

① 중립성 ② 피드백가치
③ 검증가능성 ④ 표현의 충실성

07 [보기]의 오류가 당기 손익계산서에 미치는 영향으로 가장 적절한 것은?

> [보 기]
> 정확한 기말재고금액은 120,000원이지만, 기말 재고자산을 150,000원으로 잘못 계상했다.

① 매출원가 : 과대 / 당기순이익 : 과대
② 매출원가 : 과대 / 당기순이익 : 과소
③ 매출원가 : 과소 / 당기순이익 : 과대
④ 매출원가 : 과소 / 당기순이익 : 과소

08 ㈜생산성기업은 1년분(2024년 8월 1일부터 2025년 7월 31일까지) 임차료 360,000원을 2024년 8월 1일에 전액 현금으로 지급하고 비용으로 처리했다. 2024년 12월 31일 기말결산 시의 임차료선급액은 얼마인가?

① 210,000원
② 240,000원
③ 280,000원
④ 360,000원

09 [보기]의 지급내역 중 복리후생비는 총 얼마인가?

> [보 기]
> • 종업원 회식비 : 500,000원
> • 회사의 인터넷통신 요금 : 200,000원
> • 총무팀 직원의 피복비 : 250,000원
> • 거래처 선물대금 : 300,000원
> • 출장사원 고속도로 통행료 : 100,000원

① 250,000원
② 750,000원
③ 800,000원
④ 1,050,000원

10 [보기]에서 설명하는 계정과목은 무엇인가?

> [보 기]
> 주문한 물품과 상이한 물품의 인도 또는 불량품 발생 등으로 인해 판매물품의 거래처로부터 반송된 경우 그 금액

① 매출할인
② 매출환입
③ 매출에누리
④ 매출채권처분손실

11 [보기]의 거래요소 결합관계를 나타내는 거래로 옳은 것은?

[보 기]
(차변) 자산의 증가   (대변) 부채의 증가

① 미지급한 퇴직금을 지급하다.
② 외상매출금을 어음으로 회수하다.
③ 외상매입금을 현금으로 지급하다.
④ 기계기구를 구매하고 대금은 1개월 후에 지급하기로 하다.

12 현금과부족의 원인을 조사한 결과 회계담당자가 실수해 건물임대수익 20,000원을 받은 것이 누락되었음이 발견되었다. 분개로 옳은 것은?

① (차) 현금과부족   20,000원   (대) 현 금   20,000원
② (차) 현 금   20,000원   (대) 현금과부족   20,000원
③ (차) 임차료   20,000원   (대) 현금과부족   20,000원
④ (차) 현금과부족   20,000원   (대) 임대료   20,000원

13 물가가 지속해서 상승하는 경제 상황을 가정할 때 다음 중 당기순이익이 가장 크게 계상되는 재고자산 가격결정방법 순서로 옳은 것은?

① 후입선출법 > 이동평균법 > 총평균법 > 선입선출법
② 후입선출법 > 총평균법 > 이동평균법 > 선입선출법
③ 선입선출법 > 이동평균법 > 총평균법 > 후입선출법
④ 선입선출법 > 총평균법 > 이동평균법 > 후입선출법

14 건물취득가액 40,000,000원, 내용연수 20년, 잔존가액 20%를 정액법에 의해 상각하면 해당 건물의 감가상각비는 얼마인가?

① 1,600,000원
② 2,000,000원
③ 2,600,000원
④ 3,100,000원

15 일반기업회계기준상 무형자산의 상각에 관한 내용으로 적절하지 않은 것은?

① 무형자산의 잔존가치는 없는 것을 원칙으로 하나, 예외도 존재한다.
② 무형자산의 상각방법은 정액법, 정률법 등 합리적인 방법을 적용할 수 있다.
③ 무형자산의 상각기간은 예외적인 경우를 제외하고는 10년을 초과할 수 없다.
④ 내부적으로 창출한 영업권은 원가의 신뢰성 문제로 자산으로 인정되지 않는다.

16 [보기]는 ㈜생산성의 매출관련 자료다. 순매출액을 계산하면 얼마인가?

```
[보 기]
• 기초상품재고액      80,000원   • 총매입액         600,000원
• 총매출액           600,000원   • 매입에누리액       35,000원
• 매출환입액          70,000원   • 매입환출액        60,000원
• 매출에누리액        50,000원   • 기말상품재고액     70,000원
```

① 460,000원　　　　　　　　② 480,000원
③ 510,000원　　　　　　　　④ 530,000원

17 [보기]는 당기의 자산과 부채의 변동액이다. 기말자본금은 얼마인가?

```
[보 기]
• 기초자산    300,000원   • 당기자산증가분    180,000원
• 기초부채    120,000원   • 당기부채감소분     60,000원
```

① 420,000원　　　　　　　　② 480,000원
③ 500,000원　　　　　　　　④ 520,000원

18 소유하고 있던 ㈜생산성기업의 발행 주식 3,000주에 대한 배당금 900,000원을 현금으로 받은 경우 옳은 분개는?

① (차) 현 금　　　900,000원　　(대) 배당금수익　　900,000원
② (차) 현 금　　　900,000원　　(대) 수수료수익　　900,000원
③ (차) 현 금　　　900,000원　　(대) 이자수익　　　900,000원
④ (차) 현 금　　　900,000원　　(대) 당기손익증권　900,000원

19 영업활동의 사무실 전기요금 300,000원을 보통예금 계좌에서 자동이체로 납부된 경우 옳은 분개는?

① (차) 수도광열비　100,000원　　(대) 현 금　　　100,000원
② (차) 복리후생비　100,000원　　(대) 보통예금　　100,000원
③ (차) 보통예금　　100,000원　　(대) 수도광열비　100,000원
④ (차) 수도광열비　300,000원　　(대) 보통예금　　300,000원

20 [보기]에서 설명하는 계정과목은 무엇인가?

[보 기]
물품의 판매에 있어서 판매한 상품 또는 제품에 대한 부분적인 감량, 변질, 파손 등에 의해 매출가액에서 직접 공제하는 금액

① 매출할인　　　　　　　　② 매출환입
③ 매출에누리　　　　　　　④ 매출채권처분손실

실무문제

로그인 정보

회사코드	1002	사원코드	ERP13A02
회사명	회계2급 회사A	사원명	김은찬

01 당사의 시스템환경설정에 대한 설명으로 옳지 않은 것을 고르시오. 단, 시스템환경설정은 추가변경하지 않는다.

① 수량의 소숫점 자리수는 2자리로 설정했다.
② 예산통제구분값은 '사용부서'로 설정했다.
③ 전표입력 후 전표복사 기능을 사용할 수 없다.
④ 고정자산 상각 시 비망가액을 설정해 관리할 수 있다.

02 다음 중 당사의 계정과목에 대한 설명으로 옳지 않은 것을 고르시오.

① [20100.토지] 계정은 비상각 계정과목이다.
② [25900.선수금] 계정은 거래처를 필수입력하도록 설정했다.
③ [81100.복리후생비] 계정은 세목으로 세분화해 관리하고 있다.
④ [84800.잡비] 계정은 전표입력 시 증빙을 필수입력하도록 설정했다.

03 다음 중 당사의 [부서등록]과 [사원등록]에 대한 설명으로 옳지 않은 것을 고르시오.

① ERP를 운용할 수 없는 사원은 총 2명이다.
② 당사에 등록된 부문은 ㈜유명 본점, ㈜유명 지점 2개다.
③ 전윤호 사원은 차대가 일치하는 전표입력 시 승인전표로 반영된다.
④ 김종민 사원은 조회권한이 사업장 권한으로 영업부의 전표도 조회할 수 있다.

04 ㈜유명 본점의 2025년 1월부터 4월까지 [40100.상품매출] 금액이 가장 많이 발생한 월은 언제인지 고르시오.

① 1월　　　　　　　　　　　② 2월
③ 3월　　　　　　　　　　　④ 4월

05 ㈜유명 본점은 업무용승용차를 사원별로 관리하고 있다. 다음 중 [ERP13A02.김은찬] 사원이 관리하고 있는 업무용 승용차의 경비구분이 800번대인 차량번호를 고르시오.

① 12가 0102
② 14가 0717
③ 17가 8087
④ 34가 0616

06 ㈜유명 본점의 손익계산서에서 2025년 한 해 동안 [81100.복리후생비] 계정이 가장 많이 발생한 분기를 고르시오.

① 1/4분기
② 2/4분기
③ 3/4분기
④ 4/4분기

07 2025년 4월 한 달간 현금 입금액과 출금액은 얼마인지 고르시오.

① 입금액 :   5,000,000원,   출금액 :   3,440,000원
② 입금액 :   5,000,000원,   출금액 :   7,105,000원
③ 입금액 : 102,860,000원,   출금액 :   7,105,000원
④ 입금액 : 102,860,000원,   출금액 : 10,545,000원

08 ㈜유명 본점은 결산 시 외화예금 통장의 외화금액을 평가해 재무제표에 반영하고자 한다. 2025년 12월 말 결산 시 기준환율이 $1당 1,100원일 때 외화환산손익은 얼마인지 고르시오.

① 외화환산이익 : 75,000원
② 외화환산손실 : 75,000원
③ 외화환산이익 : 250,000원
④ 외화환산손실 : 250,000원

09 ㈜유명 본점은 사용부서와 프로젝트로 복리후생비(판매관리비)를 관리하고 있다. 2025년 상반기 동안 [1001.재경부] 부서에서 복리후생비(판매관리비)가 가장 많이 증가한 프로젝트를 고르시오.

① 1000.서울공장
② 1002.부산공장
③ 1003.울산공장
④ 1004.대전공장

10 ㈜유명 본점의 업무용승용차 [12가 0102.티볼리] 차량에 대해 운행기록부를 작성했다. 2025년 1월 한 달 동안 해당 차량의 업무사용비율을 고르시오.

① 67% ② 75%
③ 81% ④ 90%

11 당사는 반기 결산을 하는데 2025년 6월 말 결산 시 소모품 기말 재고액은 6,500,000원이다. 장부의 금액을 확인한 후 결산분개를 입력한다고 할 때 6월 말 결산수정분개로 옳은 것을 고르시오. 단 소모품 취득은 자산으로 처리하고 사용은 판관비로 처리했다.

① (차) 소모품   4,000,000원   (대) 소모품비   4,000,000원
② (차) 소모품   6,500,000원   (대) 소모품비   6,500,000원
③ (차) 소모품비   4,000,000원   (대) 소모품   4,000,000원
④ (차) 소모품비   6,500,000원   (대) 소모품   6,500,000원

12 ㈜유명 본점의 2025년 상반기 손익계산서에 대한 설명 중 옳지 않은 것은?

① 매출액은 897,500,000원이다.
② 당기 상품매입액은 321,300,000원이다.
③ 판매관리비가 감소하면 당기순이익도 감소한다.
④ 이자수익이 영업외수익으로 100,000원 발생했다.

13 2025년 1분기 동안 ㈜유명 본점에서 현금지출이 가장 많았던 판매관리비 계정과목은 무엇인가?

① 81100.복리후생비   ② 81200.여비교통비
③ 82200.차량유지비   ④ 82900.사무용품비

14 다음 [보기]의 내용을 참고해 [고정자산등록] 메뉴에 입력한 후 당해 감가상각비 합계금액을 조회하면 얼마인지 고르시오.

[보 기]
- ㈜유명 본점은 2025년 5월 1일에 비품자산 [21200009.팩스기]를 취득부대비용 포함해 3,000,000원에 신규취득했다.
- 상각방법 : 정액법, 내용연수 : 5년

① 400,000원 ② 720,000원
③ 7,245,000원 ④ 7,645,000원

15 ㈜유명 본점의 부가세 신고방법에 대한 설명으로 옳지 않은 것을 고르시오.

① 관할세무서는 서초세무서다.
② 업태는 도소매이며 종목은 소프트웨어다.
③ 부가세 신고 및 납부는 주사업장에서 진행한다.
④ 부가세 신고는 각 사업장별로 하고 납부는 주사업장에서 진행한다.

16 ㈜유명 본점의 2025년 2기 부가가치세 확정신고 시 세금계산서합계표를 작성했다. 다음 중 세금계산서합계표에 대한 설명으로 옳지 않은 것을 고르시오.

① 매출세금계산서의 부가세액 총합계는 57,580,000원이다.
② 정우실업(유) 거래처에 수취한 세금계산서는 총 8매다.
③ ㈜성호기업 거래처에 발급한 부가세액은 24,200,000원이다.
④ 매입세금계산서 중 전자세금계산서외 거래건의 부가세 합계액은 53,000,000원이다.

17 ㈜유명 본점의 2025년 1기 부가가치세 예정신고 시 신용카드매출 거래건 중 세금계산서가 발급된 금액을 고르시오.

① 1,000,000원 ② 1,500,000원
③ 2,000,000원 ④ 2,500,000원

18 ㈜유명 본점의 2025년 1기 부가가치세 확정신고에 대한 설명으로 옳지 않은 것은 무엇인가?

① 부가가치세 총괄납부사업장이다.
② 고정자산 매입분은 세금계산서 수취분만 존재한다.
③ 과세표준 매출세액의 부가세 합계액은 402,000,000원이다.
④ 1기 부가가치세 확정신고 시 납부할 세액은 24,150,000원이다.

19 ㈜유명 본점은 부동산임대업을 겸업하고 있어 부가가치세 신고 시 간주임대료를 포함해 신고하려고 한다. 2025년 2기 부가가치세 확정신고 시 다음 [부동산임대내역]의 자료를 입력한 후 보증금이자(간주임대료)를 계산하면 얼마인지 고르시오. 단, 보증금이자(간주임대료) 계산 시 소수점 이하는 절사한다.

[보 기]

[부동산임대내역]
- 동 : 1111065000.서울특별시 종로구 혜화동
- 상호(성명) : 도민실업㈜
- 임대기간 : 2025/10/01 ~ 2026/09/30
- 월세 : 3,000,000원
- 층 / 호수 : 지상 3층 / 301호
- 면적 / 용도 : 200㎡ / 사무실
- 보증금 : 270,000,000원
- 관리비 : 700,000원
※ 이자율은 3.5%로 계산한다.

① 2,381,917원
② 2,066,141원
③ 2,031,458원
④ 1,973,589원

20 ㈜유명 본점의 2025년 2기 부가가치세 예정신고 시 발생하지 않은 세무구분을 고르시오.

① 11.과세매출
② 17.카드매출
③ 25.수입
④ 28.현금영수증매입

제105회 2024년 6차 시험

> 정답 및 해설 p.176

이론문제

01 인공지능 기반의 빅데이터 분석기법에 대한 설명으로 적절하지 않은 것은?
① 텍스트마이닝 분석을 실시하기 위해서는 불필요한 정보를 제거하는 데이터 전처리(Data Preprocessing) 과정이 필수적이다.
② 텍스트마이닝은 자연어(Natural Language) 형태로 구성된 정형데이터에서 패턴 또는 관계를 추출해 의미 있는 정보를 찾아내는 기법이다.
③ 데이터마이닝은 대규모로 저장된 데이터 안에서 다양한 분석기법을 활용해 전통적인 통계학 이론으로는 설명이 힘든 패턴과 규칙을 발견한다.
④ 데이터마이닝은 분류(Classification), 추정(Estimation), 예측(Prediction), 유사집단화(Affinity Grouping), 군집화(Clustering)의 5가지 업무영역으로 구분할 수 있다.

02 [보기]에서 설명하는 RPA 적용단계는 무엇인가?

[보 기]
- 빅데이터 분석을 통해 사람이 수행하는 복잡한 의사결정을 내리는 수준이다.
- 이것은 RPA가 업무프로세스를 스스로 학습하면서 자동화하는 단계다.

① 인지자동화　　　　　　　　　② 데이터전처리
③ 기초프로세스 자동화　　　　　④ 데이터 기반의 머신러닝(기계학습) 활용

03 ERP 도입목적에 대한 설명으로 가장 적절하지 않은 것은?
① 고객요구에 대한 조직의 일관적이고 신속한 대응
② 급변하는 경영환경의 변화와 정보기술의 발전에 대응
③ 회계, 인사, 생산, 물류 등 각 분야별 독립적인 업무처리
④ 복잡해지는 기업환경에 따라 통합 업무처리시스템의 필요성 증대

04 ERP 구축 전에 수행되는 단계적으로 시간의 흐름에 따라 비즈니스 프로세스를 개선해가는 점증적 방법론은 무엇인가?

① ERD(Entity Relationship Diagram)
② BPI(Business Process Improvement)
③ MRP(Material Requirement Program)
④ SFS(Strategy Formulation & Simulation)

05 회계의 기본가정으로 옳은 것은?

[보 기]
기업실체 존속기간을 일정한 단위로 분할해 각 기간에 대한 경제적 의사결정에 유용한 정보를 보고하는 것이다.

① 기업실체의 가정
② 계속기업의 가정
③ 기간별 보고의 가정
④ 화폐단위 측정의 가정

06 [보기]의 ( )에 들어갈 수 있는 계정과목은?

[보 기]
• 김대리 : 전기대비 영업이익은 증가했는데 당기순이익이 감소한 원인은 무엇인가요?
• 박사원 : 당기순이익이 감소한 원인은 ( )이(가) 증가했기 때문입니다.

① 급 여
② 이자비용
③ 매출원가
④ 여비교통비

07 [보기]는 무엇에 대한 설명인가?

[보 기]
모든 거래내용을 발생한 순서대로 분개하는 장부로 총계정원장에 전기하는 데 기초가 되는 장부다.

① 계 정
② 분개장
③ 역사적원가
④ 거래의 이중성

08 미수수익을 장부에 기장하는 것을 누락한 경우에는 재무제표에 어떠한 영향을 미치는가?

① 수익이 과대계상된다.
② 수익이 과소계상된다.
③ 자산이 과대계상된다.
④ 부채가 과소계상된다.

09 [보기]는 ㈜생산성에서 구입한 명절선물세트 구매영수증이다. (가), (나)의 계정과목으로 적절한 것은?

[보 기]

영 수 증
2024.09.01
ABC마트　　　　　　　　　　　　　　Tel. 02)123-5555
서울시 행복구 행복로 1길
123-45-67891

종 명	수 량	단 가	금 액
명절선물세트			1,500,000
		합계	1,500,000

감사합니다.

(가) 명절선물세트를 ㈜생산성 직원에게 제공하는 경우
(나) 거래처 직원 명절선물로 제공하는 경우

① (가) 복리후생비 / (나) 접대비
② (가) 접대비　　 / (나) 복리후생비
③ (가) 복리후생비 / (나) 기부금
④ (가) 기부금　　 / (나) 복리후생비

10 ㈜생산성에 근무하는 홍길동 사원에게 2024년 7월 출장 시 출장비를 가지급금으로 지급하고 7월 31일에 여비정산 후 잔액을 현금으로 반납받았다. [보기]를 참고해 회계처리로 옳은 것을 고르시오.

[보 기]
- 출장기간 : 2024년 7월 2일 ~ 2024년 7월 3일
- 출장비 지급일자 : 2024년 7월 2일
- 정산일자 : 2024년 7월 31일
- 출장비 : 400,000원
- 실제소요액 : 숙박비 150,000원, 유류비 100,000원, 식비 60,000원
- 여비반납액 : 90,000원

①	2024년 7월 2일	(차) 가지급금	310,000원	(대) 현 금	310,000원
②	2024년 7월 2일	(차) 여비교통비	310,000원	(대) 현 금	220,000원
				여비반납비	90,000원
③	2024년 7월 31일	(차) 여비교통비	310,000원	(대) 가지급금	400,000원
		현 금	90,000원		
④	2024년 7월 31일	(차) 현 금	90,000원	(대) 가지급금	90,000원

11 [보기]의 제시된 자료를 이용해 2023년 결산 시 인식해야 하는 외화환산이익(손실)을 계산하면 얼마인가?

[보 기]
1. 2023년 9월 10일 : $20,000(만기 2년) 외화장기차입금 발생
2. 환율정보
   • 2023년 9월 10일 : ₩1,100/$
   • 2023년 12월 31일 : ₩1,000/$

① 외화환산이익 1,000,000원
② 외화환산손실 1,000,000원
③ 외화환산이익 2,000,000원
④ 외화환산손실 2,000,000원

12 [보기]의 (가)와 (나)에 들어갈 내용으로 옳은 것은?

[보 기]
단기매매증권을 취득하면서 발생한 수수료는 (가)으로 처리하고, 건물을 취득하면서 발생한 취득세는 (나)로 처리한다.

① (가) 단기매매증권 / (나) 건 물
② (가) 단기매매증권 / (나) 세금과공과
③ (가) 수수료비용 / (나) 건 물
④ (가) 수수료비용 / (나) 세금과공과

13 원자재 가격 상승으로 상품의 매입단가가 계속 오르고 있다. 이때 선입선출법에 의해 재고자산을 평가할 경우 이동평균법과 비교해 재무제표에 미치는 영향으로 옳지 않은 것은?

① 당기의 순이익이 과소계상된다.
② 당기의 매출원가가 과소계상된다.
③ 차기의 기초상품재고액이 과대계상된다.
④ 당기의 기말상품재고액이 과대계상된다.

14

[보기]의 일반기업회계기준 – 유가증권에 대한 설명 중 (㉠), (㉡)에 들어갈 내용을 고르시오.

[보 기]

만기가 확정된 채무증권으로 상환금액이 확정되거나 확정이 가능하며 만기까지 보유할 적극적인 의도와 능력이 있는 것으로 만기까지 보유할 경영자의 적극적인 의도와 기업의 보유능력을 필요조건으로 하는 유가증권을 (㉠)(이)라고 하며, 타 기업을 지배·통제할 목적으로 타사발행 의결권이 있는 주식의 20% 이상 취득 시 당해 주식은 (㉡)(이)라고 한다.

① ㉠ 매도가능증권 / ㉡ 만기보유증권
② ㉠ 만기보유증권 / ㉡ 지분법적용투자주식
③ ㉠ 지분법적용투자주식 / ㉡ 단기매매증권
④ ㉠ 단기매매증권 / ㉡ 지분법적용투자주식

15

㈜생산성은 영업용 건물을 구입했고 그에 따른 취득세 800,000원을 현금으로 납부했다. 분개로 적절한 것은?

① (차) 세금과공과 800,000원 (대) 현 금 800,000원
② (차) 건 물 800,000원 (대) 현 금 800,000원
③ (차) 취득세 800,000원 (대) 현 금 800,000원
④ (차) 수수료비용 800,000원 (대) 현 금 800,000원

16

㈜생산성의 당기 지출내역이다. [보기]의 자료 중 무형자산으로 기록할 수 있는 금액은 모두 얼마인가?

[보 기]
- 기존 다른 기업이 가지고 있는 상표권 구입비용 : 10,000,000원
- 신제품 특허권 취득비용 : 20,000,000원
- 신제품의 연구단계에서 발생한 재료 구입비용 : 1,800,000원

① 20,000,000원
② 21,800,000원
③ 30,000,000원
④ 31,800,000원

17 [보기]의 거래에 대한 사채발행 시 분개로 옳은 것은?

[보 기]
- ㈜생산성출판사는 1월 1일 사채 액면총액 200,000원(@20,000원)을 액면발행하고 납입금은 당좌예금에 예입했다. 단, 사채발행비는 없다.
- 상환기간 3년, 연이율 10%, 이자지급 연 1회, 결산일 12월 31일

① (차) 사 채　　200,000원　　(대) 당좌예금　200,000원
② (차) 현 금　　200,000원　　(대) 사 채　　200,000원
③ (차) 차입금　　200,000원　　(대) 당좌예금　200,000원
④ (차) 당좌예금　200,000원　　(대) 사 채　　200,000원

18 ㈜생산철강의 재무상태가 [보기]와 같은 경우 순자산(자본)의 총계는 얼마인가?

[보 기]
- 현 금　50,000원　　• 매입채무　35,000원　　• 매출채권　30,000원
- 비 품　80,000원　　• 차입금　　45,000원　　• 재고자산　65,000원

① 115,000원　　　　② 125,000원
③ 145,000원　　　　④ 155,000원

19 상품 500,000원을 매입하고 대금은 현금 250,000원과 약속어음 250,000원을 발행해 지급할 경우 발생할 내용으로 적절한 것은?

① 총자산과 총자본이 증가한다.
② 총자산과 총부채가 증가한다.
③ 총자산이 감소하고, 총자본은 감소한다.
④ 총자산이 감소하고, 총부채가 증가한다.

20 자본조정항목은 자본에서 가산되거나 차감하는 형식으로 표시된다. 성격이 다른 하나를 고르시오.

① 신주청약증거금　　　　② 주식매수선택권
③ 미교부주식배당금　　　④ 자기주식처분손실

실무문제

로그인 정보

회사코드	1005	사원코드	ERP13A02
회사명	회계2급 회사B	사원명	김은찬

01 다음 중 사원등록에 대한 설명으로 옳지 않은 것을 고르시오.

① ERP를 운용할 수 없는 사원은 총 1명이다.
② 당사에 등록된 사원은 전부 동일한 부서에 소속되어 있다.
③ 김종민 사원은 승인전표를 승인해제한 뒤에 금액 수정이 가능하다.
④ 김은찬 사원은 조회권한이 회사 권한이므로 영업부의 전표를 조회할 수 있다.

02 당사에서 설정한 예산통제 구분은 무엇인지 고르시오.

① 결의부서
② 사용부서
③ 프로젝트
④ 예산관리 안 함

03 다음 회계관리 메뉴 중 [ERP13A03.김종민] 사원이 사용할 수 있는 메뉴는 무엇인지 고르시오.

① 분개장
② 일월계표
③ 계정별원장
④ 일자별자금계획입력

04 ㈜큐브의 2024년 11월에 발생한 전표 중 전표상태가 '미결'인 전표는 총 몇 건인지 고르시오.

① 총 1건
② 총 2건
③ 총 3건
④ 총 4건

05 ㈜큐브의 2024년 하반기 중에서 [40100.상품매출] 금액이 가장 많이 발생한 월은 언제인지 고르시오.

① 9월
② 10월
③ 11월
④ 12월

06 ㈜큐브는 업무용승용차를 사원별로 관리하고 있다. 다음 중 [ERP13A02.김은찬] 사원이 관리하고 있는 업무용승용차의 차량번호를 고르시오.

① 12A 8087
② 12B 0927
③ 12B 0316
④ 13B 0717

07 ㈜큐브는 전년도 장부를 마감한 후 2024년도로 이월했다. 다음 중 전년도에서 이월한 [12000.미수금] 계정의 거래처별 내역이 일치하지 않은 것을 고르시오.

① 00001.㈜성호기업 : 27,500,000원
② 00004.㈜형광공업 : 8,000,000원
③ 00007.㈜나라상사 : 9,000,000원
④ 00008.도민실업㈜ : 11,000,000원

08 ㈜큐브의 2024년 8월 31일 기준 외상매출금의 대손충당금으로 설정된 금액은 얼마인지 고르시오.

① 6,965,817원
② 8,317,414원
③ 11,965,817원
④ 12,000,677원

09 당사는 [82200.차량유지비] 계정에 사용부서를 [C1.사용부서] 관리항목으로 관리하고 있다. ㈜큐브의 2024년 하반기 중 [82200.차량유지비] 계정의 지출금액이 가장 큰 부서는 어디인지 고르시오.

① 1001.재경부
② 2001.영업부
③ 3001.생산부
④ 4001.총무부

10 ㈜큐브의 고정자산 중 차량운반구 [20800001.쏘렌토(12A8087)] 자산에 자산변동이 발생했다. 2024년 8월 2일 발생한 자산 변동사항은 무엇인지 고르시오.

① 자본적 지출
② 사업장 이동
③ 프로젝트 이동
④ 양도

11 2024년 2분기 동안 재경부에서 사용한 예산 중 집행율이 가장 큰 계정과목을 고르시오. 단, 집행방식은 승인집행으로 조회한다.

① 81100.복리후생비
② 81200.여비교통비
③ 81400.통신비
④ 82200.차량유지비

12 ㈜큐브는 거래처별로 받을어음을 관리하고 있다. 다음 중 2024년 7월 20일 만기도래하는 ㈜주안실업 거래처에 발생한 어음번호로 옳은 것을 고르시오. 단, [받을어음명세서]에서 조회는 어음번호 기준으로 정답을 고르시오.

① 자가202402200001
② 자가202402200002
③ 자가202404060001
④ 자가202402200003

13 다음 중 ㈜큐브에서 한 해 동안 상여금(판매관리비) 계정을 가장 많이 사용한 분기를 고르시오.

① 1/4분기
② 2/4분기
③ 3/4분기
④ 4/4분기

14 ㈜큐브의 2024년 12월 말 결산 시 소모품의 기말 재고액은 2,000,000원이다. 장부의 금액을 확인 후 이와 관련된 2024년 12월 말 결산수정분개로 가장 옳은 것을 고르시오. 단, 소모품은 취득 시 자산으로 처리했다.

① (차) 소모품   4,000,000원   (대) 소모품비 4,000,000원
② (차) 소모품비 4,000,000원   (대) 소모품   4,000,000원
③ (차) 소모품   6,500,000원   (대) 소모품비 6,500,000원
④ (차) 소모품비 6,000,000원   (대) 소모품   6,000,000원

15 ㈜큐브는 2024년 2기 부가가치세 확정신고 시 [세금계산서합계표]를 작성했다. 다음 중 [세금계산서합계표]에 대한 설명으로 옳지 않은 것을 고르시오.

① 매입 세금계산서의 부가세액 총합계는 9,400,000원이다.
② ㈜성호기업 거래처에 발급한 세금계산서는 총 2매다.
③ 유신상사㈜ 거래처에 수취한 부가세액은 1,400,000원이다.
④ ㈜신흥전자에 매입한 전자세금계산서 중 전자 11일 경과 전송분이 1매 존재한다.

16 ㈜큐브의 2024년 2기 부가가치세 확정신고기간에 매입세액을 공제받지 못하는 거래를 확인했다. 다음 중 거래처와 불공제 사유를 올바르게 연결한 것을 고르시오.

① 00007.㈜나라상사 – 접대비관련매입세액
② 00007.㈜나라상사 – 사업과 관련없는 지출
③ 00014.한국식당 – 면세사업과 관련된분
④ 00014.한국식당 – 접대비관련매입세액

17 다음 [보기]의 거래내역을 전표입력 후 ㈜큐브의 2024년 2기 부가가치세 예정신고기간에 직수출한 원화금액은 얼마인지 고르시오.

[보 기]
- 회계단위 및 사업장 : [1000. ㈜큐브]
- 9월 13일 TOYOTA 거래처에 상품 ¥12,000(JPY환율 ¥1당 900원)을 수출신고서(신고번호 12345-84-121212-X)에 의해 외상으로 직수출했다. 매출액 계정은 [40102.해외매출액] 계정을 사용했다.

① 10,800,000원
② 12,000,000원
③ 13,420,000원
④ 15,000,000원

18 ㈜큐브의 2024년 2기 부가가치세 확정신고 시 매입에 대한 예정신고누락분이 있음을 확인했다. 위 과세기간에 예정신고누락분 부가세액 합계금액은 얼마인지 고르시오.

① 1,000,000원
② 1,100,000원
③ 1,200,000원
④ 1,300,000원

19 ㈜큐브 사업장의 회계담당자가 당사의 부가세 신고 관련해 관할세무서를 확인하려 할 때 다음 중 어느 메뉴에서 확인이 가능한지 고르시오.

① 회사등록
② 사업장등록
③ 시스템환경설정
④ 회계초기이월등록

20 ㈜큐브의 2024년 2기 부가가치세 확정신고 시 신용카드로 매입한 내역에 대한 설명으로 옳지 않은 것을 고르시오.

① 신용카드 매입에 사용된 카드는 전부 사업용 카드를 사용했다.
② 신용카드 매입내역 중 고정자산 매입분 금액은 존재하지 않는다.
③ 2024년 2기 부가가치세 확정신고 시 신용카드 매입이 발생한 거래처는 총 4개 거래처다.
④ 신용카드로 매입한 내역은 [부가세신고서] '매입세액 → 그 밖의 공제매입세액'에 불러올 수 있다.

제104회 2024년 5차 시험

이론문제

01 차세대 ERP의 비즈니스 애널리틱스(Business Analytics)에 관한 설명으로 가장 적절하지 않은 것은?

① 비즈니스 애널리틱스는 구조화된 데이터(Structured Data)만 분석대상으로 한다.
② ERP 시스템의 방대한 데이터 분석을 위해 비즈니스 애널리틱스가 차세대 ERP의 핵심요소가 되고 있다.
③ 비즈니스 애널리틱스는 리포트, 쿼리, 대시보드, 스코어카드뿐만 아니라 예측모델링과 같은 진보된 형태의 분석기능도 제공한다.
④ 비즈니스 애널리틱스는 질의 및 보고와 같은 기본적 분석기술과 예측모델링과 같은 수학적으로 정교한 수준의 분석을 지원한다.

02 클라우드 서비스 사업자가 클라우드 컴퓨팅 서버에 ERP 소프트웨어를 제공하고, 사용자가 원격으로 접속해 ERP 소프트웨어를 활용하는 서비스를 무엇이라 하는가?

① PaaS(Platform as a Service)
② SaaS(Software as a Service)
③ DaaS(Desktop as a Service)
④ IaaS(Infrastructure as a Service)

03 ERP 아웃소싱(Outsourcing)에 대한 설명으로 적절하지 않은 것은?

① ERP 자체개발에서 발생할 수 있는 기술력 부족을 해결할 수 있다.
② ERP 아웃소싱을 통해 기업이 가지고 있지 못한 지식을 획득할 수 있다.
③ ERP 개발과 구축, 운영, 유지보수에 필요한 인적 자원을 절약할 수 있다.
④ ERP 시스템 구축 후에는 IT아웃소싱 업체로부터 독립적으로 운영할 수 있다.

04 [보기]에서 가장 성공적인 ERP 도입이 기대되는 회사는 무엇인가?

[보 기]
- 회사 A : 현재 업무방식이 최대한 반영될 수 있도록 업무단위에 맞추어 ERP 도입을 추진 중이다.
- 회사 B : 시스템의 전문지식이 풍부한 IT 및 전산 관련 부서 구성원으로 도입 TFT를 결성했다.
- 회사 C : 프로세스 개선을 위해 효율적인 업무프로세스를 재정립하고, 성공적인 ERP 도입을 위해 유능한 컨설턴트를 고용하고자 한다.
- 회사 D : ERP 도입과정에서 부서 간 갈등 발생 시 최고경영층의 개입이 최소화될 수 있도록 하향식(Top-Down) 의사결정을 배제한다.

① 회사 A
② 회사 B
③ 회사 C
④ 회사 D

05 기업의 이해관계자와 관련된 내용이다. 다음 중 성격이 다른 하나는 무엇인가?

① 경영자
② 채권자
③ 투자자
④ 정부기관

06 관리회계와 비교할 때 재무회계의 특징으로 가장 적절하지 않은 것은?

① 재무회계에서는 경영자의 경영의사결정만을 중요시한다.
② 재무회계는 재무제표 작성을 위해 일반적으로 인정된 회계원칙을 준수한다.
③ 재무제표는 정보의 비교가능성을 위해 통일된 형식에 따라 작성 보고된다.
④ 재무회계는 수시로 정보를 제공하기보다는 정기적으로 재무제표를 보고한다.

07 기초자본과 비용총액을 계산하면 얼마인가?

[보 기]
- 기초자산 : 300,000원
- 기초부채 : 130,000원
- 기말자본 : 230,000원
- 수익총액 : 140,000원

① (기초자본) 60,000원 / (비용총액) 60,000원
② (기초자본) 60,000원 / (비용총액) 80,000원
③ (기초자본) 170,000원 / (비용총액) 60,000원
④ (기초자본) 170,000원 / (비용총액) 80,000원

08 일정기간의 경영성과를 나타내는 재무제표의 계정과목으로만 짝지어진 것을 고르시오.

① 접대비, 지급수수료
② 선급금, 외상매입금
③ 보통예금, 미지급금
④ 외상매출금, 임대보증금

09 [보기]에서 설명하는 계정과목으로 가장 적절한 것은?

> [보 기]
> 현금지출이 발생했지만 거래내용이 불명확해 임시로 처리한 가계정으로 계정과목과 금액이 확정되는 즉시 확정계정으로 대체해 정리해야 한다.

① 기부금
② 선급금
③ 가지급금
④ 지급어음

10 [보기]에 기계기구 구입과 관련한 분개에서 (   ) 안에 들어갈 수 없는 계정과목은 무엇인가?

> [보 기]
> (차) 기계기구   1,000,000원   (대) (   )   1,000,000원

① 현 금
② 보통예금
③ 미지급금
④ 외상매입금

11 [보기]는 계정내용 중 일부다. 5월 5일 발생한 거래를 추정한 내용으로 맞는 것은?

> [보 기]
>
> | 대여금 | | 이자수익 | |
> |---|---|---|---|
> | 5/5   50,000원 | | | 5/5   3,000원 |

① 현금 50,000원을 대여하고, 그 이자로 현금 3,000원을 받다.
② 현금 53,000원을 대여하고, 현금 3,000원을 차입하다.
③ 대여금 50,000원을 회수하고, 그 이자로 현금 3,000원을 받다
④ 대여금 53,000원을 회수하고, 그 이자로 현금 3,000원을 받다.

12 [보기] 자료에서 재무상태표에 단기투자자산 항목으로 표시되는 금액은 얼마인가?

[보 기]
- 현 금 : 600,000원
- 당좌예금 : 3,000,000원
- 받을어음 : 150,000원
- 보통예금 : 600,000원
- 단기매매증권 : 200,000원
- 단기대여금 : 220,000원

① 150,000원
② 330,000원
③ 420,000원
④ 570,000원

13 기말 결산 시에 임대료 선수분을 계상하지 않은 상태에서 당기순이익이 200,000원이었다. [보기] 자료와 같이 임대료 선수분을 계상할 경우 당기순이익의 변동은 어떻게 되는가?

[보 기]
- 5월 1일 : 임대료 1년분 25,000원을 현금으로 받다.
- 12월 31일 : 결산 기말에 임대료 선수분 6,000원을 계상하지 않았다.

① 당기순이익이 6,000원 증가한다.
② 당기순이익이 10,000원 증가한다.
③ 당기순이익이 6,000원 감소한다.
④ 당기순이익이 10,000원 감소한다.

14 일반기업회계기준에 따라 [보기]의 유가증권 취득원가를 구하시오.

[보 기]
단기매매증권으로 분류되는 주식 3,000주를 주당 5,000원에 취득하면서 수수료 500,000원과 증권거래세 300,000원을 지급했다.

① 14,200,000원
② 14,500,000원
③ 15,000,000원
④ 15,800,000원

15 2024년 12월 31일 결산법인인 ㈜생산성기업은 2024년 8월 1일 잔존가치가 400,000원, 내용연수가 10년인 기계장치를 4,000,000원에 구입했다. 정액법을 사용해 월할상각할 경우 2024년도에 기록되는 감가상각비는 얼마인가?

① 90,000원　　　　　　　　　　② 110,000원
③ 130,000원　　　　　　　　　　④ 150,000원

16 [보기]는 기계장치 처분과 관련된 자료다. 해당 기계장치의 감가상각누계액은 얼마인가?

[보기]
- 취득가액 : 650,000원
- 처분가액 : 650,000원
- 유형자산처분이익 : 450,000원

① 350,000원　　　　　　　　　　② 450,000원
③ 550,000원　　　　　　　　　　④ 650,000원

17 [보기]의 일반기업회계기준의 개발비에 대한 설명 중 (㉠), (㉡)에 들어갈 내용을 고르시오.

[보기]
- 신제품과 신기술 등의 개발활동과 관련해 발생한 지출로서 미래 경제적 효익의 유입가능성이 높으며, (㉠)를 신뢰성 있게 측정할 수 있는 것을 말한다.
- 신제품·신기술 개발과 관련된 지출을 자산처리할 경우에는 (㉡)로 처리한다.

① ㉠ 공정원가 / ㉡ 시험비
② ㉠ 취득원가 / ㉡ 개발비
③ ㉠ 처분원가 / ㉡ 수선비
④ ㉠ 선입원가 / ㉡ 세금과공과

18 [보기] 자료를 토대로 매출액을 계산하면 얼마인가?

[보 기]
- 당기 총매출액 : 500,000원
- 당기에 매출채권의 회수기일보다 빨리 회수가 되어 약정된 기일까지 일수에 따라 할인해준 금액 : 50,000원
- 당기 제품 중 하자가 있어서 일부 할인해준 금액 : 150,000원

① 300,000원　　② 350,000원
③ 450,000원　　④ 500,000원

19 ㈜생산성에서 현금 500,000원을 8개월간 차입하고 차용증서를 발행했다. 이 거래를 분개할 경우 대변계정으로 옳은 것은?

① 단기대여금　　② 단기차입금
③ 외상매출금　　④ 유동성장기부채

20 자본조정항목은 자본에서 가산되거나 차감하는 형식으로 표시된다. 성격이 다른 하나를 고르시오.

① 감자차손　　② 자기주식
③ 미교부주식배당금　　④ 자기주식처분손실

실무문제

로그인 정보

회사코드	1002	사원코드	ERP13A02
회사명	회계2급 회사A	사원명	김은찬

01 당사의 [시스템환경설정]에 대한 설명으로 옳지 않은 것을 고르시오. 단, [시스템환경설정]은 추가변경하지 않는다.

① 예산관리여부는 '여'로 설정했다.
② 고정자산 상각 시 비망가액을 처리할 수 없다.
③ 거래처 등록 시 거래처코드는 자동부여되지 않는다.
④ 전표를 출력할 때 4번 양식을 기본양식으로 사용한다.

02 다음 중 당사의 계정과목에 대한 설명으로 옳지 않은 것을 고르시오.

① [20600.기계장치] 계정은 상각 계정과목이다.
② [81100.복리후생비] 계정은 세목으로 세분화해 관리하고 있다.
③ [83700.건물관리비] 계정은 프로젝트별로 이월하도록 관리하고 있다.
④ [84800.잡비] 계정은 전표입력 시 증빙을 필수 입력하지 않도록 설정했다.

03 다음 중 당사의 프로젝트 중 원가구분이 [1.제조]이면서 프로젝트의 진행구분이 '진행'인 '공통'유형의 프로젝트를 고르시오.

① 1000.서울공장 ② 1001.광주공장
③ 1002.부산공장 ④ 1003.울산공장

04 ㈜유명 본점의 2024년 1월에서 4월 중 [82200.차량유지비] 계정 금액이 가장 많이 발생한 월은 언제인지 고르시오.

① 1월 ② 2월
③ 3월 ④ 4월

05 2024년 1분기 동안 재경부에서 사용한 예산 중 집행실적이 가장 큰 계정과목을 고르시오. 단, 집행방식은 승인집행방식으로 조회한다.

① 80200.직원급여
② 81100.복리후생비
③ 81200.여비교통비
④ 83100.지급수수료

06 2024년 3월 한 달간 현금 입금액과 출금액은 각각 얼마인지 고르시오.

① 입금액   5,000,000원 / 출금액 2,495,000원
② 입금액   5,000,000원 / 출금액 4,610,000원
③ 입금액 102,860,000원 / 출금액 4,610,000원
④ 입금액 102,860,000원 / 출금액 7,105,000원

07 ㈜유명 본점은 외상매출금에 대해 선입선출법 기준으로 채권을 관리하고 있다. 2024년 6월말 기준으로 3개월 전까지의 채권을 확인해 조회기간 이전 채권잔액이 가장 큰 거래처를 고르시오.

① ㈜성호기업
② ㈜주안실업
③ ㈜한동테크
④ ㈜형광공업

08 2024년 8월 한 달 동안 ㈜유명 본점에서 판매관리비로 지출된 금액 중 현금으로 지출한 금액이 가장 큰 계정과목을 고르시오.

① 복리후생비
② 여비교통비
③ 차량유지비
④ 사무용품비

09 ㈜유명 본점에서 지출증빙서류검토표를 작성하던 중 핵심ERP의 증빙을 연결하는 작업에서 [10.신용카드(법인)]과 [11.신용카드(개인)]의 증빙연결이 누락된 것을 확인했다. 아래 [적격증빙별 전표증빙]과 같이 누락된 증빙 연결 후 2024년 한 해 동안 지출될 신용카드의 손익계산서 합계금액은 얼마인가?

> [보 기]
> [적격증빙별 전표증빙]
> • 10.신용카드(법인) – 8.신용카드매출전표(법인)
> • 11.신용카드(개인) – 8A.신용카드매출전표(개인)

① 1,670,000원　　　　　　　　② 2,630,000원
③ 3,300,000원　　　　　　　　④ 4,300,000원

10 ㈜유명 본점은 매월 수입 및 지출에 대해 일자별자금계획을 수립하고 있다. 2024년 5월 고정적으로 지출되는 금액은 2024년 4월과 비교해 얼마나 감소했는가?

① 100,000원　　　　　　　　② 200,000원
③ 300,000원　　　　　　　　④ 400,000원

11 ㈜유명 본점의 한 해 동안 수도광열비(판매관리비) 계정을 가장 많이 사용한 분기가 언제인지 고르시오.

① 1/4분기　　　　　　　　② 2/4분기
③ 3/4분기　　　　　　　　④ 4/4분기

12 ㈜유명 본점의 7월 31일 기준 재무상태표에 대한 설명으로 옳은 것은 무엇인가?

① 부채의 총합계 금액은 9,408,100,000원이다.
② 자본의 총합계 금액은 14,295,449,055원이다.
③ 매출채권의 대손충당금 합계액은 5,271,310원이다.
④ 현금및현금성자산의 합계액은 96,575,000원이다.

13 ㈜유명 본점의 2024년 상반기 손익계산서에 대한 설명 중 옳지 않은 것은?

① 당기상품매입액은 전기에 비해 감소했다.
② 판매관리비가 증가하면 당기순이익도 증가한다.
③ 이자비용이 영업외비용으로 200,000원 발생했다.
④ 판매관리비 중 가장 많은 비용이 발생한 계정은 상여금이다.

14 다음 [보기]내용을 참고해 [고정자산등록] 메뉴에 입력한 후 비품 자산의 당기 감가상각비 금액을 조회하면 얼마인지 고르시오.

[보 기]
- ㈜유명 본점은 2024년 6월 1일에 비품자산 [21200009.팩스기]를 취득부대비용 포함해 2,400,000원에 신규취득했다.
- 상각방법 : 정액법 / 내용연수 : 5년

① 280,000원
② 599,000원
③ 768,104원
④ 1,048,104원

15 ㈜유명 본점의 부가세 신고 방법에 대한 설명으로 옳지 않은 것을 고르시오.

① 관할세무서는 서초세무서다.
② 업태는 도소매이며 종목은 소프트웨어다.
③ 부가세 신고유형은 사업자단위과세 신고를 채택하고 있다.
④ 부가세 신고는 각 사업장별로 하고 납부는 주사업장에서 진행한다.

16 ㈜유명 본점의 2024년 2기 부가가치세 예정신고 시 [세금계산서합계표]를 작성했다. 다음 중 세금계산서합계표에 대한 설명으로 옳지 않은 것을 고르시오.

① 매출세금계산서의 부가세액 총합계는 48,000,000원이다.
② ㈜한동테크 거래처에 발급한 세금계산서는 총 3매다.
③ 민호빌딩㈜ 거래처에 수취한 세금계산서 매수는 총 1매다.
④ 매입세금계산서 중 전자세금계산서 외 거래건의 부가세 합계액은 435,000원이다.

17 ㈜유명 본점의 2024년 1기 부가가치세 확정신고 시 [매입세액불공제내역] 서식에 작성된 불공제 사유구분이 아닌 것을 고르시오.

① 접대비관련매입세액
② 필요적 기재사항 누락
③ 비영업용소형승용차구입 및 유지
④ 금, 구리 스크랩 거래계좌 미사용 관련 매입세액

18 ㈜유명 본점의 2024년 1기 부가가치세 예정신고기간에 카드로 자산을 매입한 거래 건이 발생했다. 다음 중 어느 거래처에서 발생한 거래인지 고르시오.

① 00012.한국컴퓨터
② 00015.오피스세상
③ 00070.나라오피스
④ 00093.대한유통㈜

19 ㈜유명 본점은 부동산임대업을 겸업하고 있어 부가가치세 신고 시 간주임대료를 포함해 신고하려고 한다. 2024년 2기 부가가치세 확정신고 시 다음 [부동산임대내역]의 자료를 입력한 후 보증금이자(간주임대료)를 계산하면 얼마인지 고르시오. 단, 보증금이자(간주임대료) 계산 시 소수점 이하는 절사한다.

[보 기]

[부동산임대내역]
- 동 : 1111065000.서울특별시 종로구 혜화동
- 상호(성명) : ㈜중원
- 임대기간 : 2024/10/01 ~ 2025/09/30
- 월세 : 2,200,000원
- 층 / 호수 : 지상 3층 / 301호
- 면적 / 용도 : 200㎡ / 사무실
- 보증금 : 150,000,000원
- 관리비 : 250,000원
※ 이자율은 3.5%로 계산한다.

① 1,093,442원
② 1,319,672원
③ 8,440,000원
④ 8,443,442원

20 ㈜유명 본점의 2024년 1기 부가가치세 예정신고 기간에 발행한 신용카드매출액 중 세금계산서가 발급된 금액은 얼마인가?

① 2,000,000원
② 2,500,000원
③ 3,000,000원
④ 3,500,000원

제103회 2024년 4차 시험

이론문제

01 ERP시스템의 SCM 모듈을 실행함으로써 얻는 장점으로 가장 적절하지 않은 것은?

① 공급사슬에서의 가시성 확보로 공급 및 수요변화에 대한 신속한 대응이 가능하다.
② 정보투명성을 통해 재고수준 감소 및 재고회전율(inventory turnover) 증가를 달성할 수 있다.
③ 공급사슬에서의 계획(plan), 조달(source), 제조(make) 및 배송(deliver) 활동 등 통합 프로세스를 지원한다.
④ 마케팅(marketing), 판매(sales) 및 고객서비스(customer service)를 자동화함으로써 현재 및 미래 고객들과 상호작용할 수 있다.

02 ERP의 특징에 대한 설명으로 가장 옳지 않은 것은?

① Open Multi-vendor : 특정 H/W 업체에만 의존하는 open 형태를 채용, C/S형의 시스템 구축이 가능하다.
② 통합업무시스템 : 세계 유수기업이 채용하고 있는 Best Practice Business Process를 공통화, 표준화시킨다.
③ Parameter 설정에 의한 단기간의 도입과 개발이 가능 : Parameter 설정에 의해 각 기업과 부문의 특수성을 고려할 수 있다.
④ 다국적, 다통화, 다언어 : 각 나라의 법률과 대표적인 상거래 습관, 생산방식이 시스템에 입력되어 있어서 사용자는 이 가운데 선택해 설정할 수 있다.

03 ERP시스템 투자비용에 관한 개념 중 '시스템의 전체 라이프사이클(life-cycle)을 통해 발생하는 전체 비용을 계량화한 비용'에 해당하는 것은?

① 유지보수비용(Maintenance Cost)
② 시스템 구축비용(Construction Cost)
③ 총소유비용(Total Cost of Ownership)
④ 소프트웨어 라이선스비용(Software License Cost)

04 ERP 구축순서로 가장 적절한 것은?

① 설계 – 분석 – 구현 – 구축
② 설계 – 분석 – 구축 – 구현
③ 분석 – 설계 – 구축 – 구현
④ 분석 – 설계 – 구현 – 구축

05 [보기]의 재무상태표에 대한 설명으로 적절하지 않은 것은?

[보 기]

재무상태표

2023년 12월 31일 현재

현금및현금성자산	50,000원	매입채무	300,000원
매출채권	700,000원	장기차입금	1,000,000원
상품	400,000원	퇴직급여충당부채	200,000원
투자부동산	100,000원	자본금	1,200,000원
건물	1,500,000원	이익잉여금	50,000원
합계	2,750,000원	합계	2,750,000원

① 자본은 1,250,000원이다.
② 유형자산은 1,600,000원이다.
③ 유동자산은 1,150,000원이다.
④ 비유동부채는 1,200,000원이다.

06 재무상태표의 설명으로 적절한 것은?

① 기업의 일정기간의 영업실적을 나타낸다.
② 기업의 일정시점의 영업실적을 나타낸다.
③ 기업의 일정시점의 재무상태를 나타낸다.
④ 기업의 일정기간의 재무상태를 나타낸다.

07 기업의 손익계산서의 영업외비용으로 적절하지 않은 것은?

① 감가상각비 ② 외화환산손실
③ 사채상환손실 ④ 단기투자자산처분손실

08 [보기]의 계정별원장에 기입된 거래를 보고 (　　)에 들어갈 수 있는 계정과목을 고르시오.

[보 기]

(　　)			
4월 15일	200,000원	기 초	2,200,000원
12월 15일	800,000원	3월 5일	200,000원
기 말	2,200,000원	11월 21일	800,000원

① 상 품 ② 미수금
③ 받을어음 ④ 미지급금

09 일반기업회계기준에 의한 회계의 특징으로 볼 수 없는 것은?

① 단식부기 ② 복식부기
③ 발생주의 ④ 현금주의

10 [보기]의 비품 구입과 관련한 분개에서 (　　) 안에 들어갈 수 없는 계정과목은 무엇인가?

[보 기]

(차) 비 품　100,000원　(대) (　　)　100,000원

① 현 금 ② 보통예금
③ 미지급금 ④ 외상매입금

11 [보기]는 무엇에 대한 설명인가?

[보 기]
기업에 있어서 수표의 발행은 원칙적으로 당좌예금 잔액의 한도 내에서 발행해야 한다. (   )은(는) 당좌예금 잔액을 초과해 수표를 발행해도 일정한도까지는 부도처리하지 않고 정상적으로 수표가 발행되는 경우에 처리되는 계정과목이다.

① 부도수표 ② 당좌예금
③ 당좌차월 ④ 당좌이월

12 [보기]의 거래에서 매출채권은 얼마인가?

[보 기]
상품 500개를 개당 1,000원에 판매하고, 300,000원은 약속어음으로 받고, 남은 잔액과 운반비 50,000원은 현금으로 받기로 하다.

① 200,000원 ② 300,000원
③ 500,000원 ④ 550,000원

13 12월 31일 결산법인인 ㈜생산기업은 2024년 8월 1일 잔존가치가 200,000원, 내용연수가 10년인 기계장치를 2,000,000원에 구입했다. 정액법을 사용해 월할상각할 경우 2024년도에 기록되는 감가상각비는 얼마인가?

① 75,000원 ② 80,000원
③ 90,000원 ④ 95,000원

14 [보기]에서 제시된 상품매매와 관련된 자료를 활용해 계산한 매입채무 잔액은 얼마인가? 단, 기초 매입채무 잔액은 50,000원이다.

[보 기]
- 현금매입액 : 80,000원
- 외상매입액 : 500,000원
- 외상대금 현금상환액 : 200,000원
- 외상대금 조기상환에 따른 할인액 : 10,000원

① 210,000원
② 280,000원
③ 340,000원
④ 500,000원

15 [보기]의 재무상태표에서 자본의 증가에 영향을 미치는 거래에 해당하는 것은?

[보 기]

재무상태표			
자 산	1,000,000원	부 채	300,000원
		자 본	700,000원
자산의 총계	1,000,000원	부채 및 자본의 총계	1,000,000원

① 보통주를 신규발행했다.
② 정기주주총회에서 현금배당을 하기로 결의했다
③ 야근하는 직원들에게 야근수당을 현금으로 지급했다.
④ 공장에서 사용할 비품을 구입하고 대금은 현금으로 지급했다.

16 총수익 1,900,000원, 총비용 1,550,000원, 기말자본 700,000원이면 기초자본은 얼마인가?

① 200,000원
② 250,000원
③ 300,000원
④ 350,000원

17 수익과 비용에 대한 설명으로 가장 옳지 않은 것은?

① 수익은 실현주의에 따라 인식한다.
② 비용은 수익·비용 대응의 원칙에 따라 인식한다.
③ 수익은 기업의 통상적인 경영활동에서 발생하는 경제적 효익의 총유출을 의미한다.
④ 비용은 기업의 주된 영업활동에서 발생한 비용과 일시적 또는 우연적인 거래로부터 발생하는 손실로 분류된다.

18 손익계산서상 구분표시가 다른 것은?
① 기부금
② 이자비용
③ 외환차손
④ 교육훈련비

19 [보기]의 자료를 근거로 회계처리할 경우 감자차익은 얼마인가?

[보 기]
- 감자주식 수 : 100주
- 주당 액면가액 : 8,000원
- 주식구입 현금지급액 : 500,000원

① 300,000원
② 500,000원
③ 700,000원
④ 900,000원

20 [보기]에서 도소매업을 영위하는 기업의 판매비와관리비로 분류할 수 있는 것은 몇 개인가?

[보 기]
- 접대비
- 기부금
- 이자비용
- 선급비용
- 교육훈련비
- 수도광열비
- 기타의 대손상각비

① 1개
② 2개
③ 3개
④ 4개

실무문제

로그인 정보

회사코드	1005	사원코드	ERP13A02
회사명	회계2급 회사B	사원명	김은찬

01 거래처 구분이 '일반'으로 등록된 거래처 중 거래처분류가 [1000.강남구]로 설정된 거래처는 몇 개인가?

① 1개
② 2개
③ 3개
④ 4개

02 당사의 [계정과목등록]을 조회하여 보기의 계정과목 중 거래처별로 이월되는 계정과목을 고르시오.

① 10700.단기매매증권
② 10800.외상매출금
③ 20600.기계장치
④ 34200.감자차익

03 다음 사원 중 [전표승인해제] 메뉴를 이용해 '미결' 전표를 '승인'으로 승인처리할 수 없는 사원을 고르시오.

① ERP13A02.김은찬
② ERP13A03.김종민
③ ERP13A04.신서율
④ ERP13A05.박혜수

04 ㈜큐브는 선급비용에 대해서 기간비용을 관리하고 있다. ㈜큐브의 2024년 12월말 결산 시 당기 비용으로 인식해야 할 금액은 얼마인가?

① 611,516원
② 1,199,755원
③ 1,200,484원
④ 2,400,000원

05 ㈜큐브는 부문별로 판매비와관리비 사용내역을 관리하고 있는 도중 [4001.총무부] 부서의 부문이 잘못 등록된 것을 확인했다. [4001.총무부] 부서의 부문을 [1001.관리부문]으로 변경작업을 진행하고 ㈜큐브의 2024년 2분기에 [1001.관리부문]에서 판매비와관리비로 사용한 차량유지비 금액을 조회하면 얼마인가?

① 160,000원　　　　　　　　　② 500,000원
③ 660,000원　　　　　　　　　④ 1,460,000원

06 ㈜큐브는 2024년 6월말 결산 시 받을어음에 대해 1%의 대손충당금을 설정하려고 한다. 다음 중 회계처리로 옳은 것은 무엇인가?

① 대손상각비　1,450,000원 / 대손충당금　　　1,450,000원
② 대손상각비　2,950,000원 / 대손충당금　　　2,950,000원
③ 대손충당금　1,450,000원 / 대손충당금환입　1,450,000원
④ 대손충당금　2,950,000원 / 대손충당금환입　2,950,000원

07 ㈜큐브는 매월 수입 및 지출에 대해 일자별자금계획을 수립하고 있다. 2024년 4월 고정적으로 지출되는 금액은 2024년 3월과 비교해 얼마나 감소했는가?

① 600,000원　　　　　　　　　② 2,000,000원
③ 2,600,000원　　　　　　　　④ 9,000,000원

08 ㈜큐브의 업무용승용차 '12A 8087.쏘렌토' 차량에 대해 운행기록부를 작성했다. 2024년 1월 한 달 동안 해당 차량의 업무사용비율을 고르시오.

① 65%　　　　　　　　　　　　② 87%
③ 91%　　　　　　　　　　　　④ 93%

09 ㈜큐브는 지출증빙서류검토표를 작성하던 중 핵심ERP의 증빙을 연결하는 작업에서 [20.현금영수증]과 [40.계산서] 증빙연결이 누락된 것을 확인했다. 아래 '적격증빙별 전표증빙'과 같이 누락된 증빙연결 후 2024년 한 해 동안 지출된 각 증빙별 합계금액으로 옳지 않은 것은 무엇인가?

[보 기]

[적격증빙별 전표증빙]
- [20.현금영수증] – [9A.현금영수증]
- [40.계산서] – [2.계산서]

① 계산서 : 680,000원
② 현금영수증 : 250,000원
③ 세금계산서 : 643,400,000원
④ 신용카드(법인) : 3,500,000원

10 ㈜큐브의 2024년 11월 30일 발생한 미결전표를 승인처리 후 ㈜큐브의 2024년 11월 30일 현금 계정의 잔액을 조회하면 얼마인가?

① 422,140,000원
② 422,940,000원
③ 517,025,000원
④ 517,825,000원

11 [보기]의 설명 중 (a) 안에 들어갈 알맞은 계정과목으로 고르시오.

[보 기]
- (a) 계정은 재고자산 계정이다.
- ㈜큐브의 2024년 1월 (a) 계정의 매입금액은 52,000,000원이다.
- ㈜큐브의 2024년 12월 31일 기준 (a) 계정의 잔액은 485,650,000원이다.

① 14600.상품
② 14700.제품
③ 15500.저장품
④ 16400.임대주택자산

12 2024년 ㈜큐브의 복리후생비(판매관리비) 계정의 상반기 지출액 대비 하반기 지출액의 증감율은 얼마인가? 단, 증감율 계산 시 소수점 첫째 자리에서 반올림한다.

① 10%
② 17%
③ 23%
④ 33%

13 다음 중 ㈜큐브의 2024년 3월 신규취득한 자산은 무엇인가?

① 건물 – 202003.복지1동
② 건물 – 202005.기숙사
③ 비품 – 21200004.노트북
④ 비품 – 21200005.수납장

14 ㈜큐브에서 2024년 1월 한 달 동안 발생한 사무용품비(판매비와관리비) 중 거래처가 등록되지 않은 전표의 합계액은 얼마인가?

① 100,000원
② 200,000원
③ 350,000원
④ 400,000원

15 ㈜큐브의 2024년 1기 부가가치세 확정신고기간에 발생한 신용카드매출액 중 세금계산서가 발급된 금액은 얼마인가?

① 25,000,000원
② 30,000,000원
③ 50,250,000원
④ 66,410,000원

16 ㈜큐브의 2024년 1기 부가가치세 예정신고기간에 매입한 자산 중 부가세신고 시 신고서식에 작성되어야 하는 차량운반구의 세액은 얼마인가?

① 2,500,000원
② 3,000,000원
③ 3,500,000원
④ 3,600,000원

17 ㈜큐브의 2024년 1기 부가가치세 예정신고기간에 발생한 매입거래 중 매입세액 불공제 거래가 발생했다. 다음 중 2024년 1기 부가가치세 예정신고기간에 발생한 매입세액 불공제 사유에 해당하지 않는 것을 고르시오.

① 접대비관련매입세액
② 사업과 관련없는 지출
③ 필요적 기재사항 누락
④ 비영업용소형승용차구입 및 유지

18 ㈜큐브의 2024년 1기 부가가치세 예정신고기간에 [00004.㈜형광공업] 거래처에서 수취한 매입세금계산서 중 종이발행분은 몇 건인가?

① 1건　　　　　　　　　　② 3건
③ 10건　　　　　　　　　 ④ 12건

19 ㈜큐브의 2024년 2기 부가가치세 확정신고 시 매입에 대한 예정신고누락분 2건이 발생했다. 해당 거래의 세액 합계금액을 고르시오.

① 300,000원　　　　　　② 400,000원
③ 800,000원　　　　　　④ 1,100,000원

20 ㈜큐브의 부가세 신고 시 해당하는 주업종코드는 무엇인가?

① 142101.광업　　　　　② 322001.제조업
③ 513320.도매 및 소매업　④ 722000.정보통신업

제102회 2024년 3차 시험

이론문제

01 클라우드 서비스 사업자가 클라우드 컴퓨팅 서버에 ERP 소프트웨어를 제공하고, 사용자가 원격으로 접속해 ERP 소프트웨어를 활용할 수 있도록 제공하는 서비스를 무엇이라 하는가?

① PaaS(Platform as a Service)
② SaaS(Software as a Service)
③ DaaS(Desktop as a Service)
④ IaaS(Infrastructure as a Service)

02 ERP와 인공지능(AI), 빅데이터(Big Data), 사물인터넷(IoT) 등 혁신기술과의 관계에 대한 설명으로 가장 적절하지 않은 것은?

① 현재 ERP는 기업 내 각 영역의 업무프로세스를 지원해 독립적으로 단위별 업무처리를 추구하는 시스템으로 발전하고 있다.
② 제조업에서는 빅데이터 분석기술을 기반으로 생산자동화를 구현하고 ERP와 연계해 생산계획의 선제적 예측과 실시간 의사결정이 가능하다.
③ ERP에서 생성되고 축적된 빅데이터를 활용해 기업의 새로운 업무개척이 가능해지고, 비즈니스 간 융합을 지원하는 시스템으로 확대가 가능하다.
④ 현재 ERP는 인공지능 및 빅데이터 분석기술과의 융합으로 전략경영 등의 분석도구를 추가해 상위계층의 의사결정을 지원할 수 있는 지능형시스템으로 발전하고 있다.

03 ERP 도입 기업의 사원들을 위한 ERP교육을 계획할 때, 고려사항으로 가장 적절하지 않은 것은?

① 지속적인 교육이 필요함을 강조한다.
② 전사적인 참여가 필요함을 강조한다.
③ 최대한 ERP 커스터마이징이 필요함을 강조한다.
④ 자료의 정확성을 위한 철저한 관리가 필요함을 강조한다.

04 ERP와 전통적인 정보시스템(MIS) 특성 간의 차이점에 대한 설명으로 가장 적절하지 않은 것은?

① 전통적인 정보시스템의 시스템구조는 폐쇄형이나 ERP는 개방성을 갖는다.
② 전통적인 정보시스템의 업무범위는 단위업무이고, ERP는 통합업무를 처리한다.
③ 전통적인 정보시스템의 업무처리 대상은 Process 중심이나 ERP는 Task 중심이다.
④ 전통적인 정보시스템의 저장구조는 파일시스템을 이용하나 ERP는 관계형 데이터베이스시스템(RDBMS) 등을 이용한다.

05 기업의 외부회계정보이용자들이 합리적인 의사결정을 하는 데 도움이 되는 정보를 제공하는 회계분야는?

① 재무회계　　② 세무회계
③ 관리회계　　④ 재정회계

06 [보기]의 (　) 안에 들어갈 내용으로 옳은 것은?

[보 기]
(　)은(는) 순자산으로서 기업실체의 자산에 대한 소유주의 잔여청구권이다.

① 부 채　　② 자 본
③ 자 산　　④ 당기순이익

07 [보기]의 오류가 당기 손익계산서에 미치는 영향으로 옳은 것은?

[보 기]
정확한 기말재고금액은 200,000원이지만, 180,000원으로 잘못 계상했다.

① 매출원가 : 과대 / 당기순이익 : 과대
② 매출원가 : 과대 / 당기순이익 : 과소
③ 매출원가 : 과소 / 당기순이익 : 과소
④ 매출원가 : 과소 / 당기순이익 : 과대

08 (시산표상) 차변과 대변에 기록될 계정과목으로 가장 적절하지 않은 것은?

① (차변) 선수금　　(대변) 선급금
② (차변) 미수금　　(대변) 미지급금
③ (차변) 대여금　　(대변) 차입금
④ (차변) 임차보증금　(대변) 임대보증금

09 [보기]의 거래내용을 나타내는 계정과목으로 적절한 것은?

[보 기]
(a) 당좌예금 잔액을 초과해 발행한 수표 금액(사전약정 체결)
(b) 제3자로부터 무상으로 받은 금액

① (a) 당좌차월　　(b) 자산수증이익
② (a) 배당금수익　(b) 기부금
③ (a) 매출환입　　(b) 잡이익
④ (a) 주식매수선택권　(b) 수수료수익

10 [보기]의 결합관계로 이루어진 거래로 옳은 것은?

[보 기]
(차변) 부채의 감소　　(대변) 자산의 감소

① 은행에서 현금 5,000,000원을 차입하다.
② 외상매입금 300,000원을 현금으로 지급하다.
③ 종업원의 급여 2,000,000원을 현금으로 지급하다.
④ 대여금 300,000원과 그에 대한 이자 20,000원을 현금으로 받다.

11 [보기]에서 현금및현금성자산을 계산하면 총 얼마인가?

[보 기]
- 현 금 : 9,000,000원
- 우 표 : 60,000원
- 타인발행수표 : 200,000원
- 송금환 : 100,000원
- 미수금 : 850,000원
- 수입인지 : 150,000원
- 받을어음 : 4,000,000원

① 9,200,000원
② 9,300,000원
③ 13,300,000원
④ 13,510,000원

12 시장성 있는 ㈜생산성의 주식 10주를 단기매매차익의 목적으로 1주당 50,000원에 구입하고, 거래수수료 5,000원을 포함해 보통예금 계좌에서 결제했다. 일반기업회계기준에 따라 회계처리하는 경우 발생하는 계정과목으로 적절하지 않은 것은?

① 보통예금
② 수수료비용
③ 단기매매증권
④ 매도가능증권

13 대손충당금 설정대상 자산으로 적합한 것은?

① 예수금
② 선수금
③ 미수금
④ 전환사채

14 유형자산의 취득원가에 포함되는 부대비용에 해당되지 않는 것은?

① 시운전비
② 운반비용
③ 설치장소를 위한 설치비용
④ 거래처 직원에 대한 접대비

15 상품 400,000원을 매입하고 대금은 현금 200,000원과 약속어음 200,000원을 발행해 지급할 경우 발생할 내용으로 적절한 것은?

① 총자산과 총부채가 증가한다.
② 총자산과 총자본이 증가한다.
③ 총자산이 감소하고, 총자본은 감소한다.
④ 총자산이 감소하고, 총부채가 증가한다.

16 [보기]의 자료에서 결산일 현재 재무상태표에 나타난 자본 총액을 계산하면 얼마인가?

[보 기]
- 보통주자본금 : 300,000원
- 우선주자본금 : 200,000원
- 자기주식 : 30,000원
- 주식발행초과금 : 70,000원
- 주식할인발행차금 : 80,000원

① 270,000원
② 300,000원
③ 380,000원
④ 460,000원

17 ㈜생산기업은 결산 시 회사자본의 구성내용이 자본금 50,000,000원, 자본잉여금 3,000,000원, 이익준비금 800,000원이었고, 당해 연도의 당기순이익은 600,000원이었다. 현금배당 400,000원을 할 경우 이익준비금으로 적립해야 할 최소금액은 얼마인가? 단, 이익준비금 적립액은 없다.

① 40,000원
② 50,000원
③ 60,000원
④ 80,000원

18 수익의 인식에 대한 설명으로 옳은 것은?

① 시용판매의 경우 수익의 인식은 구매자가 사용한 날이다.
② 할부판매의 경우 수익의 인식은 항상 구매자에게 대금을 회수하는 시점이다.
③ 위탁판매는 위탁자가 수탁자에게 해당 재화를 판매한 시점에 수익을 인식한다.
④ 예약판매계약의 경우 공사결과를 신뢰성 있게 추정할 수 있을 때에 진행기준을 적용해 공사수익을 인식한다.

19 [보기]의 자료를 토대로 상품의 11월 매출총이익은 얼마인가?

[보 기]

※ 재고자산 평가방법 : 선입선출법

날 짜	적 요	수 량	단 가
11월 1일	전월이월	250개	30,000원
11월 15일	매 입	100개	30,000원
11월 20일	매 출	300개	50,000원

① 2,500,000원 ② 6,000,000원
③ 9,000,000원 ④ 15,000,000원

20 당기순손익에 영향을 미치는 계정과목에 해당하지 않는 것은?

① 재해손실 ② 자산수증이익
③ 채무면제이익 ④ 매도가능증권평가손익

실무문제

로그인 정보

회사코드	1002	사원코드	ERP13A02
회사명	회계2급 회사A	사원명	김은찬

01 당사의 [시스템환경설정]에 대한 설명으로 옳지 않은 것을 고르시오. 단, [시스템환경설정]은 추가변경하지 않는다.

① 처분자산은 월할상각한다.
② 재무제표를 영어로 조회할 수 있다.
③ 전표의 관리항목인 결의부서별로 예산을 통제한다.
④ 전표를 출력할 때 4번 양식을 기본양식으로 사용한다.

02 다음 중 당사의 계정과목에 대한 설명으로 옳지 않은 것을 고르시오.

① [10900.대손충당금]은 [11000.받을어음]의 차감계정이다.
② [12000.미수금] 계정은 거래처별로 이월하도록 설정했다.
③ [81100.복리후생비] 계정은 세목으로 세분화해 관리하고 있다.
④ [82600.도서인쇄비] 계정은 전표입력 시 증빙을 차변필수 입력하도록 설정했다.

03 다음 중 당사의 [부서등록]과 [사원등록]에 대한 설명으로 옳지 않은 것을 고르시오.

① ERP를 운용할 수 없는 사원은 총 2명이다.
② 재경부서에 속하는 사원은 모두 관리부문에 소속되어 있다.
③ 전윤호 사원은 승인전표를 승인해제 한 뒤에 금액 수정이 가능하다.
④ 김은찬 사원은 회계입력방식이 수정이므로 대차차액 전표입력 시 자동 승인처리된다.

04 2024년 3월 한 달 현금 입금액과 출금액은 얼마인지 고르시오.

① 입금액 : 5,000,000원, 출금액 : 2,610,000원
② 입금액 : 5,000,000원, 출금액 : 4,610,000원
③ 입금액 : 7,000,000원, 출금액 : 2,610,000원
④ 입금액 : 7,000,000원, 출금액 : 4,610,000원

05 ㈜유명 본점에서 [지출증빙서류검토표]를 작성하던 중 핵심ERP의 증빙을 연결하는 작업에서 [30.세금계산서]와 [40.계산서] 증빙연결이 누락된 것을 확인했다. 아래 [적격증빙별 전표증빙]과 같이 누락된 증빙 연결 후 2024년 한 해 동안 지출될 세금계산서증빙과 계산서증빙의 합계금액은 얼마인가?

[보 기]

[적격증빙별 전표증빙]
- 30.세금계산서 – 1.세금계산서
- 40.계산서 – 2.계산서

① 456,000원
② 1,049,450,000원
③ 1,049,906,000원
④ 1,054,206,000원

06 ㈜유명 본점의 2024년 상반기 중 외상매입금 발생금액이 가장 큰 달은 언제인지 고르시오.

① 1월
② 2월
③ 3월
④ 4월

07 ㈜유명 본점은 사용부서와 프로젝트로 복리후생비(판매관리비)를 관리하고 있다. 2024년 1분기 동안 [1001.재경부] 부서에서 복리후생비(판매관리비)가 가장 많이 증가한 프로젝트를 고르시오.

① 1000.서울공장
② 1001.광주공장
③ 1002.부산공장
④ 1003.울산공장

08 ㈜유명 본점의 업무용승용차 [12가 0102.티볼리] 차량에 대해 운행기록부를 작성했다. 2024년 1월 한 달 동안 해당 차량의 업무사용비율을 고르시오.

① 77%
② 87%
③ 91%
④ 93%

09 ㈜유명 본점은 외상매출금에 대해 선입선출법 기준으로 채권을 관리하고 있다. 2024년 6월 말 기준으로 3개월 전까지의 채권년령을 확인해 조회기간 이전 채권잔액이 가장 큰 거래처를 고르시오.

① ㈜성호기업　　　　　　　② ㈜주안실업
③ ㈜한동테크　　　　　　　④ ㈜형광공업

10 당사는 반기 결산을 하는데 2024년 6월 말 결산 시 소모품 기말재고액은 5,000,000원이다. 장부의 금액을 확인한 후 결산분개를 입력한다고 할 때 6월 말 결산 수정분개로 옳은 분개를 고르시오. 단, 소모품 취득은 자산으로 처리하고 사용은 판관비로 처리했다.

① (차) 소모품　　5,000,000원　　(대) 소모품비　　5,000,000원
② (차) 소모품　　5,500,000원　　(대) 소모품비　　5,500,000원
③ (차) 소모품비　5,000,000원　　(대) 소모품　　　5,000,000원
④ (차) 소모품비　5,500,000원　　(대) 소모품　　　5,500,000원

11 ㈜유명 본점의 2024년 상반기 손익계산서에 대한 설명 중 옳지 않은 것은?

① 상품매출액은 897,500,000원이다.
② 당기상품매입액은 321,300,000원이다.
③ 판매관리비가 증가하면 당기순이익은 감소한다.
④ 이자수익이 영업외비용으로 100,000원 발생했다.

12 다음 [보기]를 참고해 [고정자산등록] 메뉴에 입력한 후 비품자산의 당기 감가상각비 금액을 조회하면 얼마인지 고르시오.

―[보 기]―
㈜유명 본점은 2024년 4월 15일에 비품자산 [21200009.팩스기]를 취득부대비용 포함해 4,000,000원에 신규취득했다. (상각방법 : 정액법, 내용연수 : 4년)

① 750,000원　　　　　　　② 768,104원
③ 919,104원　　　　　　　④ 1,518,104원

13 ㈜유명 본점은 계정을 프로젝트별로 관리하고 있다. 2024년 1분기에 외상매출금이 가장 많이 증가한 프로젝트는 무엇인가?

① 1000.서울공장
② 1001.광주공장
③ 1004.대전공장
④ 1005.춘천공장

14 2024년 5월 한 달 간 ㈜유명 본점에서 현금지출이 가장 많았던 판매관리비 계정과목은 무엇인가?

① 81100.복리후생비
② 81200.여비교통비
③ 82200.차량유지비
④ 82900.사무용품비

15 ㈜유명 본점은 2024년 1기 부가가치세 예정신고기간에 고정자산을 매입하고 신용카드로 결제한 거래가 발생했다. 해당 거래의 세액합계로 올바른 것을 고르시오.

① 100,000원
② 200,000원
③ 300,000원
④ 400,000원

16 ㈜유명 본점의 2024년 1기 부가가치세 예정신고 시 [매입처별 세금계산서합계표]에 반영될 세무구분은 몇 개인지 고르시오.

① 1개
② 2개
③ 3개
④ 4개

17 ㈜유명 본점의 2024년 1기 부가가치세 확정신고 시 [매입세액불공제내역] 서식에 작성되지 않은 불공제 사유구분을 고르시오.

① 접대비관련매입세액
② 필요적 기재사항 누락
③ 토지의 자본적 지출 관련
④ 비영업용소형승용차구입 및 유지

18 ㈜유명 본점의 2기 부가가치세 예정신고에 대한 설명으로 옳지 않은 것은 무엇인가?

① 고정자산 매입분은 세금계산서 수취분만 존재한다.
② 신고 업태는 '도소매업'이며, 종목은 '소프트웨어'다.
③ 관할세무서인 서초세무서에 부가가치세 신고를 한다.
④ 매출세액이 매입세액보다 많으므로 부가세 납부를 해야 한다.

19 ㈜유명 본점의 부가가치세 신고유형에 대한 설명으로 옳은 것을 고르시오.

① 각 사업장별로 신고 및 납부한다.
② 사업자 단위과세자로 신고 및 납부를 주사업장에서 모두 한다.
③ 총괄납부사업자로 주사업장에서 모두 총괄해 신고 및 납부한다.
④ 총괄납부사업자로 각 사업장별로 부가세 신고 후 납부는 주사업장에서 총괄해 납부한다.

20 ㈜유명 본점은 부동산임대업을 겸업하고 있어 부가가치세 신고 시 간주임대료를 포함해 신고하려고 한다. 2024년 2기 부가가치세 예정신고 시 다음 [부동산임대내역]의 자료를 입력한 후 보증금이자(간주임대료)를 계산하면 얼마인지 고르시오. 단, 보증금이자(간주임대료) 계산 시 소수점 이하는 절사한다.

[보 기]

[부동산임대내역]
- 동 : 1111065000.서울특별시 종로구 혜화동
- 상호(성명) : 도민실업㈜
- 임대기간 : 2024/07/01 ~ 2025/06/30
- 월 세 : 4,000,000원
- 층 / 호수 : 지상 5층 / 504호
- 면적 / 용도 : 300㎡ / 사무실
- 보증금 : 350,000,000원
- 관리비 : 300,000원

※ 이자율은 3.5%로 계산한다.

① 3,079,234원
② 3,011,470원
③ 2,942,141원
④ 2,551,366원

제101회 2024년 2차 시험

이론문제

01 차세대 ERP의 비즈니스 애널리틱스(Business Analytics)에 관한 설명으로 가장 적절하지 않은 것은?

① 비즈니스 애널리틱스는 구조화된 데이터(Structured Data)만 분석대상으로 한다.
② ERP 시스템의 방대한 데이터 분석을 위해 비즈니스 애널리틱스가 차세대 ERP의 핵심요소가 되고 있다.
③ 비즈니스 애널리틱스는 리포트, 쿼리, 대시보드, 스코어카드뿐만 아니라 예측모델링과 같은 진보된 형태의 분석기능도 제공한다.
④ 비즈니스 애널리틱스는 질의 및 보고와 같은 기본적 분석기술과 예측모델링과 같은 수학적으로 정교한 수준의 분석을 지원한다.

02 클라우드 서비스 기반 ERP와 관련된 설명으로 가장 적절하지 않은 것은?

① PaaS에는 데이터베이스 클라우드 서비스와 스토리지 클라우드 서비스가 있다.
② ERP 소프트웨어 개발을 위한 플랫폼을 클라우드 서비스로 제공받는 것을 PaaS라고 한다.
③ ERP 구축에 필요한 IT인프라 자원을 클라우드 서비스로 빌려 쓰는 형태를 IaaS라고 한다.
④ 기업의 핵심 애플리케이션인 ERP, CRM 솔루션 등의 소프트웨어를 클라우드 서비스를 통해 제공받는 것을 SaaS라고 한다.

03 [보기]에서 설명하는 경영혁신전략기법으로 가장 적절한 것은?

[보 기]
정보기술을 이용해 기업 업무프로세스를 근본적으로 재설계해 경영혁신을 통한 경영성과를 향상시키려는 경영전략기법이다.

① 지식경영 ② 벤치마킹
③ 리스트럭처링 ④ 리엔지니어링

04 ERP 패키지의 효과적인 도입을 위한 고려사항으로 가장 적절하지 않은 것은?

① 경영진의 확고한 의지가 있어야 한다.
② 경험 있는 유능한 컨설턴트를 활용해야 한다.
③ 전사적으로 전 임직원의 참여를 유도해야 한다.
④ 현업을 반영하도록 최대한의 커스터마이징을 실행한다.

05 기업의 이해관계자는 내/외부로 구분할 수 있다. 성격이 다른 하나를 고르시오.

① 고 객
② 경영자
③ 금융기관
④ 정부기관

06 재무상태표에 대한 설명으로 적절하지 않은 것은?

① 유동성 배열법에 의해 작성한다.
② 채권자 및 소유주 청구권을 표시한다.
③ '자산 + 부채 = 자본'을 재무상태표 등식이라고 한다.
④ 일정시점 현재 기업의 재무상태를 보여주는 재무보고서이다.

07 [보기]의 상황에서 자산, 부채, 자본에 미치는 영향을 고르시오.

─ [보 기] ─
결산 시에 미지급된 급여 2,500,000원을 계상하지 않았다.

① 자산 : 과소계상, 부채 : 과소계상, 자본 : 과소계상
② 자산 : 과대계상, 부채 : 과소계상, 자본 : 과대계상
③ 자산 : 영향없음, 부채 : 과소계상, 자본 : 과대계상
④ 자산 : 영향없음, 부채 : 과대계상, 자본 : 과소계상

08 일정기간의 경영성과를 나타내는 재무제표의 계정과목으로만 짝지어진 것을 고르시오.

① 임대료, 이자비용
② 선급금, 외상매입금
③ 보통예금, 미지급금
④ 외상매출금, 임대보증금

09 [보기]는 무엇에 대한 설명인가?

[보 기]
- 회계거래 시에 발생한 거래는 각 계정과목별로 기록한다.
- 이것은 거래의 내용을 분개장에 기입한 후 전기하는 장부다.

① 시산표 ② 정산표
③ 총계정원장 ④ 매출처원장

10 [보기]는 회사 직원들에게 선물할 명절선물을 구입하고 받은 신용카드 영수증이다. 차변과 대변에 기재할 계정과목을 고르시오.

[보 기]

카드종류	신용카드
카드번호	1234-5678-9101-1121
거래일자	2024.01.15. 17:20:59
일시불/할부	일시불
승인번호	248532

[상품명]	[금액]
명절선물세트	2,200,000원
합 계 액	**2,200,000원**
받은금액	**2,200,000원**

가맹점정보
가맹점명   새해기업
사업자등록번호 123-45-678
가맹점번호   56789123
대표자명   갑진연
전화번호   02-300-7777

① (차변) 접대비   (대변) 외상매입금
② (차변) 접대비   (대변) 미지급금
③ (차변) 복리후생비   (대변) 외상매입금
④ (차변) 복리후생비   (대변) 미지급금

11 [보기]의 거래요소 결합관계를 나타내는 거래로 옳은 것은?

[보 기]

(차변) 자산의 증가   (대변) 부채의 증가

① 미지급한 퇴직금을 지급하다.
② 외상매출금을 어음으로 회수하다.
③ 외상매입금을 현금으로 지급하다.
④ 상품을 구매하고 대금은 2개월 후에 지급하기로 하다.

12 자산항목 중 유동성이 높은 순서대로 나열한 것을 고르시오.

① 제품 > 토지 > 미수금
② 제품 > 미수금 > 토지
③ 당좌예금 > 토지 > 제품
④ 당좌예금 > 제품 > 기계장치

13 [보기]의 거래자료를 기반으로 한 분개로 옳은 것은?

[보 기]
- 6월 1일 미수금 150,000원이 회수불능 미수금으로 확정되었다.
- 대손충당금 잔액 : 150,000원

① (차변) 대손충당금   150,000원   (대변) 미수금   150,000원
② (차변) 대손상각비   100,000원   (대변) 미수금   100,000원
③ (차변) 대손충당금   100,000원   (대변) 미수금   100,000원
④ (차변) 대손충당금   50,000원   (대변) 미수금   150,000원
       대손상각비   150,000원

14 [보기] ㈜생산성의 매출 관련 자료다. 순매출액은 얼마인가?

[보 기]
- 기초상품재고액 : 80,000원
- 총매출액 : 550,000원
- 매출환입액 : 50,000원
- 매출에누리액 : 30,000원
- 총매입액 : 400,000원
- 매입에누리액 : 25,000원
- 매입환출액 : 30,000원
- 기말상품재고액 : 50,000원

① 420,000원
② 440,000원
③ 460,000원
④ 470,000원

15 일반기업회계기준상 유형자산의 감가상각방법에 해당하지 않는 것은?

① 정액법
② 정률법
③ 총평균법
④ 연수합계법

16 일반기업회계기준상 무형자산의 상각에 관한 내용으로 적절하지 않은 것은?

① 무형자산의 잔존가치는 없는 것을 원칙으로 하나, 예외도 존재한다.
② 내부적으로 창출한 영업권은 무형자산으로 인정되어 정액법으로 상각된다.
③ 무형자산의 상각기간은 예외적인 경우를 제외하고는 20년을 초과할 수 없다.
④ 무형자산의 상각방법은 정액법, 체감잔액법 등 합리적인 방법을 적용할 수 있다.

17 자본의 구성요소에 관한 설명으로 적절하지 않은 것은?

① 자본금은 발행주식 액면금액의 합계액이다.
② 자본잉여금은 주식발행초과금, 감자차익 등이 있다.
③ 자본조정에는 주식할인발행차금, 이익준비금 등이 있다.
④ 이익잉여금은 손익거래에서 벌어들인 이익 중 배당 등으로 유출되지 않고 사내에 남아 있는 것이다.

18 [보기]의 자료만을 참고해 기말자본을 구하시오.

[보 기]
- 기초자본 : 100,000원
- 기말자본 : (　)원
- 총비용 : 80,000원
- 총수익 : 300,000원

① 220,000원 ② 300,000원
③ 320,000원 ④ 400,000원

19 회사의 재무상태가 [보기]와 같은 경우 순자산(자본)의 총계는 얼마인가?

[보 기]
- 현 금 : 30,000원
- 매출채권 : 40,000원
- 비 품 : 60,000원
- 차입금 : 55,000원
- 매입채무 : 25,000원
- 재고자산 : 55,000원

① 105,000원 ② 110,000원
③ 115,000원 ④ 120,000원

20 [보기]의 자료를 근거로 회계처리를 할 경우 감자차익은 얼마인가?

[보 기]
- 감자주식 수 : 50주
- 주당 액면가액 : 5,000원
- 주식구입 현금지급액 : 200,000원

① 50,000원 ② 200,000원
③ 250,000원 ④ 750,000원

실무문제

로그인 정보

회사코드	1005	사원코드	ERP13A02
회사명	회계2급 회사B	사원명	김은찬

01 당사의 계정과목에 대한 설명 중 옳지 않은 것을 고르시오.

① [20100.토지] 계정은 비상각 계정과목이다.
② [81300.접대비] 계정은 세목으로 세분화해 관리하고 있다.
③ [83700.건물관리비] 계정은 거래처별로 이월 처리하도록 관리하고 있다.
④ [84800.잡비] 계정은 전표입력 시 증빙을 필수입력하지 않도록 설정했다.

02 당사의 사원등록에 대한 설명으로 옳지 않은 것을 고르시오.

① 한번 입력된 사원코드는 변경할 수 없다.
② 퇴사일은 시스템관리자만 입력할 수 있다.
③ [ERP13A02.김은찬] 사원은 회계입력방식이 '수정'권한이므로 대차차액 전표입력 시 자동승인된다.
④ [ERP13A02.김은찬] 사원은 회계입력방식이 '수정'권한이므로 전표승인해제 없이 전표수정이 가능하다.

03 당사의 [시스템환경설정]에 대한 설명으로 옳지 않은 것을 고르시오.

① 처분자산은 월할상각한다.
② 거래처 등록 시 거래처코드가 자동부여된다.
③ 전표의 관리항목인 사용부서별로 예산을 통제한다.
④ 전표를 출력할 때 3번 양식을 기본양식으로 사용한다.

04 ㈜큐브는 외상매출금에 대해 선입선출법 기준으로 채권을 관리하고 있다. 2024년 3월 말 기준으로 2개월 전까지의 채권년령을 확인해 조회기간 이전 채권잔액이 가장 큰 거래처를 고르시오.

① ㈜주안실업　　　　　　　② ㈜한동테크
③ ㈜형광공업　　　　　　　④ ㈜나라상사

05 ㈜큐브는 외상매출금 계정을 프로젝트별로 관리하고 있다. 2024년 1분기에 외상매출금이 가장 많이 증가한 프로젝트는 무엇인가?

① 1000.그룹웨어　　　　　　　　② 1003.알피에이
③ 1004.클라우드　　　　　　　　④ 1005.온라인팩스

06 2024년 1월 한 달 동안 ㈜큐브에서 판매관리비로 지출된 금액 중 현금으로 지출한 금액이 가장 큰 계정과목을 고르시오.

① 접대비　　　　　　　　　　　② 소모품비
③ 차량유지비　　　　　　　　　④ 여비교통비

07 ㈜큐브의 고정자산 중 차량운반구[20800003.QM6(12B0316)]에 2024년 1월 1일 1,000,000원 자본적 지출이 발생했다. 해당 자본적 지출을 입력한 후 ㈜큐브의 차량운반구 자산 중 당해년도 감가상각비가 가장 큰 부서를 고르시오.

① 1001.재경부　　　　　　　　② 2001.영업부
③ 3001.생산부　　　　　　　　④ 4001.총무부

08 ㈜큐브는 프로젝트로 손익계산서를 산출한다. 2024년 3분기(7월 ~ 9월) 중 사무용품비(판매관리비)가 가장 많이 발생한 프로젝트를 고르시오.

① 1000.그룹웨어　　　　　　　　② 1003.알피에이
③ 1004.클라우드　　　　　　　　④ 1005.온라인팩스

09 ㈜큐브는 2024년 4월 6일 도민실업㈜ 거래처에 상품매출 후 받을어음(자가202404060001)을 받았다. 해당 어음의 만기일은 언제인가?

① 2024년 4월 30일　　　　　　② 2024년 5월 30일
③ 2024년 6월 30일　　　　　　④ 2024년 7월 30일

10 ㈜큐브는 매월 고정적으로 지출되는 자금을 관리하고 있다. 2024년 1월 자금계획을 작성해 고정자금으로 반영되는 [2310.일반경비]의 합계금액은 얼마인지 고르시오.

① 800,000원
② 1,400,000원
③ 3,400,000원
④ 32,800,000원

11 ㈜큐브의 2024년 1분기 손익계산서에 대한 설명 중 옳지 않은 것은 무엇인가?

① 제품매출액은 12,000,000원이다.
② 상품매출원가는 523,650,000원이다.
③ 2023년에서 이월된 상품이 497,650,000원 존재한다.
④ 판매관리비 중 가장 적은 비용이 지출된 계정은 '수도광열비' 계정이다.

12 ㈜큐브의 손익계산서에서 2024년 한 해 동안 복리후생비(판매관리비)를 가장 많이 사용한 분기를 순서대로 나열한 것을 고르시오.

① 1분기 > 2분기 > 3분기 > 4분기
② 2분기 > 1분기 > 4분기 > 3분기
③ 3분기 > 4분기 > 2분기 > 1분기
④ 4분기 > 3분기 > 2분기 > 1분기

13 ㈜큐브의 2024년 9월 30일 기준 재무상태표에 대한 설명으로 옳은 것은 무엇인가?

① 재고자산 총합계 금액은 408,650,000원이다.
② 부채의 총합계 금액은 3,048,768,000원이다.
③ 매출채권의 대손충당금 합계액은 11,965,817원이다.
④ 현금및현금성자산의 합계액은 1,121,489,900원이다.

14 ㈜큐브의 2024년 12월 말 결산 시 소모품의 기말재고액은 2,000,000원이다. 장부의 금액을 확인 후 이와 관련된 2024년 12월 말 결산 수정분개로 가장 옳은 것을 고르시오. 단, 소모품은 취득 시 자산처리했다.

① (차변) 소모품   2,000,000원   (대변) 소모품비 2,000,000원
② (차변) 소모품   6,000,000원   (대변) 소모품비 6,000,000원
③ (차변) 소모품비 2,000,000원   (대변) 소모품   2,000,000원
④ (차변) 소모품비 6,000,000원   (대변) 소모품   6,000,000원

15 ㈜큐브의 부가가치세 신고유형에 대한 설명으로 옳은 것을 고르시오.

① 각 사업장별로 신고 및 납부한다.
② 사업자 단위과세자로 신고 및 납부를 주사업장에서 모두 한다.
③ 총괄납부 사업자로 주사업장에서 모두 총괄해 신고 및 납부한다.
④ 총괄납부 사업자로 각 사업장별로 부가세 신고 후 납부는 주사업장에서 총괄해 납부한다.

16 ㈜큐브의 2024년 1기 부가가치세 확정신고 시 [매입처별 세금계산서합계표]에 반영될 세무구분은 몇 개인지 고르시오.

① 1개   ② 2개
③ 3개   ④ 4개

17 ㈜큐브는 부동산임대업을 겸업하고 있어 부가가치세 신고 시 간주임대료를 포함해 신고해야 한다. 2024년 2기 부가가치세 확정신고 시 [부동산임대내역]을 확인해 간주임대료를 12월 말 분개처리 후 2024년 2기 확정 부가세신고서 작성 시 기타(정규영수증외매출분)매출로 반영되는 세액은 얼마인가? 단, 보증금이자(간주임대료) 계산 시 이자율은 3.5%이며, 소수점 이하는 절사한다.

① 603,278원   ② 6,250,000원
③ 6,310,327원   ④ 6,425,956원

18 ㈜큐브의 2024년 1기 부가가치세 예정신고기간에 매입한 자산 중 기타감가상각자산의 세액 합계 금액은 얼마인지 고르시오.

① 400,000원
② 2,500,000원
③ 3,000,000원
④ 5,900,000원

19 ㈜큐브의 2024년 1기 부가가치세 확정신고기간에 발생한 신용카드 매출전표 중 세금계산서가 발급된 금액은 얼마인가?

① 25,000,000원
② 30,000,000원
③ 35,000,000원
④ 40,000,000원

20 ㈜큐브의 2024년 1기 부가가치세 예정신고에 대한 설명으로 옳지 않은 것은 무엇인가?

① 관할세무서인 송파세무서에 부가가치세 신고를 한다.
② 신고 업태는 '서비스업'이며, 종목은 '소프트웨어'다.
③ 고정자산 매입분 중 신용카드 매입분은 존재하지 않는다.
④ 매출세액이 매입세액보다 많으므로 부가세 납부를 해야 한다.

제100회 2024년 1차 시험

▶ 정답 및 해설 p.248

이론문제

01 ERP 도입 시 선정기준으로 가장 적절하지 않은 것은?

① 경영진의 확고한 의지가 있어야 한다.
② 경험 있는 유능한 컨설턴트를 활용해야 한다.
③ 전사적으로 전 임직원의 참여를 유도해야 한다.
④ 다른 기업에서 가장 많이 사용하는 패키지를 선택하는 것이 좋다.

02 ERP의 특징에 대한 설명으로 가장 옳지 않은 것은?

① Open Multi-vendor : 특정 H/W 업체에만 의존하는 open 형태를 채용, C/S형의 시스템 구축이 가능하다.
② 통합업무시스템 : 세계 유수기업이 채용하고 있는 Best Practice Business Process를 공통화・표준화 시킨다.
③ Parameter 설정에 의한 단기간의 도입과 개발이 가능 : Parameter 설정에 의해 각 기업과 부문의 특수성을 고려할 수 있다.
④ 다국적, 다통화, 다언어 : 각 나라의 법률과 대표적인 상거래 습관, 생산방식이 시스템에 입력되어 있어서 사용자는 이 가운데 선택해 설정할 수 있다.

03 클라우드 서비스 사업자가 클라우드 컴퓨팅 서버에 ERP 소프트웨어를 제공하고, 사용자가 원격으로 접속해 ERP 소프트웨어를 활용하는 서비스를 무엇이라 하는가?

① DaaS(Desktop as a Service)
② PaaS(Platform as a Service)
③ SaaS(Software as a Service)
④ IaaS(Infrastructure as a Service)

04 ERP 시스템의 SCM 모듈을 실행함으로써 얻는 장점으로 가장 적절하지 않은 것은?

① 공급사슬에서의 가시성 확보로 공급 및 수요변화에 대한 신속한 대응이 가능하다.
② 정보투명성을 통해 재고수준 감소 및 재고회전율(inventory turnover) 증가를 달성할 수 있다.
③ 공급사슬에서의 계획(plan), 조달(source), 제조(make) 및 배송(deliver) 활동 등 통합 프로세스를 지원한다.
④ 마케팅(marketing), 판매(sales) 및 고객서비스(customer service)를 자동화함으로써 현재 및 미래 고객들과 상호작용할 수 있다.

05 [보기]는 무엇에 대한 설명인가?

[보기]
수익과 비용을 현금의 수입 또는 지급시점과 관계없이 회계상 거래나 사건이 발생한 회계기간에 수익과 비용으로 인식하는 방법이다. 기업거래의 대부분이 신용거래를 통해 이루어지고 있는 상황에서 실제 현금수입이나 지출이 있기 전까지 수익이나 비용을 인식하지 않는다면 기간별로 구분해 보고되는 재무제표에는 정확한 당해 기간의 경영성과가 표시되지 못할 것이다. 이것은 실현된 수익과 비용을 적절하게 대응시켜 주므로 현금주의에 비해 경영성과를 정확하게 계산할 수 있고, 미래 현금흐름을 보다 정확하게 예측할 수 있도록 한다.

① 일관주의　　　　　　　　　② 통일주의
③ 발생주의　　　　　　　　　④ 현금주의

06 [보기]의 (　)에 들어갈 항목을 고르시오.

[보기]
A : 전기대비 영업이익은 감소했는데 당기순이익이 증가한 원인은 무엇인가요?
B : 당기순이익이 증가한 원인은 (　)이(가) 감소했기 때문입니다.

① 급여　　　　　　　　　　　② 이자비용
③ 매출원가　　　　　　　　　④ 여비교통비

07 재무상태표를 유동성배열법을 기준으로 작성할 때 가장 먼저 기록될 계정과목은 무엇인가?

① 상품　　　　　　　　　　　② 영업권
③ 보통예금　　　　　　　　　④ 장기성 예금

08 기말결산 시 손익계정으로 대체되는 계정과목을 고르시오.

① 예수금 ② 받을어음
③ 장기차입금 ④ 대손상각비

09 [보기]에서 설명하는 계정과목으로 가장 적절한 것은?

[보 기]
상품이나 원재료 또는 특정 서비스를 받기 전에 먼저 지급하는 금액을 말하며, 상품을 매매함에 있어 그 매매계약을 확실하게 하기 위해 미리 금액의 일부를 납부하는 금액을 말한다.

① 기부금 ② 선급금
③ 가지급금 ④ 지급어음

10 ㈜생산성에 근무하는 홍길동 사원은 2023년 12월 출장 시 출장비를 가지급금으로 지급받고 12월 31일에 여비 정산내역을 보고하고 여비잔액을 반납했다. [보기]를 참고해, 회계처리로 옳은 것을 고르시오.

[보 기]
- 출장기간 : 2023년 12월 2일 ~ 2023년 12월 3일
- 출장비 지급일자 : 2023년 12월 2일
- 정산일자 : 2023년 12월 31일
- 출장비 : 300,000원
- 실제소요액 : 숙박비 100,000원, 유류비 60,000원, 식비 60,000원
- 여비반납액 : 80,000원

① 2023년 12월 2일　(차) 가지급금　220,000원　(대) 현 금　220,000원
② 2023년 12월 2일　(차) 여비교통비　220,000원　(대) 현 금　220,000원
③ 2023년 12월 31일　(차) 여비교통비　220,000원　(대) 가지급금　300,000원
　　　　　　　　　　　　현 금　80,000원
④ 2023년 12월 31일　(차) 현 금　80,000원　(대) 현 금　80,000원

11 [보기]에서 설명하는 항목과 통합계정으로 재무제표 표시항목으로 적절하지 않은 것은?

[보 기]
- 유동성이 가장 높은 자산이다.
- 큰 거래비용 없이 현금으로 전환이 용이하다.
- 이자율 변동에 따른 가치 변동의 위험이 중요하지 않은 금융상품이다.
- 취득 당시 만기일(또는 상환일)이 3개월 이내인 것을 말한다.

① 당좌예금 ② 보통예금
③ 외상매출금 ④ 통화 및 타인발행수표

12 [보기]의 일반기업회계기준 '유가증권'에 대한 설명 중 (㉠), (㉡)에 들어갈 내용을 고르시오.

[보 기]
단기간 내의 매매차익을 목적으로 취득한 유가증권으로서 매수와 매도가 적극적이고 빈번하게 이루어지는 유가증권을 (㉠)(이)라고 하며, 타 기업을 지배·통제할 목적으로 타사발행 의결권 있는 주식의 20% 이상 취득 시 당해 주식은 (㉡)(이)라고 한다.

① ㉠ 매도가능증권   ㉡ 만기보유증권
② ㉠ 만기보유증권   ㉡ 단기매매증권
③ ㉠ 지분법적용투자주식   ㉡ 단기매매증권
④ ㉠ 단기매매증권   ㉡ 지분법적용투자주식

13 [보기]의 자료를 이용해 순매입액을 계산하면 얼마인가?

[보 기]
- 총매입액 : 20,000,000원
- 매입할인 : 1,500,000원
- 매입에누리 : 1,200,000원
- 매입환출 : 1,100,000원
- 매입운임 : 1,100,000원

① 15,100,000원 ② 16,300,000원
③ 17,300,000원 ④ 18,400,000원

14 ㈜생산성은 회사사옥 건립을 목적으로 기존건물이 있는 토지를 500,000원에 취득했다. 해당 토지의 취득과정에서 [보기]와 같이 부대비용과 수입이 발생했을 때 토지의 취득원가는 얼마인가?

[보 기]
- 기존건물 철거비용 : 100,000원
- 구입 관련 중개수수료 : 50,000원
- 철거건물 고철 매각액 : 20,000원
- 토지의 구획정리비용 : 40,000원

① 590,000원 ② 630,000원
③ 670,000원 ④ 690,000원

15 [보기]는 ㈜생산성의 이익잉여금 처분과 관련된 자료다. 이를 실행해 회계처리할 때 이익잉여금의 감소액은 얼마인가?

[보 기]
1. 자본금 : 2,000,000원
2. 이익준비금 : 현금배당액의 10% 적립
3. 주주배당금 : 10%(현금배당 7%, 주식배당 3%)

① 60,000원 ② 140,000원
③ 200,000원 ④ 214,000원

16 자본에 대한 설명으로 가장 적절한 것은?

① 현금을 의미한다.
② 자산과 동일한 의미이다.
③ 기업의 총재산을 의미한다.
④ 자산에서 부채를 차감한 금액을 의미한다.

17 자본조정에 해당하지 않는 것은?

① 감자차손 ② 주식할인발행차금
③ 자기주식처분손실 ④ 매도가능증권평가손익

18 수익과 비용에 대한 설명으로 가장 옳지 않은 것은?

① 수익은 실현주의에 따라 인식한다.
② 비용은 수익비용 대응의 원칙에 따라 인식한다.
③ 수익은 기업의 통상적인 경영활동에서 발생하는 경제적 효익의 총유출을 의미한다.
④ 비용은 기업의 주된 영업활동에서 발생한 비용과 일시적 또는 우연적인 거래로부터 발생하는 손실로 분류된다.

19 [보기]는 도소매업을 영위하는 기업의 비용품목이다. 이 중 판매비와관리비로 분류할 수 있는 것은 몇 개인가?

[보 기]
- 급 여
- 수도광열비
- 접대비
- 교육훈련비
- 감가상각비
- 미지급비용
- 기타의 대손상각비
- 이자비용
- 복리후생비
- 선급비용
- 기부금
- 재해손실

① 4개
② 6개
③ 8개
④ 10개

20 [보기]의 제시된 자료를 이용해 결산 시 인식해야 하는 외화환산이익(손실)을 계산하면 얼마인가?

[보 기]
1. 2023년 9월 10일 : $20,000(만기 2년) 외화장기차입금 발생
2. 환율정보
   - 2023년 9월 10일 : ₩1,100/$
   - 2023년 12월 31일 : ₩1,200/$

① 외화환산이익 1,000,000원
② 외화환산손실 1,000,000원
③ 외화환산이익 2,000,000원
④ 외화환산손실 2,000,000원

실무문제

로그인 정보

회사코드	1002	사원코드	ERP13A02
회사명	회계2급 회사A	사원명	김은찬

01 다음 중 당사의 [부서등록]과 [사원등록]에 대한 설명으로 옳지 않은 것을 고르시오.

① ERP를 운용할 수 없는 사원은 총 2명이다.
② 전윤호 사원은 승인전표를 승인해제 한 뒤에 금액 수정이 가능하다.
③ 당사에 등록된 부서는 전부 ㈜유명 본점 사업장에 소속된 부서이다.
④ 김종민 사원은 조회권한이 사업장 권한으로 영업부의 전표도 조회할 수 있다.

02 당사에서 설정한 예산통제 구분은 무엇인지 고르시오.

① 사용부서
② 결의부서
③ 프로젝트
④ 예산관리 안 함

03 다음 [회계관리] 메뉴 중 [ERP13A03.전윤호] 사원이 사용할 수 있는 메뉴는 무엇인지 고르시오.

① 분개장
② 전표출력
③ 전표승인해제
④ 기간비용현황

04 다음 중 ㈜유명 본점의 2024년 3월 거래내역에 대한 설명으로 옳지 않은 것을 고르시오.

① 비품은 전액 현금으로 매입했다.
② 미지급금은 123,260,000원 발생했다.
③ 재고자산 중 상품은 모두 외상으로 매입했다.
④ 판매관리비 중 상여금은 28,500,000원 발생했다.

05 ㈜유명 본점의 2024년 상반기 중에서 [40100.상품매출] 금액이 가장 많이 발생한 월은 언제인지 고르시오.

① 3월
② 4월
③ 5월
④ 6월

06 ㈜유명 본점은 업무용승용차를 사원별로 관리하고 있다. 다음 중 [ERP13A02.김은찬] 사원이 관리하고 있는 업무용승용차의 차량번호를 고르시오.

① 12가 0102
② 14가 0717
③ 15가 2664
④ 17가 8087

07 ㈜유명 본점은 거래처별 채권년령을 관리하고 있다. 2024년 6월 30일 기준으로 4개월 전개월수를 조회했을 경우 [00002.㈜주안실업] 거래처의 외상매출금 조회기간 이전 금액으로 옳은 것을 고르시오.

① 88,122,000원
② 88,134,000원
③ 128,914,000원
④ 128,990,000원

08 ㈜유명 본점의 손익계산서에서 2024년 한 해 동안 [82100.보험료] 계정이 가장 많이 발생한 분기를 고르시오.

① 1/4분기
② 2/4분기
③ 3/4분기
④ 4/4분기

09 2024년 12월 31일 기준 당사의 [채권채무잔액조회서]에 대한 설명으로 옳지 않은 것을 고르시오.

① 00001.㈜성호기업은 채권합계 금액이 채무합계 금액보다 더 많다.
② 00002.㈜주안실업은 채권계정 받을어음 잔액이 50,000,000원 존재한다.
③ 00003.㈜한동테크는 채무계정 외상매입금 잔액이 52,520,000원 존재한다.
④ 00004.㈜형광공업은 채권계정 미수금 잔액이 8,000,000원 존재한다.

10 ㈜유명 본점의 2024년 6월 한 달 동안 발생한 전표 중 전표상태가 '미결'인 전표는 몇 건인지 고르시오.

① 4건　　　　　　　　　　　② 5건
③ 6건　　　　　　　　　　　④ 7건

11 2024년 1분기 동안 재경부에서 사용한 예산 중 집행율이 가장 큰 계정과목을 고르시오. 단, 집행방식은 승인집행으로 조회한다.

① 81100.복리후생비　　　　　② 81200.여비교통비
③ 81400.통신비　　　　　　　④ 81500.수도광열비

12 2024년 1월 한 달간 현금 입금액과 출금액은 얼마인지 고르시오.

① 입금액 : 1,000,000원, 출금액 : 1,495,000원
② 입금액 : 1,000,000원, 출금액 : 2,495,000원
③ 입금액 : 3,000,000원, 출금액 : 1,495,000원
④ 입금액 : 3,000,000원, 출금액 : 2,495,000원

13 다음 [보기]의 내용을 참고해 [고정자산등록] 메뉴에 입력한 후 비품자산의 당기 감가상각비 금액을 조회하면 얼마인지 고르시오.

> [보기]
> • ㈜유명 본점은 2024년 4월 15일에 비품자산 [21200008.에어컨]을 취득부대비용 포함해 4,000,000원에 신규취득했다.
> • 상각방법 정액법, 내용연수 4년

① 169,104원　　　　　　　　② 750,000원
③ 919,104원　　　　　　　　④ 1,019,104원

14 ㈜유명 본점은 결산 시 외화예금 통장의 외화금액을 평가해 재무제표에 반영하고자 한다. 2024년 12월 말 결산 시 기준환율이 1$당 1,230원일 때 외화환산손익은 얼마인지 고르시오.

① 외화환산손실 : 130,000원 ② 외화환산손실 : 250,000원
③ 외화환산이익 : 130,000원 ④ 외화환산이익 : 250,000원

15 ㈜유명 본점은 2024년 1기 부가가치세 예정신고 시 [세금계산서합계표]를 작성했다. 다음 중 세금계산서합계표에 대한 설명으로 옳지 않은 것을 고르시오.

① 매입세금계산서의 부가세액 총합계는 23,760,000원이다.
② ㈜성호기업 거래처에 발급한 세금계산서는 총 3매다.
③ 정우실업(유) 거래처에 수취한 부가세액은 1,400,000원이다.
④ 매출세금계산서 중 전자세금계산서 외 거래건은 존재하지 않는다.

16 ㈜유명 본점의 2024년 1기 부가가치세 확정신고기간에 카드로 매출한 거래 건이 발생했다. 다음 중 어느 거래처에서 발생한 거래인지 고르시오.

① 00001.㈜성호기업 ② 00002.㈜주안실업
③ 00003.㈜한동테크 ④ 00010.㈜중원

17 ㈜유명 본점의 2024년 1기 확정 부가가치세신고서를 작성하고 이에 맞는 부가세 분개를 작성한다고 할 때 분개처리로 옳은 것을 고르시오.

① (차) 부가세대급금 10,550,000원 (대) 부가세예수금 34,700,000원
    미수금   24,150,000원
② (차) 부가세대급금 18,070,000원 (대) 부가세예수금 34,700,000원
    미수금   20,650,000원
③ (차) 부가세예수금 34,700,000원 (대) 부가세대급금 10,550,000원
                              미지급금   24,150,000원
④ (차) 부가세예수금 34,700,000원 (대) 부가세대급금 14,050,000원
                              미지급금   20,650,000원

18 ㈜유명 본점의 2024년 1기 부가가치세 확정신고 시 매입에 대한 예정신고누락분이 있음을 확인했다. 위 과세기간에 예정신고누락분 부가세액 합계금액은 얼마인지 고르시오.

① 200,000원 ② 400,000원
③ 600,000원 ④ 800,000원

19 ㈜유명 본점의 2024년 1기 부가가치세 예정신고기간에 매입한 자산 중 기계장치의 세액 합계금액은 얼마인지 고르시오.

① 2,000,000원 ② 2,300,000원
③ 3,000,000원 ④ 3,300,000원

20 ㈜유명 본점의 부가가치세 신고유형에 대한 설명으로 옳은 것을 고르시오.

① 각 사업장별로 신고 및 납부한다.
② 사업자 단위 과세자로 신고 및 납부를 주사업장에서 모두 한다.
③ 총괄납부 사업자로 주사업장에서 모두 총괄해 신고 및 납부한다.
④ 총괄납부 사업자로 신고는 각 사업장별로 하고 납부는 주사업장에서 총괄해 납부한다.

제99회 2023년 6차 시험

> 정답 및 해설 p.260

이론문제

01 ERP 시스템 투자비용에 관한 개념 중 '시스템의 전체 라이프사이클(life-cycle)을 통해 발생하는 전체 비용을 계량화한 비용'에 해당하는 것은?

① 유지보수비용(Maintenance Cost)
② 시스템 구축비용(Construction Cost)
③ 총소유비용(Total Cost of Ownership)
④ 소프트웨어 라이선스비용(Software License Cost)

02 ERP의 발전과정으로 가장 적절한 것은?

① MRP Ⅰ → MRP Ⅱ → ERP → 확장형 ERP
② MRP Ⅰ → ERP → 확장형 ERP → MRP Ⅱ
③ ERP → 확장형 ERP → MRP Ⅰ → MRP Ⅱ
④ MRP Ⅱ → MRP Ⅰ → ERP → 확장형 ERP

03 'Best Practice' 도입을 목적으로 ERP 패키지를 도입해 시스템을 구축하고자 할 경우 가장 적절하지 않은 방법은?

① BPR과 ERP 시스템 구축을 병행하는 방법
② ERP 패키지에 맞추어 BPR을 추진하는 방법
③ 기존 업무처리에 따라 ERP 패키지를 수정하는 방법
④ BPR을 실시한 후에 이에 맞도록 ERP 시스템을 구축하는 방법

04 클라우드 ERP의 특징 혹은 효과에 대한 설명 중 가장 옳지 않은 것은?

① 안정적이고 효율적인 데이터 관리
② IT자원 관리의 효율화와 관리비용의 절감
③ 필요한 어플리케이션을 자유롭게 설치 가능
④ 원격근무 환경 구현을 통한 스마트워크 환경 정착

05 재무제표의 기본가정으로 적절하지 않은 것은?

① 기업실체의 가정
② 계속기업의 가정
③ 현금순환의 가정
④ 기간별 보고의 가정

06 [보기]의 자료를 참고해 기초자본이 얼마인지 구하시오.

┌─ [보 기] ──┐
│ • 총수익 : 8,000,000원   • 총비용 : 5,000,000원   • 기말자본 : 4,000,000원 │
└──┘

① 1,000,000원
② 2,000,000원
③ 3,000,000원
④ 4,000,000원

07 손익계산서에 반영하는 항목으로 가장 적절한 것은?

① 자기주식처분이익
② 매도가능증권의 평가손익
③ 유형자산에 대한 감가상각비
④ 특허권을 취득하기 위해 지급한 금액

08 [보기]는 무엇에 대한 설명인가?

┌─ [보 기] ──┐
│ 회계상의 거래는 거래에 내재된 원인과 결과를 차변(왼쪽)요소와 대변(오른쪽)요소로 나누어 이중으로 기 │
│ 록하게 된다. │
└──┘

① 계 정
② 분개장
③ 역사적 원가
④ 거래의 이중성

09 회계상의 거래에 해당하는 내용으로 가장 적절한 것은?

① 회사 영업장에서 사용할 공기청정기 구입계약을 하다.
② 회사 업무용 차량이 필요해 45,000,000원에 주문하다.
③ 신입사원을 채용하고 매월 3,000,000원을 지급하기로 근로계약을 하다.
④ 장마·폭우로 인한 홍수피해로 회사 창고에 보관 중인 상품의 손실이 6,000,000원 발생했다.

10 [보기]의 거래 차변 계정과목으로 올바르게 짝지어진 것은?

[보 기]
㉠ 영업용 화물자동차에 대한 자동차세를 납부하다.
㉡ 개인사업자 사장 개인의 생명보험료를 지급하다.

① ㉠ 자동차세　㉡ 보험료
② ㉠ 세금과공과　㉡ 인출금
③ ㉠ 차량유지비　㉡ 보험료
④ ㉠ 세금과공과　㉡ 보험료

11 신안은행으로부터 차입한 장기차입금 10,000,000원에 대한 만기일이 [보기]와 같이 도래한다. [보기]의 설명을 보고 기말(2023년 12월 31일) 대변의 회계처리를 고르시오.

[보 기]
• 대한민국은행으로부터의 차입일 : 2015년 8월 1일
• 만기일 : 2024년 7월 31일
• 장기차입금 금액 : 10,000,000원

① (대변) 계정과목 : 미지급금　　　금액 : 10,000,000원
② (대변) 계정과목 : 단기차입금　　금액 : 10,000,000원
③ (대변) 계정과목 : 장기차입금　　금액 : 10,000,000원
④ (대변) 계정과목 : 유동성장기부채　금액 : 10,000,000원

12 [보기]의 ㉠과 ㉡의 회계 계정과목으로 적절한 것을 고르시오.

[보 기]
- 김부장 : 회사에서 지난 7월의 외상매출금 1,000,000원은 어떠한 방법으로 회수했습니까?
- 박대리 : 네! 부장님, ㉠ 700,000원은 어음으로, ㉡ 300,000원은 타인발행수표로 받았습니다

① ㉠ 현 금 ㉡ 받을어음
② ㉠ 받을어음 ㉡ 현 금
③ ㉠ 지급어음 ㉡ 당좌예금
④ ㉠ 당좌예금 ㉡ 지급어음

13 단기시세차익을 목적으로 구입한 타회사발행의 주식을 결산 시 재무상태표 표시항목은 무엇인가?

① 매입채무
② 단기매매증권
③ 유동성장기부채
④ 현금및현금성자산

14 [보기]는 ㈜생산성의 2023년 12월 31일 수정 전 합계잔액시산표 일부내용이다. [보기]를 참고해 12월 31일 결산수정분개로 매출채권 잔액의 2%를 대손추정할 경우 차변 계정과목과 금액으로 옳은 것은?

[보 기]
가. 받을어음 잔액 : 4,000,000원
나. 받을어음의 대손충당금 잔액 : 70,000원
다. 외상매출금 잔액 : 3,500,000원
라. 외상매출금의 대손충당금 잔액 : 50,000원

① 대손상각비 10,000원
② 대손충당금 30,000원
③ 대손상각비 30,000원
④ 대손충당금환입 30,000원

15 일반기업회계기준에 따라 [보기]의 유가증권 취득원가를 구하시오.

[보 기]
단기매매증권으로 분류되는 주식 2,000주를 주당 5,000원에 취득하면서 수수료 500,000원과 증권거래세 300,000원을 지급했다.

① 10,000,000원
② 10,300,000원
③ 10,500,000원
④ 10,800,000원

16 건물취득가액 50,000,000원, 내용연수 20년, 잔존가액 10%를 정액법에 의해 상각하면 해당 건물의 감가상각비는 얼마인가?

① 2,250,000원
② 2,500,000원
③ 5,000,000원
④ 45,000,000원

17 [보기]는 ㈜생산성의 자산과 부채 관련 자료다. ㈜생산성의 순자산(자본)은 얼마인가?

[보 기]
- 외상매출금 : 800,000원
- 현 금 : 160,000원
- 미수금 : 90,000원
- 단기차입금 : 290,000원
- 당좌예금 : 50,000원
- 예수금 : 140,000원
- 단기대여금 : 110,000원
- 지급어음 : 60,000원

① 470,000원
② 500,000원
③ 720,000원
④ 840,000원

18 [보기]의 상황에서 당기의 재무보고에 미치는 영향으로 가장 적절한 것은?

[보 기]
결산 시까지 수수료 미수분 500,000원이 미계상되어 있다.

① (자산) 영향없음 / (수익) 과소계상 / (자본) 과대계상
② (자산) 과소계상 / (수익) 과대계상 / (자본) 과대계상
③ (자산) 과대계상 / (수익) 과소계상 / (자본) 과대계상
④ (자산) 과소계상 / (수익) 과소계상 / (자본) 과소계상

19 기말결산 시에 임대료 선수분을 계상하지 않은 상태에서 당기순이익 100,000원이었다. [보기] 자료와 같이 임대료 선수분을 계상할 경우 당기순이익 변동은 어떻게 되는가?

[보 기]
• 5월 1일 : 임대료 1년분 15,000원을 현금으로 받다.
• 12월 31일 : 결산기말에 임대료 선수분 5,000원을 계상하지 않았다.

① 당기순이익이 5,000원 증가한다.
② 당기순이익이 5,000원 감소한다.
③ 당기순이익이 10,000원 증가한다.
④ 당기순이익이 10,000원 감소한다.

20 자본조정항목은 자본에서 가산되거나 차감하는 형식으로 표시된다. 선택지 중 성격이 다른 하나를 고르시오.

① 감자차손　　　　　　　　　　② 자기주식
③ 주식매수선택권　　　　　　　④ 주식할인발행차금

실무문제

로그인 정보

회사코드	1005	사원코드	ERP13A02
회사명	회계2급 회사B	사원명	김은찬

01 당사가 사용하고 있는 전표출력 기본양식은 무엇인지 고르시오.

① 3번 양식
② 5번 양식
③ 6번 양식
④ 9번 양식

02 당사 [사원등록]에 대한 설명으로 옳지 않은 것을 고르시오.

① ERP를 운용할 수 있는 사원은 총 4명이다.
② 입사일과 달리 퇴사일 입력은 시스템관리자만 입력할 수 있다.
③ 신서율 사원은 대차차액 없는 회계전표 입력 시 전표상태가 '미결'로 반영된다.
④ 김종민 사원은 대차차액 없는 회계전표 입력 시 자동승인되며 승인해제 없이 변경도 가능하다.

03 다음 중 [11000.받을어음] 계정과목에 대한 설명으로 옳지 않은 것을 고르시오.

① 연동항목으로 받을어음 연동이 설정되어 있다.
② 전표에 해당 계정과목코드로 전표입력이 가능하다.
③ 예산통제 '통제안함'이므로 예산에 관계없이 입력가능하다.
④ 전표입력 시 증빙입력은 필수로 입력하도록 설정되어 있다.

04 ㈜큐브의 2023년 초기이월등록에서 외상매출금 금액이 가장 큰 거래처는 어디인지 고르시오.

① 00001.㈜성호기업
② 00002.㈜주안실업
③ 00003.㈜한동테크
④ 00004.㈜형광공업

05 ㈜큐브는 거래처를 분류해 지역별 매출액을 관리하고 있다. 2023년 한 해 동안 지역별로 매출액을 관리하는 거래처 중 상품매출액이 가장 적은 거래처의 거래처 분류를 고르시오.

① 1000.강남구　　　　　　　　② 2000.성북구
③ 4000.송파구　　　　　　　　④ 5000.강동구

06 당사의 예산통제구분과 [81100.복리후생비] 계정의 예산통제방식으로 알맞은 것을 고르시오.

① 예산통제구분 : 사용부서, 예산통제방식 : 월별통제
② 예산통제구분 : 사용부서, 예산통제방식 : 통제안함
③ 예산통제구분 : 결의부서, 예산통제방식 : 월별통제
④ 예산통제구분 : 결의부서, 예산통제방식 : 년간통제

07 당사는 매월 고정적으로 지출되는 자금을 관리하고 있다. 다음 보기 중 2023년 5월에 종료되는 고정자금 자금과목은 무엇인지 고르시오.

① 인건비　　　　　　　　② 일반경비
③ 이자상환　　　　　　　④ 사무실임차료

08 2023년 6월 1일부터 2023년 6월 30일까지 ㈜큐브에서 판매관리비로 지출된 금액 중 현금으로 지출한 금액이 가장 큰 계정과목을 고르시오.

① 81200.여비교통비　　　　② 81300.접대비
③ 82200.차량유지비　　　　④ 83000.소모품비

09 ㈜큐브는 당사의 고정자산을 부서별로 관리하고 있다. [20800.차량운반구] 자산유형에 대해서 다음 보기 중 [2001.영업부]에서 관리하지 않는 자산은 무엇인지 고르시오.

① 20800001.쏘렌토(12A8087)　　② 20800002.투싼(12B0927)
③ 20800003.QM6(12B0316)　　　④ 20800004.티볼리(13B0717)

10 ㈜큐브의 2023년 매출액이 가장 높은 분기는 언제인지 고르시오.

① 1/4분기 ② 2/4분기
③ 3/4분기 ④ 4/4분기

11 당사는 1년에 한 번 ERP 프로그램으로 자동결산을 진행하고 있다. 다음 [보기]의 기말정리사항 입력 후 2023년 12월 말 결산 시 당기순이익은 얼마인지 고르시오.

―[보 기]―
- 기말재고 : 상품 200,000,000원
- 고정자산등록의 자료를 반영하고, 그 외 기말정리사항은 없다.

① 당기순손실 200,796,976원 ② 당기순손실 213,925,000원
③ 당기순이익 213,925,000원 ④ 당기순이익 285,125,000원

12 당사는 [40100.상품매출] 계정과목 전표입력 시 관리항목으로 프로젝트를 등록해 관리하고 있다. 다음 중 프로젝트별 상품매출 실적을 비교하려고 할 때 가장 적합한 장부는 무엇인지 고르시오.

① 일월계표 ② 총계정원장
③ 계정별원장 ④ 관리항목원장

13 ㈜큐브는 2023년 7월 20일 ㈜형광공업의 지급어음(자가202303001)을 당좌예금에서 출금해 결제했다. 해당 어음의 발행일자를 고르시오.

① 2023년 3월 31일 ② 2023년 5월 31일
③ 2023년 7월 20일 ④ 2023년 9월 30일

14 ㈜큐브는 2023년 1년간의 [지출증빙서류검토표]를 작성하려고 한다. 각 증빙별 합계금액으로 옳은 것을 고르시오.

① 계산서 : 500,000원
② 현금영수증 : 800,000원
③ 세금계산서 : 529,230,000원
④ 신용카드(법인) : 3,500,000원

15 ㈜큐브의 부가세 신고방법에 대한 설명으로 옳은 것을 고르시오.

① 관할세무서는 종로세무서다.
② 주업종코드 교육서비스업을 신고하고 있다.
③ 부가세 신고유형은 사업장별 신고를 채택하고 있다.
④ 부가세 신고는 각 사업장별로 하고 납부는 주사업장에서 진행한다.

16 ㈜큐브의 2023년 2기 부가가치세 예정신고 시 [매입세액불공제내역] 서식에 작성된 불공제 사유구분을 고르시오.

① 접대비관련매입세액
② 사업과 관련없는 지출
③ 필요적 기재사항 누락
④ 비영업용소형승용차구입 및 유지

17 ㈜큐브의 2023년 2기 부가가치세 예정신고 시 발생하지 않은 세무구분을 고르시오.

① 11.과세매출
② 12.영세매출
③ 22.영세매입
④ 27.카드매입

18 ㈜큐브는 2023년 2기 부가가치세 확정신고 시 [세금계산서합계표]를 작성했다. 매출 전자세금계산서(11일 이내 전송분) 발급금액이 가장 큰 거래처를 고르시오.

① ㈜형광공업
② ㈜한동테크
③ ㈜주안실업
④ ㈜성호기업

19 ㈜큐브는 부동산임대업을 겸업하고 있어 부가가치세 신고 시 간주임대료를 포함해 신고하려고 한다. 2023년 2기 부가가치세 예정신고 시 다음 [부동산임대내역]의 자료를 입력한 후 보증금이자(간주임대료)를 계산하면 얼마인지 고르시오. 단, 보증금이자(간주임대료) 계산 시 소수점 이하는 절사한다.

─ [보 기] ─
[부동산임대내역]
- 동 : 1117058000.서울특별시 용산구 효창동
- 상호(성명) : ㈜상상컴퓨터
- 임대기간 : 2023/04/01 ~ 2024/03/31
- 월 세 : 5,000,000원
- 층 / 호수 : 지상 12층 / 1201호
- 면적 / 용도 : 200㎡ / 사무실
- 보증금 : 200,000,000원
- 관리비 : 300,000원

※ 이자율은 2.9%로 계산한다.

① 1,461,917원
② 1,247,762원
③ 1,142,330원
④ 604,931원

20 ㈜큐브는 2023년 2기 부가가치세 예정신고기간에 고정자산을 매입하고 신용카드로 결제한 거래가 발생했다. 해당 거래의 세액합계로 올바른 것을 고르시오.

① 500,000원
② 700,000원
③ 900,000원
④ 1,000,000원

제 98 회 2023년 5차 시험

▶ 정답 및 해설 p.273

이론문제

01 ERP와 기존의 정보시스템(MIS) 특성 간의 차이점에 대한 설명으로 가장 적절하지 않은 것은?

① 기존 정보시스템의 업무범위는 단위업무이고, ERP는 통합업무를 담당한다.
② 기존 정보시스템의 전산화 형태는 중앙집중식이고, ERP는 분산처리구조이다.
③ 기존 정보시스템은 수평적으로 업무를 처리하고, ERP는 수직적으로 업무를 처리한다.
④ 기존 정보시스템은 파일시스템을 이용하고, ERP는 관계형 데이터베이스시스템(RDBMS)을 이용한다.

02 ERP에 대한 설명 중 가장 적절하지 않은 것은?

① 신속한 의사결정을 지원하는 경영정보시스템이다.
② 기능 최적화에서 전체 최적화를 목표로 한 시스템이다.
③ 인사, 영업, 구매, 생산, 회계 등 기업의 업무가 통합된 시스템이다.
④ 모든 사용자는 사용권한 없이 쉽게 기업의 정보에 접근할 수 있다.

03 기업이 클라우드 ERP 도입을 통해 얻을 수 있는 장점으로 가장 적절하지 않은 것은?

① 기업의 데이터베이스 관리 효율성 증가
② 시간과 장소에 구애받지 않고 ERP 사용이 가능
③ 장비관리 및 서버관리에 필요한 IT 투입자원 감소
④ 필요한 어플리케이션을 자율적으로 설치 및 활용이 가능

04 ERP 아웃소싱(Outsourcing)에 대한 설명으로 적절하지 않은 것은?

① ERP 자체개발에서 발생할 수 있는 기술력 부족을 해결할 수 있다.
② ERP 아웃소싱을 통해 기업이 가지고 있지 못한 지식을 획득할 수 있다.
③ ERP 개발과 구축, 운영, 유지보수에 필요한 인적 자원을 절약할 수 있다.
④ ERP 시스템 구축 후에는 IT아웃소싱 업체로부터 독립적으로 운영할 수 있다.

05
기업의 이해관계자의 관련된 내용이다. 다음 중 성격이 다른 하나는?

① 고 객
② 경영자
③ 금융기관
④ 정부기관

06
[보기]에서 설명하는 회계정보의 특성으로 가장 적절한 것은?

[보 기]
의사결정에 영향을 미칠 수 있도록 의사결정자가 정보를 제때 이용가능하게 하는 것

① 일관성
② 통일성
③ 적시성
④ 이해가능성

07
[보기]의 재무상태표에 대한 설명으로 가장 적절하지 않은 것은?

[보 기]

2023년 12월 31일 현재			
현금및현금성자산	50,000원	매입채무	300,000원
매출채권	700,000원	장기차입금	1,000,000원
상 품	400,000원	퇴직급여충당부채	200,000원
투자부동산	100,000원	자본금	1,200,000원
건 물	1,500,000원	이익잉여금	50,000원
합 계	2,750,000원	합 계	2,750,000원

① 자본은 1,250,000원이다.
② 투자자산은 100,000원이다.
③ 유동자산은 750,000원이다.
④ 비유동부채는 1,200,000원이다.

08
[보기]의 오류가 당기 손익계산서에 미치는 영향으로 가장 적절한 것은?

[보 기]
정확한 기말재고금액은 150,000원이지만, 기말재고자산을 120,000원으로 잘못 계상했다.

① 매출원가 : 과대 / 당기순이익 : 과대
② 매출원가 : 과대 / 당기순이익 : 과소
③ 매출원가 : 과소 / 당기순이익 : 과소
④ 매출원가 : 과소 / 당기순이익 : 과대

09 [보기]는 무엇에 대한 설명인가?

[보 기]
일정시점에서 기업의 자본의 크기와 일정기간 동안 자본변동에 관한 정보를 나타내는 재무제표

① 현금흐름표　　　　　　　　　② 손익계산서
③ 자본변동표　　　　　　　　　④ 제조원가명세서

10 [보기]에서 설명하는 계정과목은 무엇인가?

[보 기]
물품의 판매에 있어서 판매한 상품 또는 제품에 대한 부분적인 감량·변질·파손 등에 의하여 매출가액에서 직접 공제하는 금액

① 매출할인　　　　　　　　　② 매출환입
③ 매출에누리　　　　　　　　④ 매출채권처분손실

11 [보기]의 거래요소 결합관계를 나타내는 거래로 가장 적절한 것은?

[보 기]
(차변) 자산의 증가　　　(대변) 부채의 증가

① 은행에서 현금을 차입하다.
② 미지급한 퇴직금을 지급하다.
③ 외상매입금을 현금으로 지급하다.
④ 외상매출금을 어음으로 회수하다.

12 [보기]에 제시된 판매용 상품매입과 관련한 분개에서 (　) 안에 들어갈 수 없는 계정과목은 무엇인가?

[보 기]
(차) 상 품　100,000원　　(대) (　)　100,000원

① 현 금　　　　　　　　　② 보통예금
③ 미지급금　　　　　　　　④ 외상매입금

13 당좌예금 계정에 기입되는 거래가 아닌 것은?

① 외상매출금 300,000원을 당좌예금으로 입금받다.
② 상품 200,000원을 매입하고 당좌수표를 발행하여 지급하다.
③ 대한은행과 당좌거래를 체결하고 현금 500,000원을 당좌예입하다.
④ ㈜생산상사에 상품 200,000원을 매출하고 동점이 발행한 당좌수표로 받다.

14 [보기]의 내용을 회계처리할 경우 차변 계정과목 금액으로 적절한 것을 고르시오.

[보 기]
유가증권시장에 상장되어 있는 주식 1,000주를 1주당 6,000원(액면금액 5,000원)에 취득하고, 거래수수료 100,000원을 지급했다(회사는 주식을 장기보유목적으로 취득했다).

① (계정과목) 단기매매증권 - (금액) 5,000,000원
② (계정과목) 단기매매증권 - (금액) 6,000,000원
③ (계정과목) 매도가능증권 - (금액) 5,100,000원
④ (계정과목) 매도가능증권 - (금액) 6,100,000원

15 [보기]의 거래에서 매출채권은 얼마인가?

[보 기]
상품 500개를 개당 1,000원에 판매하고, 300,000원은 약속어음으로 받고, 잔액은 2개월 후에 받기로 하다. 운반비 50,000원은 현금으로 지급하다.

① 200,000원
② 300,000원
③ 500,000원
④ 550,000원

16 [보기]의 특징을 지니는 재고자산의 단가 결정방법을 고르시오.

[보 기]
• 실제 물량흐름과 유사하다.
• 현행수익에 과거원가가 대응된다.
• 기말재고가 가장 최근에 매입한 상품의 단가로 계상된다.

① 개별법
② 총평균법
③ 후입선출법
④ 선입선출법

17 사채발행에 대한 설명으로 가장 적절하지 않은 것은?

① 사채상환손익은 조기상환 시에만 발생한다.
② 만기일 전에 사채를 상환하는 것을 조기상환이라 한다.
③ 사채의 할증발행과 할인발행 여부와 관계없이 상각액은 매년 감소한다.
④ 액면이자율이 시장이자율보다 큰 경우에는 액면금액보다 많은 금액으로 할증발행을 하게 된다.

18 [보기]는 무엇에 대한 설명인가?

[보 기]
- 기업이 이미 발행하여 유통되고 있는 주식을 발행회사가 매입소각 또는 재발행 목적으로 재취득한 주식을 말한다.
- 기업은 감자절차를 진행하는 과정에서 주식을 매입소각하기 위해 주가관리 등 소각 이외의 목적을 위해 일시적으로 이것을 취득하게 된다.

① 감자차익
② 자기주식
③ 배당건설이자
④ 주식할인발행차금

19 [보기]의 자료를 근거로 회계처리를 할 경우 감자차익은 얼마인가?

[보 기]
- 감자주식 수 : 150주
- 주당 액면가액 : 5,000원
- 주식구입 현금지급액 : 500,000원

① 50,000원
② 200,000원
③ 250,000원
④ 750,000원

20 거래 중 계정의 대변에 기입해야 할 거래유형으로 가장 적절한 것은?

① 비품을 외상으로 매입하는 경우 비품 계정
② 임대계약한 경우 발생한 임대료수익 계정
③ 상품을 외상으로 매출한 경우의 매출채권 계정
④ 차입금을 현금으로 상환하는 경우 차입금 계정

실무문제

로그인 정보

회사코드	1002	사원코드	ERP13A02
회사명	회계2급 회사A	사원명	김은찬

01 당사의 계정과목에 대한 설명 중 옳지 않은 것을 고르시오.

① [20100.토지] 계정은 비상각 계정과목이다.
② [81400.통신비] 계정은 사용부서별로 이월하도록 설정했다.
③ [81100.복리후생비] 계정은 세목으로 세분화하여 관리하고 있다.
④ [10800.외상매출금] 계정은 전표입력 시 거래처를 필수로 등록하도록 설정했다.

02 당사의 회계 관련 [시스템환경설정]으로 옳지 않은 것을 고르시오.

① 재무제표를 영어로 조회할 수 있다.
② 예산을 사용부서별로 통제하고 있다.
③ 거래처 코드는 시스템 설정에 의해 자동부여된다.
④ 전표입력 메뉴에서 전표복사 기능을 사용할 수 있다.

03 당사의 일반거래처 조회 도중 전산오류로 사업자번호가 동일하게 등록되어 있는 거래처를 확인했다. 중복된 사업자번호가 존재하는 거래처 수는 총 몇 개인지 고르시오.

① 4개　　　　　　　　　　　② 6개
③ 8개　　　　　　　　　　　④ 11개

04 당사의 3월 31일 기준 거래처별 채권/채무계를 조회하려고 한다. 여신한도가 존재하는 거래처 중 여신초과액이 가장 큰 거래처를 고르시오.

① ㈜한동테크　　　　　　　② ㈜성호기업
③ ㈜주안실업　　　　　　　④ ㈜형광공업

05 당사는 예산을 사용부서별로 관리하고 있다. 2023년 상반기 동안 [1001.재경부] 부서에서 사용한 예산 중 집행실적금액이 가장 큰 계정과목은 무엇인가? 단, 집행방식은 승인집행으로 조회한다.

① 80200.직원급여 ② 81100.복리후생비
③ 81500.수도광열비 ④ 82200.차량유지비

06 2023년 1월 한 달 동안 ㈜유명 본점에서 판매관리비로 지출된 금액 중 현금으로 지출한 금액이 가장 큰 순서대로 계정과목을 나열한 것을 고르시오.

① 사무용품비 > 차량유지비 > 여비교통비 > 복리후생비
② 복리후생비 > 여비교통비 > 사무용품비 > 차량유지비
③ 차량유지비 > 사무용품비 > 여비교통비 > 복리후생비
④ 여비교통비 > 복리후생비 > 사무용품비 > 차량유지비

07 ㈜유명 본점에서 지출증빙서류검토표를 작성하던 중 핵심ERP의 증빙을 연결하는 작업에서 '30.세금계산서'와 '40.계산서' 증빙연결이 누락된 것을 확인했다. 아래 [적격증빙별 전표증빙]과 같이 누락된 증빙 연결 후 2023년 한 해 동안 지출될 각 증빙별 합계금액으로 옳지 않은 것은 무엇인가?

[보 기]

[적격증빙별 전표증빙]
• 30.세금계산서 – 1.세금계산서
• 40.계산서 – 2.계산서

① 계산서 : 320,000원 ② 신용카드(법인) : 2,630,000원
③ 신용카드(개인) : 1,670,000원 ④ 세금계산서 : 1,049,450,000원

08 ㈜유명 본점은 2023년 7월 31일 정우실업(유)의 외상대금을 지급어음(자가20230002)으로 결제했다. 해당 어음의 만기일로 옳은 것을 고르시오.

① 2023년 7월 31일 ② 2023년 8월 15일
③ 2023년 8월 31일 ④ 2023년 9월 30일

09 ㈜유명 본점은 공장을 프로젝트로 관리하여 손익계산서를 산출한다. 2023년 2분기(4월 ~ 6월) 중 여비교통비(판매관리비)가 가장 많이 발생한 공장을 고르시오.

① 서울공장 ② 대전공장
③ 광주공장 ④ 부산공장

10 ㈜유명 본점은 사용부서와 프로젝트로 사무용품비(판매관리비)를 관리하고 있다. 2023년 상반기 동안 [2001.영업부] 부서에서 사무용품비(판매관리비)가 가장 많이 증가한 프로젝트를 고르시오.

① 1000.서울공장 ② 1001.광주공장
③ 1002.부산공장 ④ 1004.대전공장

11 ㈜유명 본점은 고정자산을 사용부서별로 관리하고 있다. [21200.비품] 자산유형에 대해서 다음 보기 중 영업부에서 관리하지 않는 자산은 무엇인가?

① 21200004.책장 ② 21200005.복사기
③ 21200006.프린터기 ④ 21200007.노트북B

12 ㈜유명 본점의 2023년 하반기 중 외상매출금 발생 금액이 가장 큰 달은 언제인지 고르시오.

① 9월 ② 10월
③ 11월 ④ 12월

13 본점의 업무용승용차 [12가 0102.티볼리] 차량에 대하여 운행기록부를 작성했다. 2023년 1월 한 달 동안 해당 차량의 업무사용비율을 고르시오.

① 64% ② 70%
③ 74% ④ 78%

14 ㈜유명 본점의 2023년 1분기 손익계산서에 대한 설명 중 옳지 않은 것은?

① 상품매출액은 394,500,000원이다.
② 당기상품매입액은 194,000,000원이다.
③ 판매관리비가 증가하면 당기순이익은 증가한다.
④ 이자비용이 영업외비용으로 200,000원 발생했다.

15 ㈜유명 본점의 부가가치세 신고유형에 대한 설명으로 옳은 것을 고르시오.

① 각 사업장별로 신고 및 납부한다.
② 사업자 단위과세자로 신고 및 납부를 모두 주사업장에서 한다.
③ 총괄납부 사업자로 주사업장에서 모두 총괄하여 신고 및 납부한다.
④ 총괄납부 사업자로 각 사업장별로 부가세 신고 후 납부는 주사업장에서 총괄하여 납부한다.

16 ㈜유명 본점의 2023년 1기 부가가치세 예정신고 시 '매입처별 세금계산서합계표'에 반영될 세무구분은 몇 개인지 고르시오.

① 1개   ② 2개
③ 3개   ④ 4개

17 ㈜유명 본점의 2023년 1기 부가가치세 예정신고기간에 발생한 신용카드 매출전표 중 세금계산서가 발급된 금액은 얼마인가?

① 1,500,000원   ② 2,000,000원
③ 2,500,000원   ④ 3,000,000원

18 ㈜유명 본점의 2023년 1기 부가가치세 확정신고 시 '매출처별 세금계산서합계표'에 반영될 거래처 중 세액이 가장 큰 거래처를 고르시오.

① ㈜중원
② ㈜한동테크
③ ㈜주안실업
④ ㈜성호기업

19 ㈜유명 본점의 2023년 2기 부가가치세 예정신고기간에 매입한 자산 중 부가세 신고 시 신고서식에 작성되어야 하는 차량운반구의 세액은 얼마인가?

① 3,000,000원
② 3,500,000원
③ 4,000,000원
④ 4,500,000원

20 ㈜유명 본점의 2023년 2기 부가가치세 확정신고에 대한 설명으로 옳지 않은 것은 무엇인가?

① 면세수입금액이 존재한다.
② 매출세금계산서 예정신고누락분이 존재한다.
③ 관할세무서인 서초세무서에 부가가치세 신고한다.
④ 총괄납부사업자 납부할 세액이 음수이므로 부가세가치세 신고 후 세액을 환급받을 수 있다.

제97회 2023년 4차 시험

> 정답 및 해설 p.286

이론문제

01 ERP 구축 전에 수행되는 단계적으로 시간의 흐름에 따라 비즈니스 프로세스를 개선해 가는 점증적 방법론은 무엇인가?

① ERD(Entity Relationship Diagram)
② BPI(Business Process Improvement)
③ MRP(Material Requirement Program)
④ SFS(Strategy Formulation & Simulation)

02 ERP 구축순서로 가장 적절한 것은?

① 설계 – 분석 – 구현 – 구축
② 설계 – 분석 – 구축 – 구현
③ 분석 – 설계 – 구축 – 구현
④ 분석 – 설계 – 구현 – 구축

03 BPR(Business Process Re-Engineering)의 필요성으로 가장 적절하지 않은 것은?

① 경영환경 변화에의 대응방안 모색
② 정보기술을 통한 새로운 기회의 모색
③ 기존 업무방식 고수를 위한 방안 모색
④ 조직의 복잡성 증대와 효율성 저하에 대한 대처방안 모색

04 ERP 도입의 최종목적으로 가장 적절한 것은?

① 해외매출 확대
② 경영정보의 분권화
③ 관리자 리더십 향상
④ 고객만족과 이윤극대화

05 부채에 대한 설명으로 가장 적절하지 않은 것은?

① 예수금은 유동부채에 속한다.
② 퇴직급여충당부채는 비유동부채에 속한다.
③ 장기차입금은 보고기간종료일로부터 1년 이내에 상환될 부채이다.
④ 유동성장기부채는 보고기간종료일로부터 1년 이내에 상환될 부채이다.

06 재무상태표에 표시되는 계정과목으로 가장 적절하지 않은 것은?

① 급 여
② 예수금
③ 대여금
④ 미지급금

07 결산수정분개에 대한 설명으로 가장 적절하지 않은 것은?

① 무형자산에 대한 상각비는 직접법 또는 간접법으로 회계처리할 수 있다.
② 올해분 전기료를 아직 납부하지 않은 것이 있다면 미지급비용으로 대변에 계상되어야 한다.
③ 결산시점에 현금시재액을 조사하여 장부금액과 차이가 발견되면 이를 현금과부족 계정으로 처리한다.
④ 소모품을 취득했을 때 모두 비용으로 계상했다면 기말시점에 남은 소모품을 자산 계정인 소모품 계정으로 처리해야 한다.

08 거래 중 계정의 차변에 기입해야 할 거래의 유형으로 옳지 않은 것은?

① 비품을 외상으로 매입하는 경우 비품 계정
② 차입금을 현금으로 상환하는 경우 차입금 계정
③ 상품을 외상으로 매출한 경우의 매출채권 계정
④ 빌려준 돈에 대한 이자를 받는 경우 이자수익 계정

09 거래의 요소로서 결합될 수 없는 것을 고르시오.

① 부채의 감소와 자산의 감소
② 자산의 증가와 자본의 증가
③ 부채의 감소와 수익의 발생
④ 부채의 증가와 수익의 발생

10 차기 회계연도로 이월되는(차기이월 마감) 계정과목은 무엇인가?

① 영업권 ② 소모품비
③ 감가상각비 ④ 경상연구개발비

11 [보기]에서 현금및현금성자산을 계산하면 총 얼마인가?

[보 기]
- 현 금 : 9,000,000원
- 송금환 : 100,000원
- 수입인지 : 150,000원
- 우 표 : 60,000원
- 미수금 : 850,000원
- 받을어음 : 4,000,000원

① 9,000,000원 ② 9,100,000원
③ 13,100,000원 ④ 13,310,000원

12 [보기] 자료를 참고하여 영업외비용인 [기타의대손상각비]를 1%로 계산하면 얼마인가?

[보 기]
- 선급금 : 3,000,000원
- 단기차입금 : 3,500,000원
- 장기차입금 : 2,750,000원
- 단기대여금 : 2,000,000원

① 20,000원 ② 30,000원
③ 50,000원 ④ 100,000원

13 판매자의 재고자산으로 가장 적절하지 않은 것은?

① 담보로 제공된 재고자산
② 수탁자가 판매하지 못한 위탁상품
③ 매입자의 매입의사가 표시된 시송품
④ 선적이 완료되지 않은 선적지인도기준으로 판매된 재고자산

14
[보기]는 기계장치 처분과 관련된 자료다. 해당 기계장치의 감가상각누계액은 얼마인가?

[보 기]
- 취득가액 : 750,000원
- 처분가액 : 850,000원
- 유형자산처분이익 : 450,000원

① 300,000원 ② 350,000원
③ 450,000원 ④ 550,000원

15
유형자산과 관련된 수선비 지출항목 중 자본적 지출 처리항목으로 가장 적절하지 않은 것은?

① 성능유지를 위한 수선비
② 자산가치의 증가를 위한 지출
③ 자산의 능률향상을 위한 지출
④ 자산의 내용연수를 연장시키는 지출

16
유형자산에 대한 차감적 평가계정의 계정과목으로 가장 적절한 것은?

① 건 물 ② 대손충당금
③ 감가상각누계액 ④ 유형자산처분이익

17
사채할인발행차금에 대한 설명으로 가장 적절한 것은?

① 사채할인발행차금은 매년 정액법에 의해 상각한다.
② 사채할인발행차금상각액은 사채계정에 가산하여 표시한다.
③ 사채의 유효이자율이 액면이자율보다 높은 경우에 발생한다.
④ 유효이자율법을 적용하는 경우 사채할인발행차금상각액은 초기에 보다 많은 금액이 상각된다.

18 ㈜생산성은 액면가 1,000원인 보통주 1,000주를 주당 1,200원에 발행하면서 신주발행비 50,000원을 지급했다. ㈜생산성이 인식해야 할 주식발행초과금은 얼마인가?

① 110,000원　　　　　　　　　　② 130,000원
③ 150,000원　　　　　　　　　　④ 170,000원

19 자본조정항목은 자본에서 가산되거나 차감하는 형식으로 표시된다. 성격이 다른 하나를 고르시오.

① 감자차손　　　　　　　　　　② 자기주식
③ 자기주식처분손실　　　　　　④ 미교부주식배당금

20 [보기]의 지급내역 중 복리후생비는 총 얼마인가?

[보 기]
- 종업원 회식비 : 500,000원
- 거래처 선물대금 : 300,000원
- 회사의 인터넷통신 요금 : 200,000원
- 출장사원 고속도로 통행료 : 100,000원

① 400,000원　　　　　　　　　　② 500,000원
③ 600,000원　　　　　　　　　　④ 800,000원

실무문제

로그인 정보

회사코드	1005	사원코드	ERP13A02
회사명	회계2급 회사B	사원명	김은찬

01 거래처구분이 [일반]으로 등록된 거래처 중 거래처분류가 [1000.강남구]로 설정된 거래처는 몇 개인가?

① 1개
② 2개
③ 3개
④ 4개

02 당사의 사원등록에 대한 설명으로 옳지 않은 것을 고르시오.

① [ERP13A05.박혜수] 사원은 [2001.영업부] 소속이다.
② [ERP13A05.박혜수] 사원의 입사일은 2021년 9월 14일이다.
③ [ERP13A06.박선우] 사원은 [전표입력] 메뉴 사용이 불가하다.
④ [ERP13A03.김종민] 사원은 회계전표 입력 시 대차차익이 발생하지 않으면 전표상태가 '승인'으로 반영된다.

03 다음 회계관리 메뉴 중 [ERP13A03.김종민] 사원이 사용할 수 없는 메뉴를 고르시오.

① 전표입력
② 전표출력
③ 거래처원장
④ 전표승인해제

04 ㈜큐브는 선급비용에 대해서 기간비용을 관리하고 있다. ㈜큐브의 2023년 12월 말 결산 시 당기비용으로 인식해야 할 금액은 얼마인가?

① 611,516원
② 5,976,968원
③ 6,588,484원
④ 7,200,000원

05 ㈜큐브는 부문별로 판매비와관리비 사용내역을 관리하고 있는 도중 [4001.총무부] 부서의 부문이 잘못 등록된 것을 확인했다. [4001.총무부] 부서의 부문을 [1001.관리부문]으로 변경작업을 진행하고 ㈜큐브의 2023년 4월 한 달 동안 [1001.관리부문]에서 판매비와관리비로 사용한 차량유지비 금액을 조회하면 얼마인가?

① 160,000원
② 500,000원
③ 660,000원
④ 6,070,000원

06 ㈜큐브는 지출증빙서류검토표를 작성하던 중 핵심ERP의 증빙을 연결하는 작업에서 [20.현금영수증]과 [40.계산서] 증빙연결이 누락된 것을 확인했다. 아래 [적격증빙별 전표증빙]과 같이 누락된 증빙 연결 후 2023년 한 해 동안 지출된 각 증빙별 합계금액으로 옳지 않은 것은 무엇인가?

[보 기]
[적격증빙별 전표증빙]
- 20.현금영수증 – 9A.현금영수증
- 40.계산서 – 2.계산서

① 계산서 : 250,000원
② 현금영수증 : 250,000원
③ 세금계산서 : 643,730,000원
④ 신용카드(법인) : 3,500,000원

07 ㈜큐브의 고정자산 중 [202003.복지1동]에 2023년 11월 8일 24,000,000원의 자본적 지출이 발생했다. 해당 자본적 지출을 입력 후 ㈜큐브의 2023년 결산 시 손익계산서에 계상할 건물의 감가상각비를 조회하면 얼마인가? 당사는 상각비를 프로그램 계산에 따른다.

① 28,000,000원
② 29,200,000원
③ 71,200,000원
④ 72,400,000원

08 당사는 예산을 사용부서별로 관리하고 있다. [1001.재경부]에 예산편성된 계정과목 중 [81400.통신비]의 2023년 1월의 신청예산은 얼마인가?

① 295,000원
② 405,000원
③ 500,000원
④ 700,000원

09 ㈜큐브의 2023년 3월 말 결산 시 소모품의 기말 재고액은 1,500,000원이다. 장부의 금액을 확인 후 이와 관련된 2023년 3월 말 결산 수정분개로 가장 옳은 것을 고르시오. 단, 소모품은 취득 시 자산처리 했다.

① (차변) 소모품   1,500,000원 (대변) 소모품비   1,500,000원
② (차변) 소모품비   1,500,000원 (대변) 소모품   1,500,000원
③ (차변) 소모품   5,500,000원 (대변) 소모품비   5,500,000원
④ (차변) 소모품비   5,500,000원 (대변) 소모품   5,500,000원

10 ㈜큐브의 2023년 11월 30일 발생한 미결전표를 승인처리한 후 ㈜큐브의 2023년 11월 30일 현금 계정의 잔액을 조회하면 얼마인가?

① 310,225,000원
② 311,420,000원
③ 312,515,000원
④ 313,315,000원

11 ㈜큐브는 2023년 10월 2일 우리소프트㈜ 거래처에 상품매출 후 받을어음(자가202302200003)을 받았다. 해당 어음의 만기일은 언제인가?

① 2023년 10월 16일
② 2023년 11월 08일
③ 2023년 11월 11일
④ 2023년 12월 16일

12 당사는 여비교통비(판매관리비) 입력 시 관리항목으로 프로젝트와 사용부서를 입력했다. ㈜큐브의 2023년 1분기에 사용된 여비교통비(판매관리비) 중 프로젝트가 [1000.그룹웨어]이며 사용부서가 [1001.재경부]로 관리항목이 입력된 금액은 얼마인가?

① 830,000원
② 1,700,000원
③ 2,740,000원
④ 4,750,000원

13 ㈜큐브의 2023년 6월 30일 기준 재무상태표에 대한 설명으로 옳은 것은 무엇인가?

① 현금 계정의 잔액은 314,220,000원이다.
② 외상매출금의 대손충당금이 6,965,817원 설정되어 있다.
③ [제출용] 탭에서는 현금·당좌예금 계정의 금액을 합산하여 '현금및현금성자산'으로 표시한다.
④ 당좌예금 계정은 세목으로 관리하고 있고 당좌예금의 세목인 외화예금의 잔액은 33,000,000원이다.

14 ㈜큐브에서 2023년 1월 한 달 동안 발생한 사무용품비(판매비와관리비) 중 거래처가 등록되지 않은 전표의 합계액은 얼마인가?

① 100,000원 ② 200,000원
③ 350,000원 ④ 400,000원

15 ㈜큐브의 2023년 1기 부가가치세 확정신고기간에 발생한 신용카드매출액 중 세금계산서가 발급된 금액은 얼마인가?

① 25,000,000원 ② 30,000,000원
③ 50,250,000원 ④ 66,410,000원

16 ㈜큐브의 2023년 1기 부가가치세 예정신고기간에 매입한 자산 중 부가세 신고 시 신고서식에 작성되어야 하는 차량운반구의 세액은 얼마인가?

① 2,500,000원 ② 3,000,000원
③ 3,500,000원 ④ 3,600,000원

17 ㈜큐브의 2023년 2기 부가가치세 확정신고에 대한 설명으로 옳지 않은 것은 무엇인가?

① 고정자산 매입세액이 존재한다.
② 매출세금계산서 예정신고누락분이 존재한다.
③ 관할세무서인 송파세무서에 부가가치세 신고 및 납부한다.
④ ㈜성호기업 거래처에 세금계산서가 발급되는 매출을 했다.

18 ㈜큐브의 2023년 1기 부가가치세 확정신고에 발행한 매출세금계산서는 2023년 1기 예정신고에 발행한 매출세금계산서에 비해 몇 매 감소했는가?

① 1매　　　　　　　　　　　　② 2매
③ 5매　　　　　　　　　　　　④ 6매

19 ㈜큐브의 2023년 1기 부가가치세 확정신고기간에 발생하지 않은 세무구분은 무엇인가?

① 12.영세매출　　　　　　　　② 21.과세매입
③ 24.매입불공제　　　　　　　④ 25.수입

20 ㈜큐브의 2023년 2기 부가가치세 확정신고기간에 발행한 매출세금계산서의 공급가액의 합계액이 가장 큰 거래처는 어디인가?

① 00001.㈜성호기업　　　　　② 00002.㈜주안실업
③ 00003.㈜한동테크　　　　　④ 00004.㈜형광공업

제96회 2023년 3차 시험

정답 및 해설 p.300

이론문제

01 ERP 구축의 성공요인으로 가장 적절하지 않은 것은?

① 지속적인 ERP 교육 실시
② IT 중심의 프로젝트만 추진
③ 경험과 지식을 겸비한 인력으로 구성
④ 경영자와 전체 임직원의 높은 관심 및 참여

02 ERP 구축절차 중 TO-BE Process 도출, 패키지 설치, 인터페이스 문제논의를 하는 단계로 옳은 것은?

① 구축단계
② 구현단계
③ 분석단계
④ 설계단계

03 e-Business 지원시스템을 구성하는 단위시스템에 해당되지 않는 것은?

① 성과측정관리(BSC)
② EC(전자상거래) 시스템
③ 의사결정지원 시스템(DSS)
④ 고객관계관리(CRM) 시스템

04 [보기]에서 설명하는 전략기법은 무엇인가?

[보 기]
조직의 효율성을 제고하기 위해 업무흐름뿐만 아니라 전체 조직을 재구축하려는 혁신전략기법 중 주로 정보기술을 통해 기업경영의 핵심과 과정을 전면 개편함으로 경영성과를 향상시키려는 전략이다. 신속하고 극단적인 성격이 있으며, 전면적인 혁신을 강조한다.

① 지식경영
② 벤치마킹
③ 리엔지니어링
④ 리스트럭처링

05 일반기업회계기준에서 규정하고 있는 재무제표의 종류로 옳지 않은 것은?

① 계정별원장 ② 재무상태표
③ 현금흐름표 ④ 자본변동표

06 [보기]의 오류가 당기 손익계산서에 미치는 영향으로 가장 적절한 것은?

[보 기]
정확한 기말재고금액은 120,000원이지만, 기말재고자산을 150,000원으로 잘못 계상했다.

① 매출원가 : 과대 / 당기순이익 : 과대
② 매출원가 : 과대 / 당기순이익 : 과소
③ 매출원가 : 과소 / 당기순이익 : 과소
④ 매출원가 : 과소 / 당기순이익 : 과대

07 회계순환과정의 내용 중 결산 전에 발생하는 절차로 가장 적절한 것은?

① 장부 마감 ② 수정후시산표 작성
③ 회계기간 중 분개 ④ 재무제표 작성

08 거래 중 계정의 차변에 기입해야 할 거래의 유형으로 옳지 않은 것은?

① 비품을 외상으로 매입하는 경우 비품 계정
② 차입금을 현금으로 상환하는 경우 차입금 계정
③ 상품을 외상으로 매출한 경우의 매출채권 계정
④ 빌려준 돈에 대한 이자를 받는 경우 이자수익 계정

09 [보기]의 회계처리로 가장 적절한 것은?

> [보 기]
> 컴퓨터 판매업을 하는 회사 '생산컴퓨터'에서 판매용 컴퓨터(10대, 1,000,000원) 10,000,000원은 외상으로 구입하고, 영업부 직원사무용 컴퓨터(1대, 2,500,000원) 2,500,000원은 수표 발행하여 지급했다.

① (차) 상 품　　　　12,500,000원　　(대) 외상매입금　　12,500,000원
② (차) 상 품　　　　10,000,000원　　(대) 당좌예금　　　12,500,000원
　　　 비 품　　　　 2,500,000원
③ (차) 비 품　　　　12,500,000원　　(대) 외상매입금　　10,000,000원
　　　　　　　　　　　　　　　　　　　　 당좌예금　　　 2,500,000원
④ (차) 상 품　　　　10,000,000원　　(대) 외상매입금　　10,000,000원
　　　 비 품　　　　 2,500,000원　　　　 당좌예금　　　 2,500,000원

10 결산정리사항으로 가장 적절하지 않은 것은?

① 차입금의 상환　　　　　　② 미수이자의 계상
③ 감가상각비의 계상　　　　④ 대손충당금의 계상

11 재고자산의 취득원가에서 차감하는 것은?

① 매입운임　　　　　　　　② 매입할인
③ 매출운반비　　　　　　　④ 매입 관련 보험료

12 [보기]의 거래자료를 기반으로 한 분개로 옳은 것은?

> [보 기]
> 6월 1일 미수금 150,000원이 회수불능 미수금으로 확정되었다(대손충당금 잔액은 50,000원 있음).

① (차) 대손충당금　　　 150,000원　　(대) 미수금　　150,000원
② (차) 대손상각비　　　 100,000원　　(대) 미수금　　100,000원
③ (차) 대손충당금　　　 100,000원　　(대) 미수금　　100,000원
④ (차) 대손충당금　　　　50,000원　　(대) 미수금　　150,000원
　　　 기타의대손상각비　100,000원

13 재고자산의 단가결정방법으로 가장 적절하지 않은 것은?

① 총평균법　　　　　　　　　　② 계속기록법
③ 후입선출법　　　　　　　　　④ 선입선출법

14 [보기]에서 유형자산의 자본적 지출로 처리해야 할 금액의 합계액은 얼마인가?

[보 기]
- 본사 건물의 엘리베이터 설치 : 6,000,000원
- 건물의 파손된 유리 교체 : 5,000,000원
- 건물 또는 벽의 도장 : 12,000,000원
- 건물 내 피난시설 설치 : 50,000,000원

① 6,000,000원　　　　　　　　② 17,000,000원
③ 50,000,000원　　　　　　　 ④ 56,000,000원

15 [보기]를 참고하여 ㈜생산성이 주식발행으로 인해 발생한 주식발행초과금을 구하시오.

[보 기]
㈜생산성은 액면가액 5,000원인 보통주 100주를 주당 11,000원에 발행했다. 발행대금은 전액 당좌예금에 입금했고, 주식인쇄 등 주식발행과 직접 관련된 비용 20,000원을 현금으로 지급했다.

① 480,000원　　　　　　　　　② 500,000원
③ 580,000원　　　　　　　　　④ 600,000원

16 자본잉여금에 해당하지 않는 것은?

① 감자차익　　　　　　　　　　② 주식발행초과금
③ 자기주식처분이익　　　　　　④ 자기주식처분손실

17 직원들에게 제공할 명절선물세트를 카드로 구입했다. 차변 어느 계정에 기입하는가?
① 접대비 ② 소모품비
③ 복리후생비 ④ 판매촉진비

18 [보기]는 사채 할증발행가액에 따른 변동내역에 대한 내용이다. [보기]의 ㉠, ㉡, ㉢에 들어갈 내용을 바르게 짝지은 것은?

[보 기]
• 상각액 : 매년 (㉠) • 이자비용 : 매년 (㉡) • 장부가액 : 매년 (㉢)

① ㉠ 증가 ㉡ 감소 ㉢ 감소
② ㉠ 증가 ㉡ 증가 ㉢ 증가
③ ㉠ 감소 ㉡ 감소 ㉢ 감소
④ ㉠ 감소 ㉡ 증가 ㉢ 증가

19 ㈜생산성의 자산과 부채가 [보기]와 같을 경우, 순자산(자본)은 얼마인가?

[보 기]
• 외상매출금 : 800,000원   • 단기차입금 : 290,000원
• 현 금 : 160,000원   • 미수금 : 90,000원
• 단기대여금 : 110,000원   • 외상매입금 : 140,000원

① 450,000원 ② 730,000원
③ 850,000원 ④ 1,200,000원

20 [보기]는 ㈜생산의 재고 관련 자료들이다. 매출원가는 얼마인가?

[보 기]
• 기초재고액 : 200,000원   • 기말재고액 : 100,000원   • 당기총매입액 : 1,500,000원
• 매출환입 : 80,000원   • 매출에누리 : 30,000원   • 매입환출 : 50,000원

① 1,450,000원 ② 1,500,000원
③ 1,550,000원 ④ 1,700,000원

실무문제

로그인 정보

회사코드	1002	사원코드	ERP13A02
회사명	회계2급 회사A	사원명	김은찬

01 다음 중 [ERP13A05.김종민] 사원의 [총계정원장] 메뉴 조회권한으로 알맞은 것을 고르시오.

① 회 사
② 사업장
③ 부 서
④ 사 원

02 당사의 회계 관련 시스템환경설정에 대한 설명으로 옳지 않은 것을 고르시오.

① 고정자산 등록 시 자산코드가 자동부여된다.
② 영어 재무상태표를 조회 및 출력할 수 있다.
③ 전표의 관리항목인 사용부서별로 예산을 통제한다.
④ 전표를 출력할 때 4번 양식을 기본양식으로 사용한다.

03 다음 중 [25200.지급어음] 계정과목에 대한 설명으로 옳지 않은 것을 고르시오.

① 연동항목으로 지급어음 연동이 설정되어 있다.
② 전표에 해당 계정과목코드로 전표입력이 가능하다.
③ 예산통제 '통제안함'이므로 예산에 관계없이 입력가능하다.
④ 전표입력 시 증빙입력은 필수로 입력하도록 설정되어 있다.

04 ㈜유명 본점은 ERP를 통해 사용부서별로 사무용품비(판관비)를 관리하고 있다. 전년 대비 당기 한 해 동안 사무용품비(판관비)가 가장 많이 증가한 부서로 옳은 것을 고르시오.

① 1001.재경부
② 2001.영업부
③ 3001.생산부
④ 4001.구매자재부

05 ㈜유명 본점의 2023년 5월 25일 현재 현금 계정의 가용자금 금액으로 옳은 것을 고르시오.

① 99,440,000원
② 110,595,000원
③ 129,770,000원
④ 132,486,000원

06 당사는 예산을 사용부서별로 관리하고 있다. 2023년 한 해 동안 [1001.재경부] 부서에서 사용한 예산 중 [81200.여비교통비] 계정의 집행율을 고르시오. 단, 집행방식은 승인집행으로 조회한다.

① 33%
② 39%
③ 53%
④ 77%

07 ㈜유명 본점은 공장을 프로젝트로 관리하여 손익계산서를 산출한다. 2023년 1분기(1월 ~ 3월) 중 차량유지비(판매관리비)가 가장 많이 발생한 공장을 고르시오.

① 광주공장
② 대전공장
③ 부산공장
④ 울산공장

08 ㈜유명 본점의 2023년 상반기 중 외상매출금 발생금액이 가장 큰 달은 언제인지 고르시오.

① 3월
② 4월
③ 5월
④ 6월

09 보기의 거래처는 거래처분류가 모두 [2000.서울]로 등록되어 있다. 거래처분류가 [2000.서울]인 거래처 중 당사의 2023년 5월 31일 기준 외상매출금의 잔액보다 받을어음의 잔액이 큰 거래처를 고르시오.

① ㈜성호기업
② ㈜주안실업
③ ㈜한동테크
④ ㈜형광공업

10 ㈜유명 본점은 2023년 1년간의 지출증빙서류검토표를 작성하려고 한다. 각 증빙별 합계금액으로 옳지 않은 것을 고르시오.

① 계산서 : 456,000원
② 세금계산서 : 1,049,450,000원
③ 신용카드(개인) : 1,670,000원
④ 신용카드(법인) : 1,630,000원

11 ㈜유명 본점은 2023년 1월 20일 ㈜신흥전자의 외상대금을 지급어음(자가20230102001)으로 결제했다. 해당 어음의 만기일로 옳은 것을 고르시오.

① 2023년 3월 31일
② 2023년 5월 20일
③ 2023년 7월 30일
④ 2023년 9월 30일

12 ㈜유명 본점은 업무용승용차를 사원별로 관리하고 있다. 다음 중 [ERP13A03.전윤호] 사원이 관리하고 있는 업무용승용차의 차량번호를 고르시오.

① 12가 0102
② 14가 0717
③ 15가 2664
④ 17가 8087

13 당사는 반기 결산을 하는데 2023년 6월 말 결산 시 소모품 기말재고액은 2,500,000원이다. 장부의 금액을 확인한 후 결산분개를 입력한다고 할 때 6월 말 결산수정 분개로 옳은 분개를 고르시오. 단, 소모품 취득은 자산으로 처리하고 사용은 판관비로 처리했다.

① (차) 소모품비   8,000,000원   (대) 소모품   8,000,000원
② (차) 소모품비   10,500,000원   (대) 소모품   10,500,000원
③ (차) 소모품   8,000,000원   (대) 소모품비   8,000,000원
④ (차) 소모품   10,500,000원   (대) 소모품비   10,500,000원

14 2023년 1월 1일부터 2023년 1월 31일까지 31일 동안 ㈜유명 본점에서 판매관리비로 지출된 금액 중 현금으로 지출한 금액이 가장 큰 계정과목은 무엇인지 고르시오.

① 81100.복리후생비
② 81200.여비교통비
③ 81400.통신비
④ 82200.차량유지비

15 ㈜유명 본점의 부가가치세 신고유형에 대한 설명으로 옳은 것을 고르시오.

① 각 사업장별로 신고 및 납부한다.
② 사업자 단위과세자로 신고 및 납부를 주사업장에서 모두 한다.
③ 총괄납부 사업자로 주사업장에서 모두 총괄하여 신고 및 납부한다.
④ 총괄납부 사업자로 신고는 각 사업장별로 하고 납부는 주사업장에서 총괄하여 납부한다.

16 ㈜유명 본점의 2023년 1기 부가가치세 확정신고 시 매입에 대한 예정신고 누락분 2건이 발생했다. 해당 거래의 세액 합계금액을 고르시오.

① 200,000원
② 400,000원
③ 600,000원
④ 800,000원

17 다음 중 ㈜유명 본점의 2023년 1기 부가가치세 예정신고기간에 면세매출이 발생한 거래처를 고르시오.

① ㈜중원
② ㈜성호기업
③ ㈜주안실업
④ ㈜한동테크

18 ㈜유명 본점은 2023년 1기 부가가치세 예정신고 시 신용카드매출전표 등 수령명세서를 작성하여 신용카드 등 매입세액 금액을 공제를 받으려고 한다. 신용카드 사용내역 중 사업용 신용카드를 사용하여 공제받을 수 있는 총 매입세액 합계는 얼마인지 고르시오.

① 380,000원
② 400,000원
③ 420,000원
④ 520,000원

19 ㈜유명 본점의 2023년 1기 부가가치세 확정신고기간에 발생한 매입거래 중 매입세액 불공제 사유 거래가 발생했다. 다음 중 매입세액 불공제 사유에 해당하지 않는 것을 고르시오.

① 접대비관련매입세액
② 사업과 관련없는 지출
③ 필요적 기재사항 누락
④ 비영업용소형승용차구입 및 유지

20 ㈜유명 본점의 2023년 1기 부가가치세 확정신고 시 '매입처별 세금계산서합계표'에 반영될 세무구분은 몇 개인지 고르시오.

① 2개
② 3개
③ 4개
④ 5개

03

정답 및 해설

제107회	정답 및 해설
제106회	정답 및 해설
제105회	정답 및 해설
제104회	정답 및 해설
제103회	정답 및 해설
제102회	정답 및 해설
제101회	정답 및 해설
제100회	정답 및 해설
제99회	정답 및 해설
제98회	정답 및 해설
제97회	정답 및 해설
제96회	정답 및 해설

합격의 공식 시대에듀

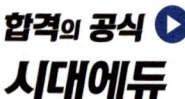 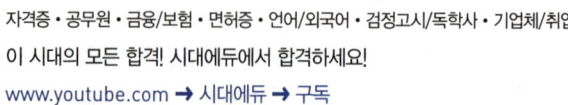 

제107회 정답 및 해설

이론문제

01	02	03	04	05	06	07	08	09	10
④	③	④	①	①	②	④	④	②	②
11	12	13	14	15	16	17	18	19	20
③	④	①	①	④	④	③	②	②	④

01 ④ 사물인터넷은 유·무선 네크워크를 기반으로 온라인 환경에서 작동하는 것을 기본으로 하며, 현재는 자체 내장 시스템 등을 통해 오프라인 환경에서도 핵심기능의 작동이 가능한 상황이다.

02 ③ 도입 초기(1단계)의 RPA는 명확하게 정의된 규칙과 프로세스를 사용자가 지정한 절차에 따라 수행하므로 창의적 의사결정을 할 수 없다.

RPA 적용단계		내용
1단계	기초 프로세스 자동화	정형화된 데이터 기반의 자료 작성, 단순 반복 업무처리, 고정된 프로세스 단위 업무수행 등이 해당된다.
2단계	데이터 기반의 머신러닝 활용	이미지에서 텍스트 데이터 추출, 자연어 처리로 정확도와 기능성을 향상시키는 과정이다.
3단계	인지자동화	• 빅데이터 분석을 통해 사람이 수행하는 복잡한 의사결정을 내리는 수준이다. • 이것은 RPA가 업무 프로세스를 스스로 학습하면서 자동화하는 단계이다.

03 ④ 기존의 업무방식을 유지하려고 고집하면 안 된다.

ERP의 성공적인 구축을 위한 주요 요인

- 현재 업무프로세스를 유지하려 고집하면 안 된다.
- 사전준비가 철저히 필요하다.
- IT 중심의 프로젝트가 아닌 전사 차원의 프로젝트로 추진해야 한다.
- 소프트웨어 기능을 위주로 적용대상을 판단하면 안 된다.
- 충분한 교육이 필요하다.
- 효과를 단기간으로 측정하면 안 된다.
- 프로젝트 멤버는 현업 중심으로 구성한다.
- 최고 경영진도 적극적으로 참여해야 한다.
- 회사 전체의 통합적 개념으로 접근한다.
- 기업 업무프로세스 표준화가 선행되어야 한다.

04 ① 분석 – 설계 – 구축 – 구현

ERP 시스템의 구축 절차	내 용
[1단계] 분석	AS-IS 분석, 현 시스템의 문제 파악, 현업 요구사항 분석, 목표와 범위 설정, 주요 성공요인 도출, 경영전략 및 비전 도출, TFT 구성
[2단계] 설계	TO-BE 프로세스 도출, GAP 분석, 패키지 설치, 패키지 파라미터 설정, 인터페이스 문제 논의, 추가 개발 및 수정 보완 문제 논의, 커스터마이징
[3단계] 구축	모듈조합화, 테스트, 추가개발 또는 수정 기능확정, 인터페이스 프로그램 연계 및 테스트, 출력물 제시
[4단계] 구현	시스템운영, 시험가동, 데이터 전환, 시스템 평가, 유지보수, 향후 일정수립

05 ① 기업의 언어라 불리는 회계에 대한 설명이다.

06 ② 재무제표의 기본가정 중 계속기업의 가정에 대한 설명이다.

재무제표의 기본가정	내 용
기업실체의 가정	기업을 소유주와는 독립적으로 존재하는 회계단위로 간주하고 이 회계단위의 관점에서 그 경제활동에 대한 재무정보를 측정·보고한다.
계속기업의 가정	기업실체는 그 목적과 의무를 이행하기에 충분할 정도로 장기간 존속한다.
기간별 보고	기업실체의 존속기간을 일정한 기간 단위로 분할하여 각 기간별로 재무제표를 작성하여 보고한다.

07 ④ 재무상태표는 일정시점 현재 기업의 재무상태를 보여준다.

구 분	내 용
재무상태표	일정시점 현재 기업의 재무상태
손익계산서	일정기간 동안 기업의 경영성과
현금흐름표	일정기간 동안 기업의 현금흐름
자본변동표	일정기간 동안 기업의 자본변동
주 석	위 재무제표들에 표시되지 않았으나 재무제표를 이해하는 데 필요한 추가정보

08 ④ 자산 중 보고기간종료일로부터 1년 또는 정상적 영업주기 이내에 현금화가 가능한지 여부에 따라 가능하면 유동자산, 불가능하면 비유동자산으로 분류된다.
① 현금및현금성자산은 유동자산 중 당좌자산에 속한다.
② 유동자산을 통해 단기 재무안정성이나 단기 투자성향 등 단기적인 정보들을 알 수 있다.
③ 즉시 현금으로 전환할 수 있는 자산은 자기앞수표, 송금수표, 타인발행수료 등과 같은 통화대용증권으로 현금및현금성자산(유동자산)에 속한다.

09
- 사용분 = 구입분(장부금액) 50,000원 − 미사용분(기말재고) 15,000원 = 35,000원
② 소모품은 구입시점에서 자산(소모품)으로 처리하였으므로 당기 사용분만큼 소모품(자산)에서 상계(감소) 처리하고, 그 금액만큼 소모품비(비용)로 계상한다.
→ 결산시점 회계처리 (차) 소모품비　　　　　　　　35,000원　　(대) 소모품　　　　　　　35,000원

10
② 현금및현금성자산 = 현금 7,000,000원 + 송금환 200,000원 = 7,200,000원
※ 차용증서, 수입인지, 엽서, 우표, 부도수표, 부도어음 등은 현금및현금성자산으로 인정하지 않는다.

계정과목	분류	항목
현금및현금성자산	현금	지폐, 동전
	통화대용증권	자기앞수표, 타인발행수표, 송금수표, 여행자수표, 우편환증서, 만기가 된 공사채의 이자표 등
	요구불예금	보통예금, 당좌예금
	현금성자산	취득 당시 만기일(또는 상환일)이 3개월 이내인 큰 거래비용 없이 현금으로 전환이 용이하고 이자율 변동에 따른 가치변동의 위험성이 경미한 금융상품

11
- 외상매출금 기말잔액 220,000원 − 외상매출금 수취추정액 200,000원 = 대손예상액 20,000원
- 대손충당금 기말잔액 = 기초잔액 20,000원 − 당기확정액 18,000원 + 당기회수액 5,000원 = 7,000원
③ 대손상각비(보충액) = 대손예상액 20,000원 − 대손충당금 기말잔액 7,000원 = 13,000원

12
④ 재고자산의 원가는 랜덤하게 선택된 원가로 평가해서는 안 되며, 개별법을 통해 각각의 재고자산에 맞는 각각의 개별취득원가로 평가하거나 개별법의 적용이 어려운 경우 선입선출법이나 가중평균법 또는 후입선출법과 같이 일반기업회계기준 등에서 인정되는 일정한 평가방법을 적용하여야 한다.

13
① 단기매매증권 = 주식수 5,000주 × 단가 6,000원 = 30,000,000원
※ 단기매매증권의 취득 시 발생하는 수수료는 당기비용으로 인식한다.

14
① (가)는 구축물에 대한 설명이고, (나)는 건설중인자산에 대한 설명이다.

15
④ 사업결합에 해당하는 거래에서 취득자가 취득일 현재 취득자산과 인수부채의 순액보다 더 지불한 금액을 영업권으로 인식한다. 즉, 취득자가 피취득자로부터 취득하는 순자산보다 더 많은 대가를 지불할 경우, 그 초과금액을 영업권으로 인식하여 회계상 자산으로 처리한다.

16
④ 퇴직급여 추계액 20,000,000원 = 기초잔액(전기이월) 15,000,000원 − 당기지급액 6,000,000원 + 기말 보충액
∴ 당기 퇴직급여충당부채 전입액(기말 보충액) = 11,000,000원

17	③ 자본금은 부채를 상환하는 데 직접적으로 사용되지는 않는다.
18	② 감자손익 = (감자 주식수 20주 × 액면가액 5,000원) − 현금지급액 120,000원 = (−)20,000원(감자차손)
	※ 자본금 10,000원에 해당하는 감자를 위해 현금 120,000원이 사용되었으므로 감자차손이 발생한다.
19	② 재평가잉여금은 기타포괄손익누계액에 해당된다.
	※ 자본조정 관련 계정과목 : 주식할인발행차금, 자기주식, 미교부주식배당금, 신주발행비, 감자차손, 자기주식처분손실 등
20	④ 순매입액 = (총매입액 22,000,000원 − 매입할인 750,000원 − 매입에누리 850,000원 − 매입환출 1,200,000원) + 매입운임 850,000원 = 20,050,000원
	※ 매입운임은 취득원가에 포함된다.

실무문제

01	02	03	04	05	06	07	08	09	10
①	②	①	③	④	②	③	③	④	①
11	12	13	14	15	16	17	18	19	20
④	①	③	④	②	④	②	①	③	③

01 (1) 예산통제구분 확인

[시스템관리] − [회사등록정보] − [시스템환경설정]

→ [조회구분 : 0.전체] − [환경요소 : 예산]

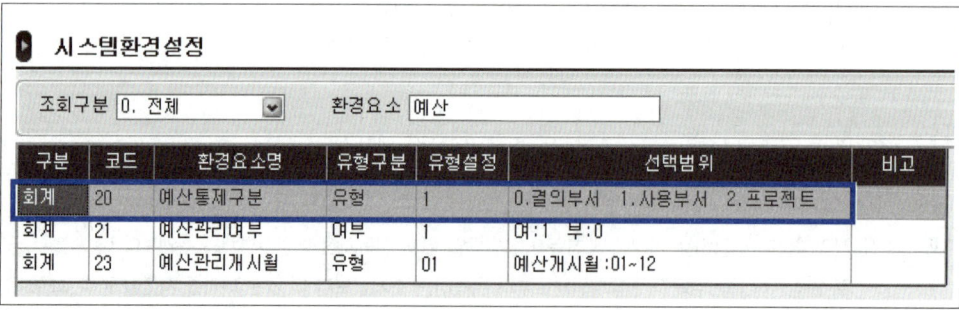

- 예산통제구분의 유형설정은 [1.사용부서]다.

(2) 계정의 예산통제방식 확인

[시스템관리] – [기초정보관리] – [계정과목등록]

→ [81100.복리후생비] 선택

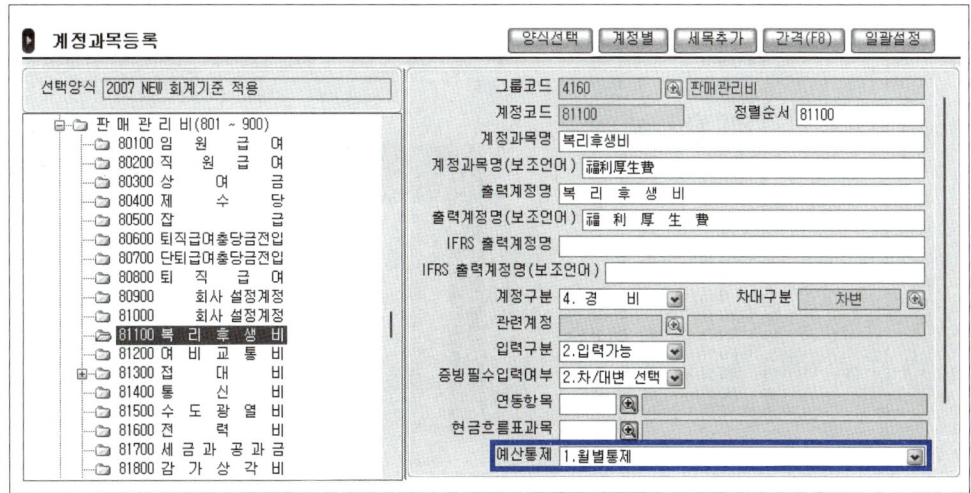

- [81100.복리후생비] 계정의 예산통제방식은 [1.월별통제]로 설정되어 있다.

02 [시스템관리] – [기초정보관리] – [계정과목등록]

→ 해당 계정과목 조회 – 우측 최하단 확인

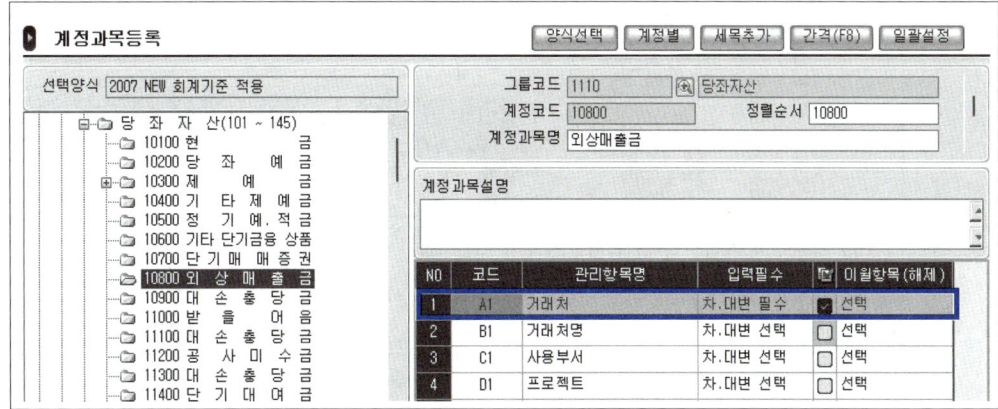

② [10800.외상매출금] 계정은 거래처별로 이월되는 계정과목이다.

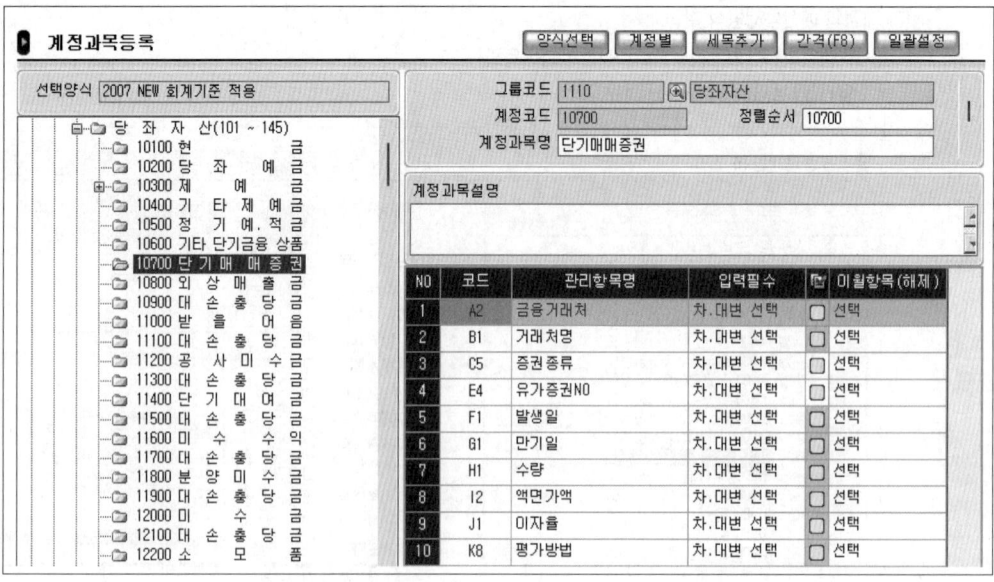

① [10700.단기매매증권] 계정은 관리항목별 이월에 체크된 사항이 없다.

③ [11600.미수수익] 계정은 관리항목별 이월에 체크된 사항이 없다.

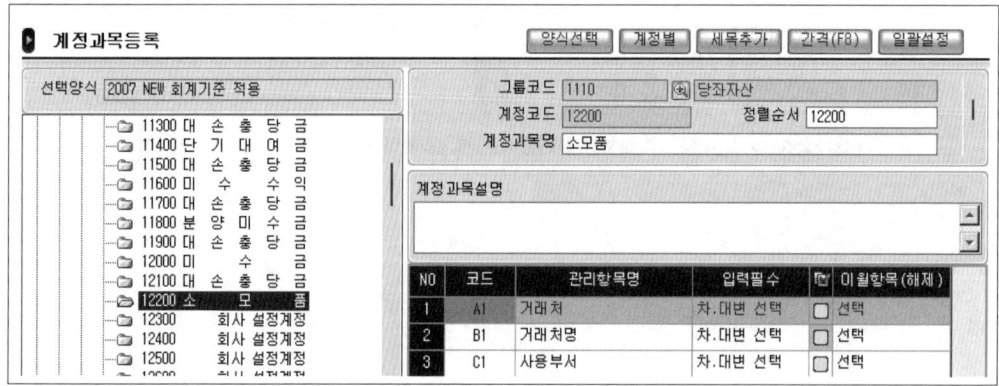

④ [12200.소모품] 계정은 관리항목별 이월에 체크된 사항이 없다.

03

[시스템관리] – [회사등록정보] – [사원등록]

→ [부서 및 사원명검색 공란]

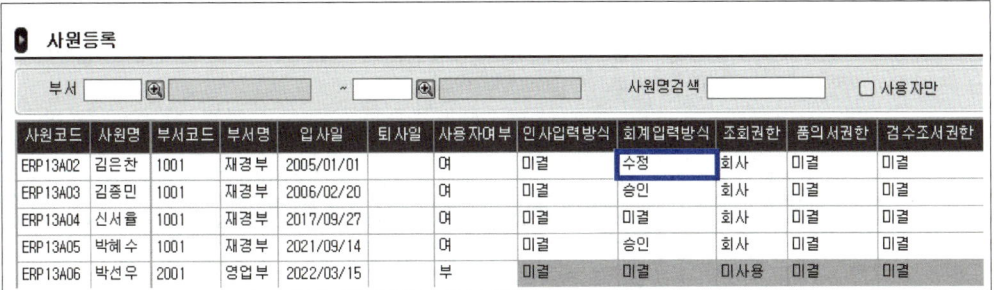

① 김은찬의 회계입력방식이 [2.수정]이므로 전표입력 시 승인 전표로 입력되고, 전표승인해제 작업 없이 승인 전표를 수정 및 삭제할 수 있다.

※ 회계입력방식에 따른 전표입력 및 전표수정

구 분	전표입력 시	전표수정 권한
0.미결	전표상태 미결로 저장	미결전표만 수정 가능
1.승인	전표상태 승인으로 저장(단, 대차차액 발생 시 미결)	미결전표만 수정 가능
2.수정	전표상태 승인으로 저장(단, 대차차액 발생 시 미결)	미결 및 승인전표 모두 수정 가능

04

[시스템관리] – [초기이월관리] – [회계초기이월등록]

→ [구분 : 1.재무상태표] 조회 – 상단 [12000.미수금] 클릭 – 하단에서 거래처별 금액 확인

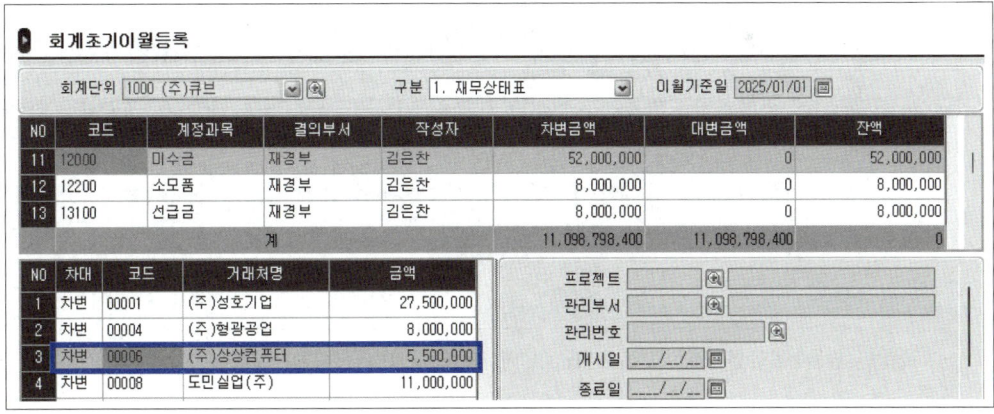

③ [00006.㈜상상컴퓨터]가 5,500,000원으로 가장 작다.

05 [회계관리] - [전표/장부관리] - [거래처원장] - [잔액] 탭
→ [계정과목 : 1.계정별_40100.상품매출 ~ 40100.상품매출] - [기표기간 : 2025/01/01 ~ 2025/12/31]

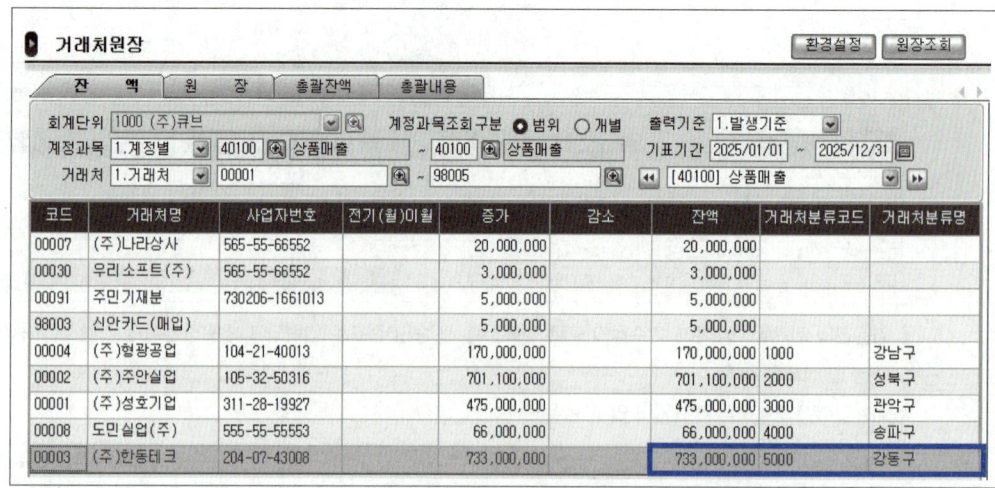

④ 잔액이 733,000,000원으로 가장 큰 [00003.㈜한동테크]의 거래처분류는 [5000.강동구]이다.

06 [회계관리] - [전표/장부관리] - [전표입력]
→ [결의부서 : 공란] - [작성자 : 공란] - [2025/04/06] 조회 - 상품매출 클릭 - 받을어음 클릭

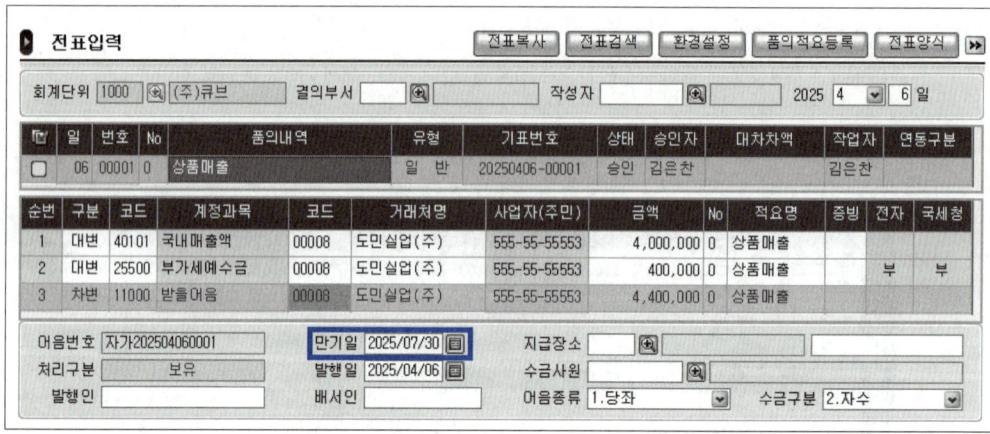

② 해당 받을어음의 만기일은 2025년 7월 30일이다.

07 [회계관리] - [자금관리] - [일자별자금계획입력] - [자금계획입력] 탭
→ 상단 [고정자금] 버튼 - [자금계획입력-고정자금등록] 팝업창 확인

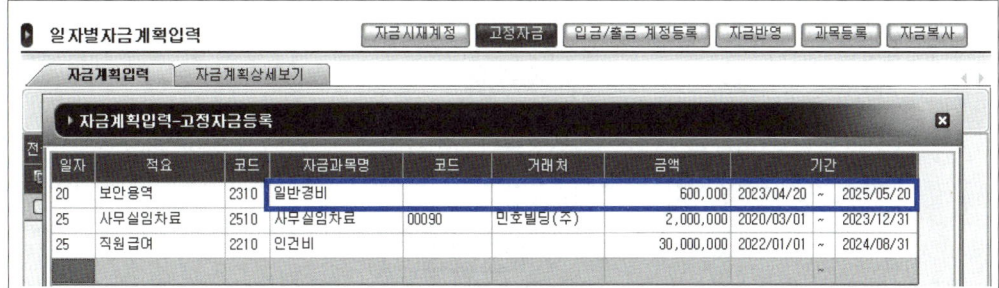

③ [2310.일반경비]의 기간이 [2023/04/20 ~ 2025/05/20]으로 2025년 5월에 종료된다.

08 [회계관리] - [전표/장부관리] - [일월계표] - [일계표] 탭
→ [기간 : 2025/01/01 ~ 2025/01/31]

③ [82900.사무용품비]의 현금지출액이 가장 작다.

09 [회계관리] - [고정자산관리] - [고정자산관리대장]
→ [계정과목 : 20800.차량운반구 ~ 20800.차량운반구]

④ 관리부서가 총무부인 차량운반구는 [20800004.티볼리(13B0717)]이다.

10 [회계관리] - [결산/재무제표관리] - [기간별손익계산서] - [분기별] 탭
→ [기간 : 1/4분기 ~ 4/4분기]

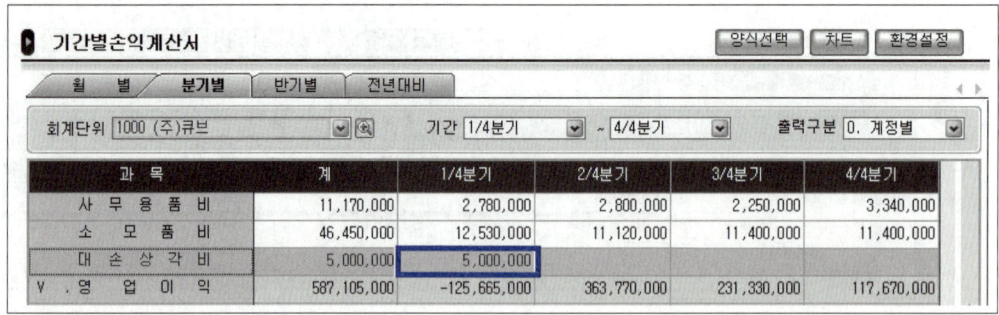

① [1/4분기]에 5,000,000원이 발생하였다.

11 [회계관리] - [결산/재무제표관리] - [결산자료입력] - [결산자료] 탭
→ [기간 : 2025/01 ~ 2025/12] 조회 – (6)기말상품재고액의 [분개대상금액란 300,000,000원] 입력
→ 상단 [감가상각] 버튼 – 팝업창 [예] 클릭 – 하단 [당기순이익] 확인

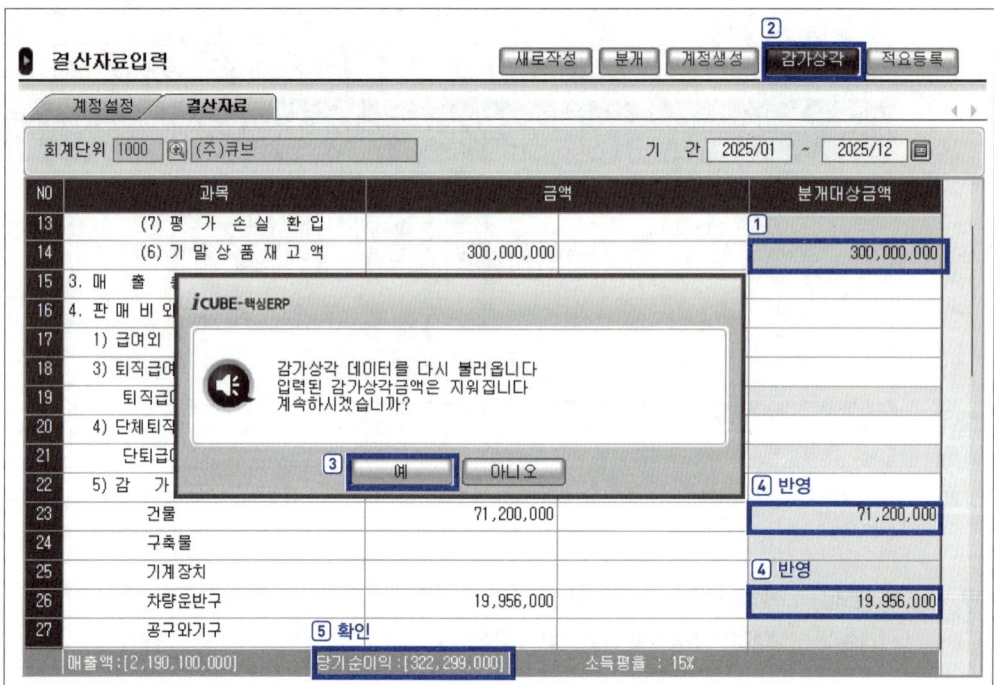

④ 기말정리사항 입력 후 결산 시 당기순이익은 322,299,000원이다.

12 [회계관리] – [전표/장부관리] – [관리항목원장] – [잔액] 탭
→ [관리항목 : D1.프로젝트] – [기표기간 : 2025/01/01 ~ 2025/01/31] – [계정과목 : 1.계정별_25100.외상매입금 ~ 25100.외상매입금]

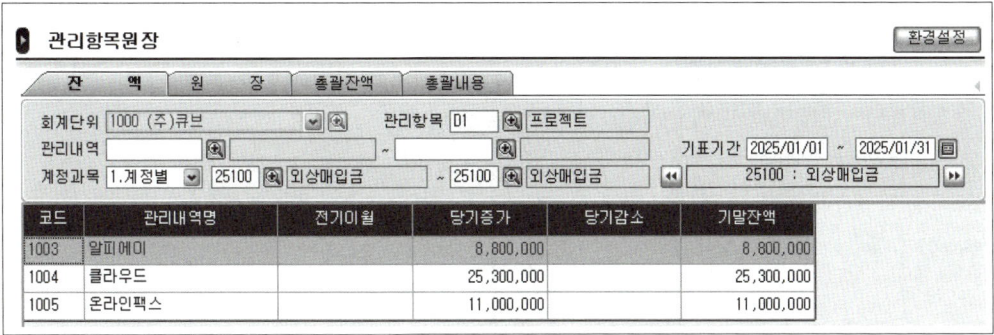

① [1002.모바일] 프로젝트는 조회되지 않는다.

13 [회계관리] – [예산관리] – [예산초과현황]
→ [조회기간 : 2025/04 ~ 2025/04] – [집행방식 : 2.승인집행] – [관리항목 : 0.부서별_1001.재경부]

③ 복리후생비 계정의 집행률은 84%다.

14 [회계관리] – [결산/재무제표관리] – [재무상태표] – [제출용] 탭
→ [기간 : 2025/03/31]

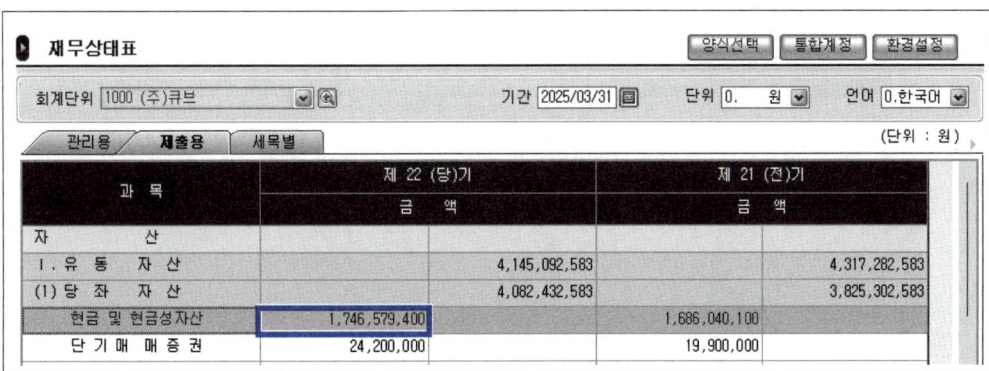

④ 현금및현금성자산 잔액은 1,746,579,400원이다.

15 [시스템관리] – [회사등록정보] – [사업장등록]
→ 좌측 [1000.㈜큐브] 선택

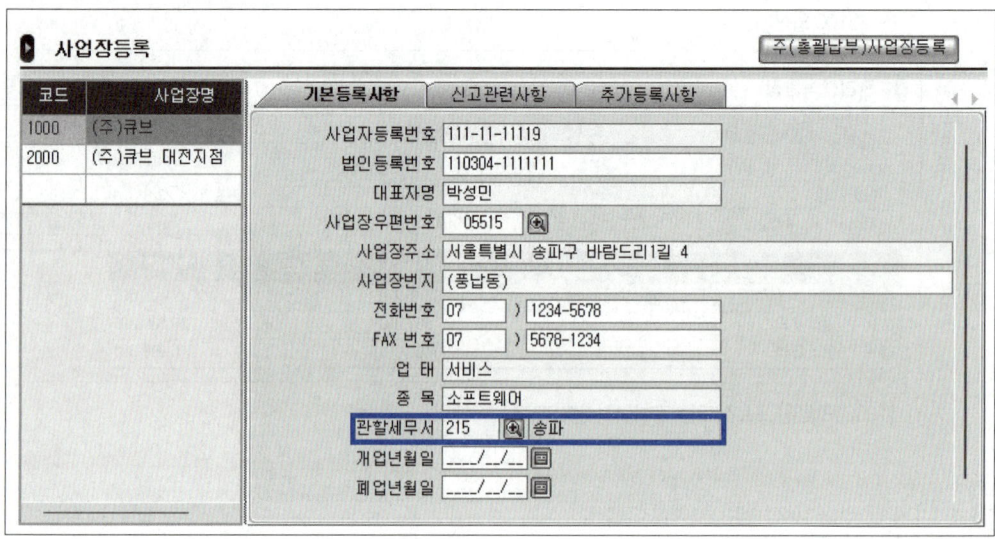

② 관할세무서는 [215.송파]다.

16 [회계관리] – [부가가치세관리] – [계산서합계표]
→ [기간 : 2025/04 ~ 2025/06] – [구분 : 1.매출] 조회 후 팝업창 [예] – 하단 [전자계산서분(11일이내 전송분)] 탭

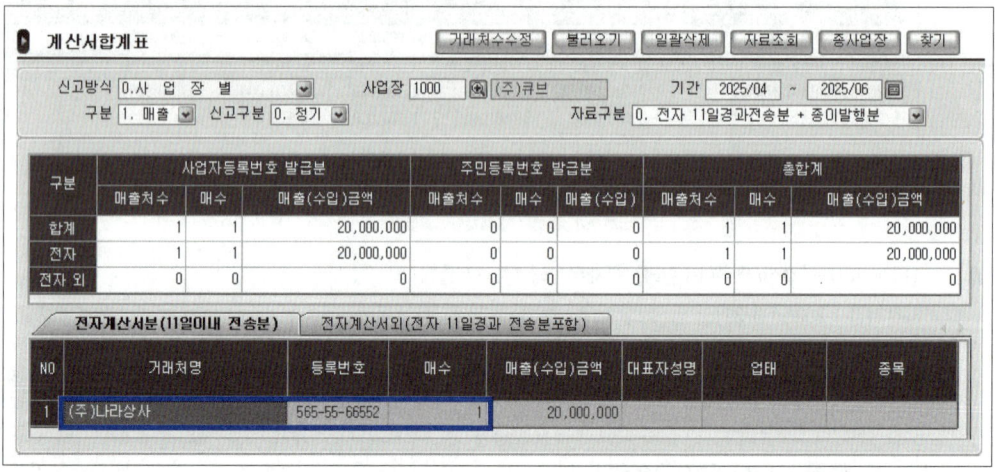

④ ㈜나라상사에서 발급한 전자계산서분 1매가 조회된다.

17 [회계관리] - [부가가치세관리] - [신용카드발행집계표/수취명세서] - [신용카드/현금영수증수취명세서] 탭
→ [기간 : 2025/01 ~ 2025/03] 조회 - 팝업창 [예] 클릭

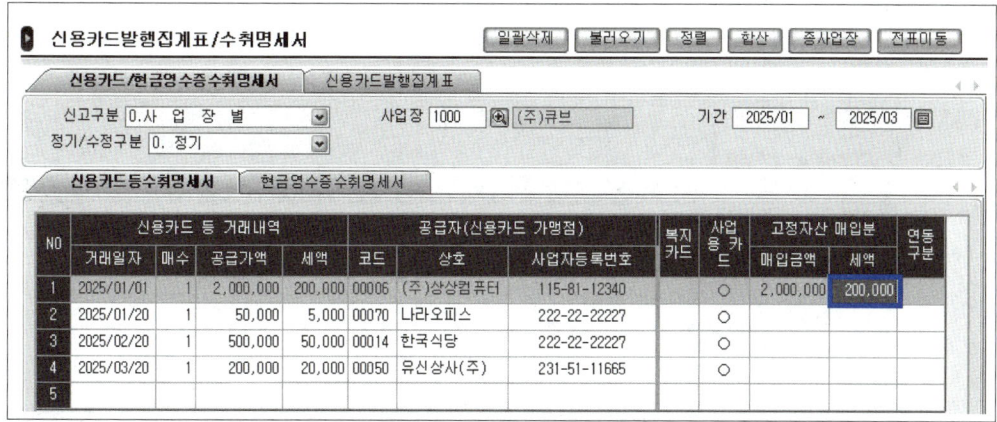

② 고정자산 매입분의 세액 합계는 200,000원이다.

18 [회계관리] - [부가가치세관리] - [세금계산서합계표] - [전자세금계산서분(11일이내 전송분)] 탭
→ [기간 : 2025/01 ~ 2025/03] - [구분 : 2.매입] 조회 - 팝업창 [예] 클릭

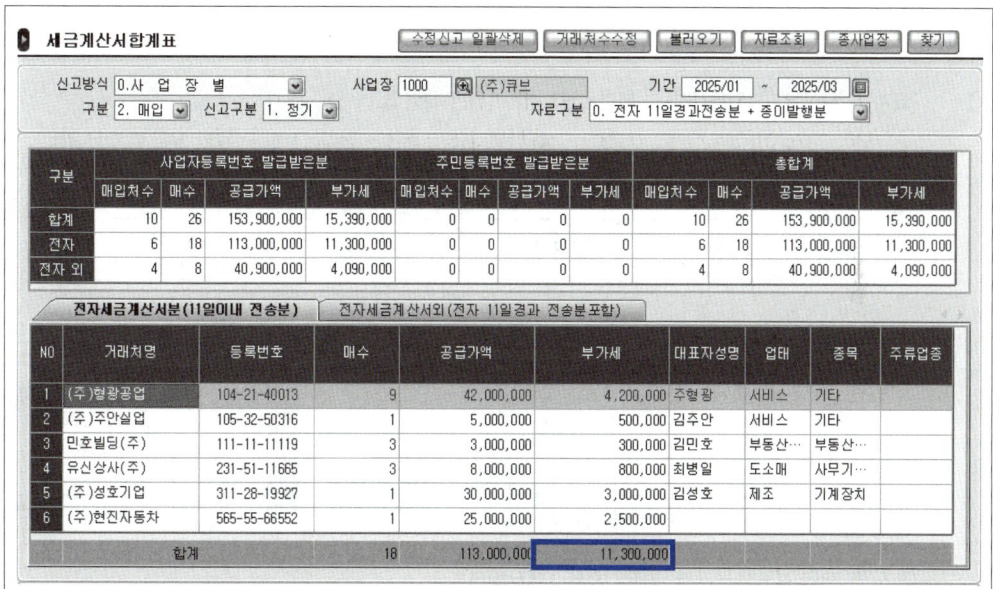

① 전자세금계산서분(11일이내 전송분) 부가세액 총 합계액은 11,300,000원이다.

19 [회계관리] – [부가가치세관리] – [건물등감가상각자산취득명세서]
→ [기간 : 2025/01 ~ 2025/03] – 상단 [불러오기] 버튼 – 팝업창 [예] 클릭

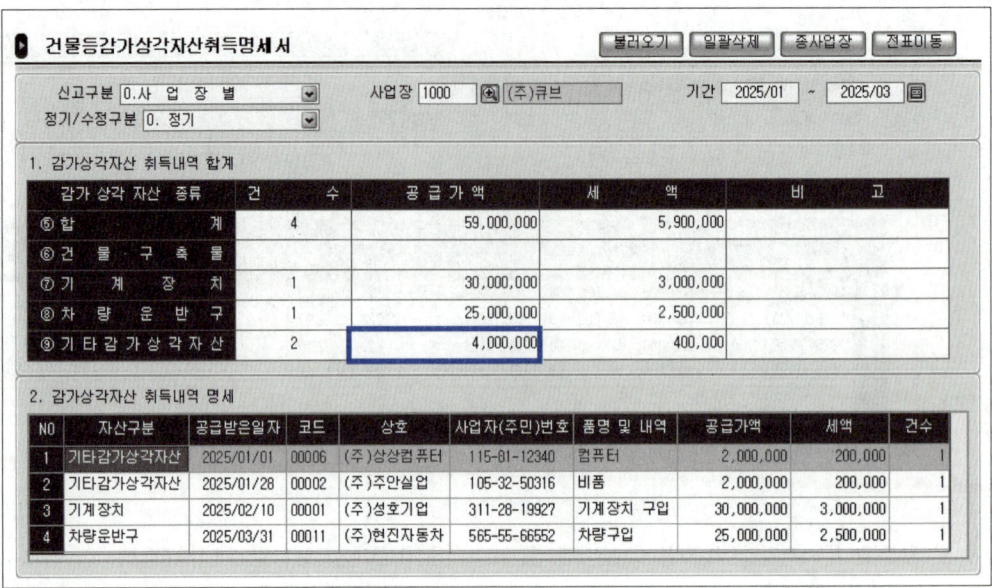

③ 기타감가상각자산으로 취득한 공급가액 합계액은 4,000,000원이다.

20 [회계관리] – [부가가치세관리] – [부가세신고서] – [일반과세] 탭
→ [기간 : 2025/01/01 ~ 2025/03/31] – 상단 [불러오기] 버튼 – 팝업창 [예] – [일반과세] 탭 하단 확인

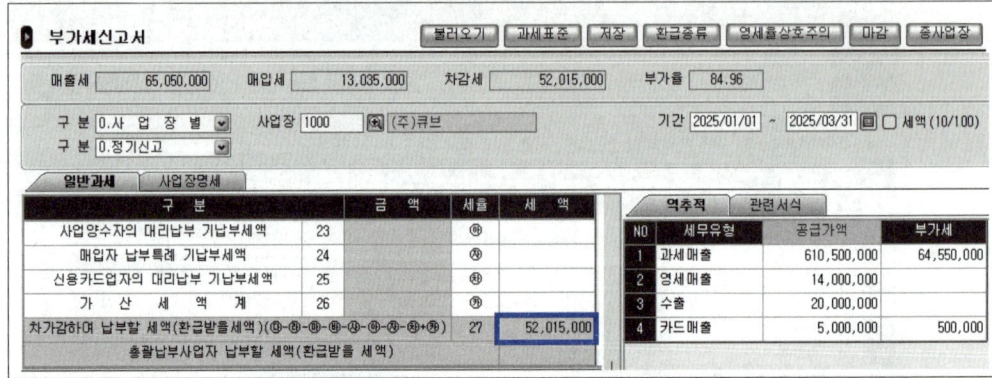

③ 차가감하여 납부할 부가세 세액은 52,015,000원이다.

제106회 정답 및 해설

이론문제

01	02	03	04	05	06	07	08	09	10
③	④	③	①	③	④	③	①	②	②
11	12	13	14	15	16	17	18	19	20
④	④	③	①	③	②	①	①	④	③

01 ③ 빅데이터의 주요 특성(5V)은 규모(Volume), 다양성(Variety), 속도(Velocity), 정확성(Veracity), 가치(Value)다.

02 ④ 분산형 데이터베이스의 형태로 데이터를 저장하는 연결구조체는 블록체인(Block Chain)이다.

03 ③ 기존 정보시스템(MIS)은 수직적으로 업무를 처리하고, ERP는 수평적으로 업무를 처리한다.

04 ① 비즈니스 애널리틱스는 구조화된 데이터(Structured Data)와 비구조화된 데이터(Unstructured Data)를 동시에 이용한다.

05 ③ 회계의 기본가정 중 기업실체의 가정에 해당한다.

06 ④ 회계의 질적 특성 중 표현의 충실성에 대한 설명이다.

07 ③ 기말 재고자산이 30,000원 과대계상되고, 그 결과 매출원가는 30,000원 과소계상, 당기순이익은 30,000원 과대계상된다.

08 ① 임차료선급액(미경과분) = 1년분 360,000원 × $\dfrac{\text{미경과 7개월}}{\text{월할상각 12개월}}$ = 210,000원

09 ② 복리후생비 = 종업원 회식비 500,000원 + 총무팀 직원의 피복비 250,000원 = 750,000원
- 거래처 선물대금(접대비), 회사의 인터넷통신 요금(통신비), 출장사원 고속도로 통행료(여비교통비)

10 ② 매출환입에 대한 설명이다.
- 매출할인 : 거래처가 외상 대금을 조기에 결제할 때 할인해 주는 금액
- 매출에누리 : 물품의 판매에 있어서 판매한 상품 또는 제품에 대한 부분적인 감량, 변질, 파손 등에 의해 매출가액에서 직접 공제하는 금액
- 매출채권처분손실 : 매출채권을 처분하면서 발생하는 손실

11 • 기계기구를 구매한 것은 자산의 증가이며, 대금을 1개월 후에 지급하면 부채의 증가다.

④ (차) 기계장치(자산의 증가)　　　×××　　(대) 미지급금(부채의 증가)　　×××
① (차) 미지급금(부채의 감소)　　　×××　　(대) 현금 등(자산의 감소)　　×××
② (차) 받을어음(자산의 증가)　　　×××　　(대) 외상매출금(자산의 감소)　×××
③ (차) 외상매입금(부채의 감소)　　×××　　(대) 현금(자산의 감소)　　　　×××

12 ④ 원인이 되는 건물임대수익은 임대료 계정을 사용하여 대변(수익의 발생)에 위치하고 차변에 현금과부족 계정을 기입하여 기존의 현금과부족과 상계한다.
→ 회계처리 (차) 현금과부족　　20,000원　　(대) 임대료　　20,000원

13 ③ 물가가 지속해서 상승하는 경우 먼저 들어와 상대적으로 저렴한 물건을 먼저 파는 선입선출법의 매출원가가 가장 적게 계상되므로 당기순이익은 크게 계상되며, 다음으로는 [이동평균법 〉 총평균법 〉 후입선출법] 순이 된다.

14 ① 건물의 감가상각비 = $\dfrac{(취득가\ 40,000,000원 - 잔존가치\ 8,000,000원)}{내용연수\ 20년}$ = 1,600,000원

15 ③ 무형자산의 상각기간은 예외적인 경우를 제외하고는 20년을 초과할 수 없다.

16 ② 순매출액 = 총매출액 600,000원 - 매출환입액 70,000원 - 매출에누리액 50,000원 = 480,000원

17 • 기말자산 = (기초자산 300,000원 + 당기자산 증가 180,000원) = 480,000원
• 기말부채 = (기초부채 120,000원 - 당기부채 감소 60,000원) = 60,000원
① 기말자본 = 기말자산 480,000원 - 기말부채 60,000원 = 420,000원

18 ① 배당금을 받으면 배당금수익 계정과목으로 회계처리한다.
→ 회계처리 (차) 현 금　　900,000원　　(대) 배당금수익　　900,000원

19 ④ 수도요금, 전기요금, 가스요금은 수도광열비 계정과목으로 회계처리한다.
→ 회계처리 (차) 수도광열비　　300,000원　　(대) 보통예금　　300,000원

20 ③ 매출에누리에 대한 설명이다.
- 매출할인 : 거래처가 외상 대금을 조기에 결제할 때 할인해 주는 금액
- 매출환입 : 주문한 물품과 상이한 물품의 인도 또는 불량품 발생 등으로 인하여 판매물품의 거래처로부터 반송된 경우 그 금액
- 매출채권처분손실 : 매출채권을 처분하면서 발생하는 손실

실무문제

01	02	03	04	05	06	07	08	09	10
③	④	②	③	④	②	①	②	④	③
11	12	13	14	15	16	17	18	19	20
③	③	②	④	③	②	④	③	①	④

01 [시스템관리] – [회사등록정보] – [시스템환경설정]
→ [조회구분 : 0.전체] – [환경요소 : 각 지문의 키워드 입력] 조회

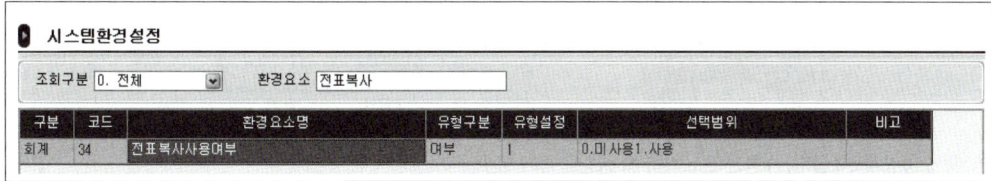

③ 전표복사사용여부의 유형설정이 [1.사용]이므로 전표입력 후 전표복사 기능을 사용할 수 있다.

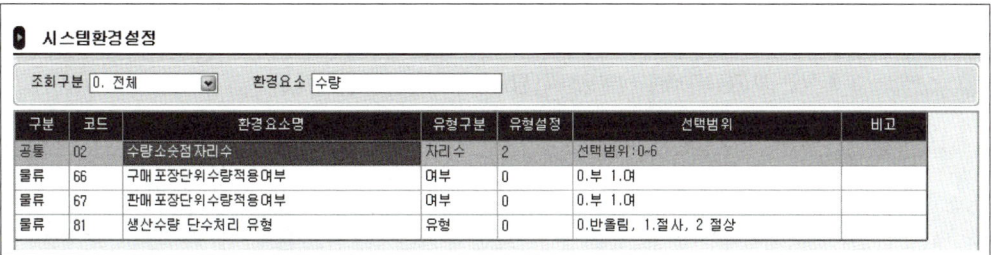

① 수량의 소숫점 자리수는 2자리로 설정했다.

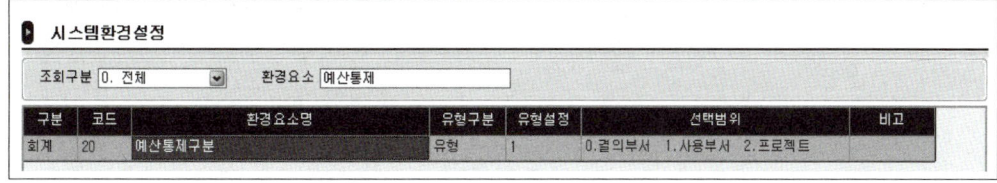

② 예산통제구분값은 '사용부서'로 설정했다.

④ 고정자산 상각 시 비망가액을 설정해 관리할 수 있다.

02 [시스템관리] – [기초정보관리] – [계정과목등록]
→ 해당 계정과목 조회

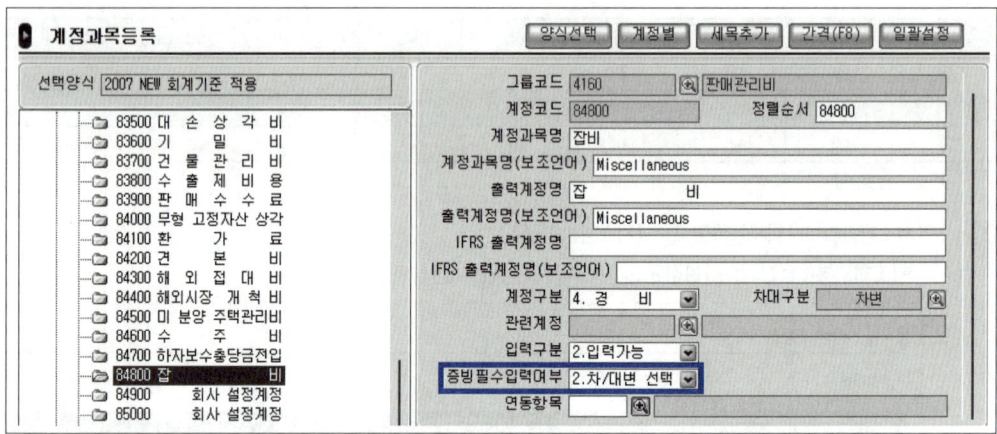

④ [84800.잡비] 계정은 전표입력 시 증빙입력이 필수가 아니다.

03 (1) [부서등록] 조회

[시스템관리] – [회사등록정보] – [부서등록]
→ 우측 상단 [부문등록] 버튼 – [부문등록] 팝업창

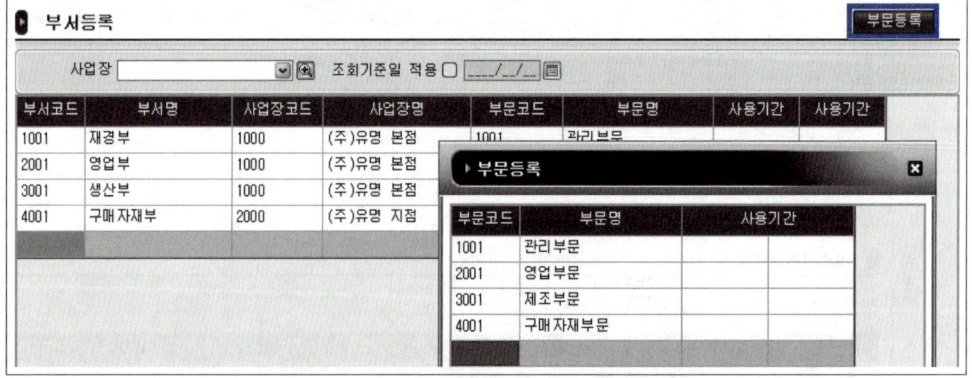

② 당사에 등록된 부문은 관리부문, 영업부문, 제조부문, 구매자재부문으로 총 4개이다.
※ 사업장별로 본점에 재경부, 영업부, 생산부가 속하였고 지점에 구매자재부가 속한다.

(2) [사원등록] 조회

　　[시스템관리] - [회사등록정보] - [사원등록]

　　→ [부서 및 사원명검색 공란] 조회

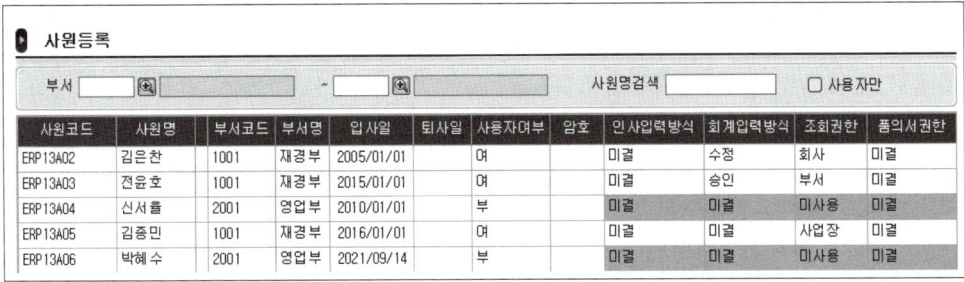

① 사용자여부가 [부]로 설정된 신서율과 박혜수는 ERP를 운용할 수 없다.
③ 전윤호는 회계입력방식이 [승인]으로 설정되어 차대가 일치한 전표를 입력하면 승인전표로 반영된다.
④ 김종민은 조회권한이 [사업장]으로 설정되어 재경부가 속한 사업장(본점)에 함께 속하는 영업부의 전표도 조회할 수 있다.

04 [회계관리] - [전표/장부관리] - [총계정원장] - [월별] 탭

　　→ [기간 : 2025/01 ~ 2025/04] - [계정과목 : 1.계정별_40100.상품매출 ~ 40100.상품매출]

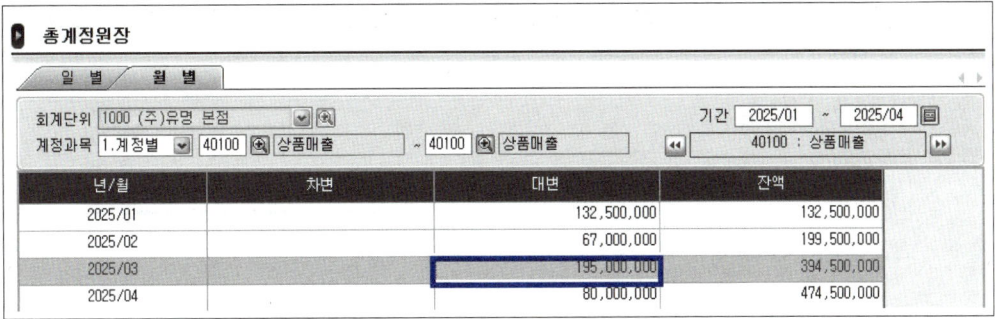

③ 3월에 195,000,000원으로 가장 많이 발생했다.

05 [회계관리] - [업무용승용차관리] - [업무용승용차 차량등록]

　　→ [원가구분 : 1.800번대]

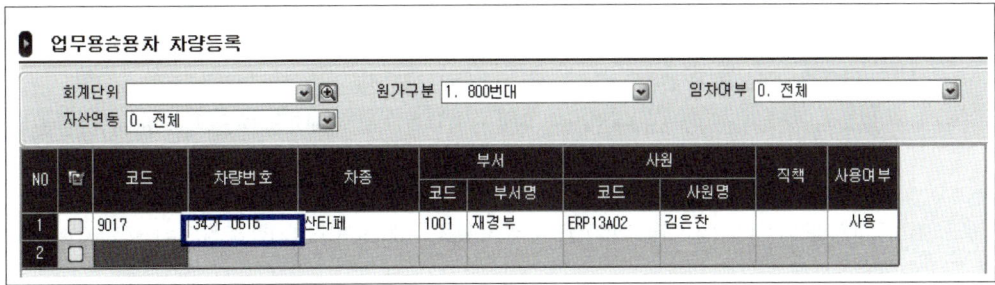

④ 김은찬이 관리하고 있는 업무용 승용차 중 경비구분이 800번대인 차량번호는 '34가 0616'이다.

06 [회계관리] – [결산/재무제표관리] – [기간별손익계산서] – [분기별] 탭
→ [기간 : 1/4분기 ~ 4/4분기] – [출력구분 : 0.계정별]

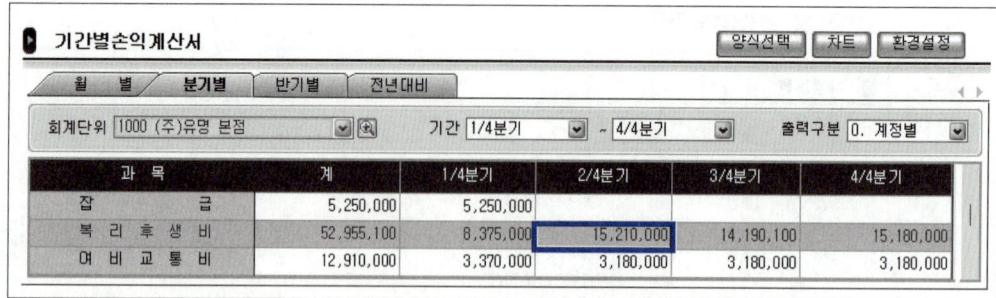

② [81100.복리후생비] 계정이 가장 많이 발생한 분기는 15,210,000원 발생한 2분기다.

07 [회계관리] – [전표/장부관리] – [현금출납장] – [전체] 탭
→ [기표기간 : 2025/04/01 ~ 2025/04/30]

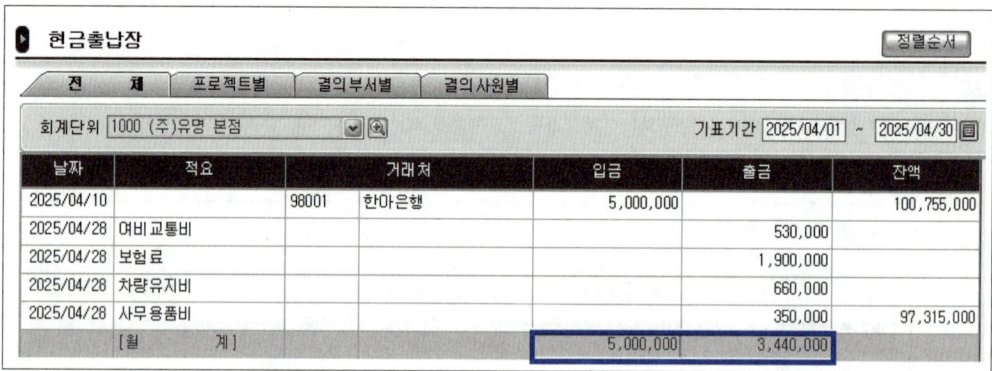

① 현금 입금액은 5,000,000원, 출금액은 3,440,000원이다.

08 [회계관리] – [전표/장부관리] – [외화명세서] – [원장] 탭
→ [기표기간 : 2025/01/01 ~ 2025/12/31] – [계정과목 : 10302.외화예금]

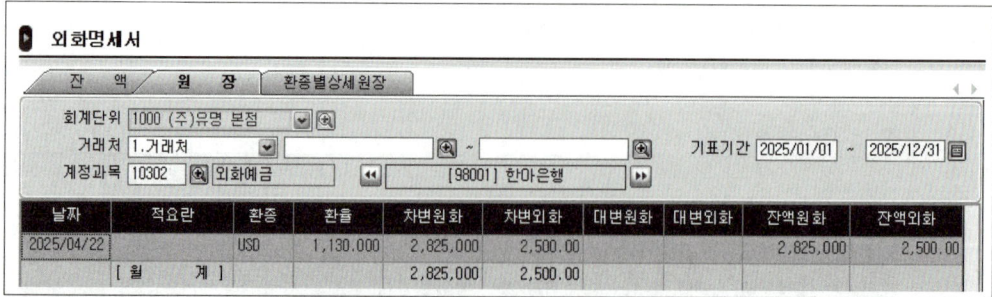

② 외화환산손익 = (결산 시 환율 1,100원 – 거래 시 환율 1,130원) × 잔액외화 $2,500 = (–)75,000원(손실)

09 [회계관리] – [전표/장부관리] – [관리내역현황] – [잔액] 탭
→ [관리항목1 : C1.사용부서] – [관리내역 : 1001.재경부 ~ 1001.재경부] – [관리항목2 : D1.프로젝트] – [관리내역 : 1000.서울공장 ~ 1005.춘전공장] – [기표기간 : 2025/01/01 ~ 2025/06/30] – [계정과목 : 1.계정별_81100.복리후생비]

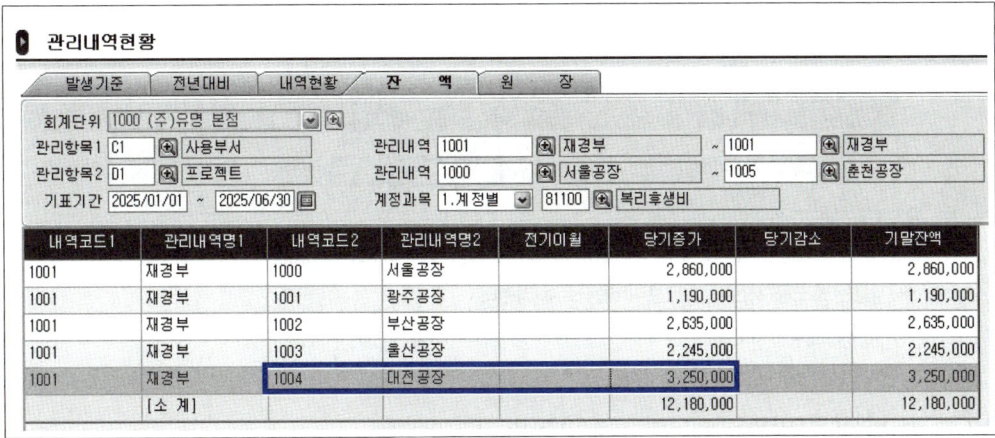

④ 복리후생비(판매관리비)가 가장 많이 증가한 프로젝트는 3,250,000원 증가한 [1004.대전공장]이다.

10 [회계관리] – [업무용승용차관리] – [업무용승용차 운행기록부]
→ [사용기간(과세기간) : 2025/01/01 ~ 2025/01/31]

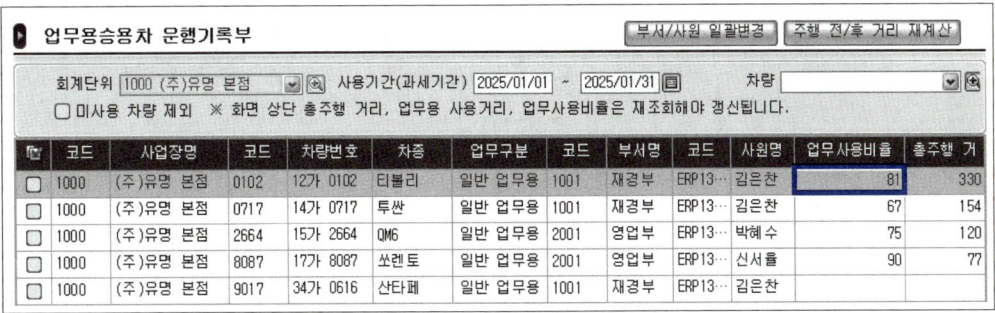

③ [12가 0102.티볼리] 차량의 1월 한 달 동안의 업무사용비율은 81%다.

11 [회계관리] – [결산/재무제표관리] – [재무상태표] – [관리용] 탭
→ [기간 : 2025/06/30]

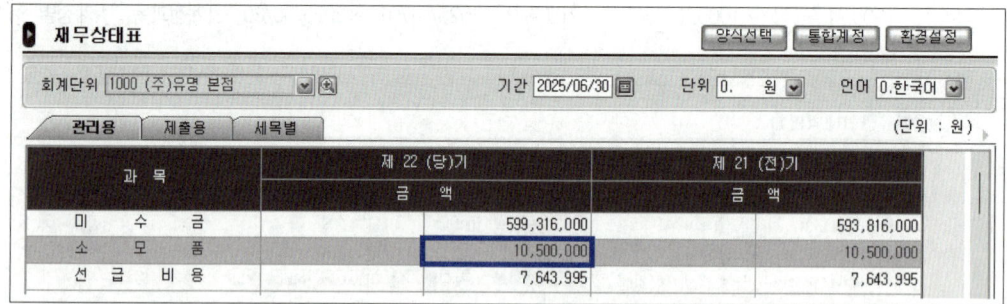

• 사용된 소모품 금액 = 소모품 장부금액 10,500,000원 – 기말재고액 6,500,000원 = 4,000,000원
※ 사용된 소모품(자산)은 소모품비(비용)로 처리한다.
③ (차) 소모품비　　　　　　4,000,000원　　　(대) 소모품　　　　　　4,000,000원

12 [회계관리] – [결산/재무제표관리] – [손익계산서] – [관리용] 탭
→ [기간 : 2025/06/30]

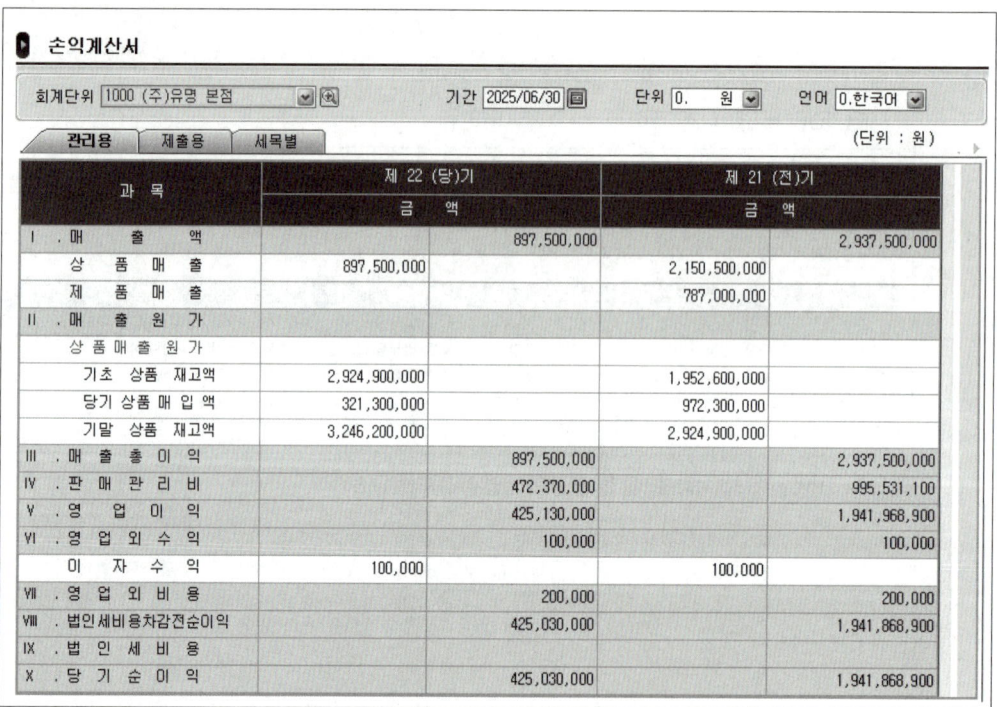

③ 판매관리비(비용)가 감소하면 당기순이익은 증가한다.

| 프로그램 | 기출문제 | 정답 및 해설 |

13 [회계관리] – [전표/장부관리] – [일월계표] – [월계표] 탭
→ [기간 : 2025/01 ~ 2025/03]

② 현금지출이 가장 많았던 판매관리비 계정과목은 2,240,000원 지출한 여비교통비다.

14 (1) 고정자산 등록
[회계관리] – [고정자산관리] – [고정자산등록]
→ [자산유형 : 21200.비품] – 해당 내용 입력

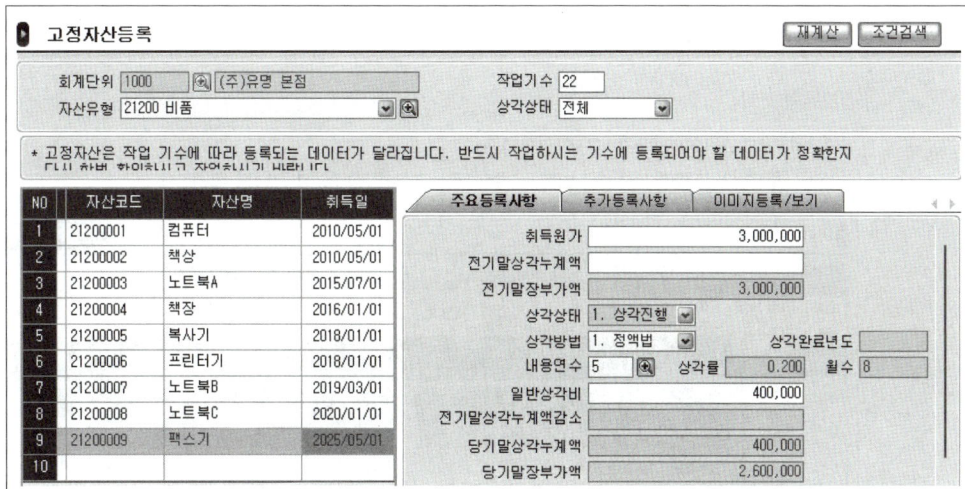

제106회 정답 및 해설 **169**

(2) 감가상각비 조회

[회계관리] – [고정자산관리] – [감가상각비현황] – [총괄] 탭

→ [기간 : 2025/01 ~ 2025/12]

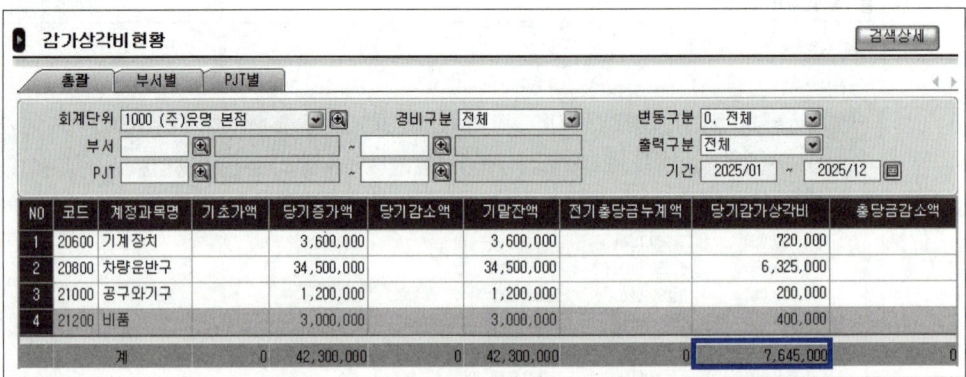

④ 당해 감가상각비는 신규 고정자산 팩스기의 감가상각비 400,000원이 추가되어 총 7,645,000원이다.

15 (1) 신고유형 조회

[시스템관리] – [회사등록정보] – [시스템환경설정]

→ [조회구분 : 0.전체] – [환경요소 : 부가가치세]

③ 신고유형이 [0.사업장별 신고]이므로 신고는 각 사업장별로 한다.

(2) 납부유형 조회

[시스템관리] – [회사등록정보] – [사업장등록]

→ 상단 [주(총괄납부)사업장등록] 버튼 – [주(총괄납부)사업장 등록] 팝업창 확인

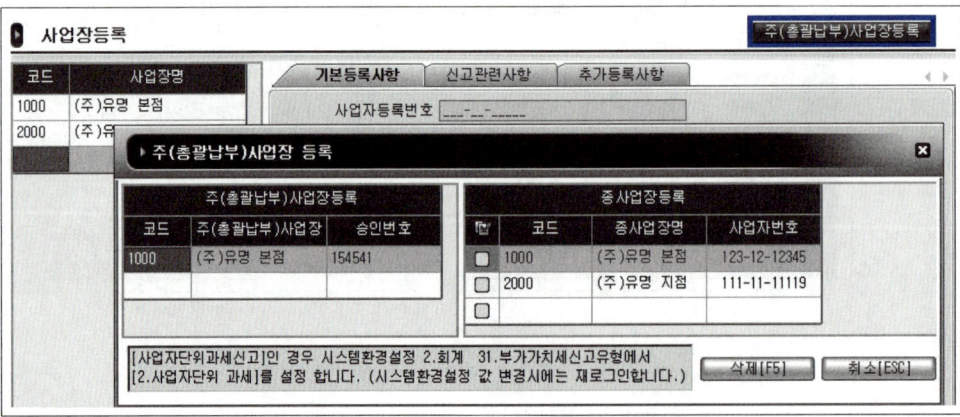

④ 총괄납부사업장을 등록했으므로, 납부는 주사업장에서 총괄납부한다.

(3) 기본등록사항 조회

[시스템관리] - [회사등록정보] - [사업장등록] - [기본등록사항] 탭

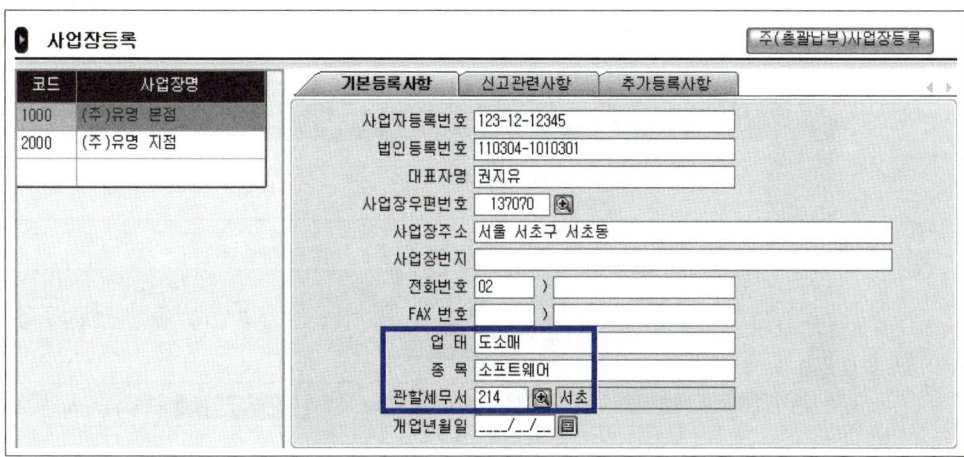

① 관할세무서는 서초이다.
② 업태는 도소매이며 종목은 소프트웨어다.

16 (1) 매입처별 세금계산서합계표

[회계관리] - [부가가치세관리] - [세금계산서합계표]

→ [기간 : 2025/10 ~ 2025/12] - [구분 : 2.매입] - 조회 후 하단 [전자세금계산서분(11일이내 전송분)] 및 [전자세금계산서외(11일이내 전송분)]

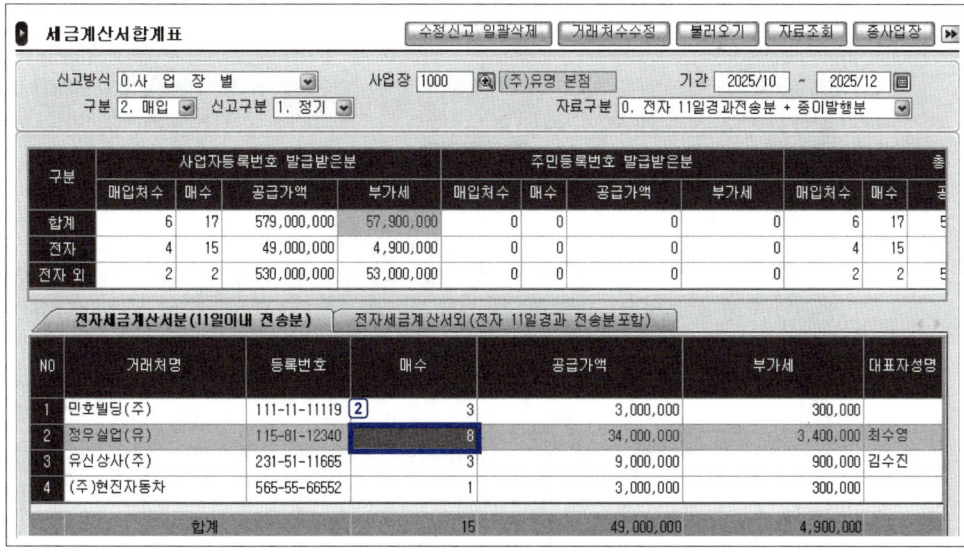

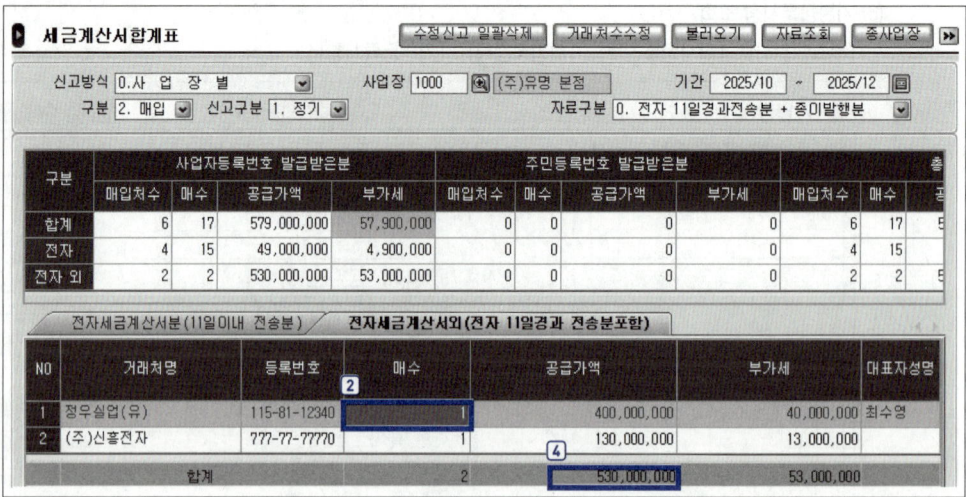

② 정우실업(유)에서 수취한 (매입)세금계산서는 전자세금계산서 8매, 전자세금계산서외 1매로 총 9매다.
④ 매입세금계산서 중 전자세금계산서외 거래건의 부가세 합계액은 53,000,000원이다.

(2) 매출처별 세금계산서합계표

[회계관리] - [부가가치세관리] - [세금계산서합계표]

→ [기간 : 2025/10 ~ 2025/12] - [구분 : 1.매출] - 조회 후 하단 [전자세금계산서분(11일이내 전송분)] 및 [전자세금계산서외(11일이내 전송분)]

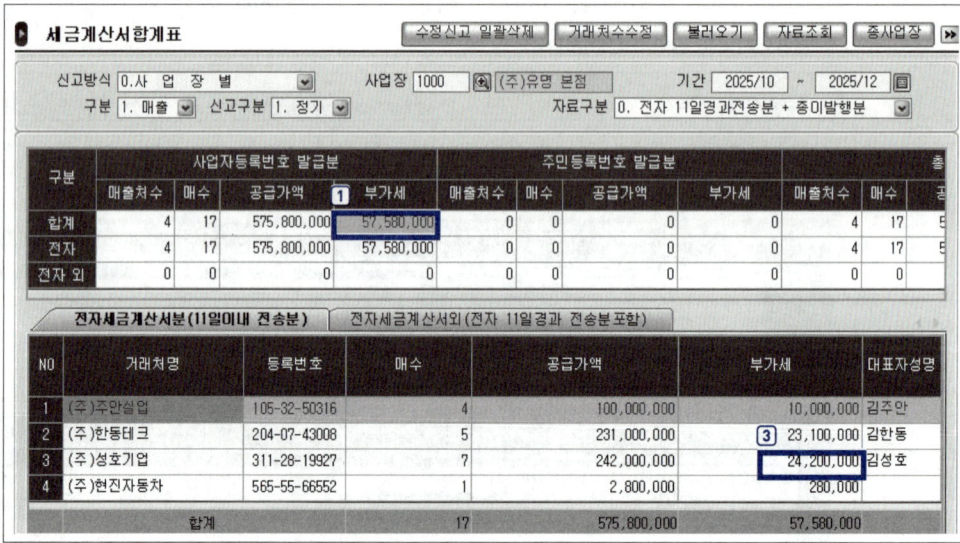

※ 해당 기간 매출세금계산서합계표의 [전자세금계산서외(전자 11일경과 전송분포함)]분은 없다.

① 매출세금계산서의 부가세액 총합계는 57,580,000원이다.
③ ㈜성호기업 거래처에 발급한 부가세액은 24,200,000원이다.

17 [회계관리] – [부가가치세관리] – [신용카드발행집계표/수취명세서] – [신용카드발행집계표] 탭
→ [기간 : 2025/01 ~ 2025/03]

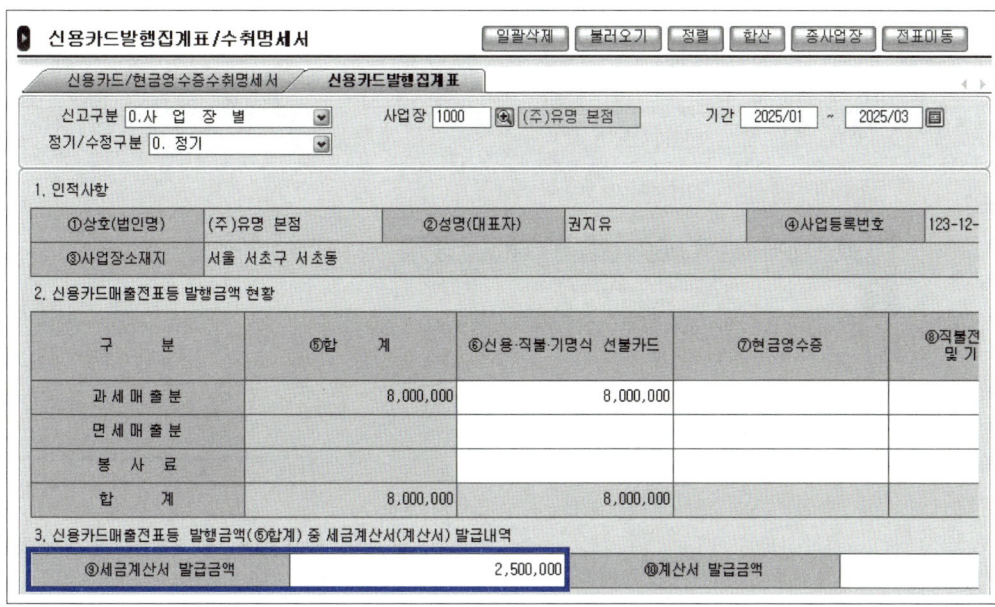

④ 신용카드매출 거래건 중 세금계산서가 발급된 금액은 2,500,000원이다.

18 [회계관리] – [부가가치세관리] – [부가세신고서] – [일반과세] 탭
→ [기간 : 2025/04/01 ~ 2025/06/30] – 상단 [불러오기] 버튼 – 팝업창 [예] 클릭

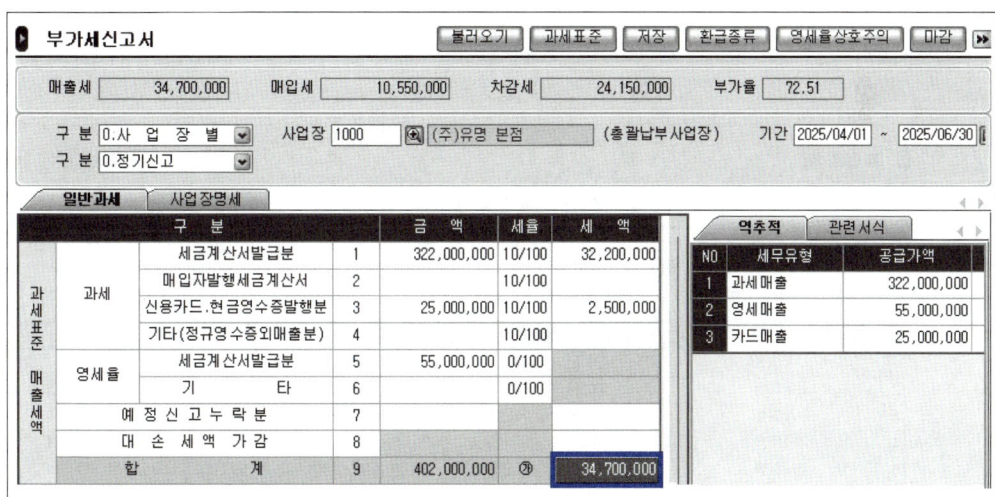

③ 과세표준 매출세액의 부가세 합계액은 34,700,000원이다.

19 [회계관리] – [부가가치세관리] – [부동산임대공급가액명세서]
→ [기간 : 2025/10 ~ 2025/12] – 조회 후 팝업창 [아니오] 클릭 – [이자율 : 3.5] 확인 – [부동산임대내역 입력]

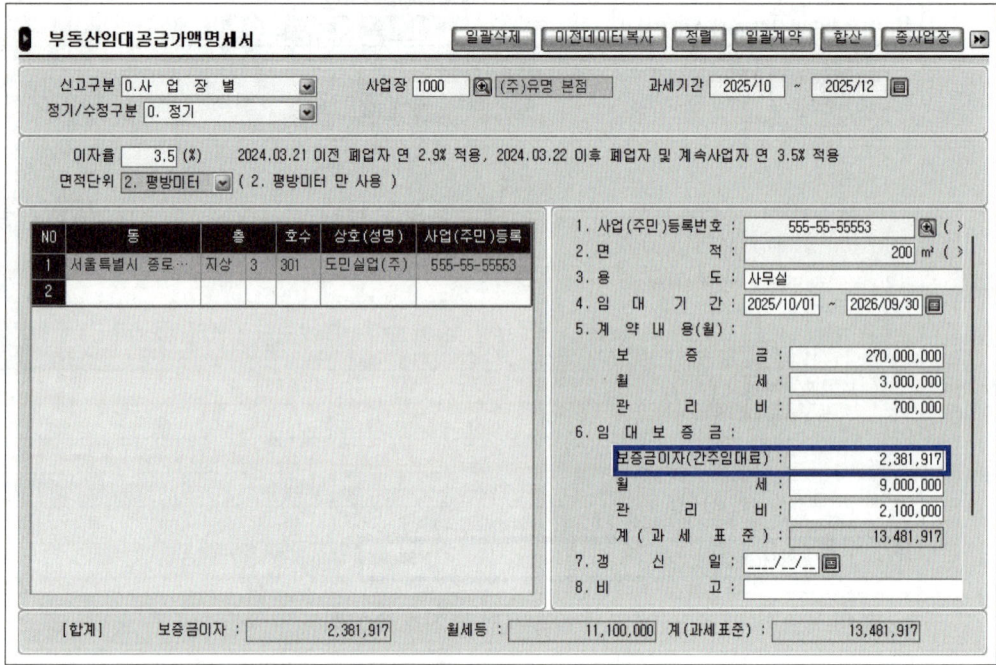

① 2기 부가가치세 확정신고 시 해당 부동산의 간주임대료는 2,381,917원이다.

20 [회계관리] – [전표/장부관리] – [매입매출장] – [세무구분별] 탭
→ [조회기간 : 신고기준일_2025/07/01 ~ 2025/09/30] – [출력구분 : 1.매출] – [세무구분 : 11.과세매출 ~ 11.과세매출]

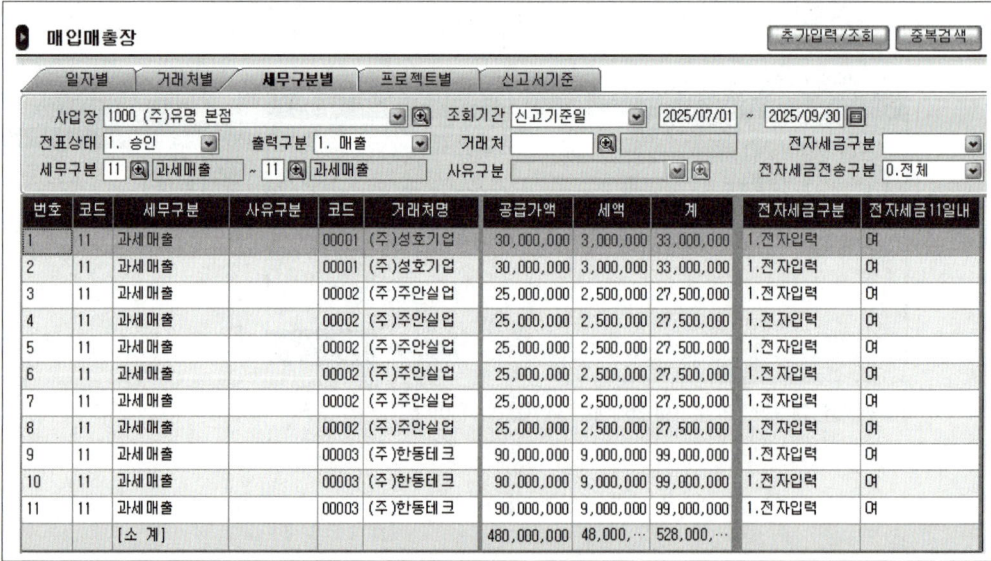

→ [조회기간 : 신고기준일_2025/07/01 ~ 2025/09/30] - [출력구분 : 1.매출] - [세무구분 : 17.카드매출 ~ 17.카드매출]

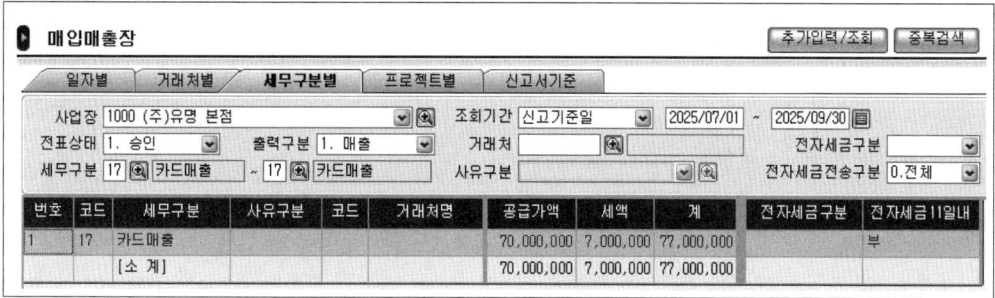

→ [조회기간 : 신고기준일_2025/07/01 ~ 2025/09/30] - [출력구분 : 2.매입] - [세무구분 : 25.수입 ~ 25.수입]

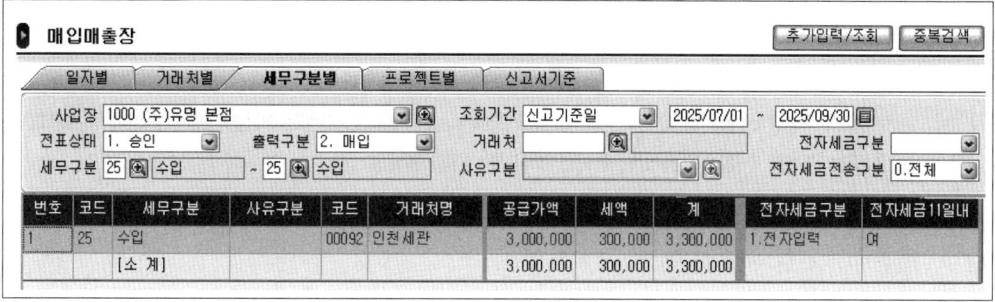

→ [조회기간 : 신고기준일_2025/07/01 ~ 2025/09/30] - [출력구분 : 2.매입] - [세무구분 : 28.현금영수증매입 ~ 28.현금영수증매입]

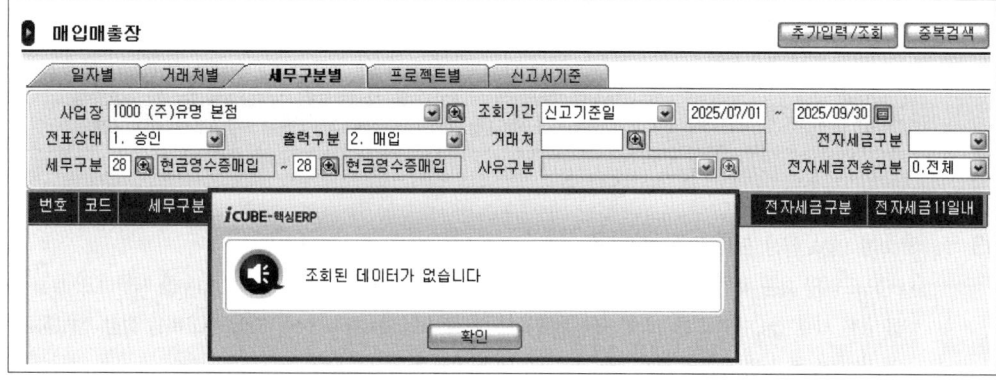

④ [28.현금영수증매입]은 존재하지 않는다.

제 105회 정답 및 해설

이론문제

01	02	03	04	05	06	07	08	09	10
②	①	③	②	③	②	②	②	①	③
11	12	13	14	15	16	17	18	19	20
③	③	①	②	②	③	④	③	②	④

01 ② 텍스트마이닝(Text Mining)은 자연어(Natural Language) 형태로 구성된 비정형 또는 반정형 텍스트데이터에서 패턴 또는 관계를 추출해 의미 있는 정보를 찾아내는 기법이다.

02 ① 인지자동화 단계에 대한 설명이다.

RPA 적용단계		내용
1단계	기초 프로세스 자동화	정형화된 데이터 기반의 자료 작성, 단순 반복 업무처리, 고정된 프로세스 단위 업무수행 등이 해당된다.
2단계	데이터 기반의 머신러닝 활용	이미지에서 텍스트 데이터 추출, 자연어 처리로 정확도와 기능성을 향상시키는 과정이다.
3단계	인지자동화	• 빅데이터 분석을 통해 사람이 수행하는 복잡한 의사결정을 내리는 수준이다. • 이것은 RPA가 업무 프로세스를 스스로 학습하면서 자동화하는 단계이다.

03 ③ 회계, 인사, 생산, 물류 등 기업의 주요 업무 분야를 통합적으로 처리한다.
• ERP 도입의 최종 목적은 고객만족과 이윤의 극대화이며, 이 외에도 기업의 다양한 업무를 지원하고, 효율적 의사결정을 위한 지원기능, 통합정보시스템 구축, 선진업무 프로세스(Best Practice) 도입, 재고비용 절감, 정보공유, 투명경영이 가능하도록 하며 기업의 경쟁력을 강화하는 데 도입의 목적이 있다.

04 ② BPI(Business Process Improvement)에 대한 설명이다.

05 ③ 기간별 보고의 가정에 대한 설명이다.

06 ② 영업이익이 증가했더라도 영업외비용이 증가했다면 당기순이익은 감소할 수 있다. 보기 중 이자비용이 영업외비용에 해당한다.

07 ② 분개장에 대한 설명이다.

08 ② 미수수익의 장부기장을 누락하면 자산과 수익이 과소계상되고, 수익의 과소계상으로 자본도 과소계상된다.
→ 누락된 분개 :　　(차) 미수수익(자산의 증가)　　　　(대) 수익계정(수익의 발생)

09 ① 회사 직원에게 제공한 선물은 복리후생비, 거래처 직원에게 제공한 선물은 접대비로 처리한다.

10 • 7월 2일　　(차) 가지급금　　　　400,000원　　(대) 현　금　　　　400,000원
③ 7월 31일　(차) 여비교통비　　　310,000원　　(대) 가지급금　　　400,000원
　　　　　　　　현　금　　　　　　90,000원

11 ③ 외화환산손익 = 차입금 $20,000 × (차입 시 환율 ₩1,100/$ − 결산 시 환율 ₩1,000/$) = 2,000,000원(이익)
• 회계처리
− 9월 10일　　(차) 현금 등　　　　22,000,000원　　(대) 외화장기차입금　　22,000,000원
− 12월 31일　(차) 외화장기차입금　2,000,000원　　(대) 외화환산이익　　　2,000,000원

12 ③ 단기매매증권 취득 시 발생한 수수료는 별도의 비용으로 처리하고, 건물 취득 시 발생한 취득세는 건물의 원가에 포함한다.

13 ① 매입단가 상승 시 선입선출법에 의해 재고자산을 평가하면 이동평균법으로 평가할 때보다 기말재고는 과대계상되고, 매출원가는 과소계상되며, 당기순이익이 과대계상된다.

구 분	물가상승 지속기에 재고자산평가방법에 따른 크기 비교
기말재고	선입선출법 〉 이동평균법 ≥ 총평균법 〉 후입선출법
매출원가	선입선출법 〈 이동평균법 ≤ 총평균법 〈 후입선출법
당기순이익	선입선출법 〉 이동평균법 ≥ 총평균법 〉 후입선출법

14 ② ㉠은 만기보유증권, ㉡은 지분법적용투자주식에 대한 설명이다.

15 ② 영업용 건물(유형자산)을 취득하면서 발생한 취득세는 취득원가에 포함한다.

16 ③ 무형자산 금액 = 상표권 구입비 10,000,000원 + 특허권 취득비 20,000,000원 = 30,000,000원
※ 연구단계에서 발생한 재료비용은 자산이 아닌 비용으로 처리한다.

17 ④ 사채는 부채계정이므로 대변에 기록된다.

→ 1월 1일   (차) 당좌예금   200,000원   (대) 사 채   200,000원

18 • 자산 = 현금 50,000원 + 매출채권 30,000원 + 비품 80,000원 + 재고자산 65,000원 = 225,000원
• 부채 = 매입채무 35,000원 + 차입금 45,000원 = 80,000원
③ 자본 = 자산 225,000원 − 부채 80,000원 = 145,000원

19 ② 해당 거래로 인하여 총자산은 250,000원 증가하고, 총부채도 250,000원 증가한다.

→ (차) 상품(자산의 증가)   500,000원   (대) 현금(자산의 감소)   250,000원
                                                        지급어음(부채의 증가)   250,000원

20 ④ 자본조정 항목 중 자기주식처분손실은 자본의 차감계정이다.

구 분	계정과목
자본 차감계정	자기주식, 감자차손, 자기주식처분손실, 주식할인발행차금
자본 가산계정	미교부주식배당금, 주식매수선택권, 신주청약증거금

실무문제

01	02	03	04	05	06	07	08	09	10
②	②	④	①	①	②	③	③	②	④
11	12	13	14	15	16	17	18	19	20
④	①	③	④	②	④	①	②	②	③

01 [시스템관리] - [회사등록정보] - [사원등록]
→ [부서 및 사원명검색 공란] 조회

② 당사에 등록된 사원은 재경부 4명과 영업부 1명이다.
① ERP를 운용할 수 없는 사원은 박선우 1명이다.

③ 김종민의 회계입력방식이 승인으로 처리되어, 승인전표에 대한 수정은 승인해제하여 미결로 변경한 뒤에 수정이 가능하다.
④ 김은찬의 조회권한이 회사로 처리되어 회사 전체를 조회할 수 있으므로 영업부도 조회할 수 있다.

※ 회계입력방식에 따른 전표입력 및 전표수정

구분	전표입력 시	전표수정 권한
0.미결	전표상태 미결로 저장	미결전표만 수정 가능
1.승인	전표상태 승인으로 저장(단, 대차차액 발생 시 미결)	미결전표만 수정 가능
2.수정	전표상태 승인으로 저장(단, 대차차액 발생 시 미결)	미결 및 승인전표 모두 수정 가능

02 [시스템관리] - [회사등록정보] - [시스템환경설정]
→ [조회구분 : 0.전체] - [환경요소 : 키워드 입력] 조회

② 당사의 예산통제구분은 [1.사용부서]다.

03 [시스템관리] - [회사등록정보] - [사용자권한설정]
→ [모듈구분 : A.회계관리]

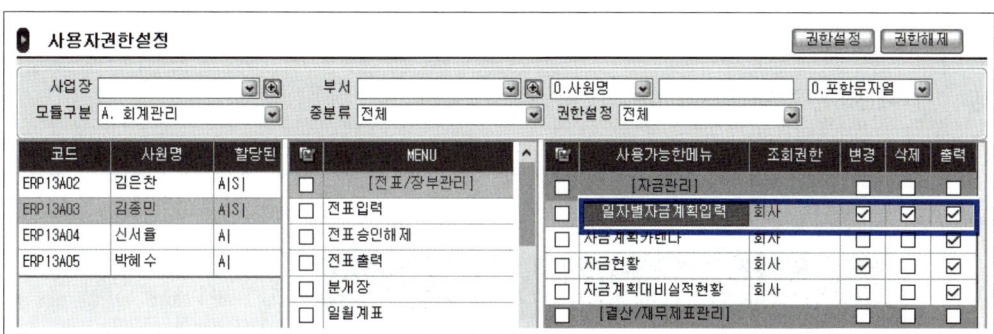

④ 김종민은 [일자별자금계획입력] 메뉴에 대해서는 변경, 삭제, 출력의 권한이 있다.

04 [회계관리] - [전표/장부관리] - [표승인해제]
→ [결의부서 : 공란] - [전표상태 : 미결] - [결의기간 : 2024/11/01 ~ 2024/11/30]

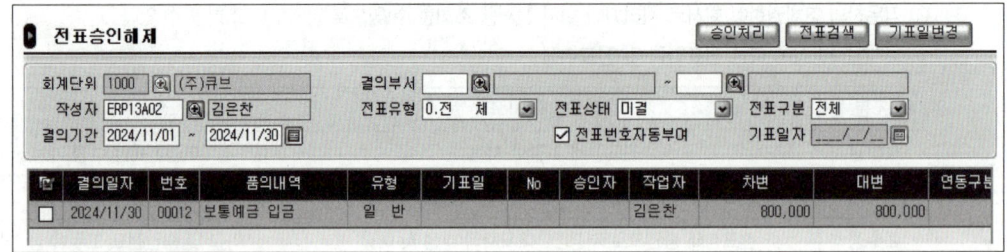

① 조회기간 미결전표는 1건이다.

05 [회계관리] - [전표/장부관리] - [총계정원장] - [월별] 탭
→ [기간 : 2024/07 ~ 2024/12] - [계정과목 : 1.계정별_40100.상품매출 ~ 40100.상품매출]

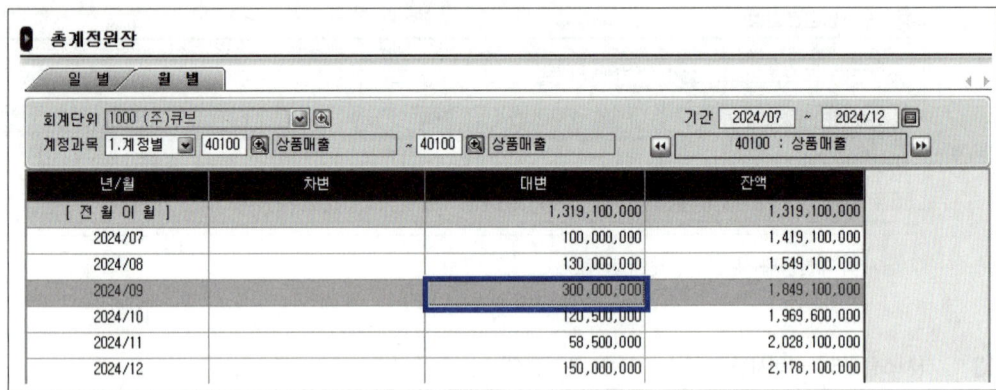

① 조회기간 중 9월에 [40100.상품매출]이 가장 많이 발생했다.

06 [회계관리] - [업무용승용차관리] - [업무용승용차 차량등록]

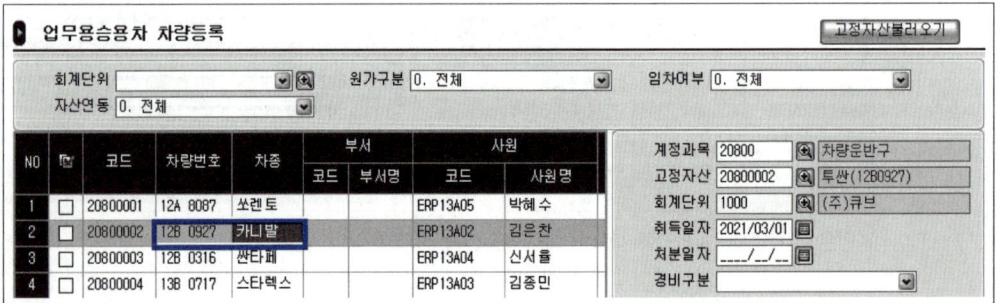

② [ERP13A02.김은찬]이 관리하고 있는 업무용승용차의 차량번호는 [12B 0927]이다.

07 [시스템관리] - [초기이월관리] - [회계초기이월등록]

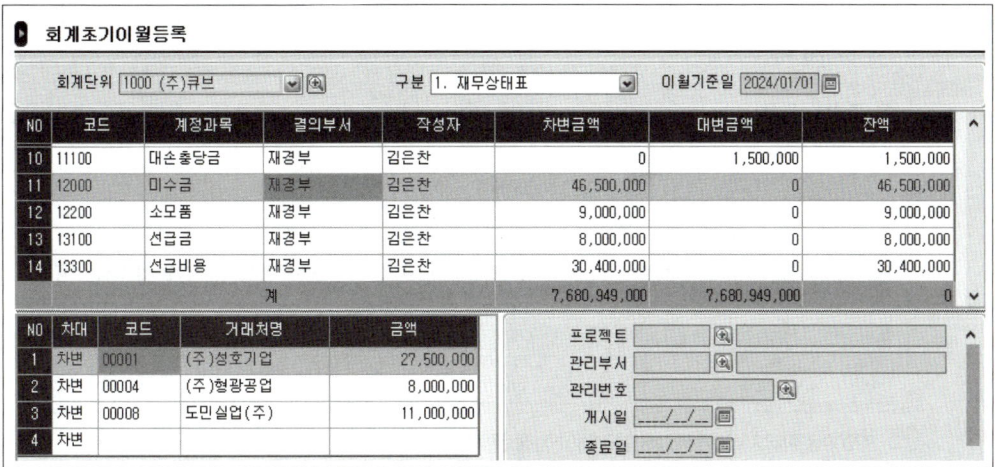

③ [00007.㈜나라상사]의 이월된 미수금은 존재하지 않는다.

08 [회계관리] - [결산/재무제표관리] - [재무상태표] - [관리용] 탭
→ [기간 : 2024/08/31]

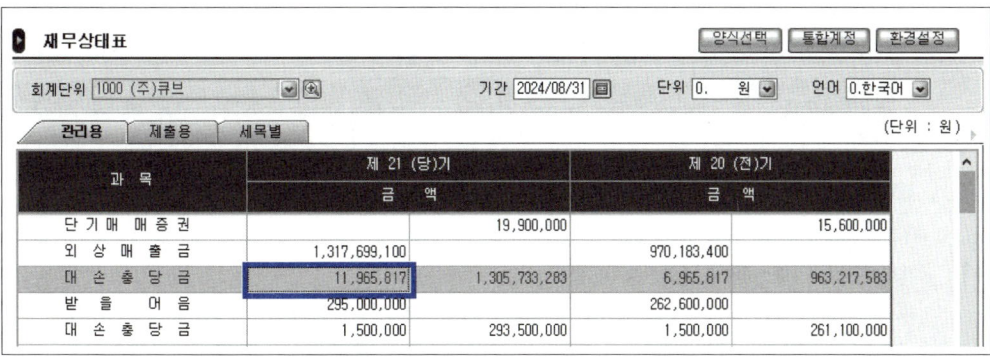

③ 외상매출금의 대손충당금은 11,965,817원이다.

09 [회계관리] – [전표/장부관리] – [관리항목원장] – [잔액] 탭

→ [관리항목 : C1.사용부서] – [기표기간 : 2024/07/01 ~ 2024/12/31] – [계정과목 : 1.계정별_82200.차량유지비 ~ 82200.차량유지비]

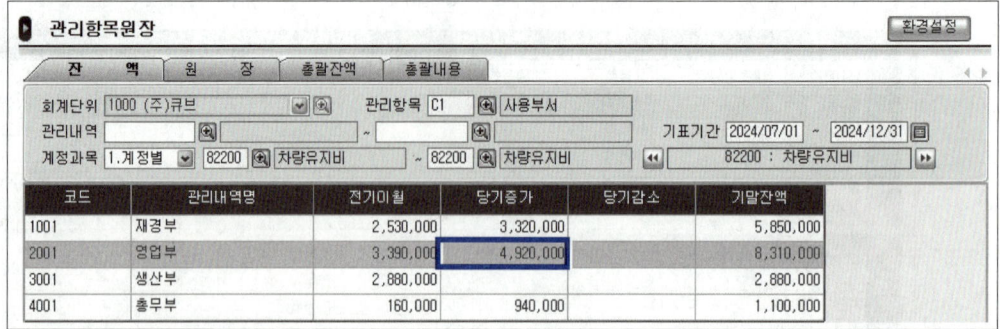

② [82200.차량유지비] 계정의 지출금액이 가장 큰 부서는 [2001.영업부]다.

10 [회계관리] – [고정자산관리] – [고정자산변동사항]

– [계정과목 : 20800.차량운반구] – [기간 : 2024/08 ~ 2024/08]

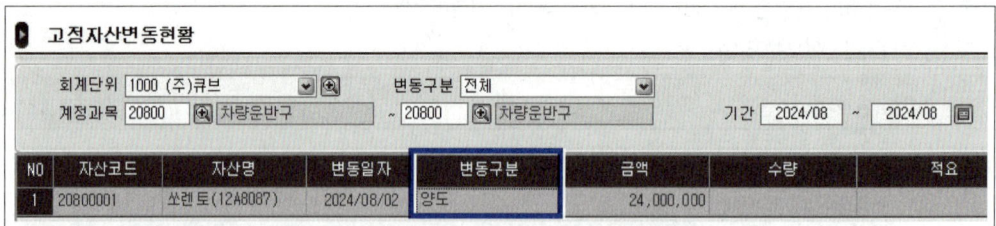

④ 조회기간 [20800001.쏘렌토(12A8087)]의 변동사항은 양도다.

11 [회계관리] – [예산관리] – [예산초과현황]

→ [조회기간 : 2024/04 ~ 2024/06] – [집행방식 : 2.승인집행] – [관리항목 : 0.부서별_1001.재경부]

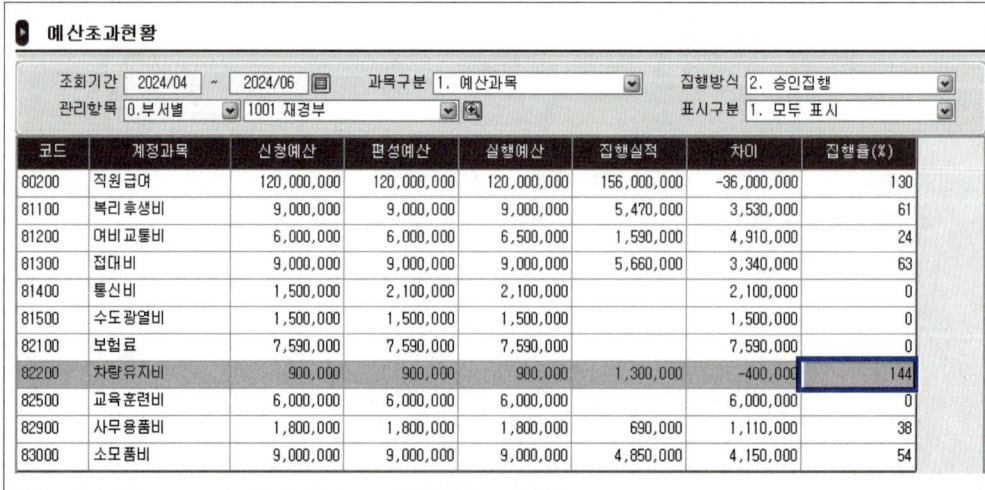

④ 재경부에서 사용한 예산 중 집행율이 가장 큰 계정과목은 144%인 [82200.차량유지비]다.

12 [회계관리] – [자금관리] – [받을어음명세서] – [어음조회] 탭
→ [조회구분 : 2.만기일_2024/07/20 ~ 2024/07/20]

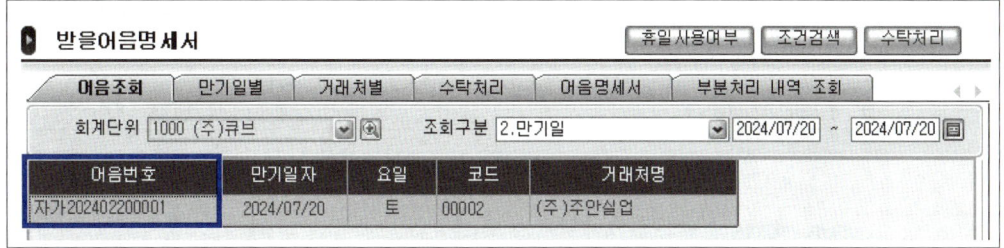

① 2024년 7월 20일 만기인 ㈜주안실업에 발생한 어음의 번호는 '자가202402200001'이다.

13 [회계관리] – [결산/재무제표관리] – [기간별손익계산서] – [분기별] 탭
→ [기간 : 1/4분기 ~ 4/4분기]

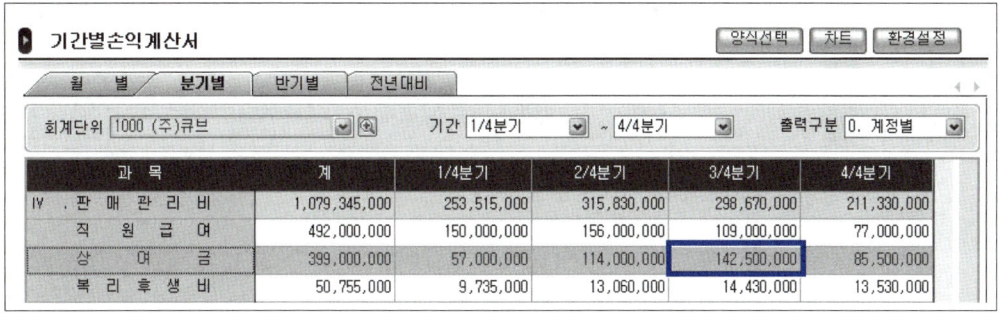

③ 상여금(판매관리비) 계정을 가장 많이 사용한 분기는 142,500,000원 발생한 3/4분기다.

14 [회계관리] – [결산/재무제표관리] – [재무상태표] – [관리용] 탭
→ [기간 : 2024/12/31]

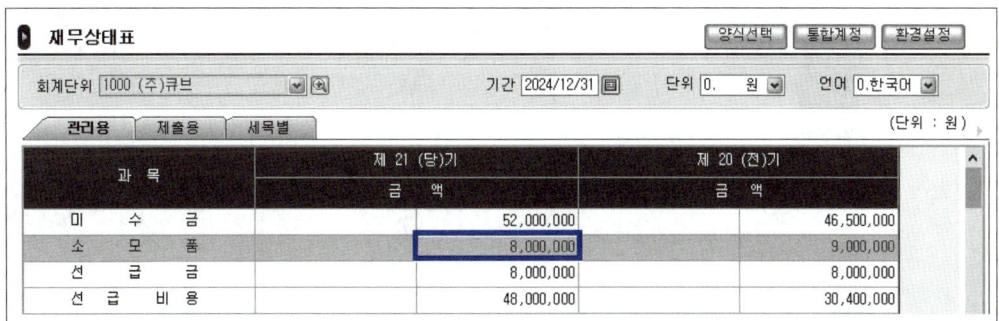

④ 기말시점 소모품(자산)의 장부금액은 8,000,000원이고, 실제 재고액은 2,000,000원이므로 당기 소모품 사용분은 6,000,000원이라는 것을 알 수 있다. 이를 통해 결산 수정분개를 하면 다음과 같다.
→ 결산 시   (차) 소모품비   6,000,000원   (대) 소모품   6,000,000원

15 (1) 매출세금계산서합계표

[회계관리] – [부가가치세관리] – [세금계산서합계표]

→ [기간 : 2024/10 ~ 2024/12] – [구분 : 1.매출] – 조회 후 하단 [전자세금계산서분(11일이내 전송분)] 및 [전자계산서분(11일이내 전송분)]

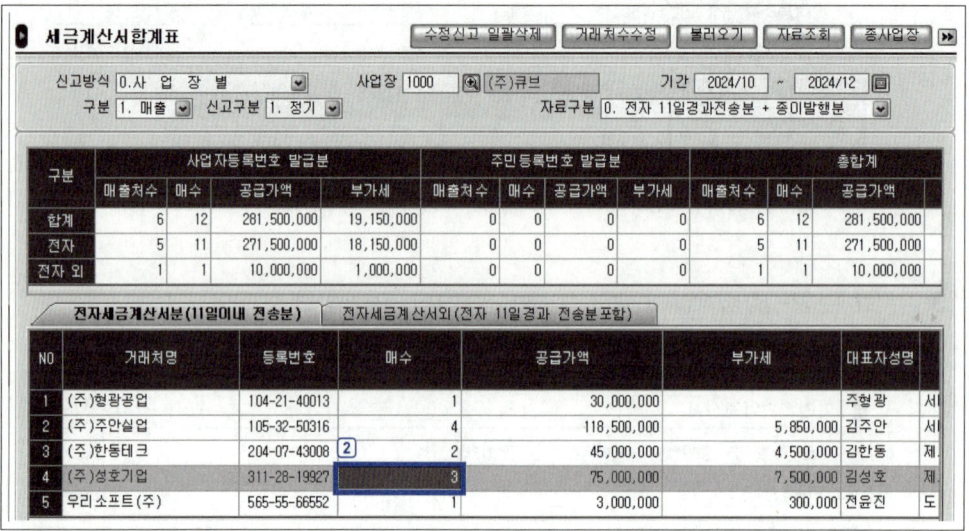

② ㈜성호기업에 매출세금계산서 매수는 총 3매다.

(2) 매입세금계산서합계표

[회계관리] – [부가가치세관리] – [세금계산서합계표]

→ [기간 : 2024/10 ~ 2024/12] – [구분 : 2.매입] – 조회 후 하단 [전자세금계산서분(11일이내 전송분)] 탭

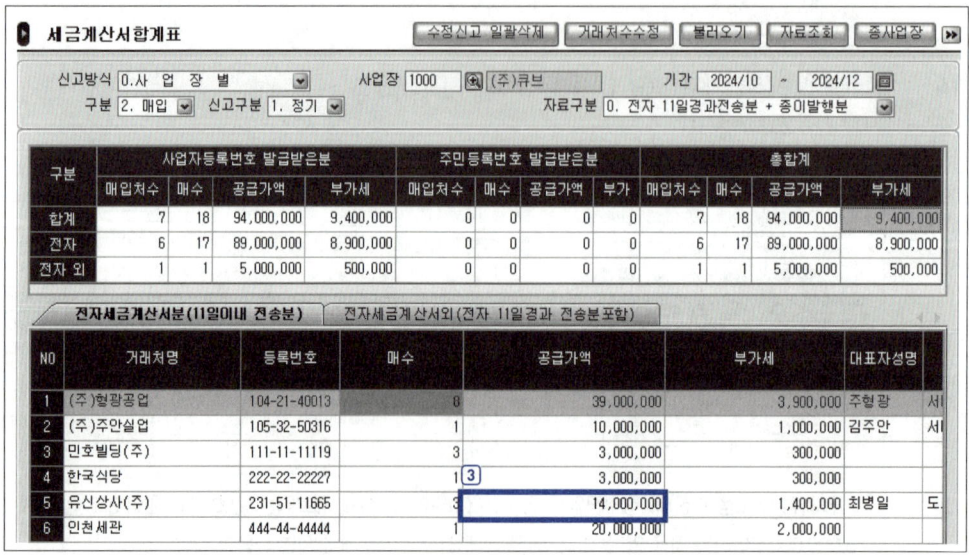

③ 유신상사㈜ 거래처에 수취한 부가세액은 1,400,000원이다.

→ [전자세금계산서외(전자 11일경과 전송분 포함)] 탭

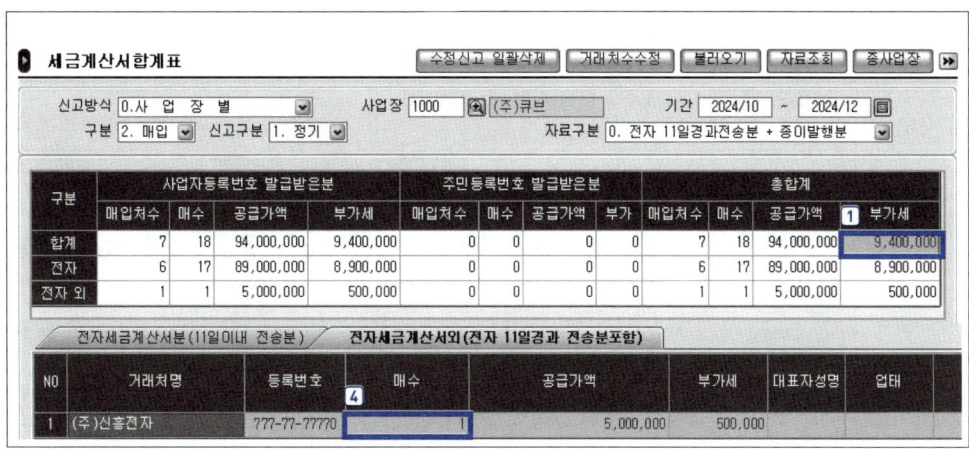

① 매입 세금계산서의 부가세액 총합계는 9,400,000원이다.
④ ㈜신흥전자에 매입한 전자세금계산서 중 전자 11일 경과 전송분이 1매 존재한다.

16 [회계관리] - [전표/장부관리] - [매입매출장] - [신고서기준] 탭

→ [조회기간 : 신고기준일_2024/10/01 ~ 2024/12/31] - [전표상태 : 전체] - [신고구분 : 14.공제받지못할매입세액]

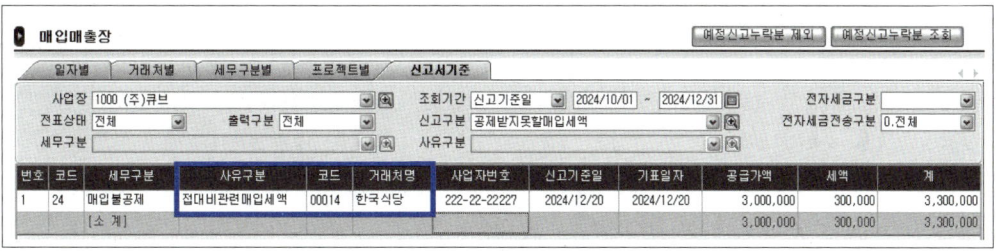

④ 매입불공제 거래의 거래처는 [00014.한국식당]이며 사유는 [접대비관련매입세액]이다.

17 (1) 전표입력

[회계관리] – [전표/장부관리] – [전표입력]

→ [작성자 : ERP13A02.김은찬_2024/09/13] – [유형 : 1.일반]

→ [전표입력] – [부가세예수금 행렬 지정 후 하단입력]

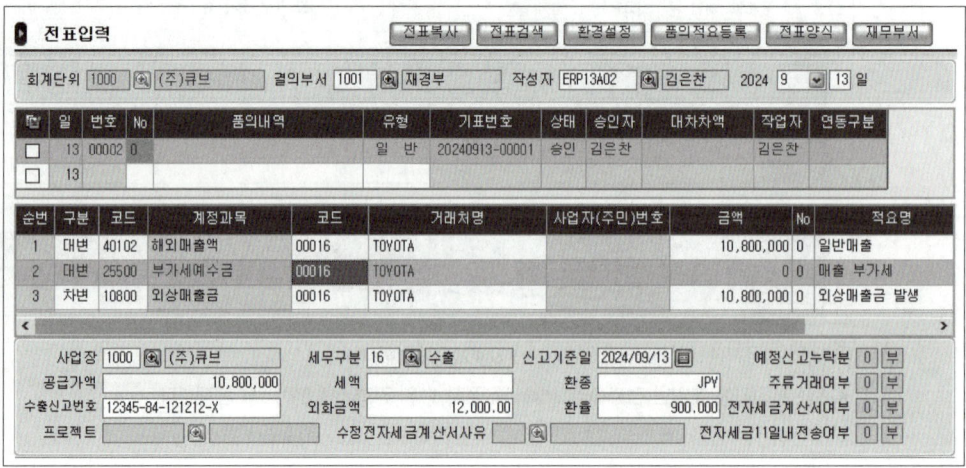

(2) 수출실적명세서 확인

[회계관리] – [부가가치세관리] – [수출실적명세서]

→ [거래기간 : 2024/07 ~ 2024/09] – 상단 [불러오기] 버튼 – [수출실적명세서] 팝업창 건별로 불러옴 지정 후 [불러오기] 클릭

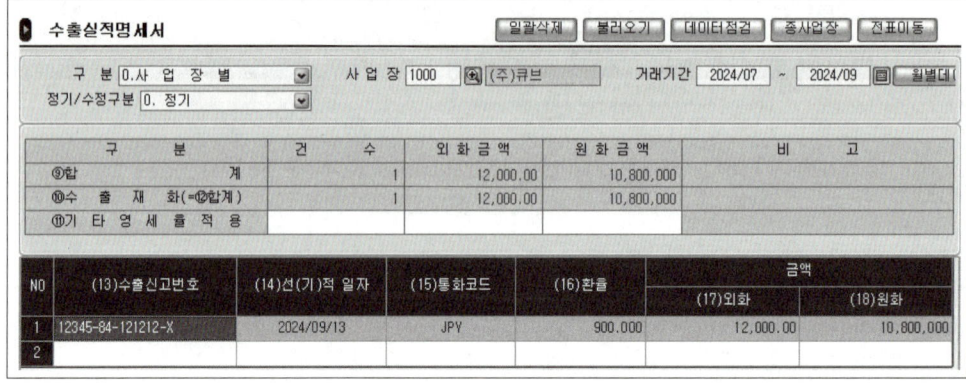

① 원화금액 = 외화금액 ￥12,000 × 환율 900원/￥ = 10,800,000원

18 [회계관리] - [부가가치세관리] - [부가세신고서] - [일반과세] 탭
→ [기간 : 2024/10/01 ~ 2024/12/31] - 상단 [불러오기] 버튼 - 팝업창 [예] 클릭

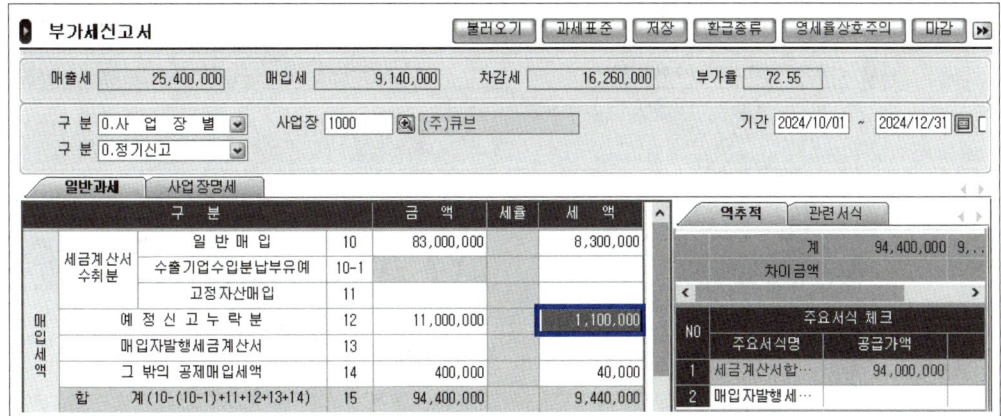

② 조회기간 예정신고누락분 부가세액 합계금액은 1,100,000원이다.

19 [시스템관리] - [회사등록정보] - [사업장등록]
→ 좌측 [1000.㈜큐브] 클릭 - [기본등록사항] 탭

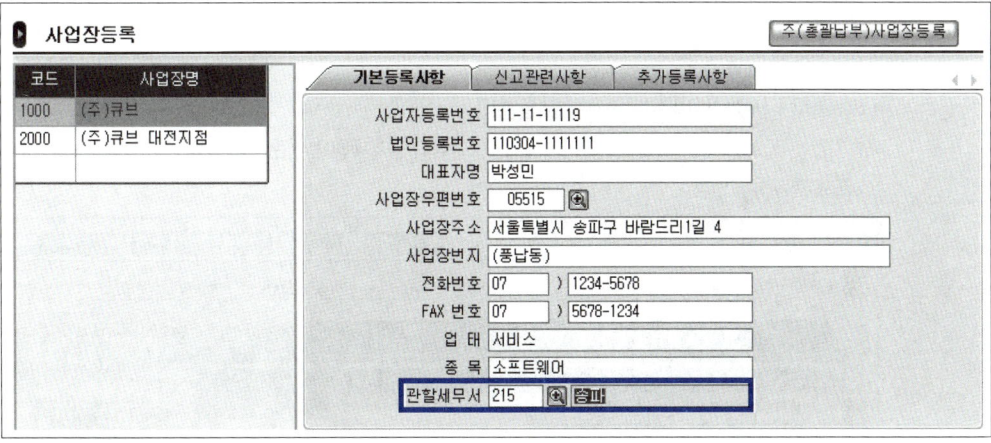

② 관할세무서는 [사업장등록] 메뉴에서 확인할 수 있다.

20 (1) 신용카드발행집계표/수취명세서

[회계관리] – [부가가치세관리] – [신용카드발행집계표/수취명세서] – [신용카드/현금영수증수취명세서] 탭
→ [기간 : 2024/10 ~ 2024/12] – 팝업창 [예] 클릭 – [신용카드등수취명세서] 탭

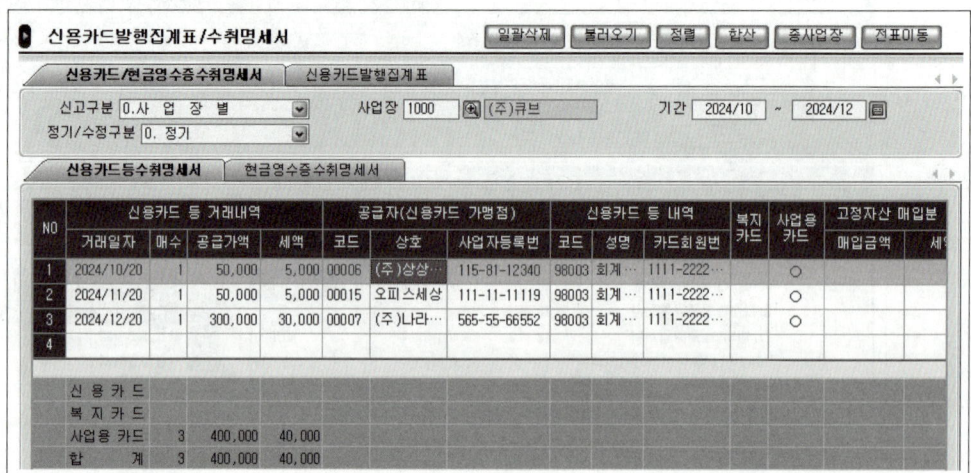

③ 조회기간 신용카드 매입 거래처는 총 3개다.

① 신용카드 매입에는 신용카드와 복지카드 사용분은 없고 전부 사업용 카드를 사용했다.

② 신용카드 매입내역 중 고정자산 매입분란에 금액이 존재하지 않는다.

(2) 신용카드 매입내역

[회계관리] – [부가가치세관리] – [부가세신고서]
→ [기간 : 2024/10 ~ 2024/12] – [매입세액_그 밖의 공제매입세액]란 더블클릭 – [그 밖의 공제 매입세액 명세(ESC 복귀)] 팝업창

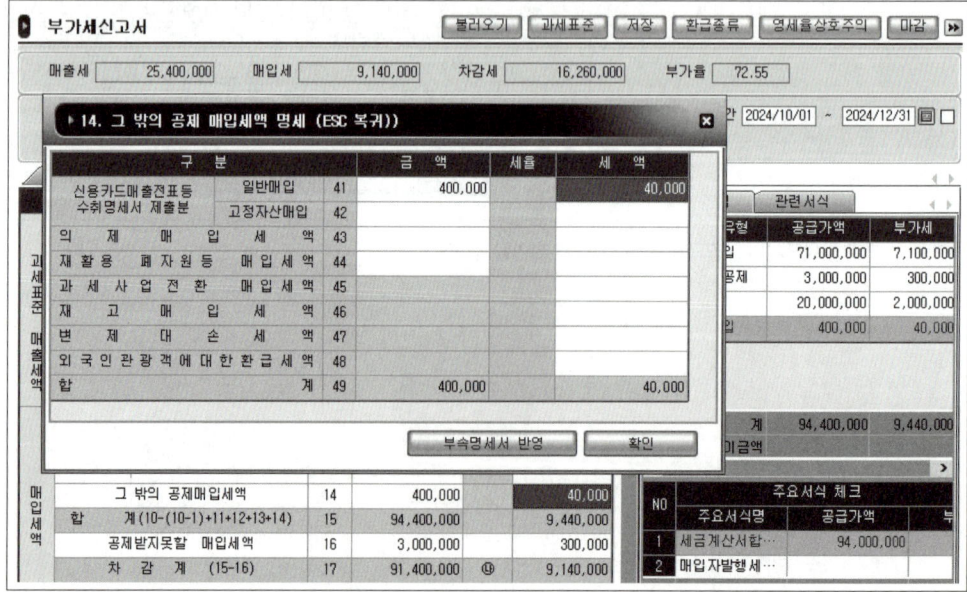

④ 신용카드로 매입한 내역은 [부가세신고서]의 [그 밖의 공제매입세액(14)]란을 더블클릭하여 팝업창을 불러와 확인할 수 있다.

제104회 정답 및 해설

이론문제

01	02	03	04	05	06	07	08	09	10
①	②	④	③	①	①	④	①	③	④
11	12	13	14	15	16	17	18	19	20
③	③	③	③	④	②	②	①	②	③

01 ① 비즈니스 애널리틱스는 구조화된 데이터(Structured Data)와 비구조화된 데이터(Unstructured Data)를 동시에 이용한다.

구 분	내 용
구조화된 데이터 (Structured Data)	• 파일이나 레코드 내에 저장된 데이터 • 스프레드시트, 관계형 데이터(RDBMS) 포함
비구조화된 데이터 (Unstructured Data)	• 전자메일(e-mail), 문서, 소셜미디어 포스트, 오디오 파일, 비디오 영상, 센서데이터 등

02 ② SaaS(Software as a Service)에 대한 설명이다.

03 ④ ERP 시스템 구축 후에는 IT아웃소싱 업체로부터 독립적으로 운영하기 어렵다.

04 ③ ERP 도입의 효과는 프로세스 개선을 위해 효율적인 업무프로세스를 재정립하고, 시스템 도입을 위해 유능한 컨설턴트를 고용할 때 기대된다.
① 현재 업무방식을 고수하면 ERP 사용이 억제된다.
② ERP는 관련 전문가가 아니라 일반 실무자가 사용하는 것이다.
④ ERP 도입과정에서 부서 간 갈등 발생 시 최고경영층이 적극적으로 개입할 수 있도록 하향식(Top-Down) 의사결정을 지향한다.

05 ① 경영자는 내부이해관계자, 채권자·투자자·정부기관은 외부이해관계자다.

06 ① 경영자의 경영의사결정에 유용한 정보를 제공하기 위한 목적으로 작성 및 보고되는 것은 관리회계다.

07
- 기초자본 = 기초자산 300,000원 − 기초부채 130,000원 = 170,000원
- 당기순이익 = 기말자본 230,000원 − 기초자본 170,000원 = 60,000원
- 당기순이익 60,000원 = 수익총액 140,000원 − 비용총액
- ∴ 비용총액 = 80,000원

08 ① 손익계산서에 대한 설명이며, 손익계산서의 계정과목은 접대비와 지급수수료다.

09 ③ 가지급금에 대한 설명이다.

10 ④ 외상매입금은 일반적인 상거래 시 사용되는 계정으로, 유형자산의 구매 상황에서 사용되지 않는다.

11 ③ 대여금(자산)의 대변 기재는 자산의 감소이므로 대여금이 회수된 것을 의미하고, 이자수익 계정의 대변 기재는 수익의 발생을 의미한다.
→ (차) 현 금　　　　　　　　　　53,000원　　(대) 대여금　　　　　　　　　50,000원
　　　　　　　　　　　　　　　　　　　　　　　　　　이자수익　　　　　　　　3,000원

12 ③ 단기투자자산 = 단기매매증권 200,000원 + 단기대여금 220,000원 = 420,000원
※ 현금 · 보통예금 · 당좌예금은 현금및현금성자산, 받을어음은 매출채권으로 표시한다.

13
- 결산시점 계상하지 않은 선수분 임대료 6,000원을 선수수익(부채) 계정으로 계상하고 동일 금액만큼 임대료에서 상계한다.
→ 12월 31일　(차)　임대료(수익의 이연)　　6,000원　　(대) 선수수익(부채의 증가)　　6,000원
③ 수익 6,000원이 다음 회계기간으로 이연되었으므로 당기순이익은 6,000원 감소한다.

14 ③ 단기매매증권 취득원가 = 주식수 3,000주 × 1주당 취득가 5,000원 = 15,000,000원
※ 단기매매증권 취득 시 발생하는 수수료 및 증권거래세는 당기 비용으로 처리한다.

15 ④ 2024년 감가상각비 = $\dfrac{(취득가\ 4,000,000원\ -\ 잔존가치\ 400,000원)}{내용연수\ 10년} \times \dfrac{경과기간\ 5개월}{월할상각\ 12개월}$ = 150,000원

16
- 유형자산처분이익 450,000원 = 처분가액 650,000원 − (취득가액 650,000원 − 감가상각누계액)
② 감가상각누계액 = 450,000원

17 ② 신제품 · 신기술 개발과 관련된 지출을 자산으로 처리할 경우 (ⓒ 개발비)로 처리하는데, 이때 개발비는 미래 경제적 효익의 유입가능성이 높으며, (㉠ 취득원가)를 신뢰성 있게 측정할 수 있어야 한다.

18 ① 매출액 = 총매출액 500,000원 − 매출에누리와환입 50,000원 − 매출할인 150,000원 = 300,000원

19 ② 단기차입금은 부채 계정이며, 부채의 증가는 대변에 표시된다.
→ (차) 현 금　　　　　　　　500,000원　　(대) 단기차입금　　　　　　　500,000원

20 ③ 미교부주식배당은 자본 가산계정이다.

구 분	종 류
자본 차감계정	자기주식, 감자차손, 자기주식처분손실, 주식할인발행차금 등
자본 가산계정	미교부주식배당금, 주식매수선택권 등

실무문제

01	02	03	04	05	06	07	08	09	10
②	③	④	①	①	②	①	①	③	④
11	12	13	14	15	16	17	18	19	20
①	③	②	④	③	③	④	①	②	②

01 [시스템관리] – [회사등록정보] – [시스템환경설정]
→ [조회구분 : 0.전체] – [환경요소 : 키워드 입력]

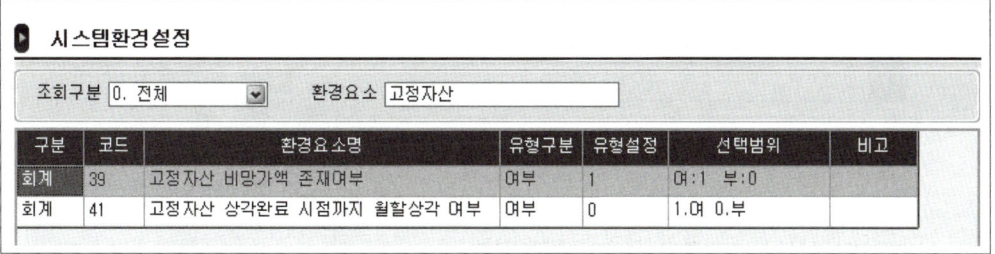

② 고정자산 비망가액 존재여부가 '1.여'이므로 고정자산 상각 시 비망가액을 처리할 수 있다.

02 [시스템관리] – [기초정보관리] – [계정과목등록]
→ 해당 계정 확인

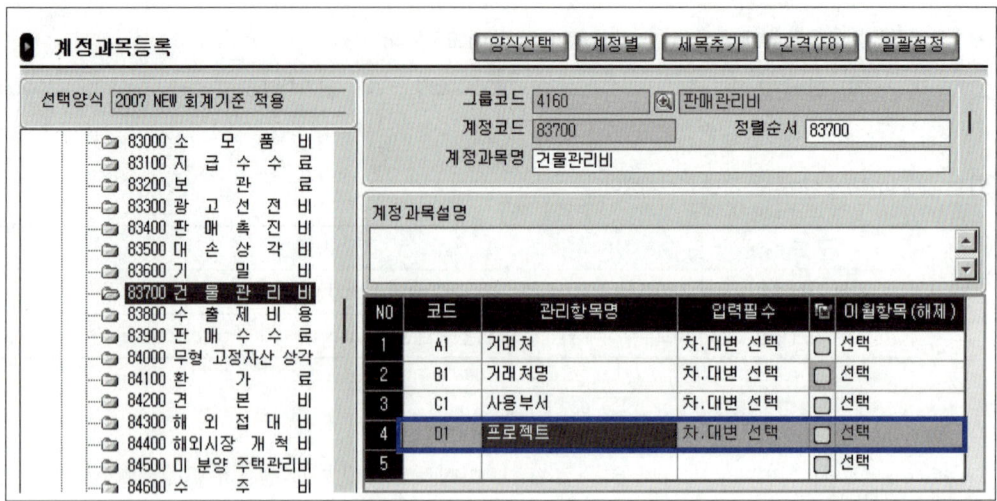

③ [83700.건물관리비] 계정은 프로젝트별로 이월하도록 관리하지 않는다.

03 [시스템관리] – [기초정보관리] – [프로젝트등록]
→ [원가구분 : 1.제조] – [조회구분 : 1.진행]

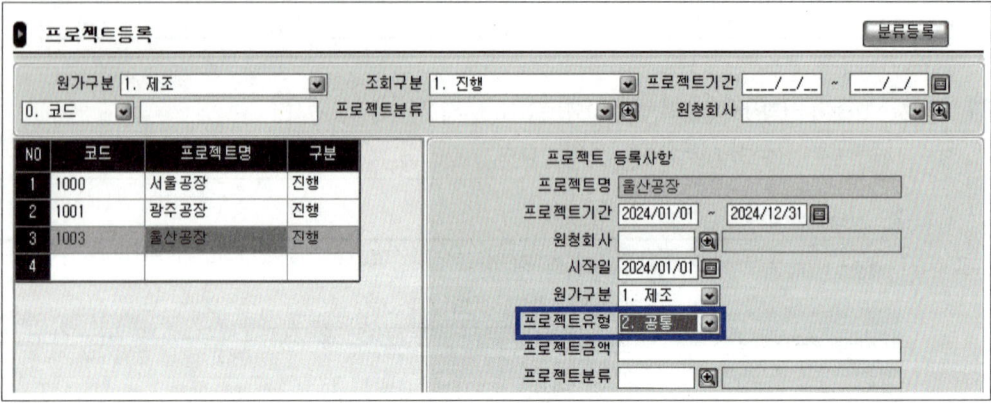

④ 유형이 [2.공통]인 프로젝트는 [1003.울산공장]이다.

04 [회계관리] – [전표/장부관리] – [총계정원장] – [월별] 탭

→ [기간 : 2024/01 ~ 2024/04] – [계정과목 : 1.계정별_82200.차량유지비 ~ 82200.차량유지비]

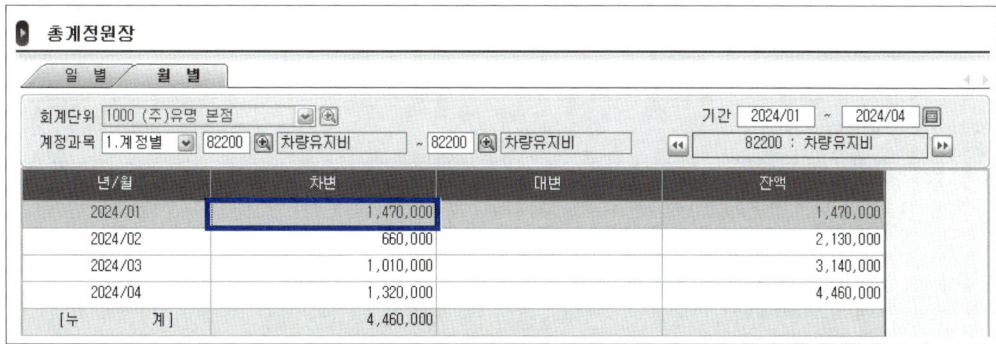

① 1월에 1,470,000원으로 가장 많이 발생했다.

05 [회계관리] – [예산관리] – [예산초과현황]

→ [조회기간 : 2024/01 ~ 2024/03] – [집행방식 : 2.승인집행] – [관리항목 : 0.부서별_1001.재경부]

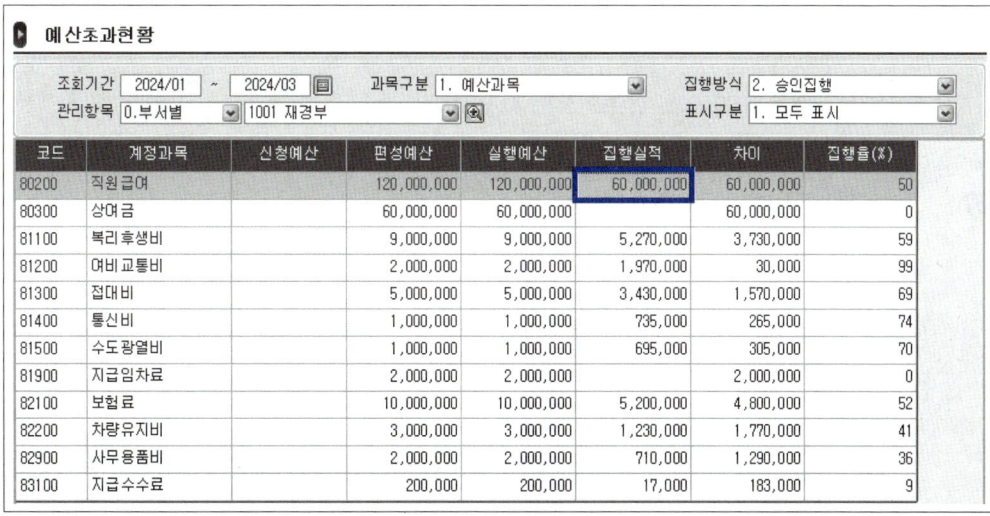

① 집행실적은 [80200.직원급여] 계정이 60,000,000원으로 가장 크다.

06 [회계관리] – [전표/장부관리] – [현금출납장] – [전체] 탭
→ [기표기간 : 2024/03/01 ~ 2024/03/31]

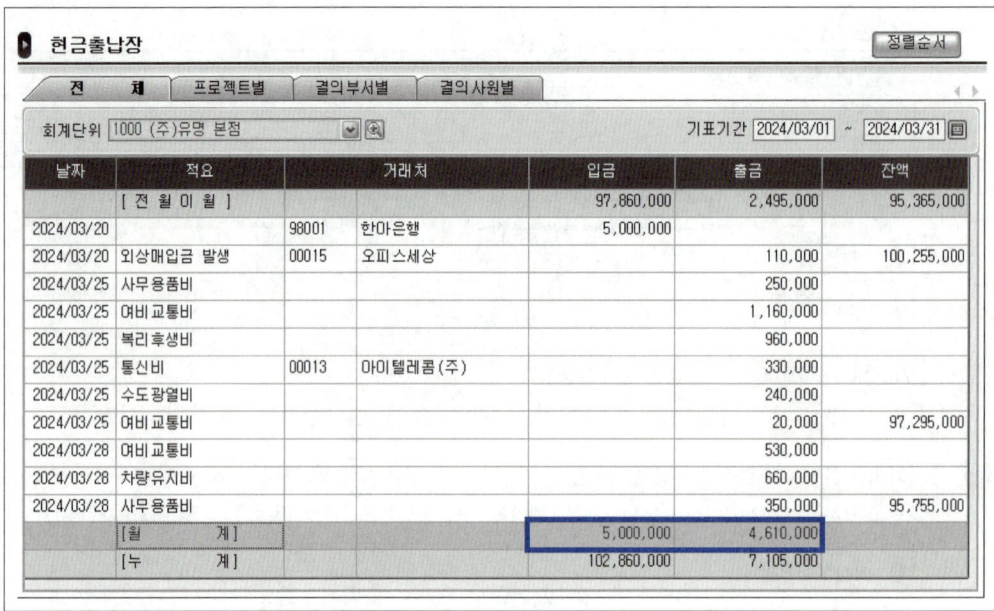

② 현금 입금액은 5,000,000원, 현금 출금액은 4,610,000원이다.

07 [회계관리] – [전표/장부관리] – [채권년령분석]
→ [채권잔액일자 : 2024/06/30] – [전개월수 : 3] – [계정과목 : 1.계정별_10800.외상매출금]

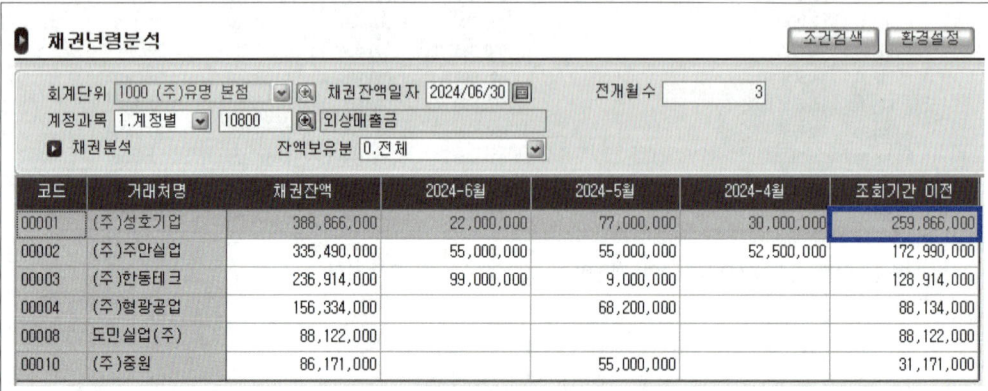

① 조회기간 이전 채권잔액이 가장 큰 거래처는 ㈜성호기업으로 259,866,000원이다.

08 [회계관리] - [전표/장부관리] - [일월계표] - [월계표] 탭
→ [기간 : 2024/08 ~ 2024/08]

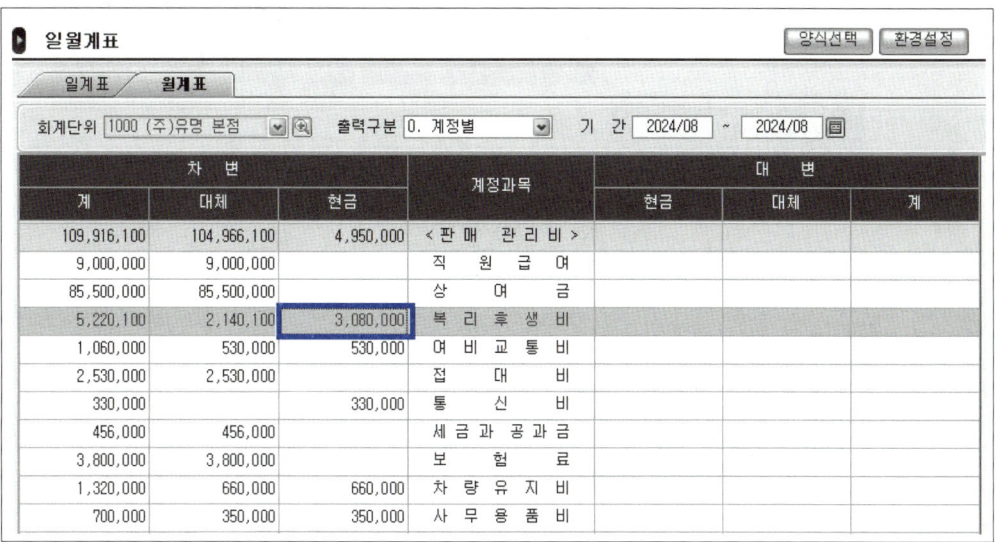

① 복리후생비가 3,080,000원으로 현금 지출이 가장 크다.

09 (1) 증빙연결

[회계관리] - [전표/장부관리] - [지출증빙서류검토표(관리용)]
→ 상단 [증빙설정] 버튼 - [증빙 설정] 팝업창
- 좌측 [10.신용카드(법인)] 클릭 - 우측 빈칸에 [8.신용카드매출전표(법인)] 입력
- 좌측 [11.신용카드(개인)] 클릭 - 우측 빈칸에 [8A.신용카드매출전표(개인)] 입력 - [종료(ESC)] 클릭

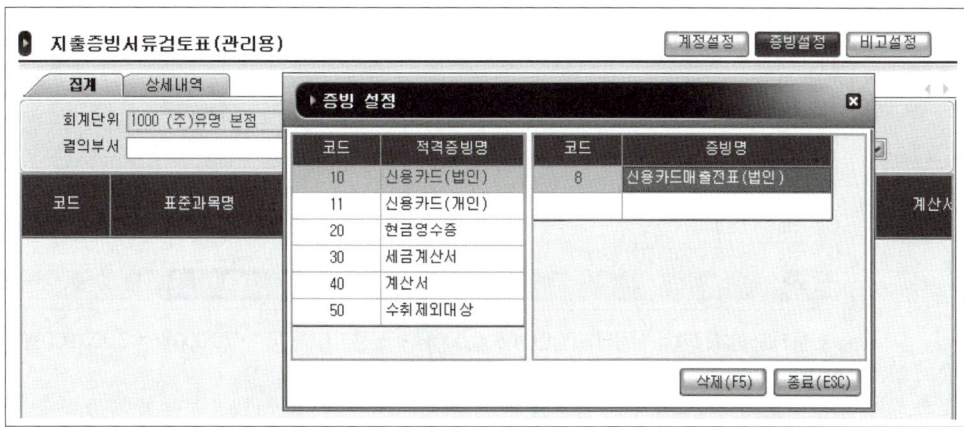

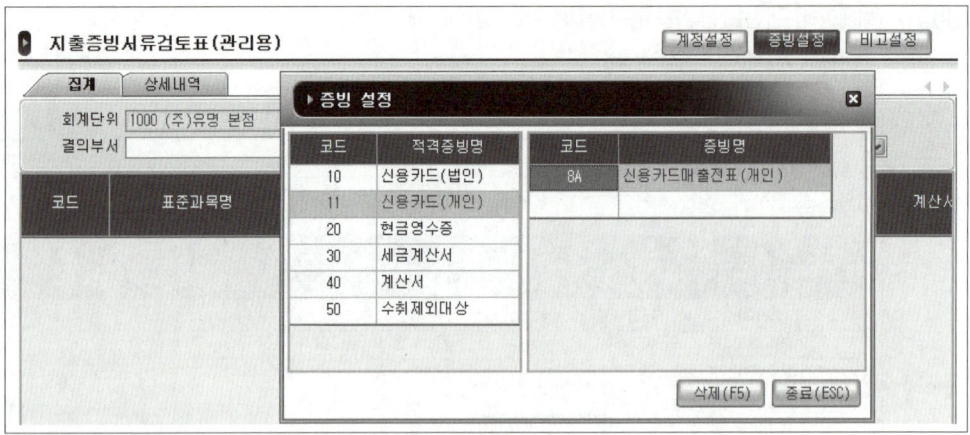

(2) 증빙별 합계금액 조회

[회계관리] – [전표/장부관리] – [지출증빙서류검토표(관리용)] – [집계] 탭
→ [기표기간 : 2024/01/01 ~ 2024/12/31]

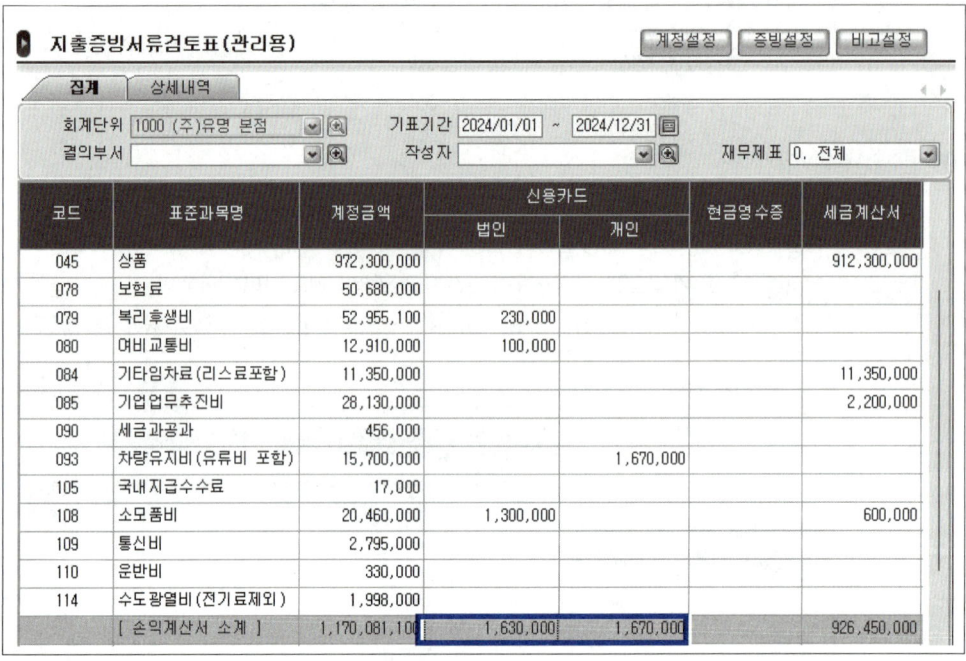

③ 신용카드 합계금액 = 신용카드(법인) 1,630,000원 + 신용카드(개인) 1,670,000원 = 3,300,000원

10 [회계관리] - [자금관리] - [일자별자금계획입력] - [자금계획입력] 탭
→ [계획년월 : 2024/05] - 상단 [고정자금] 버튼 - [자금계획입력-고정자금등록] 팝업창

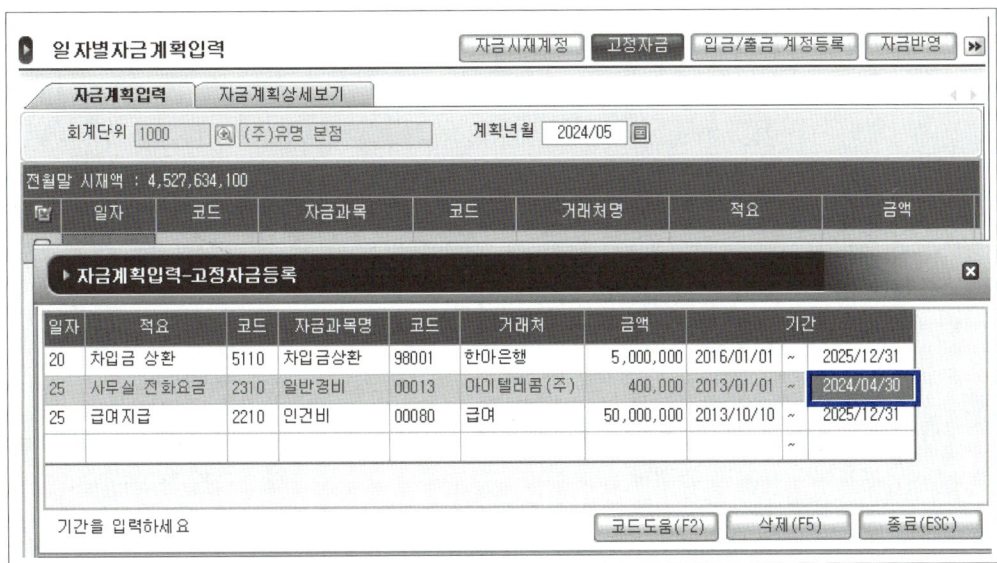

④ 사무실 전화요금 2024년 4월 30일로 종료되었으므로 5월 고정지출은 4월 대비 400,000원 감소했다.

11 [회계관리] - [결산/재무제표관리] - [기간별손익계산서] - [분기별] 탭
→ [기간 : 1/4분기 ~ 4/4분기]

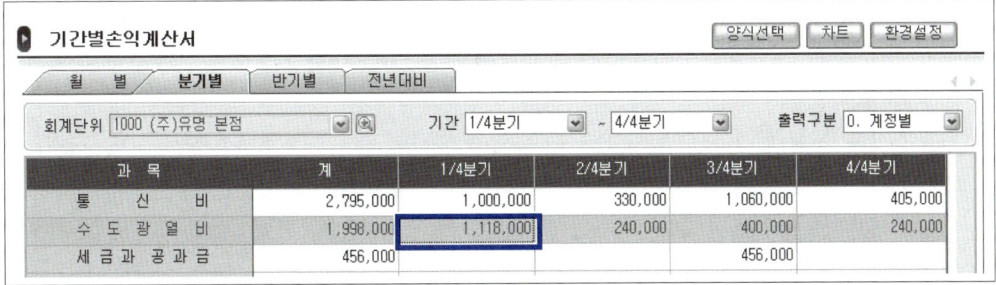

① 1/4분기에 가장 1,118,000원으로 가장 많이 발생했다.

12 (1) 부채, 자본 확인

[회계관리] – [결산/재무제표관리] – [재무상태표] – [제출용] 탭

→ [기간 : 2024/07/31]

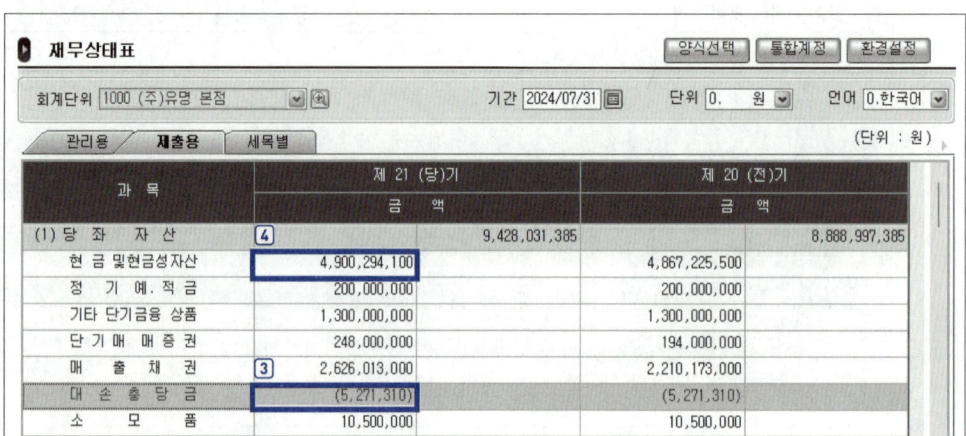

③ 매출채권의 대손충당금 합계액은 5,271,310원이다.

④ 현금및현금성자산의 합계액은 4,900,294,100원이다.

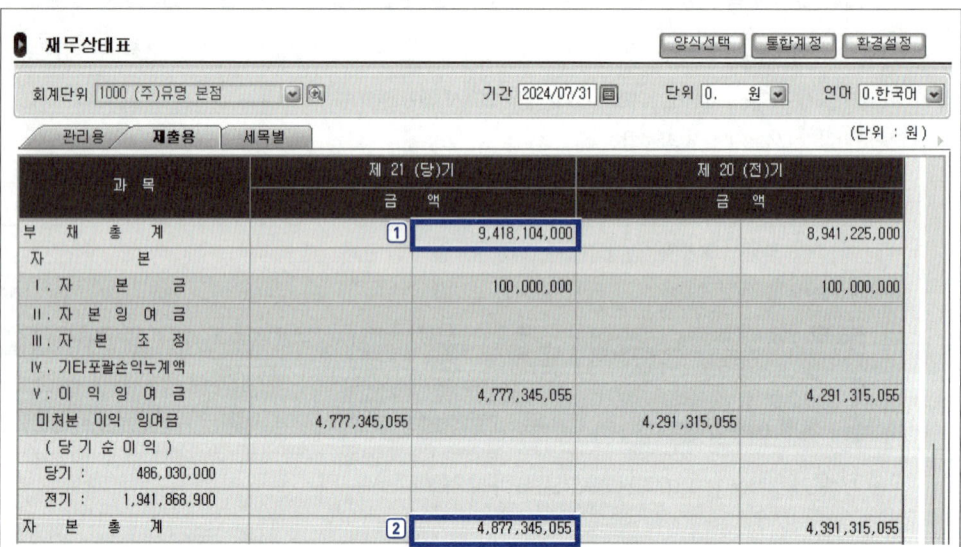

① 부채의 총합계 금액은 9,418,104,000원이다.

② 자본의 총합계 금액은 4,877,345,055원이다.

13 [회계관리] – [결산/재무제표관리] – [손익계산서] – [관리용] 탭
→ [기간 : 2024/06/30]

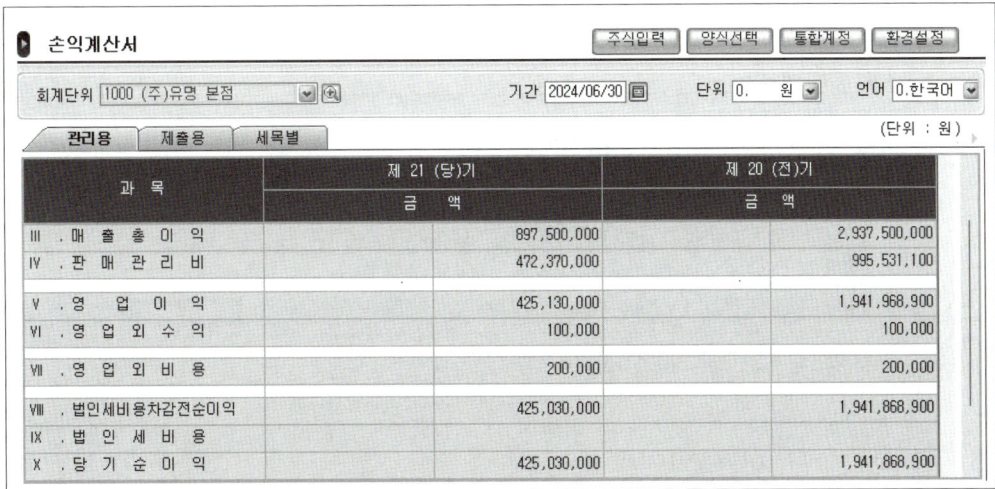

- 당기순이익 = 매출총이익 – 판매관리비 + 영업외수익 – 영업외비용 – 법인세비용
② 판매관리비가 증가하면 당기순이익은 감소한다.

14 (1) 고정자산 등록

[회계관리] – [고정자산관리] – [고정자산등록]
→ [자산유형 : 21200.비품] – 좌측 [자산코드(21200009), 자산명(팩스기), 취득일(2024/06/01)] 입력 – 우측 [취득원가(2,400,000), 상각방법(1.정액법), 내용연수(5)] 입력

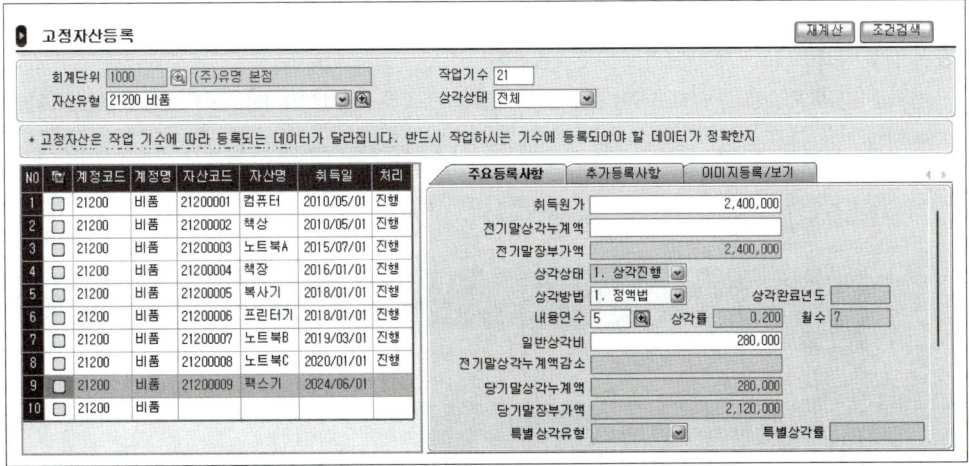

(2) 당기 감가상각비 조회

[회계관리] – [고정자산관리] – [감가상각비현황] – [총괄] 탭

→ [기간 : 2024/01 ~ 2024/12]

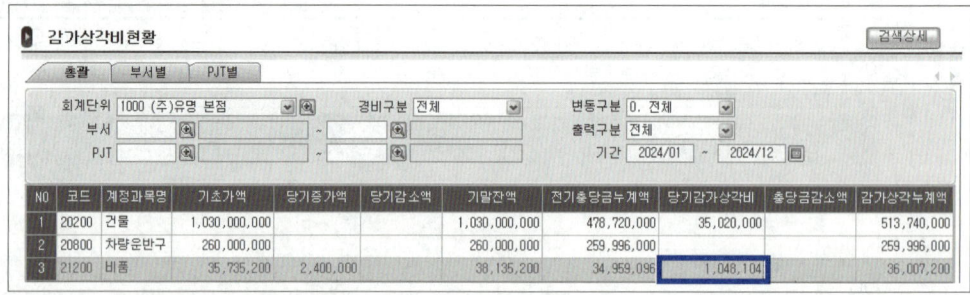

④ 비품의 당기 감가상각비는 1,048,104원이다.

15 [시스템관리] – [회사등록정보] – [시스템환경설정]

→ [조회구분 : 0.전체] – [환경요소 : 키워드 입력]

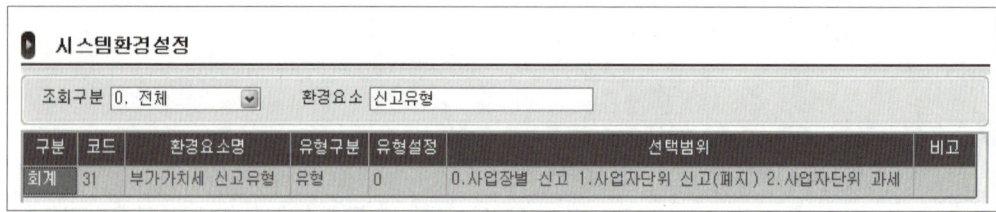

③ 부가가치세 신고유형이 [0.사업장별 신고]다.

16 [회계관리] – [부가가치세관리] – [계산서합계표]

→ [기간 : 2024/07 ~ 2024/09] – [구분 : 2.매입] – 조회 후 하단 [전자계산서분(11일이내 전송분)] 탭

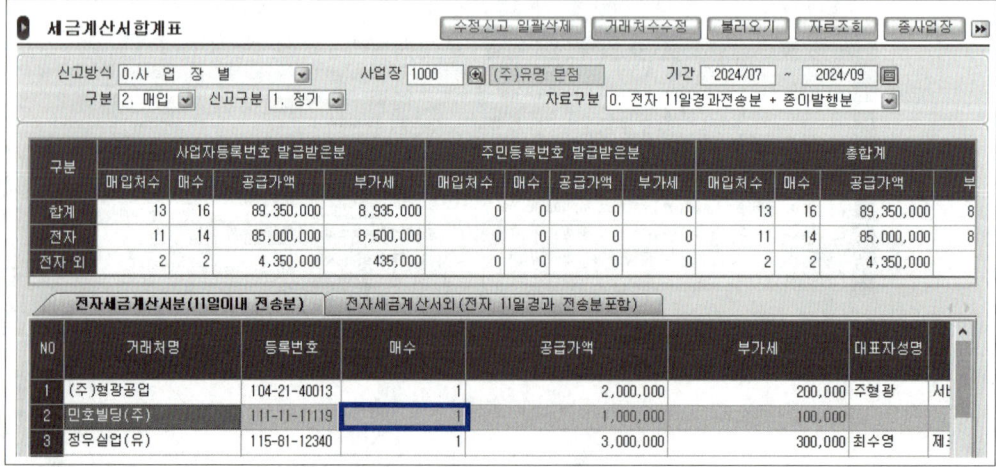

→ [전자계산서외(전자 11일경과 전송분포함)] 탭

③ 민호빌딩㈜에서 수취한 세금계산서는 총 2매(전자세금계산서 1매, 전자세금계산서외 1매)다.

17 [회계관리] - [부가가치세관리] - [매입세액불공제내역]
→ [기간 : 2024/04 ~ 2024/06] → 조회 후 상단 [불러오기] 버튼 클릭

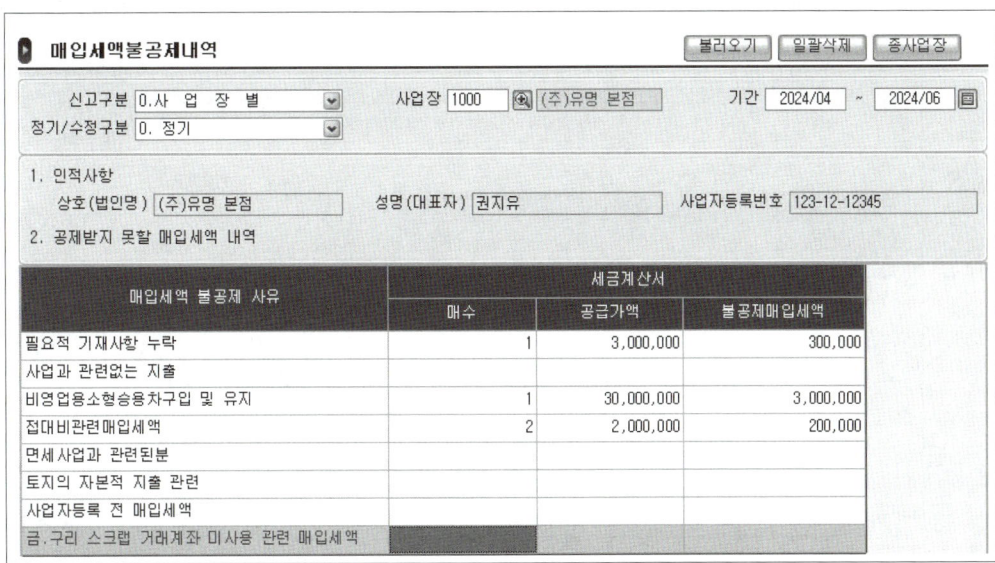

④ 금, 구리 스크랩 거래계좌 미사용 관련 매입세액은 존재하지 않는다.

18 [회계관리] – [전표/장부관리] – [매입매출장] – [세무구분별] 탭
→ [조회기간 : 신고기준일_2024/01/01 ~ 2024/03/31] – [출력구분 : 2.매입] – [세무구분 : 27.카드매입 ~ 27.카드매입]

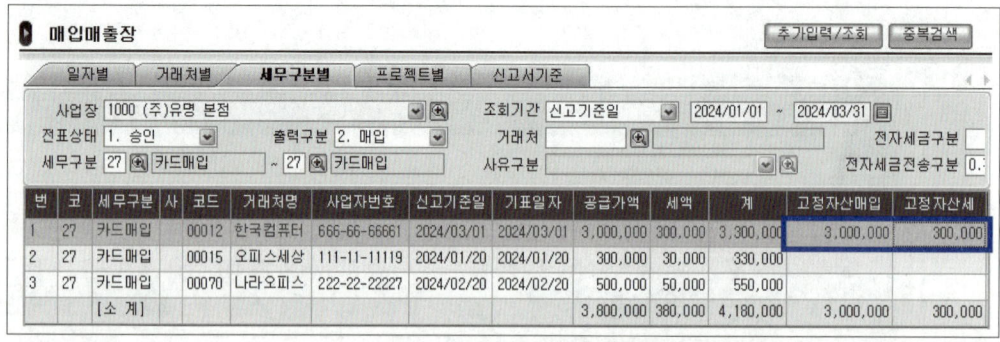

① 신용카드로 고정자산을 매입한 거래의 거래처는 [00012.한국컴퓨터]다.

19 [회계관리] – [부가가치세관리] – [부동산임대공급가액명세서]
→ [기간 : 2024/10 ~ 2024/12] – 조회 후 팝업창 [아니오] 클릭 – [이자율 : 3.5] 확인 – 부동산임대내역 입력

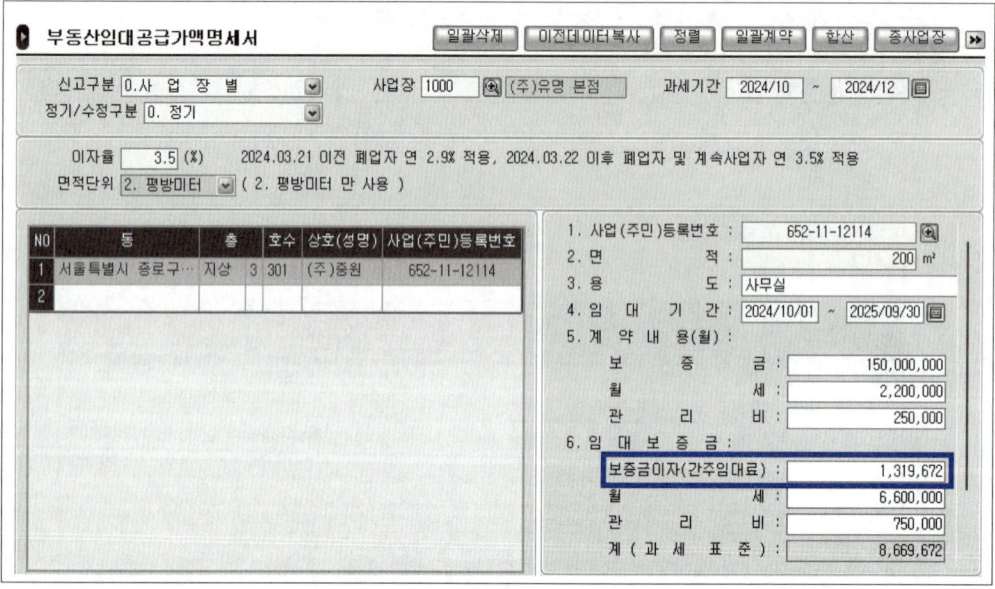

② 보증금이자(간주임대료)는 1,319,672원이다.

20 [회계관리] – [부가가치세관리] – [신용카드발행집계표/수취명세서] – [신용카드발행집계표] 탭
→ [기간 : 2024/01 ~ 2024/03] 조회 후 팝업창 [예] 클릭

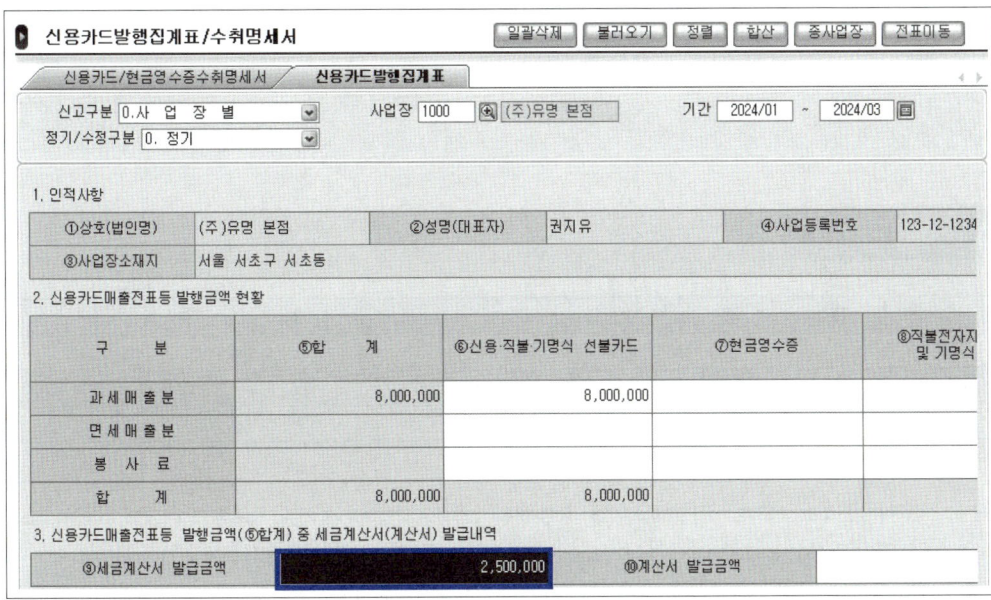

② 신용카드매출액 중 세금계산서가 발급된 금액은 2,500,000원이다.

이론문제

01	02	03	04	05	06	07	08	09	10
④	①	③	③	②	③	①	④	①	④
11	12	13	14	15	16	17	18	19	20
③	③	①	③	①	④	③	④	①	③

01 ④ 마케팅(marketing), 판매(sales) 및 고객서비스(customer service)의 자동화는 확장된 ERP시스템 환경에서 CRM(Customer Relationship Management : 고객관계관리) 모듈을 실행함으로써 얻는 장점이다.

02 ① Open Multi-vendor : 특정 하드웨어 및 소프트웨어 기술이나 업체에 의존하지 않고 다양한 시스템과 조합하여 사용할 수 있다.
• 대다수 ERP 시스템은 특정 하드웨어 업체에 의존하지 않는 오픈형태를 채용하고 있다. 따라서 복수의 하드웨어 업체의 컴퓨터를 조합해서 멀티벤더구성을 이룰 수 있다.

03 ③ 총소유비용(Total Cost of Ownership)에 대한 설명이다.

04 ③ ERP 구축은 [1단계 분석 → 2단계 설계 → 3단계 구축 → 4단계 구현] 순으로 진행된다.

ERP 구축단계	내 용
1단계 분석	현황 분석, TFT 구성, 문제파악, 목표 · 범위 설정, 경영전략 · 비전 도출 등
2단계 설계	미래업무 도출, GAP 분석, 패키지 설치 · 파라미터 설정, 추가 개발 · 수정 · 보완 등
3단계 구축	모듈 조합화, 테스트, 추가 개발 · 수정 · 보완 확정, 출력물 제시 등
4단계 구현	시스템 운영, 시험가동, 시스템 평가, 유지 · 보수, 향후일정 수립 등

05 ② 유형자산은 건물 1,500,000원이다.
① 자본 = 자본금 1,200,000원 + 이익잉여금 50,000원 = 1,250,000원
③ 유동자산 = 현금및현금성자산 50,000원 + 매출채권 700,000원 + 상품 400,000원 = 1,150,000원
④ 비유동부채 = 장기차입금 1,000,000원 + 퇴직급여충당부채 200,000원 = 1,200,000원

| 06 | ③ 재무상태표는 일정시점의 재무상태를 나타낸다.
• 일정기간 동안의 영업실적을 나타내는 것은 손익계산서다.

| 07 | ① 감가상각비는 영업비용인 '판매비와관리비'에 포함된다.

| 08 | ④ 기초잔액이 대변에 기록되는 항목은 부채 또는 자본이므로 미지급금(부채) 계정이 들어올 수 있다.
• 상품, 미수금, 받을어음은 자산 계정이다.

| 09 | ① 일반기업회계기준은 복식부기 원칙을 기반으로 재무제표 작성 및 회계처리를 규정하고 있기 때문에 단식부기를 특징으로 볼 수 없다.

| 10 | ④ 외상매입금은 일반적 상거래에서 사용되는 계정으로 비품(유형자산)의 구매 시에는 사용되지 않는다.

| 11 | ③ 당좌차월에 대한 설명이다.
※ 당좌차월 계정은 재무제표에 단기차입금 계정으로 표기된다.

| 12 | ③ 매출채권 = 받을어음 300,000원 + 외상매출금 20,000원 = 500,000원
• 회계처리　(차) 받을어음　　　　　300,000원　(대) 상품매출　　　　500,000원
　　　　　　　　외상매출금　　　　200,000원
　　　　　　(차) 미수금　　　　　　50,000원　(대) 운반비　　　　　50,000원

| 13 | ① 감가상각비 = $\dfrac{\text{취득원가 2,000,000원} - \text{잔존가치 200,000원}}{\text{내용연수 10년}} \times \dfrac{\text{경과기간 5개월}}{\text{월할상각 12개월}} = 75,000원$

| 14 | ③ 매입채무 잔액 = 기초 잔액 50,000원 + 당기 외상매입 500,000원 − 당기상환 200,000원 − 조기상환 할인 10,000원 = 340,000원

| 15 | ① 보통주를 신규발행하면 자본금이 증가한다.

| 16 | ④ 기초자본 = 기말자본 700,000원 − (총수익 1,900,000원 − 총비용 1,550,000원) = 350,000원

| 17 | ③ 수익은 기업의 통상적인 경영활동에서 발생하는 경제적 효익의 총유입을 의미한다.

| 18 | ④ 교육훈련비는 판매관리비이며, 그 이외에는 모두 영업외비용이다.

19 ① 감자차익 = (감자할 주식 100주 × 주당 액면가액 8,000원) − 현금지급액 500,000원 = 300,000원

20 ③ 접대비, 교육훈련비, 수도광열비는 판매비와관리비에 속한다.
• 기타의 대손상각비, 이자비용, 기부금은 영업외비용이며, 선급비용은 자산이다.

실무문제

01	02	03	04	05	06	07	08	09	10
③	②	④	②	④	①	①	①	②	①
11	12	13	14	15	16	17	18	19	20
①	③	②	③	②	①	③	②	④	④

01 [시스템관리] − [기초정보관리] − [일반거래처등록]
→ 상단 [조건검색] 버튼
→ [조건검색] 팝업창 − 거래처구분(1.일반), 거래처분류(1000.강남구) 입력 − [검색(TAB)] 클릭

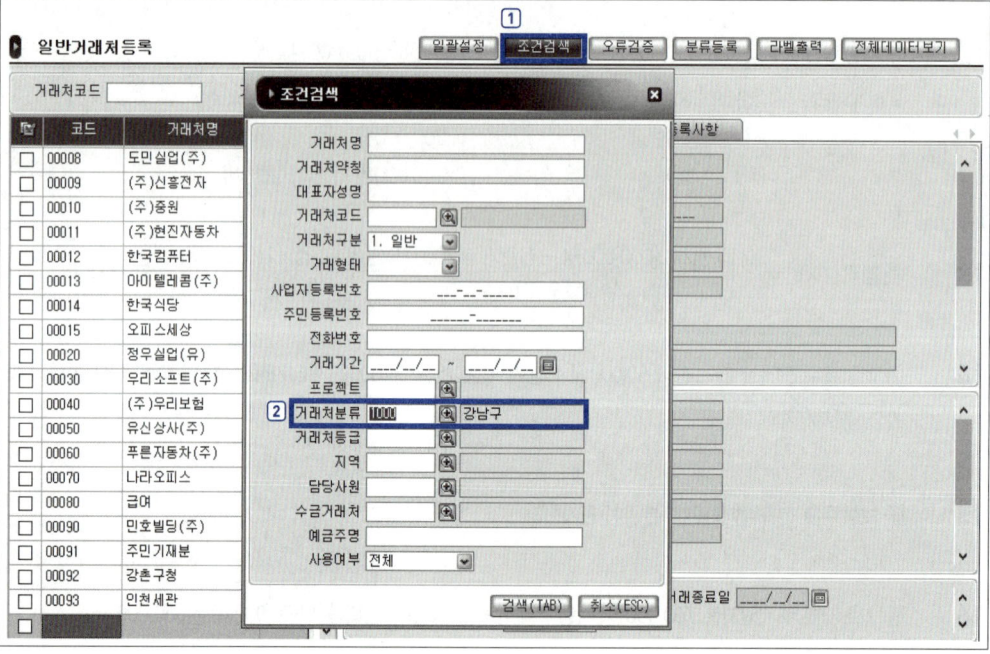

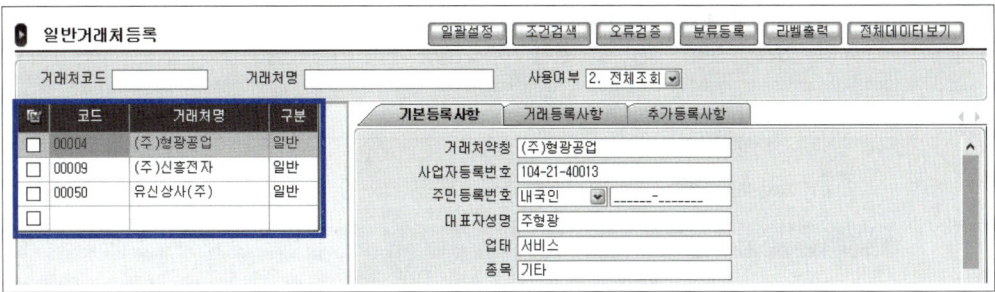

③ 조회결과 조건과 일치하는 거래처는 모두 3개다.

02 [시스템관리] – [기초정보관리] – [계정과목등록]
→ 좌측 계정과목 클릭 후 우측하단 [이월항목(해제)] 확인

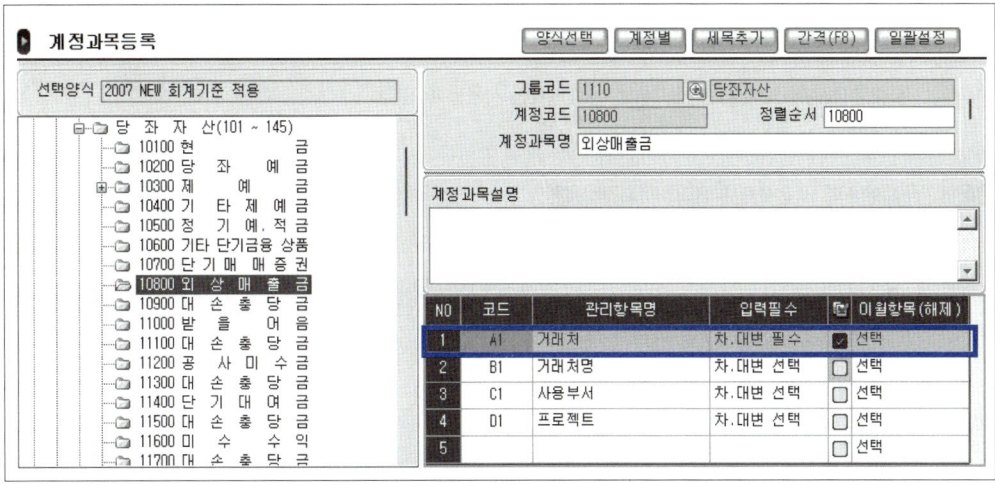

② 이월항목이 체크되어 있는 계정과목은 [10800.외상매출금]이다.

03 [시스템관리] – [회사등록정보] – [사용자권한설정]
→ [모듈구분 : A.회계관리] – 좌측 사원 클릭 후 우측 [사용가능한메뉴] 확인

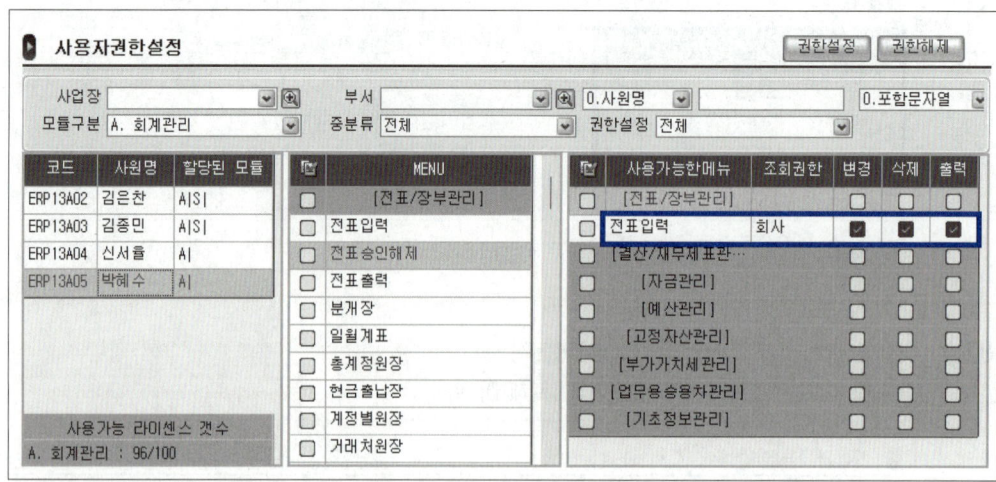

④ [ERP13A05.박혜수]는 [전표승인해제] 메뉴를 사용할 수 없다.

04 [회계관리] – [전표/장부관리] – [기간비용현황] – [기간비용현황] 탭
→ [구분 : 1.선급비용] – [계약기간 : 2024/01 ~ 2024/12]

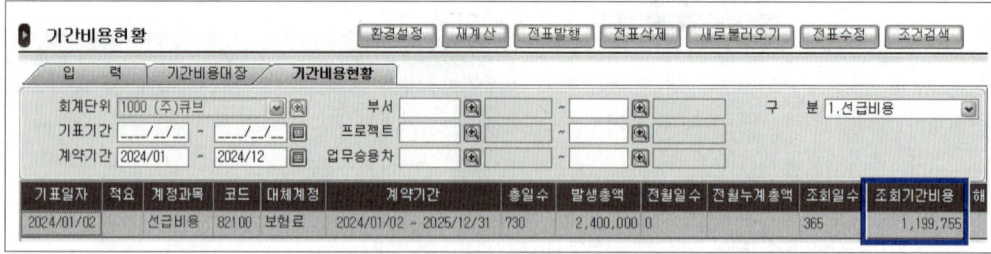

② 결산 시 당기비용으로 인식해야 할 금액은 '조회기간비용'으로 1,199,755원이다.

05 (1) 부문 수정

[시스템관리] – [회사등록정보] – [부서등록]

→ [4001.총무부]의 [2001.영업부문]을 [1001.관리부문]으로 수정

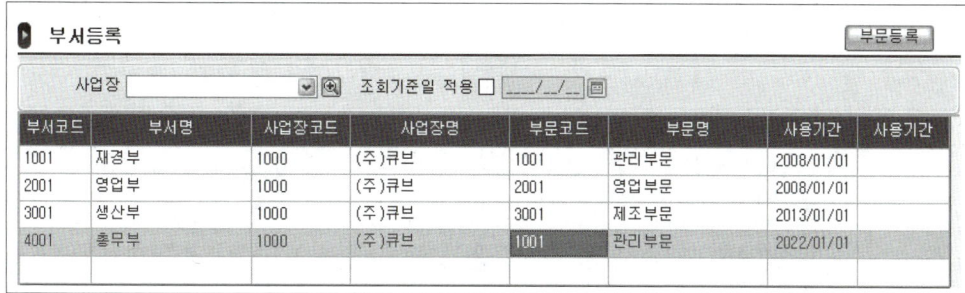

※ [1001.관리부문]으로 수정한 뒤 Enter 를 연속클릭해 커서가 하단으로 옮겨져야 수정된 내용이 반영된다.

(2) 차량유지비 금액 조회

[회계관리] – [결산/재무제표관리] – [관리항목별손익계산서] – [부문별] 탭

→ [부문 : 1001.관리부문] – [기간 : 2024/04/01 ~ 2024/06/30]

④ 수정 후 차량유지비는 1,460,000원이다.

06 [회계관리] – [결산/재무제표관리] – [재무상태표] – [관리용] 탭

→ [기간 : 2024/06/30]

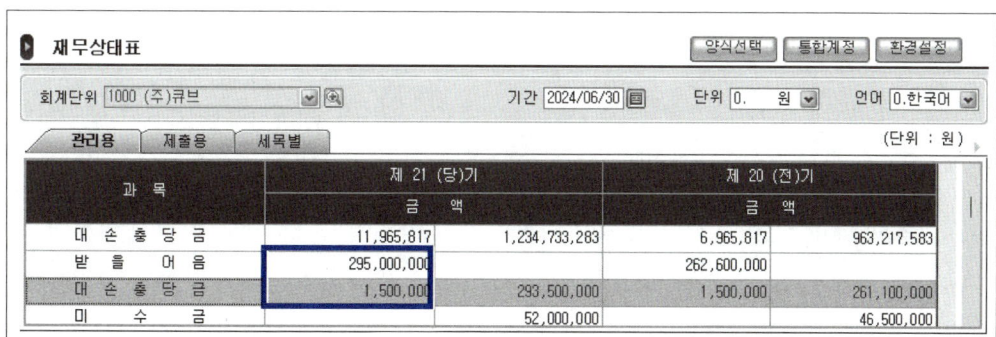

• 대손상각비(보충액) = (받을어음 잔액 295,000,000원 × 대손율 1%) – 대손충당금 잔액 1,500,000원 = 1,450,000원

① 회계처리   (차) 대손상각비   1,450,000원   (대) 대손충당금   1,450,000원

07 [회계관리] – [자금관리] – [일자별자금계획입력] – [자금계획입력] 탭
→ [계획년월 : 2024/04] → 조회 후 상단 [고정자금] 버튼 – [자금계획입력-고정자금등록] 팝업창 확인

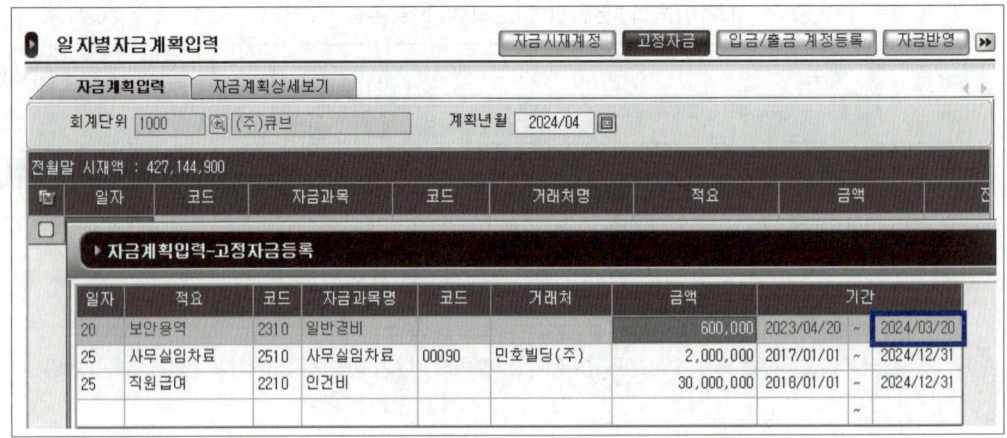

① 보안용역이 3월 20일로 종료되었으므로 3월 대비 4월의 고정비용은 600,000원 감소했다.

08 [회계관리] – [업무용승용차관리] – [업무용승용차 운행기록부]
→ [기간 : 2024/01/01 ~ 2024/01/31]

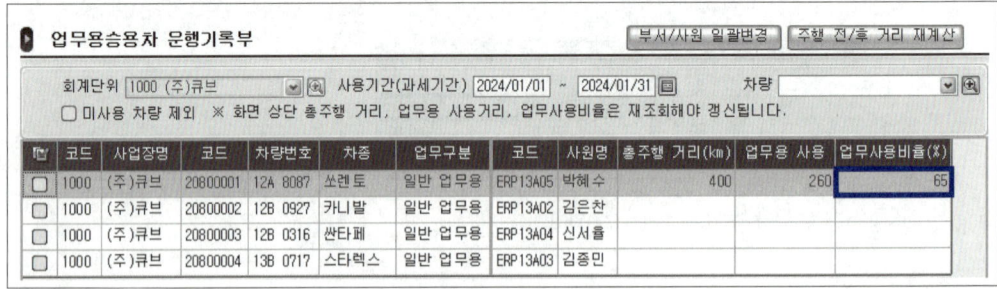

① [20800001.12A 8087.쏘렌토] 차량의 업무사용비율은 65%다.

09 (1) 증빙연결

[회계관리] – [전표/장부관리] – [지출증빙서류검토표(관리용)]

→ 우측 상단 [증빙설정] 버튼 – [증빙 설정] 팝업창

- 좌측 [20.현금영수증] 클릭 – 우측 빈칸에 [9A.현금영수증] 입력
- 좌측 [40.계산서] 클릭 – 우측 빈칸에 [2.계산서] 입력 – [종료(ESC)] 클릭

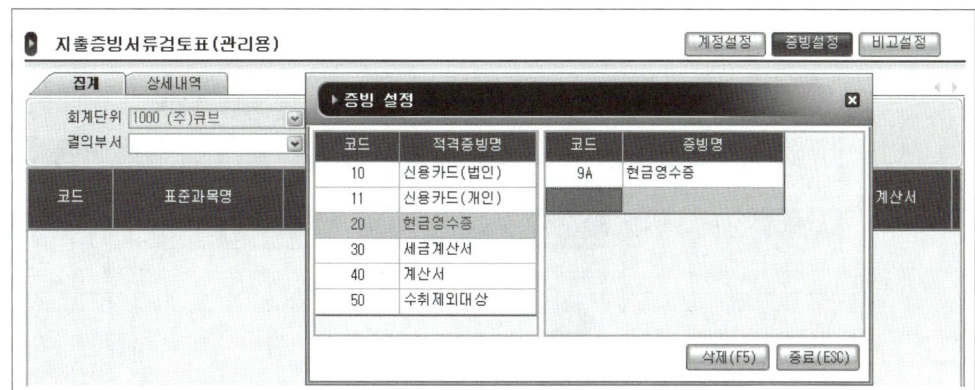

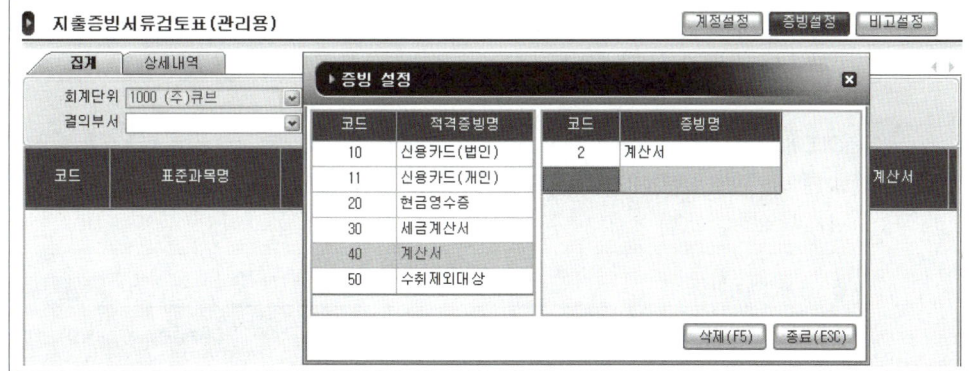

(2) 증빙별 합계금액 조회

[회계관리] – [전표/장부관리] – [지출증빙서류검토표(관리용)] – [집계] 탭

→ [기표기간 : 2024/01/01 ~ 2024/12/31] – 하단 합계액 확인

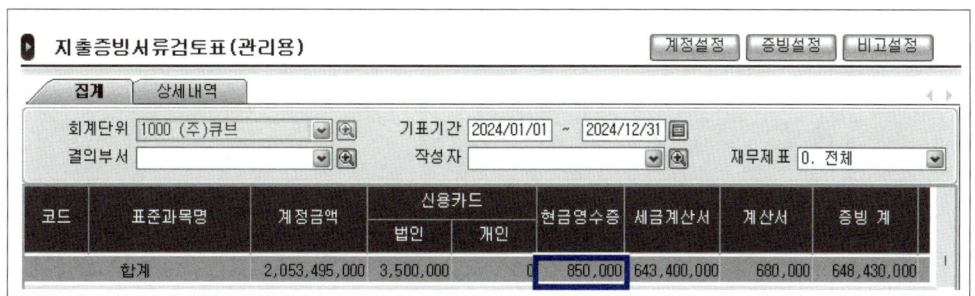

② 2024년 한 해 동안 현금영수증 증빙 지출금액은 850,000원이다.

10 (1) 승인처리

[회계관리] – [전표/장부관리] – [전표승인해제]

→ [전표상태 : 미결] – [결의기간 : 2024/11/30 ~ 2024/11/30] – 해당 전표 체크 – 상단 [승인처리] 버튼

→ [승인 확인] 팝업창 – [승인처리] 클릭

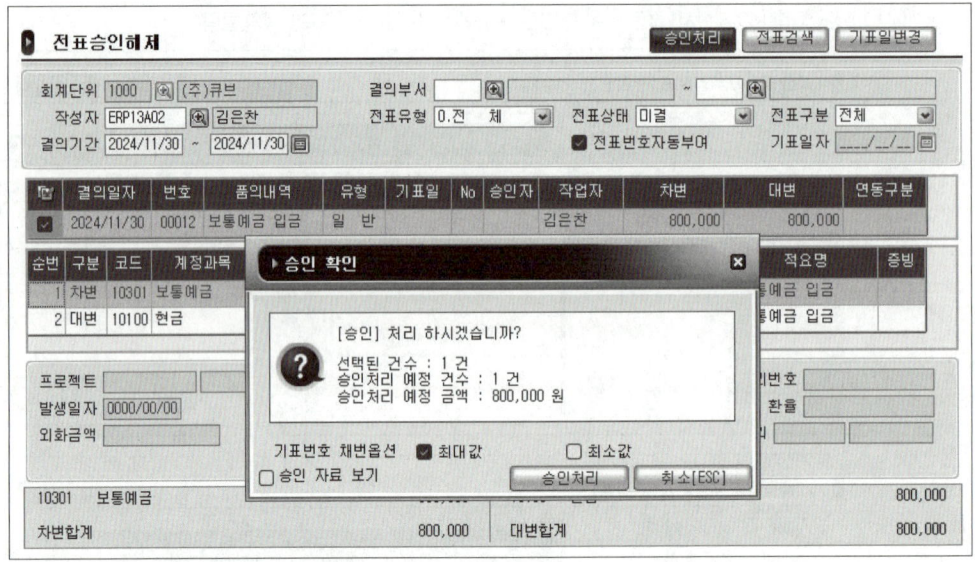

(2) 잔액조회

[회계관리] – [결산/재무제표관리] – [합계잔액시산표] – [계정별] 탭

→ [기간 : 2024/11/30]

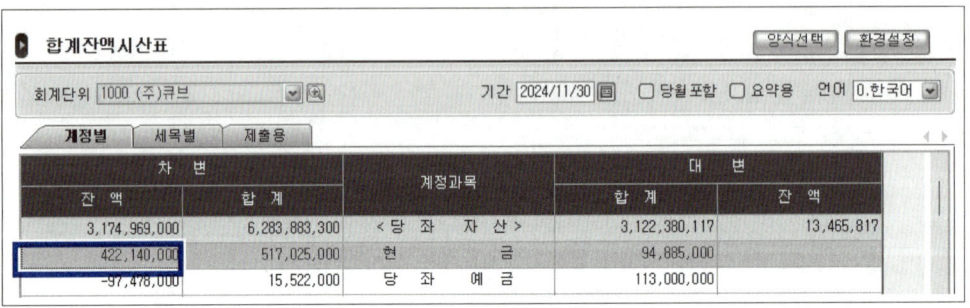

① 승인처리 후 현금잔액은 422,140,000원이다.

11 [회계관리] - [결산/재무제표관리] - [합계잔액시산표] - [계정별] 탭
→ [기간 : 2024/12/31]

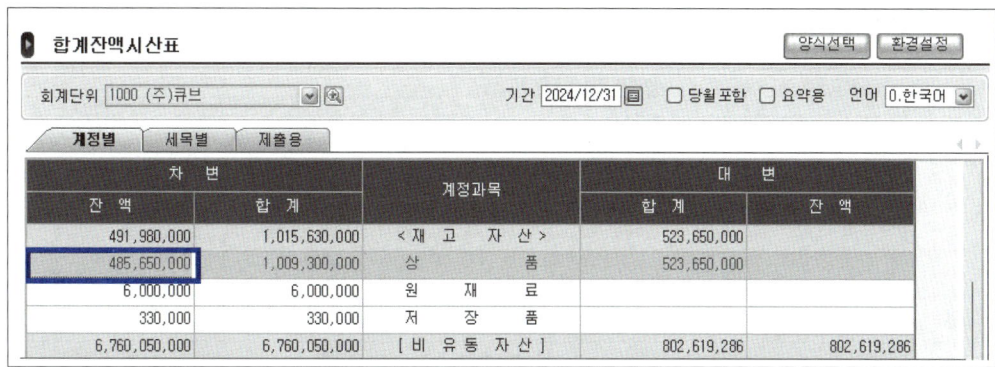

① 12월 31일 기준 잔액이 485,650,000원인 재고자산은 상품이다.

→ 상품 계정과목 더블클릭 - [원장조회] 팝업창 - [기간 : 2024/01/01 ~ 2024/01/31]

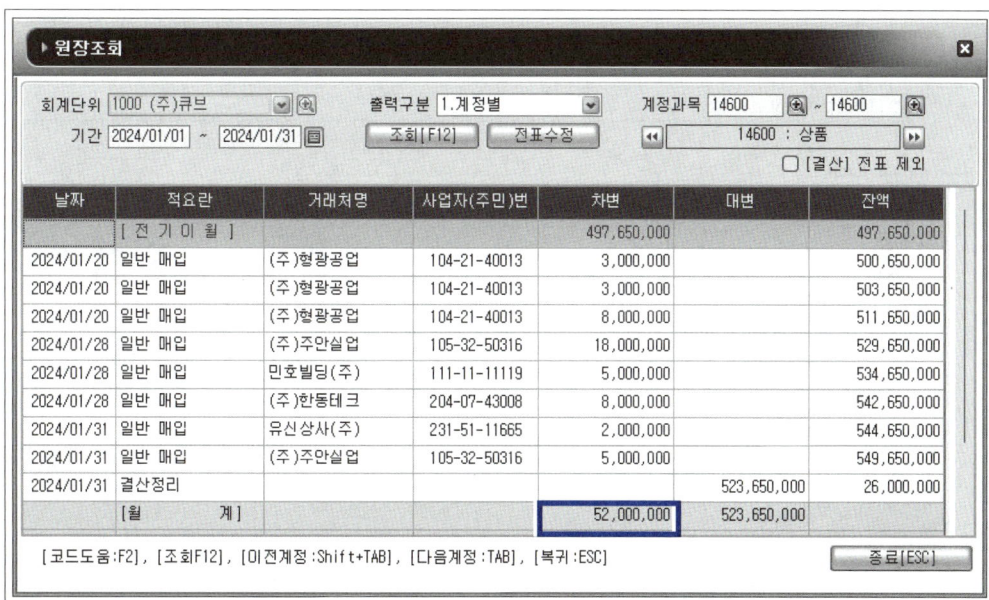

• 원장조회를 통해 [14600.상품]의 1월 매입금액 52,000,000원이 확인된다.

12 [회계관리] – [결산/재무제표관리] – [기간별손익계산서] – [반기별] 탭
→ [기간 : 상반기 ~ 하반기] – [출력구분 : 0.계정별]

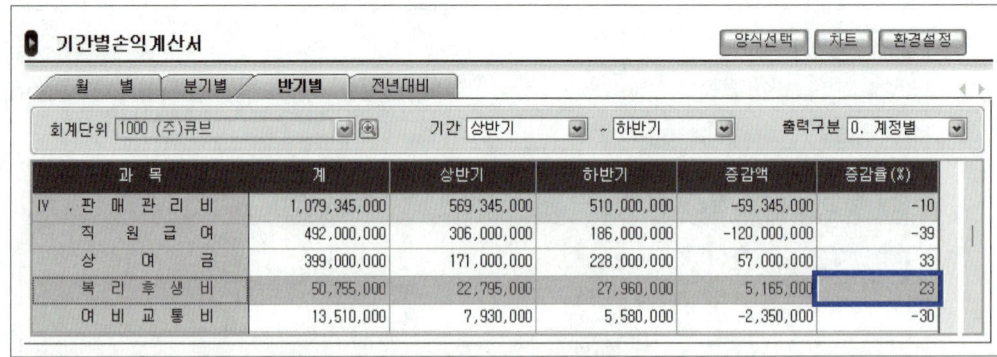

③ 복리후생비의 상반기 지출액 대비 하반기 지출액의 증감율은 23%다.

13 [회계관리] – [고정자산관리] – [고정자산명세서]
→ [취득기간 : 2024/03 ~ 2024/03]

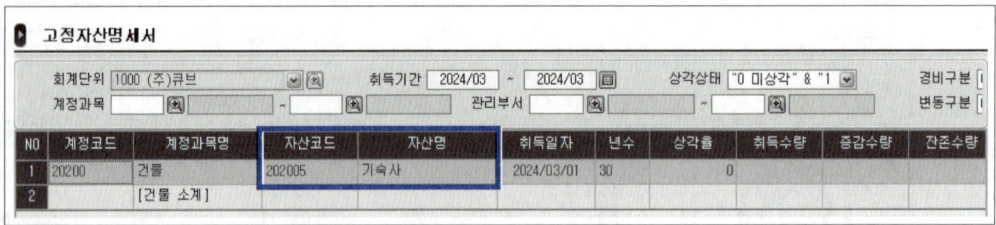

② 2024년 3월 1일에 신규취득한 고정자산은 [건물 – 202005.기숙사]다.

14 [회계관리] – [전표/장부관리] – [거래처원장] – [잔액] 탭
→ [계정과목 : 1.계정별_82900.사무용품비 ~ 82900.사무용품비] – [기표기간 : 2024/01/01 ~ 2024/01/31] – [거래처 : 공란]

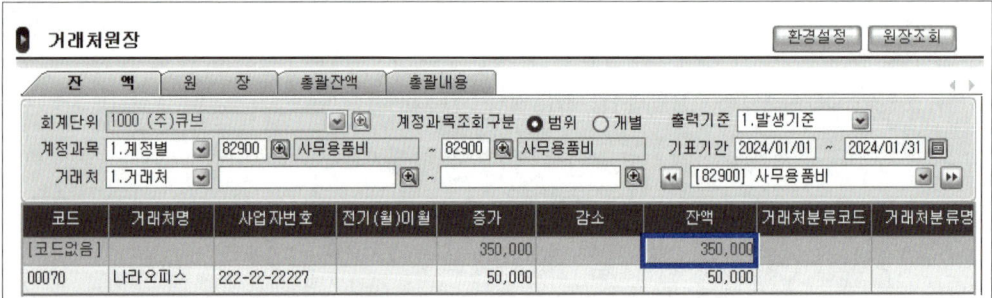

③ 거래처가 등록되어 있지 않은 전표의 합계액은 350,000원이다.
※ 반드시 거래처 조회조건을 이미지와 같이 공란으로 처리한 후 조회해야 한다.

15 [회계관리] – [부가가치세관리] – [신용카드발행집계표/수취명세서] – [신용카드발행집계표] 탭
→ [기간 : 2024/04 ~ 2024/06] – [정기/수정구분 : 0.정기]

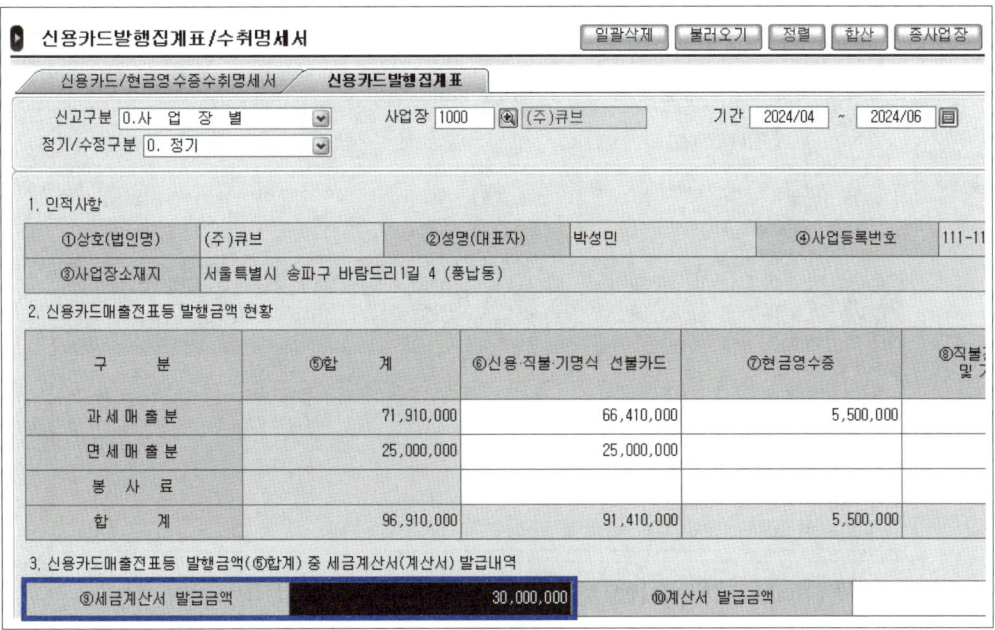

② 신용카드매출액 중 세금계산서가 발급된 금액은 30,000,000원이다.

16 [회계관리] – [부가가치세관리] – [건물등감가상각자산취득명세서]
→ [기간 : 2024/01 ~ 2024/03] – [정기/수정구분 : 0.정기] – 조회 후 상단 [불러오기] 버튼

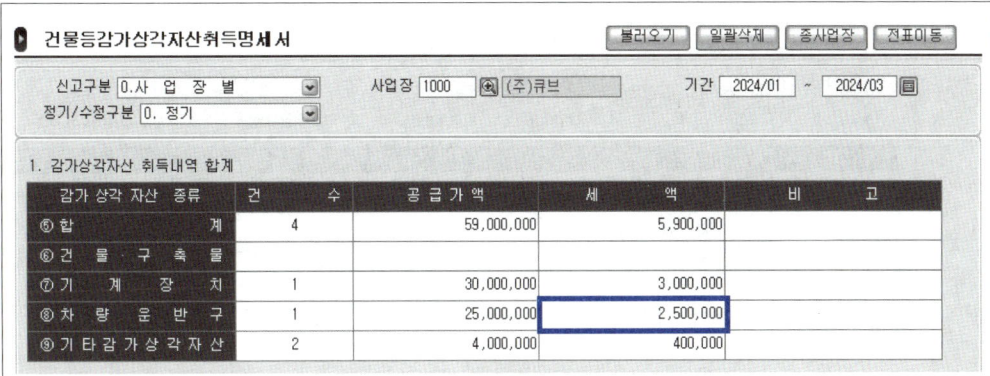

① 취득내역 명세에 등록된 차량운반구의 세액은 2,500,000원이다.

17 [회계관리] – [부가가치세관리] – [매입세액불공제내역]

→ [기간 : 2024/01 ~ 2024/03] – [정기/수정 구분 : 0.정기] – 조회 후 상단 [불러오기] 버튼 – 팝업창 [확인] 클릭

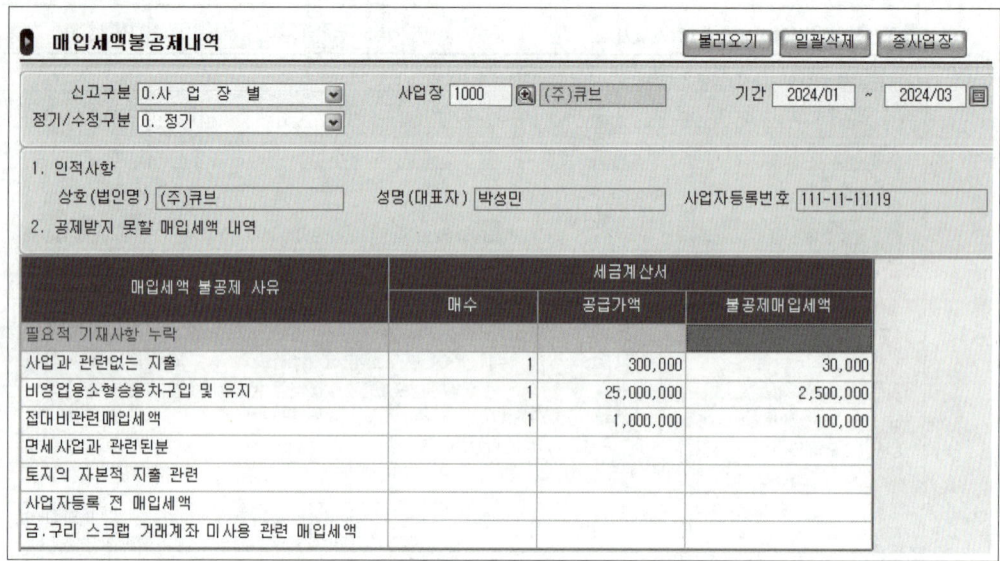

③ 매입세액 불공제 거래사유 중 [필요적 기재사항 누락]에 해당하는 건은 발생하지 않았다.

18 [회계관리] – [전표/장부관리] – [매입매출장] – [거래처별] 탭

→ [조회기간 : 신고기준일_2024/01/01 ~ 2024/03/31] – [출력구분 : 2.매입] – [전자세금구분 : 4.종이발행] – [거래처 : 00004.㈜형광공업]

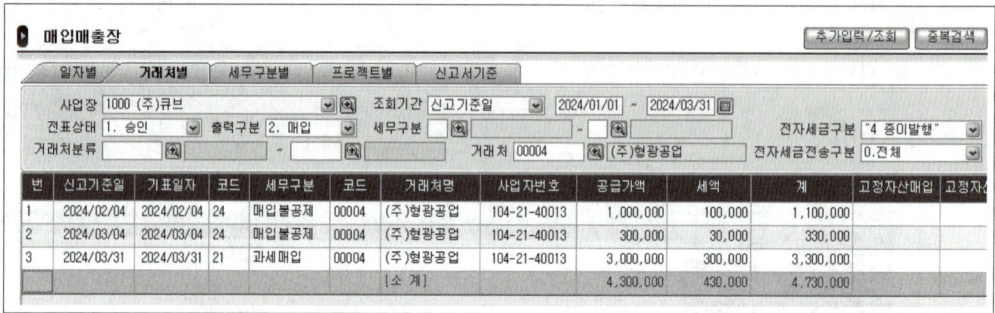

② [00004.㈜형광공업]에서 수취한 종이발행 매입세금계산서는 모두 3건이다.

19 [회계관리] – [전표/장부관리] – [매입매출장] – [신고서기준] 탭

→ [조회기간 : 신고기준일_2024/10/01 ~ 2024/12/31] – [출력구분 : 2.매입] – 조회 후 상단 [예정신고누락분 조회] 버튼

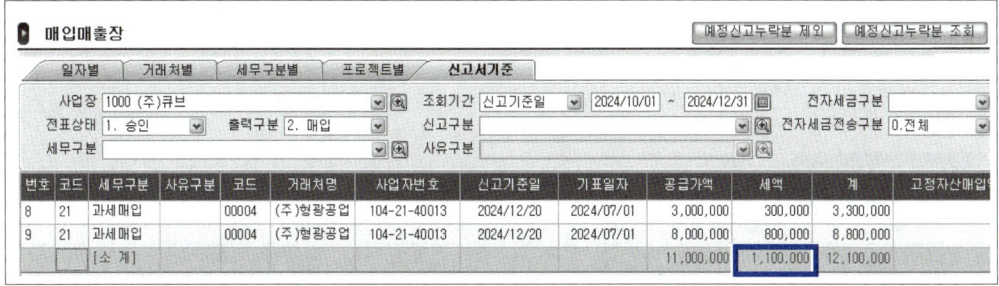

④ 매입에 대한 예정신고 누락분은 2건으로 해당 세액의 합계금액은 1,100,000원이다.

20 [시스템관리] – [회사등록정보] – [사업장등록] – [신고관련사항] 탭

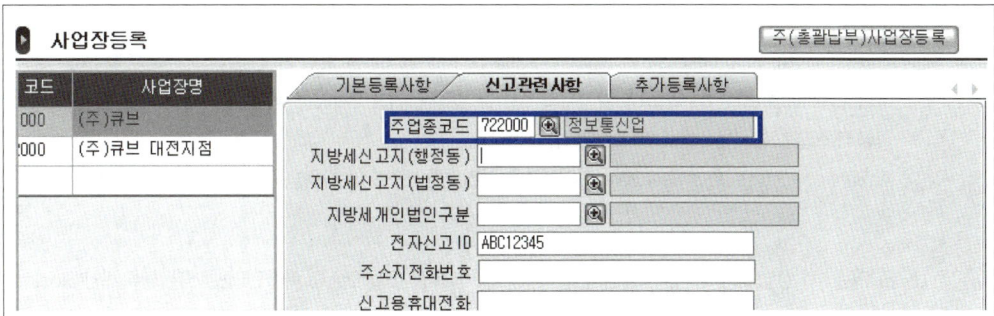

④ ㈜큐브는 722000.정보통신업을 주업종으로 하는 기업이다.

제103회 정답 및 해설 **217**

제 102 회 정답 및 해설

이론문제

01	02	03	04	05	06	07	08	09	10
②	①	③	③	①	②	②	①	①	②
11	12	13	14	15	16	17	18	19	20
②	④	③	④	①	④	①	④	②	④

01 ② SaaS(Software as a Service)에 대한 설명이다.
① PaaS(Platform as a Service) : 소프트웨어 개발을 위한 플랫폼을 클라우드 서비스로 제공받는 것
③ DaaS(Desktop as a Service) : 클라우드에서 운영체제, 애플리케이션, 파일 및 사용자 기본설정을 비롯한 완전한 가상 데스크톱 환경을 사용자에게 제공하는 것
④ IaaS(Infrastructure as a Service) : ERP 구축에 필요한 IT인프라 자원을 클라우드 서비스로 빌려 쓰는 것

02 ① ERP는 4차 산업혁명의 핵심기술인 인공지능(AI), 빅데이터(Big Data), 사물인터넷(IoT), 블록체인(Blockchain) 등의 신기술과 융합해 보다 지능화된 기업경영이 가능한, 통합 업무처리의 강화를 추구하는 시스템으로 발전하고 있다.

03 ③ 커스터마이징은 개발된 솔루션이나 기타 서비스를 소비자의 요구에 따라 재구성 및 재설계하여 판매한다는 것, 타사의 솔루션을 가져와 자사 제품에 결합하여 서비스하는 것을 말한다. ERP 도입 시에는 이러한 커스터마이징이 최소화되는 방향으로 선택해야 한다.

04 ③ 전통적인 정보시스템의 업무처리 대상은 Task 중심이나 ERP는 Process 중심이다.

05 ① 재무회계에 관련한 설명이다.
② 세무회계 : 세금신고와 관련된 것(소득세, 법인세 등)
③ 관리회계 : 내부정보이용자에 대하여 관련된 것(제조원가 등)
④ 재정회계 : 국가, 지방자치단체의 회계

06 ② 기업실체의 자산총액에서 부채총액을 차감한 잔여액 또는 순자산으로서 기업실체의 자산에 대한 소유주의 잔여청구권은 자본이다.

07 ② 기말재고자산이 과소계상되면 매출원가가 과대계상되고, 당기순이익은 과소계상된다.

08 ① 선수금은 부채로 대변, 선급금은 자산으로 차변이다.

09 ① 당좌예금 잔액을 초과하여 발행한 수표금액(사전약정 체결)은 '당좌차월'이며, 제3자로부터 무상으로 받은 금액은 '자산수증이익'이다.

10
② (차) 외상매입금(부채의 감소)   300,000원   (대) 현 금(자산의 감소)   300,000원
① (차) 현 금(자산의 증가)   5,000,000원   (대) 차입금(부채의 증가)   5,000,000원
③ (차) 급 여(비용의 발생)   2,000,000원   (대) 현 금(자산의 감소)   2,000,000원
④ (차) 현 금(자산의 증가)   320,000원   (대) 대여금(자산의 감소)   300,000원
                                                이자수익(수익의 발생)   20,000원

11 ② 현금및현금성자산 = 현금 9,000,000원 + 송금환 100,000원 + 타인발행수표 200,000원 = 9,300,000원

12
④ (차) 단기매매증권   500,000원   (대) 보통예금   505,000원
    수수료비용   5,000원

13 ③ 예수금, 선수금, 전환사채는 부채 계정으로서 대손충당금 설정대상이 아니다.

14 ④ 거래처 직원에 대한 접대비는 접대비(판관비) 계정으로 처리한다.

15
• (차) 상 품(자산의 증가)   400,000원   (대) 현 금(자산의 감소)   200,000원
                                            지급어음(부채의 증가)   200,000원

① 총자산 200,000원 증가, 총부채 200,000원 증가, 총자본 변동 없음

16 ④ 자본총액 = 보통주자본금 300,000원 + 우선주자본금 200,000원 + 주식발행초과금 70,000원 − 자기주식 30,000원 − 주식할인발행차금 80,000원 = 460,000원

17 ① 이익준비금 최소적립액 = 현금배당 400,000원 × 1/10 = 40,000원
※ 회사는 그 자본의 2분의 1에 달할 때까지 매 결산기의 금전에 의한 이익배당액의 10분의 1 이상의 금액을 이익준비금으로 적립해야 한다.

18 ④ 예약판매계약의 경우 공사결과를 신뢰성 있게 추정할 수 있을 때 진행기준을 적용해 공사수익을 인식한다.

구 분	수익의 인식
할부판매	판매시점(이자부분 제외)
시용판매	구매자의 구매의사 표시일
위탁판매	수탁자가 해당 재화를 제3자에게 판매한 시점
예약판매계약(예약매출)	공사결과를 신뢰성 있게 추정할 수 있을 때에 진행기준을 적용하여 인식

19 ・매출원가 = (전월이월 250개 × 30,000원) + (당월매입 50개 × 30,000원) = 9,000,000원
② 매출총이익 = (매출수량 300개 × 매출단가 50,000원) − 매출원가 9,000,000원 = 6,000,000원

20 ④ 매도가능증권평가손익은 자본의 '기타포괄손익누계액'에 해당하므로 당기순손익에 영향을 주지 않는다.

실무문제

01	02	03	04	05	06	07	08	09	10
③	①	④	②	③	③	③	②	①	④
11	12	13	14	15	16	17	18	19	20
④	④	②	①	③	④	③	①	④	①

01 [시스템관리] − [회사등록정보] − [시스템환경설정]
→ [조회구분 : 0.전체] − [환경요소 : 각 지문 키워드]

구분	코드	환경요소명	유형구분	유형설정	선택범위	비고
회계	20	예산통제구분	유형	1	0.결의부서 1.사용부서 2.프로젝트	
회계	21	예산관리여부	여부	1	여:1 부:0	
회계	23	예산관리개시월	유형	01	예산개시월:01~12	

③ 당사의 예산통제구분은 [1.사용부서]이다.

02 [시스템관리] - [기초정보관리] - [계정과목등록]

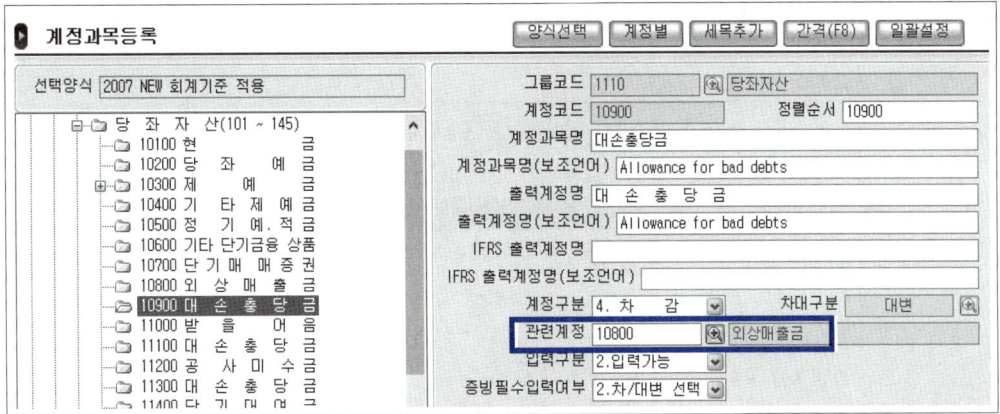

① [10900.대손충당금]은 차감계정으로 관련 계정은 [10800.외상매출금]이다.

03 [시스템관리] - [회사등록정보] - [사원등록]

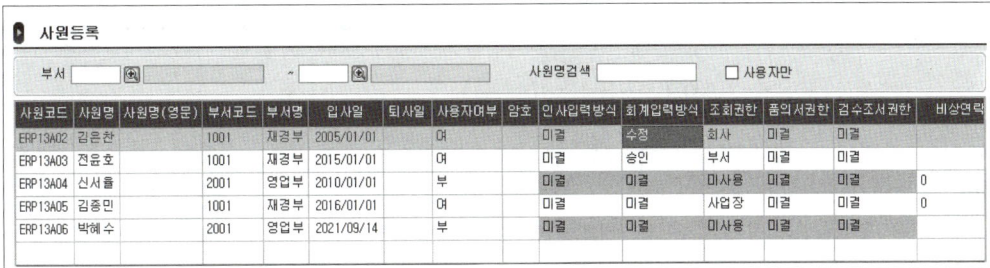

④ 회계입력방식이 [2.수정]이라 하더라도 대차차액 전표입력 시에는 미결로 처리된다.

※ 회계입력방식에 따른 전표입력 및 전표수정

구 분	전표입력 시	전표수정 권한
0.미결	전표상태 미결로 저장	미결전표만 수정 가능
1.승인	전표상태 승인으로 저장(단, 대차차액 발생 시 미결)	미결전표만 수정 가능
2.수정	전표상태 승인으로 저장(단, 대차차액 발생 시 미결)	미결 및 승인전표 모두 수정 가능

04 [회계관리] – [전표/장부관리] – [현금출납장] – [전체] 탭
→ [기표기간 : 2024/03/01 ~ 2024/03/31]

날짜	적요		거래처	입금	출금	잔액
	[전 월 이 월]			97,860,000	2,495,000	95,365,000
2024/03/20		98001	한아은행	5,000,000		
2024/03/20	외상매입금 발생	00015	오피스세상		110,000	100,255,000
2024/03/25	사무용품비				250,000	
2024/03/25	여비교통비				1,160,000	
2024/03/25	복리후생비				960,000	
2024/03/25	통신비	00013	아이텔레콤(주)		330,000	
2024/03/25	수도광열비				240,000	
2024/03/25	여비교통비				20,000	97,295,000
2024/03/28	여비교통비				530,000	
2024/03/28	차량유지비				660,000	
2024/03/28	사무용품비				350,000	95,755,000
	[월 계]			5,000,000	4,610,000	
	[누 계]			102,860,000	7,105,000	

② 3월의 입금은 5,000,000원, 출금은 4,610,000원이다.

05 (1) 증빙연결

[회계관리] – [전표/장부관리] – [지출증빙서류검토표(관리용)]

→ 상단 [증빙설정] 버튼 – [증빙 설정] 팝업창

- 좌측 [30.세금계산서] 클릭 – 우측 빈칸에 [1.세금계산서] 입력
- 좌측 [40.계산서] 클릭 – 우측 빈칸에 [2.계산서] 입력 – [종료(ESC)] 클릭

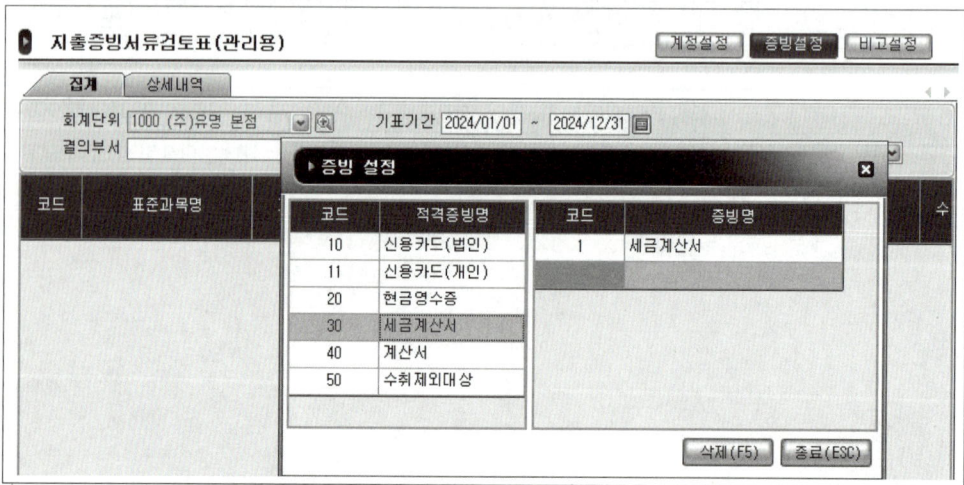

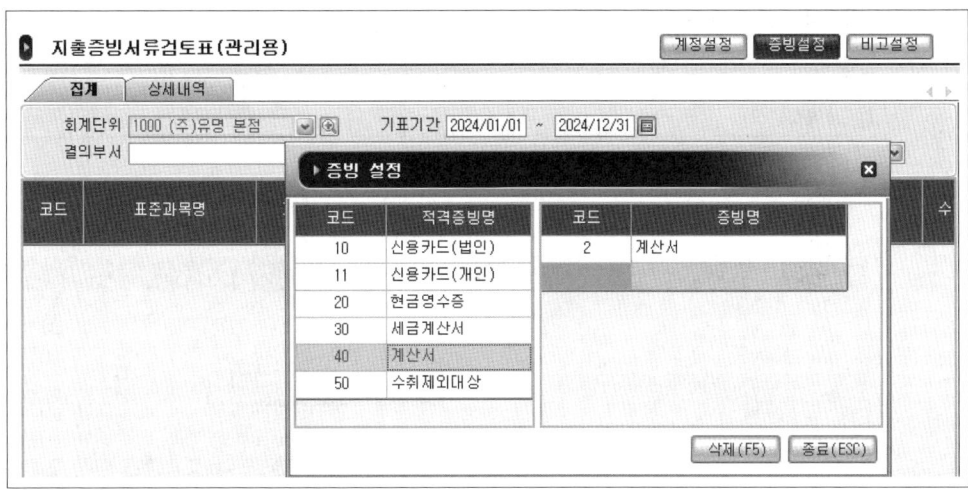

(2) 증빙별 합계금액 조회

[회계관리] - [전표/장부관리] - [지출증빙서류검토표(관리용)] - [집계] 탭
→ [기표기간 : 2024/01/01 ~ 2024/12/31]

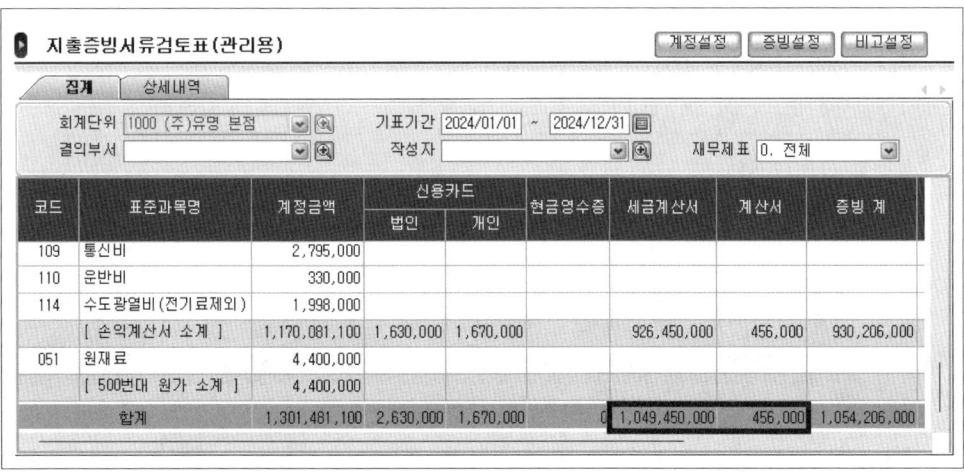

③ 총합계 금액 = 세금계산서 합계 1,049,450,000원 + 계산서 합계 456,000원 = 1,049,906,000원

06 [회계관리] - [전표/장부관리] - [총계정원장] - [월별] 탭
→ [기간 : 2024/01 ~ 2024/06] - [계정과목 : 1.계정별_25100.외상매입금 ~ 25100.외상매입금]

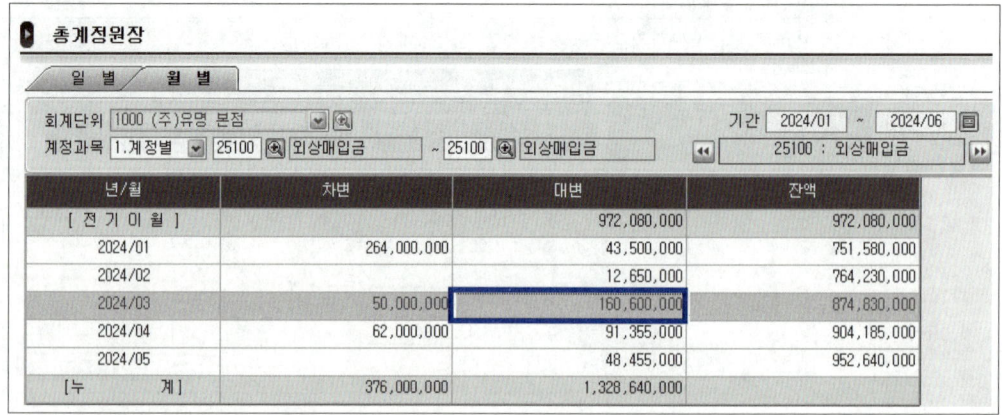

③ 3월의 발생금액이 160,600,000원으로 가장 크다.

07 [회계관리] - [전표/장부관리] - [관리내역현황] - [잔액] 탭
→ [관리항목1 : C1.사용부서] - [관리내역 : 1001.재경부 ~ 1001.재경부] - [관리항목2 : D1.프로젝트] - [관리내역 : 1000.서울공장 ~ 1005.춘천공장] - [기표기간 : 2024/01/01 ~ 2024/03/31] - [계정과목 : 1.계정별_81100.복리후생비]

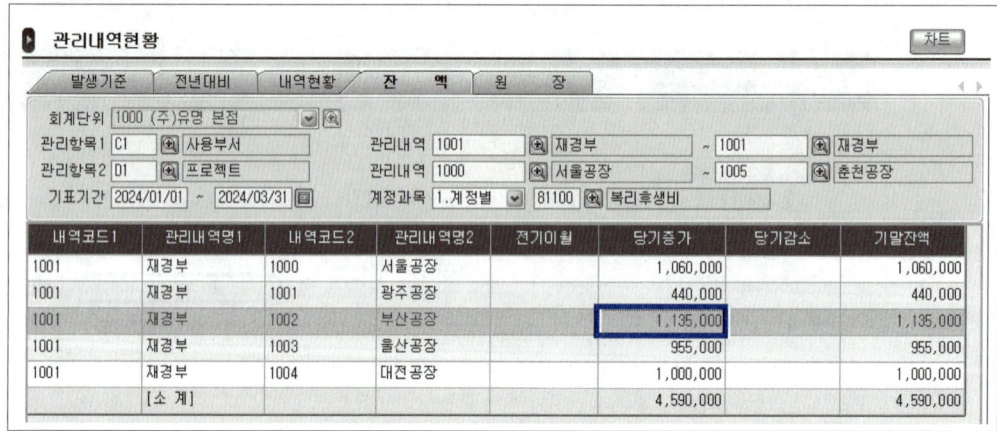

③ 가장 많이 증가한 프로젝트는 1,135,000원 증가한 [1002.부산공장]이다.

08 [회계관리] - [업무용승용차관리] - [업무용승용차 운행기록부]
→ [기간 : 2024/01/01 ~ 2024/01/31] - [차량 : 0102.12가 0102.티볼리]

② 업무사용비율은 87%다.

09 [회계관리] - [전표/장부관리] - [채권년령분석]
→ [채권잔액일자 : 2024/06/30] - [전개월수 : 3] - [계정과목 : 1.계정별_10800.외상매출금]

코드	거래처명	채권잔액	2024-6월	2024-5월	2024-4월	조회기간 이전
00001	(주)성호기업	388,866,000	22,000,000	77,000,000	30,000,000	259,866,000
00002	(주)주안실업	335,490,000	55,000,000	55,000,000	52,500,000	172,990,000
00003	(주)한동테크	236,914,000	99,000,000	9,000,000		128,914,000
00004	(주)형광공업	156,334,000		68,200,000		88,134,000
00008	도민실업(주)	88,122,000				88,122,000
00010	(주)중원	86,171,000		55,000,000		31,171,000

① 조회기간 이전 가장 큰 채권잔액은 ㈜성호기업의 259,866,000원이다.

10 [회계관리] - [결산/재무제표관리] - [재무상태표] - [관리용] 탭
→ [기간 : 2024/06/30]

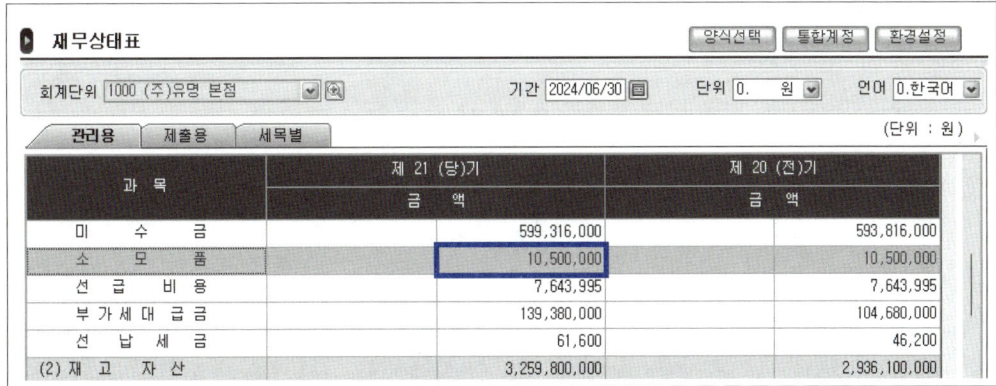

④ 소모품 사용분 = 취득가액 10,500,000원 - 잔액 5,000,000원 = 5,500,000원
 → 회계처리 (차) 소모품비 5,500,000원 (대) 소모품 5,500,000원

11 [회계관리] – [결산/재무제표관리] – [손익계산서] – [관리용] 탭

→ [기간 : 2024/06/30]

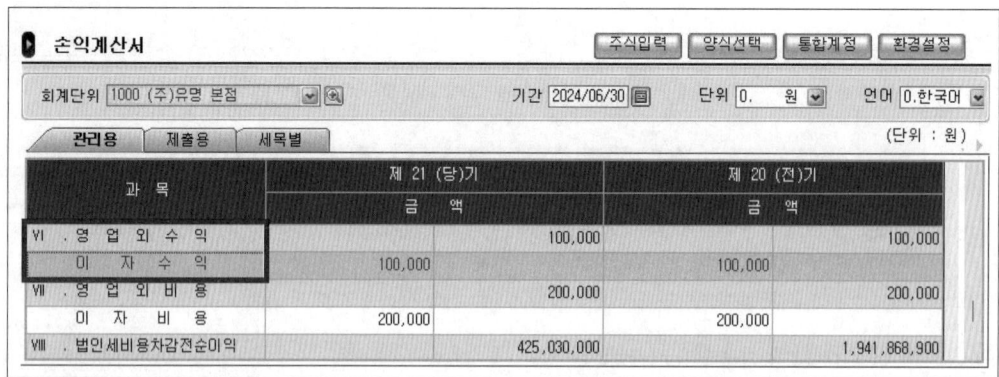

④ 이자수익은 영업외수익에 속한다.

12 (1) 고정자산등록

[회계관리] – [고정자산관리] – [고정자산등록]

→ [자산유형 : 21200.비품]

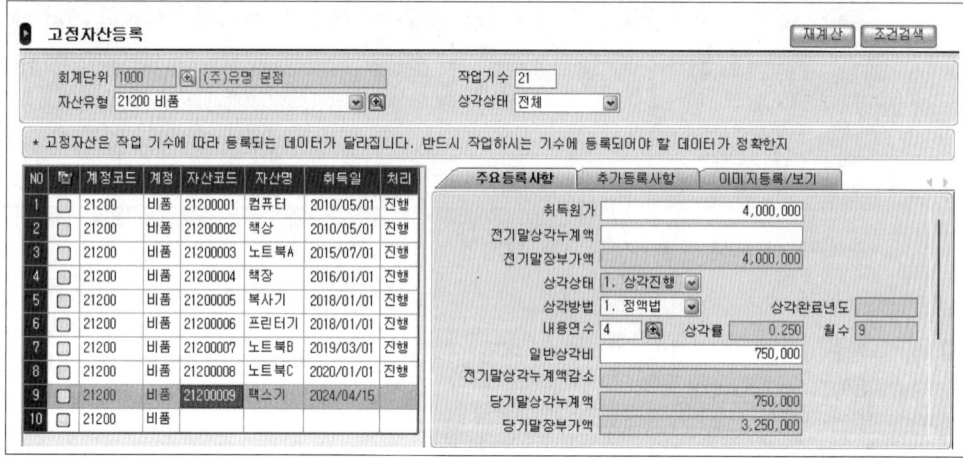

(2) 당기 감가상각비 조회

[회계관리] - [고정자산관리] - [감가상각비현황] - [총괄] 탭

→ [기간 : 2024/01 ~ 2024/12]

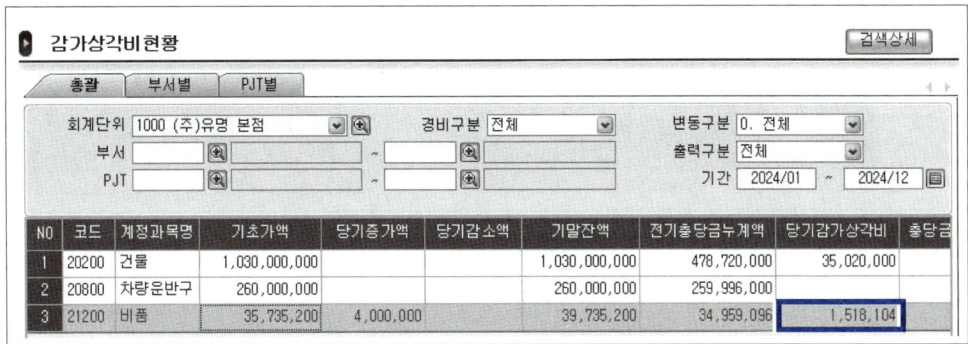

④ 반영 후 당기 비품의 감가상각비는 총 1,518,104원이다.

13 [회계관리] - [전표/장부관리] - [관리항목원장] - [잔액] 탭

→ [관리항목 : D1.프로젝트] - [관리내역 : 1000.서울공장 ~ 1005.춘천공장] - [기표기간 : 2024/01/01 ~ 2024/03/31] - [계정과목 : 1.계정별_10800.외상매출금 ~ 10800.외상매출금]

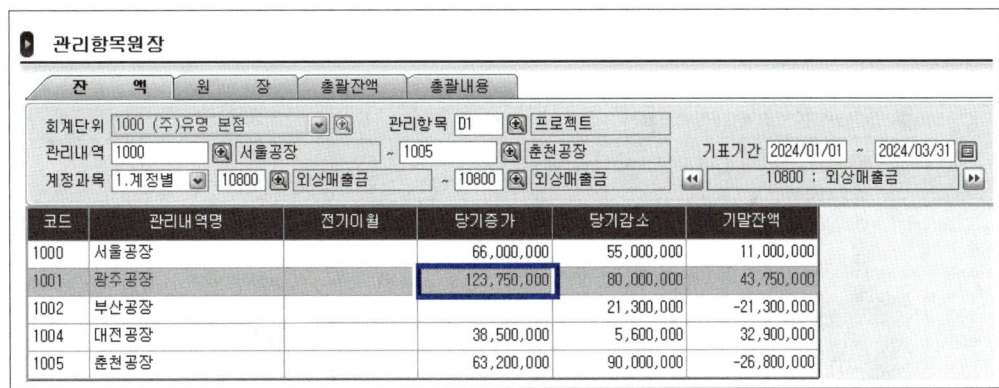

② 외상매출금이 가장 많이 발생한 프로젝트는 123,750,000원 발생한 [1001.광주공장]이다.

14 [회계관리] - [전표/장부관리] - [일월계표] - [월계표] 탭
→ [기간 : 2024/05 ~ 2024/05]

차 변			계정과목	대 변		
계	대체	현금		현금	대체	계
56,150,000	50,050,000	6,100,000	< 판 매 관 리 비 >			
9,000,000	9,000,000		직 원 급 여			
28,500,000	28,500,000		상 여 금			
5,090,000	2,530,000	2,560,000	복 리 후 생 비			
1,060,000	530,000	530,000	여 비 교 통 비			
2,530,000	2,530,000		접 대 비			
1,000,000	1,000,000		지 급 임 차 료			
6,800,000	4,900,000	1,900,000	보 험 료			
1,320,000	660,000	660,000	차 량 유 지 비			
850,000	400,000	450,000	사 무 용 품 비			

① 현금 지출이 가장 많았던 판매관리비 계정과목은 2,560,000원을 지출한 [81100.복리후생비]다.

15 [회계관리] - [부가가치세관리] - [신용카드발행집계표/수취명세서] - [신용카드/현금영수증수취명세서] 탭
→ [기간 : 2024/01 ~ 2024/03]

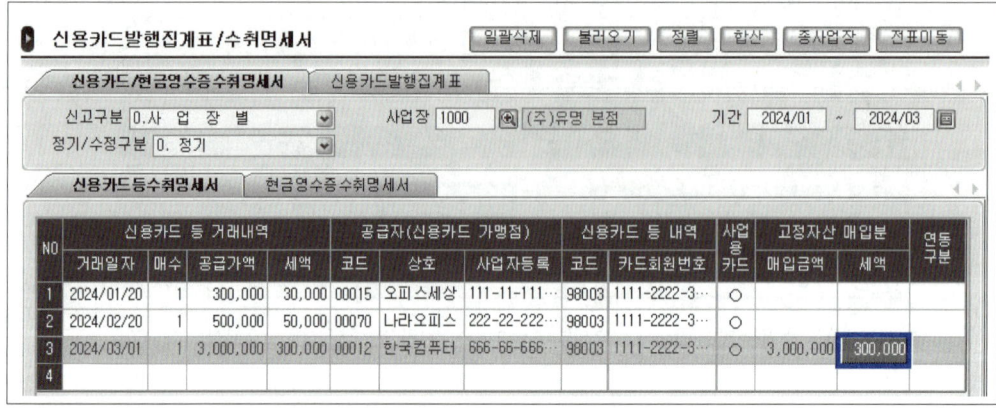

③ 고정자산 매입분 관련 세액 합계액은 300,000원이다.

16 [회계관리] – [전표/장부관리] – [매입매출장] – [세무구분별] 탭
→ [조회기간 : 신고기준일_2024/01/01 ~ 2024/03/31] – [출력구분 : 2.매입]

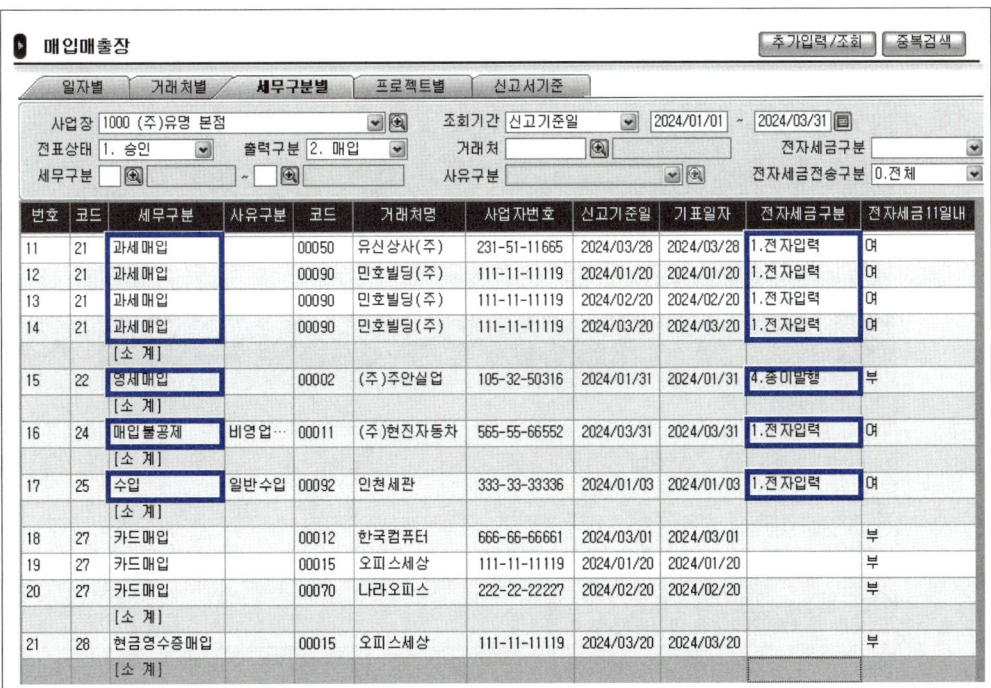

④ 매입처별 세금계산서합계표에 반영될 세무구분은 [21.과세매입], [22.영세매입], [24.매입불공제], [25.수입] 등 총 4개이며, [27.카드매입]과 [28.현금영수증매입]은 [신용카드발행집계표/수취명세서]에 반영된다.

※ 세무구분의 판별이 어려운 경우 [전자세금구분]란을 참고하는 것이 문제풀이의 팁이 될 수 있다.

17 [회계관리] – [부가가치세관리] – [매입세액불공제내역]
→ [기간 : 2024/04 ~ 2024/06] → 조회 후 상단 [불러오기] 버튼

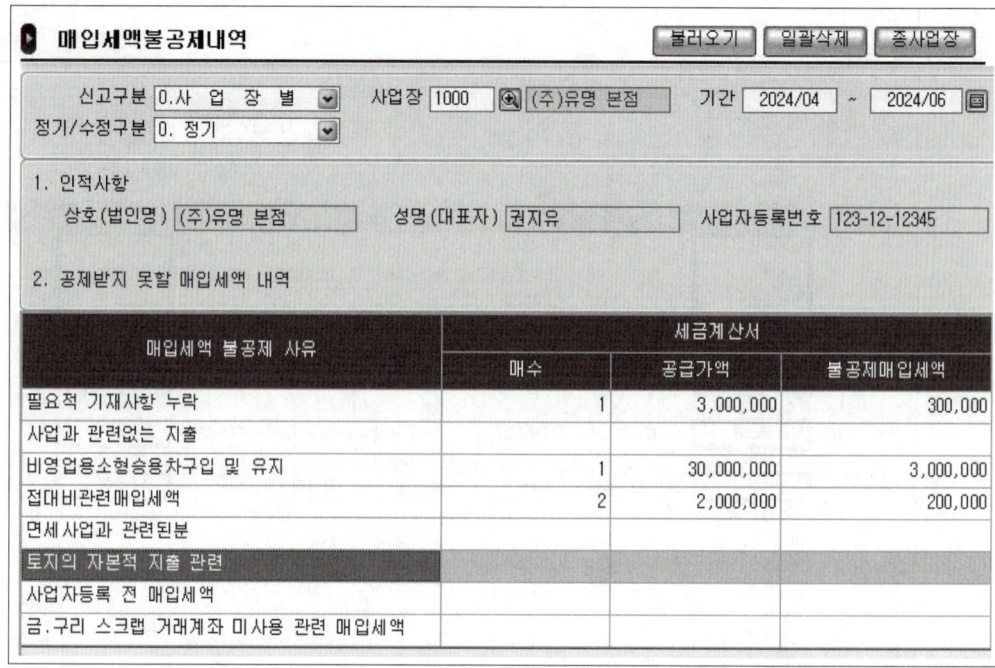

③ 토지의 자본적 지출 관련 사유에 해당하는 거래가 존재하지 않는다.

18 [회계관리] – [부가가치세관리] – [부가세신고서] – [일반과세] 탭
→ [기간 : 2024/07/01 ~ 2024/09/30] – 상단 [불러오기] 버튼 – 팝업창 [예] 클릭 – [그 밖의 공제매입세액(14)]란 더블클릭 – [그 밖의 공제 매입세액 명세] 팝업창 확인

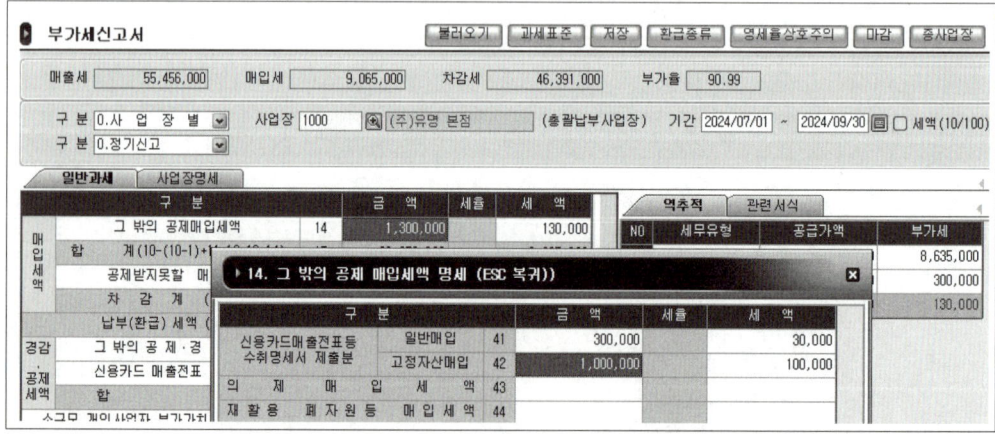

① 고정자산매입분은 세금계산서수취분 37,000,000원뿐만 아니라 신용카드매출전표등수취명세서제출분 1,000,000원도 존재한다.
② [일반과세] 탭 – [기간 : 2024/07/01 ~ 2024/09/30] – 상단 [과세표준] 버튼
③ [사업장명세] 탭 또는 [시스템관리] – [회사등록정보] – [사업장등록] – [기본등록사항] 탭

19 (1) 신고유형 확인

[시스템관리] – [회사등록정보] – [시스템환경설정]

→ [조회구분 : 0.전체] – [환경요소 : 신고유형]

(2) 납부유형 확인

[시스템관리] – [회사등록정보] – [사업장등록]

→ 상단 [주(총괄납부)사업장등록] 버튼 – [주(총괄납부)사업장 등록] 팝업창 확인

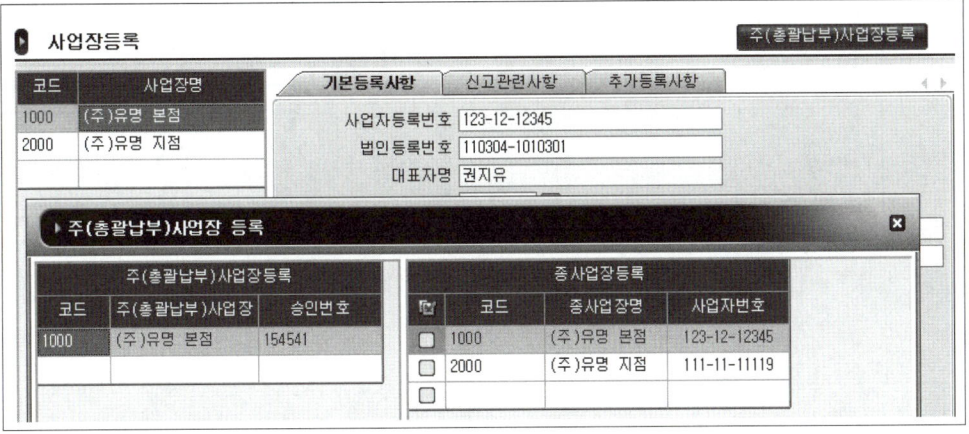

④ 신고는 각 사업장별로 하고 납부는 주사업장에서 총괄하여 납부한다.

20 [회계관리] – [부가가치세관리] – [부동산임대공급가액명세서]
→ [기간 : 2024/07 ~ 2024/09] – [이자율 : 3.5] – 내용 입력 후 '보증금이자(간주임대료)' 확인

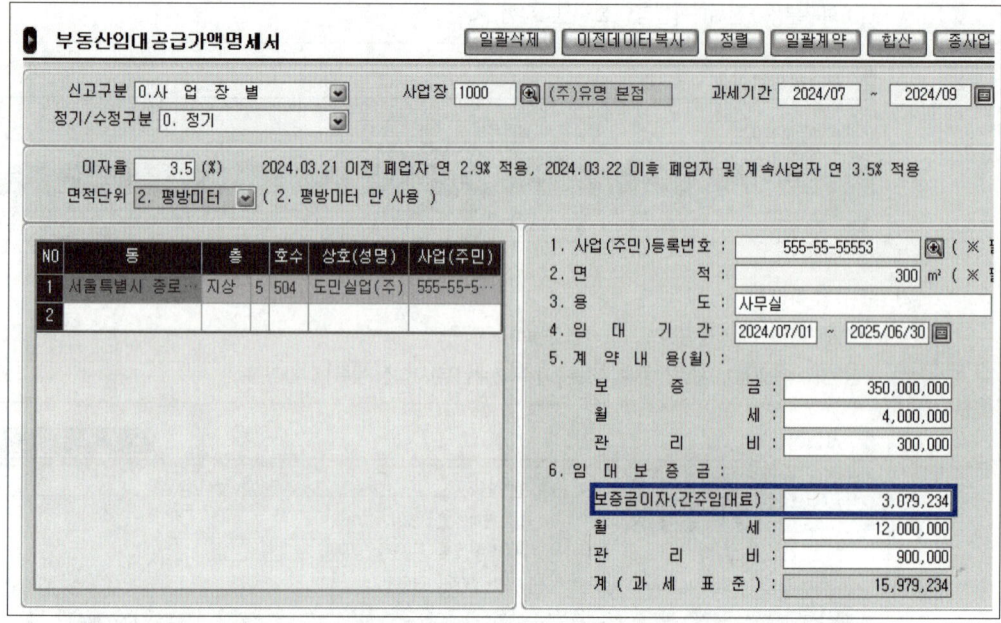

① 간주임대료는 3,079,234원이다.

제101회 정답 및 해설

이론문제

01	02	03	04	05	06	07	08	09	10
①	①	④	④	②	③	③	①	③	④
11	12	13	14	15	16	17	18	19	20
④	④	①	④	③	②	③	③	①	①

01 ① 비즈니스 애널리틱스는 구조화된 데이터(Structured Data)뿐 아니라 비구조화된 데이터(Unstructured Data)도 분석대상으로 한다.

02 ① PaaS는 플랫폼 서비스를 위한 클라우드이고, 데이터베이스 클라우드 서비스와 스토리지 클라우드 서비스는 IaaS에 속한다.

03 ④ 리엔지니어링에 대한 설명이다.

04 ④ ERP 도입 시에는 커스터마이징이 최소화되는 방향으로 선택해야 한다.

05 ② 경영자는 내부 이해관계자이고, 그 외는 모두 외부 이해관계자다.

내부 이해관계자	경영자, 종업원 등
외부 이해관계자	투자자, 채권자, 정부기관, 고객, 금융기관 등

06 ③ 재무상태표 등식은 [자산 = 부채 + 자본]이다.

07 • 누락분개 (차) 급여(비용의 발생) 2,500,000원 (대) 미지급금(부채의 증가) 2,500,000원

③ 부채와 비용이 과소계상되며, 비용이 과소계상됨에 따라 당기순이익이 과대계상되어 자본의 과대계상을 야기한다.

※ 당기순이익은 이익잉여금(자본)에 영향을 준다.

08 ① 손익계산서 계정과목으로 짝지어진 것은 임대료(수익)와 이자비용(비용)이다.
• 선급금(자산), 외상매입금(부채), 보통예금(자산), 미지급금(부채), 외상매출금(자산), 임대보증금(부채)

09 ③ 총계정원장에 대한 설명이다.

10 ④ 회사 직원들에게 주는 명절선물 구입비 계정과목은 복리후생비이고, 신용카드로 결제했으므로 대변의 계정과목은 미지급금이다.
→ 회계처리　　　(차) 복리후생비　　　2,200,000원　　　(대) 미지급금　　　2,200,000원

11 ④ (차) 상품(자산의 증가)　　　×××　　　(대) 외상매입금(부채의 증가)　　　×××
　① (차) 미지급금(부채의 감소)　　　×××　　　(대) 현금 등(자산의 감소)　　　×××
　② (차) 받을어음(자산의 증가)　　　×××　　　(대) 외상매출금(자산의 감소)　　　×××
　③ (차) 외상매입금(부채의 감소)　　　×××　　　(대) 현 금(자산의 감소)　　　×××

12 • [당좌자산 〉 재고자산 〉 유형자산] 순으로 유동성이 높다.
④ 당좌예금(당좌자산) 〉 제품(재고자산) 〉 기계장치(유형자산)
• 미수금(당좌자산) 〉 제품(재고자산) 〉 토지(유형자산)

13 ① 미수금에 대한 대손발생 시 대손충당금 잔액과 먼저 상계한 후 초과금액은 기타의대손상각비로 처리한다.
→ 회계처리　　　(차) 대손충당금　　　150,000원　　　(대) 미수금　　　150,000원

14 ④ 순매출액 = 총매출액 550,000원 − 매출환입액 50,000원 − 매출에누리액 30,000원 = 470,000원

15 ③ 총평균법은 재고자산의 평가방법이다.

16 ② 내부적으로 창출한 영업권은 원가를 신뢰성 있게 측정할 수 없으므로 자산으로 인정되지 않는다.

17 ③ 이익준비금은 이익잉여금 항목이다.

18 ③ 기말자본 = 기초자본 100,000원 + 총수익 300,000원 − 총비용 80,000원 = 320,000원

19 ① 순자산(자본) = (현금 30,000원 + 매출채권 40,000원 + 비품 60,000원 + 재고자산 55,000원) − (매입채무 25,000원 + 차입금 55,000원) = 105,000원

20 ① 감자차익 = (액면가 5,000원 × 주식수 50주) − 현금지급액 200,000원 = 50,000원(이익)

실무문제

01	02	03	04	05	06	07	08	09	10
④	③	②	①	③	②	③	①	④	①
11	12	13	14	15	16	17	18	19	20
④	③	④	④	①	②	④	①	②	③

01 [시스템관리] − [기초정보관리] − [계정과목등록]

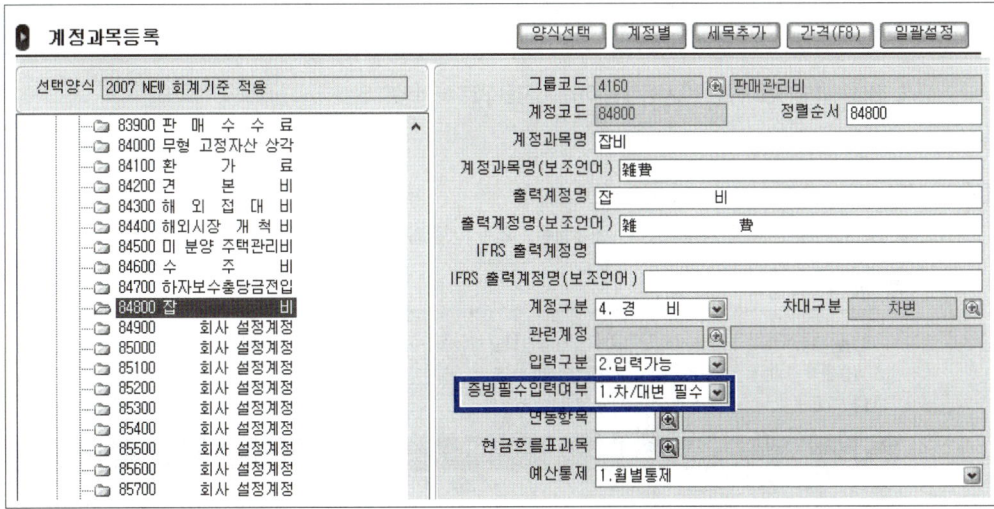

④ [증빙필수입력여부]가 [1.차/대변 필수]이므로 전표입력 시 증빙을 입력해야 한다.

02 [시스템관리] − [회사등록정보] − [사원등록]

③ 대차차액 전표는 [회계입력방식]이 [1.수정]이라 하더라도 미결전표로 생성된다.

03 [시스템관리] – [회사등록정보] – [시스템환경설정]
→ [조회구분 : 2.회계]
① [회계/30/처분자산상각방법]
② [회계/25/거래처코드자동부여]
③ [회계/20/예산통제구분]
④ [회계/27/전표출력기본양식]

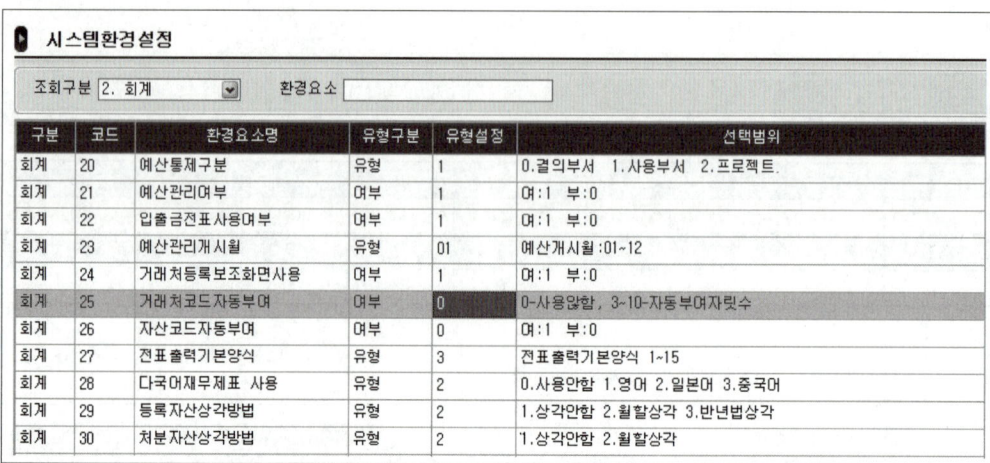

② 거래처코드자동여부는 [0.사용않함]이므로 자동으로 부여되지 않는다.

04 [회계관리] – [전표/장부관리] – [채권년령분석]
→ [채권잔액일자 : 2024/03/31] – [전개월수 : 2] – [계정과목 : 1.계정별_10800.외상매출금]

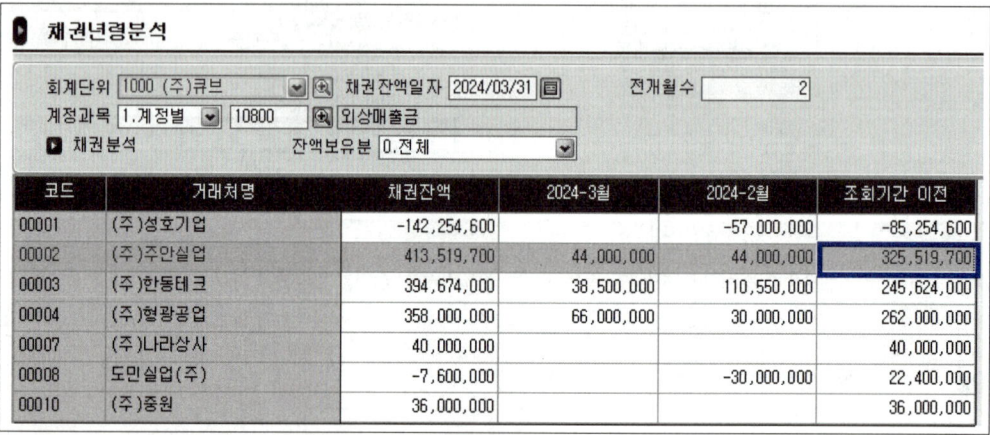

① 채권잔액이 가장 큰 거래처는 325,519,700원의 ㈜주안실업이다.

05 [회계관리] - [전표/장부관리] - [관리항목원장] - [잔액] 탭
→ [관리항목 : D1.프로젝트] - [기표기간 : 2024/01/01 ~ 2024/03/31] - [계정과목 : 1.계정별_10800.외상매출금 ~ 10800.외상매출금]

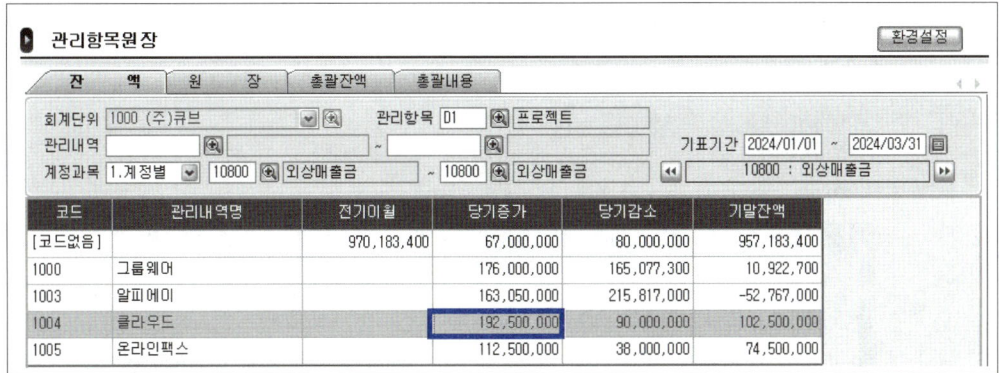

③ 외상매출금이 가장 많이 증가한 프로젝트는 192,500,000원 증가한 [1004.클라우드]다.

06 [회계관리] - [전표/장부관리] - [일월계표] - [월계표] 탭
→ [기간 : 2024/01 ~ 2024/01]

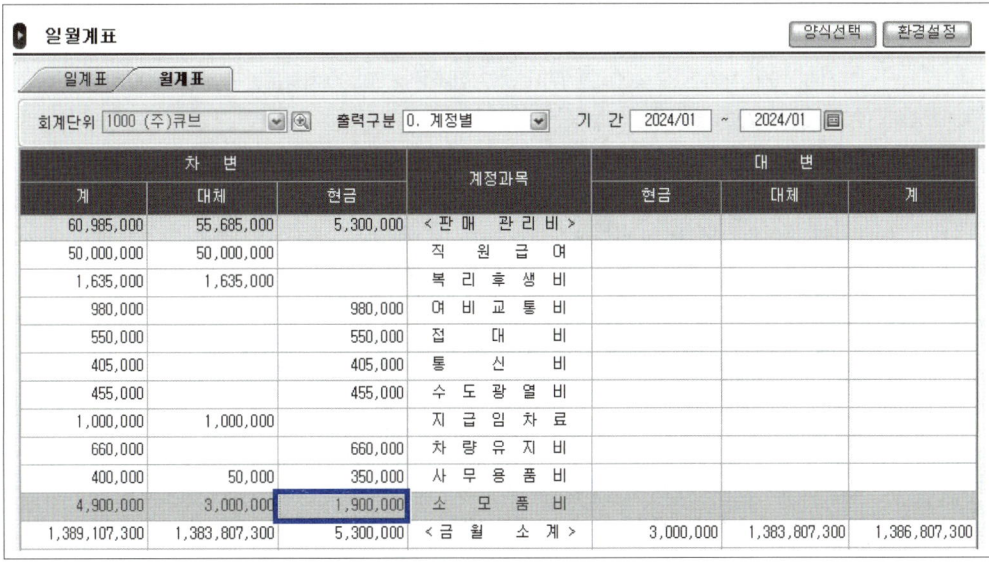

② 현금으로 지출한 금액은 중 가장 큰 계정과목은 1,900,000원 지출한 소모품비다.

07 (1) 자본적 지출 등록

[회계관리] - [고정자산관리] - [고정자산등록]

→ [자산유형 : 20800.차량운반구] - 좌측 [20800003.QM6(12B0316)] 클릭 - 우측 [추가등록사항] 탭 - 하단 [자산변동처리 : 일자(2024/01/01), 구분(1.자본적 지출), 금액(1,000,000)] 입력

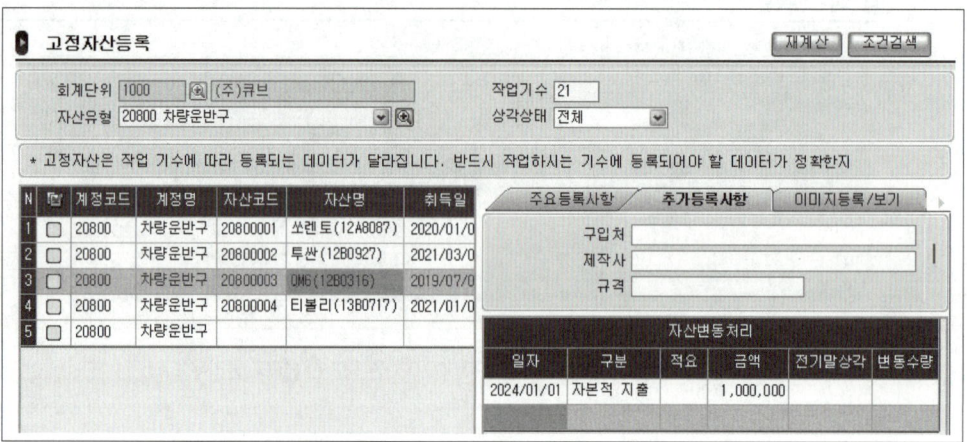

※ 자본적 지출 입력은 마지막까지 Enter 를 눌러 다음 줄로 넘어가야 완료된다.

(2) 감가상각비 조회

[회계관리] - [고정자산관리] - [감가상각비현황] - [부서별] 탭

→ [부서 : 1001.재경부 ~ 4001.총무부] - [계정과목 : 20800.차량운반구 ~ 20800.차량운반구] - [기간 : 2024/01 ~ 2024/12]

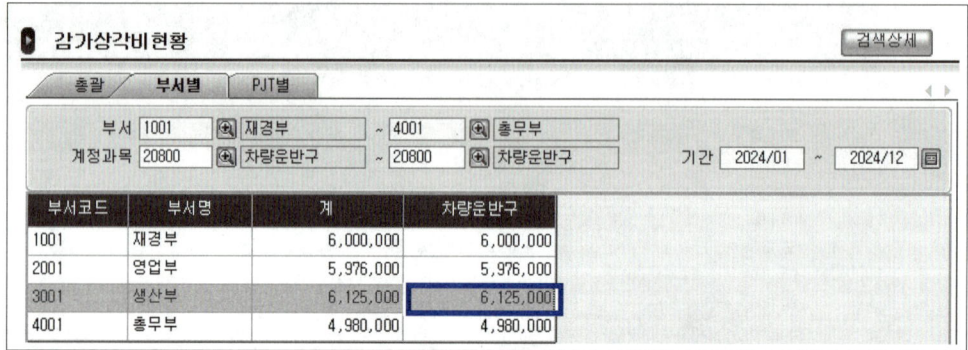

③ 감가상각비가 가장 큰 부서는 6,125,000원 발생한 [3001.생산부]다.

08 [회계관리] – [결산/재무제표관리] – [관리항목별손익계산서] – [PJT별] 탭
→ [PJT : 선택전체] – [기간 : 2024/07/01 ~ 2024/09/30]

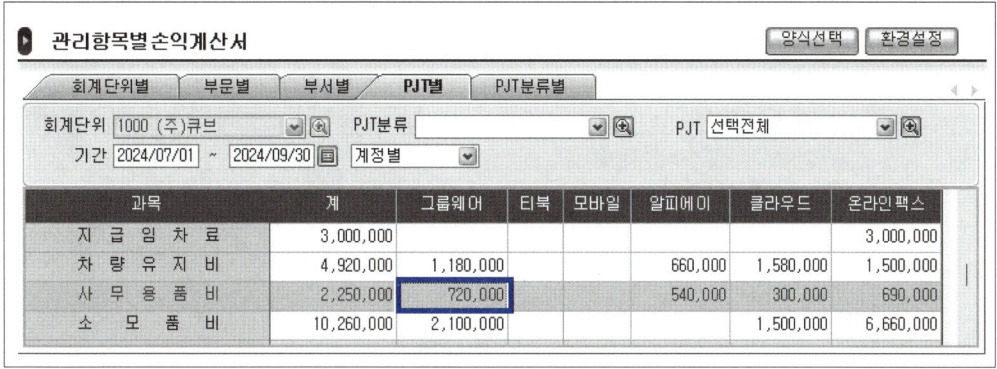

① 사무용품비(판매관리비)가 가장 많이 발생한 프로젝트는 720,000원 발생한 그룹웨이다.

09 [회계관리] – [자금관리] – [받을어음명세서] – [어음조회] 탭
→ [만기일 : 2024/04/06 ~ 2024/04/06]

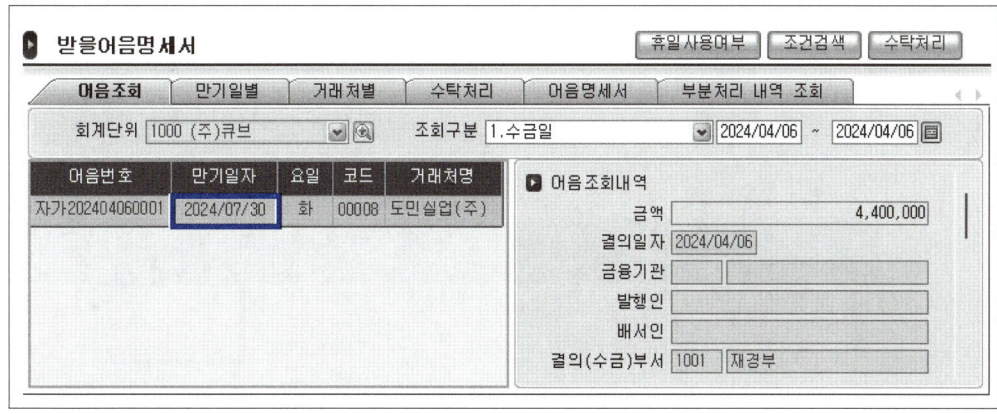

④ 어음번호 자가202404060001 받을어음의 만기일은 2024년 7월 30일이다.

10 (1) 자금반영

[회계관리] - [자금관리] - [일자별자금계획입력]

→ 상단 [자금반영] 버튼 - [고정자금 및 전표반영] 팝업창 - [적용년월 : 2024/01/01 ~ 2024/01/31] - [전표조회기간 : 2024/01/01 ~ 2024/01/31] - 팝업창 [예] - [확인] 클릭

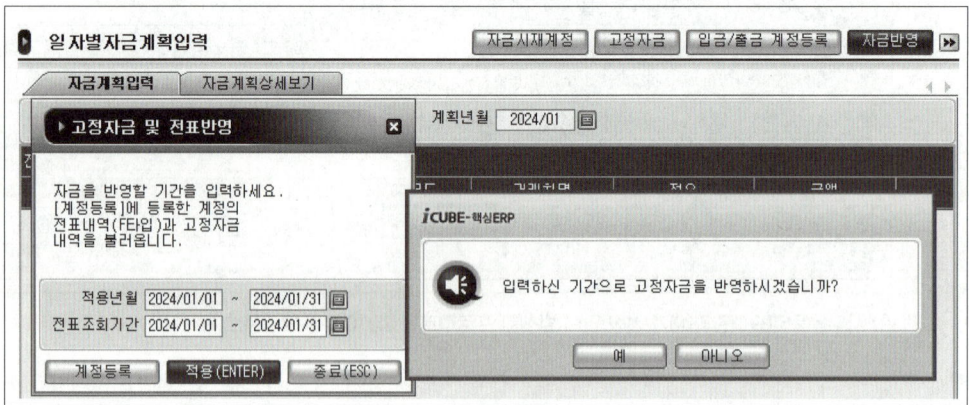

(2) 고정자금 조회

[회계관리] - [자금관리] - [일자별자금계획입력] - [자금계획입력] 탭

→ [계획년월 : 2024/01]

① [2310.일반경비] 합계 = 사무실전기요금 200,000원 + 사무실수도요금 500,000원 + 사무실일반용역비 100,000원 = 800,000원

11 [회계관리] – [결산/재무제표관리] – [손익계산서] – [관리용] 탭
→ [기간 : 2024/03/31]

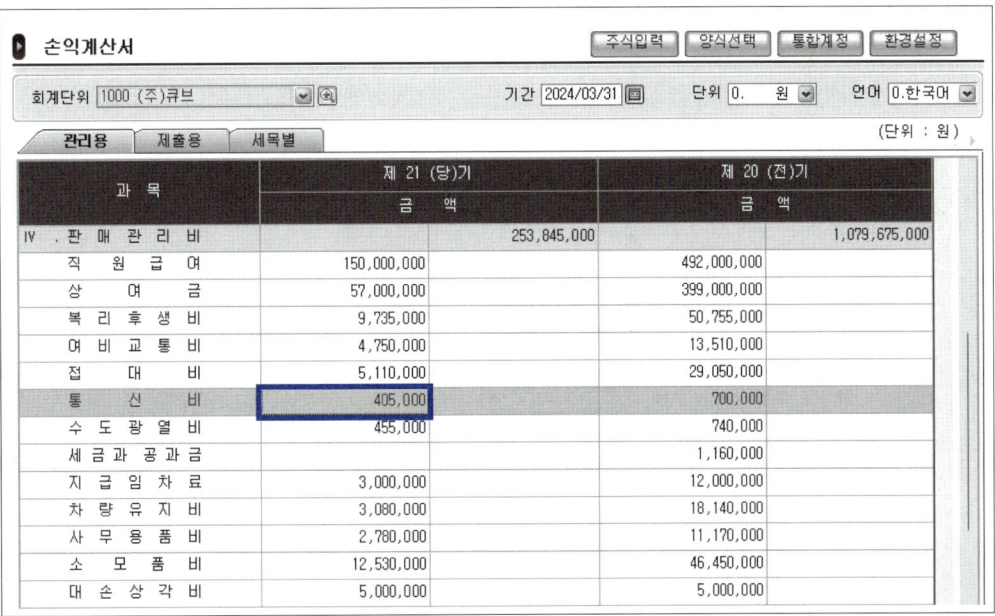

④ 판매관리비 중 가장 적게 지출된 계정은 405,000원 지출한 [통신비]다.

12 [회계관리] – [결산/재무제표관리] – [기간별손익계산서] – [분기별] 탭
→ [기간 : 1/4분기 ~ 4/4분기]

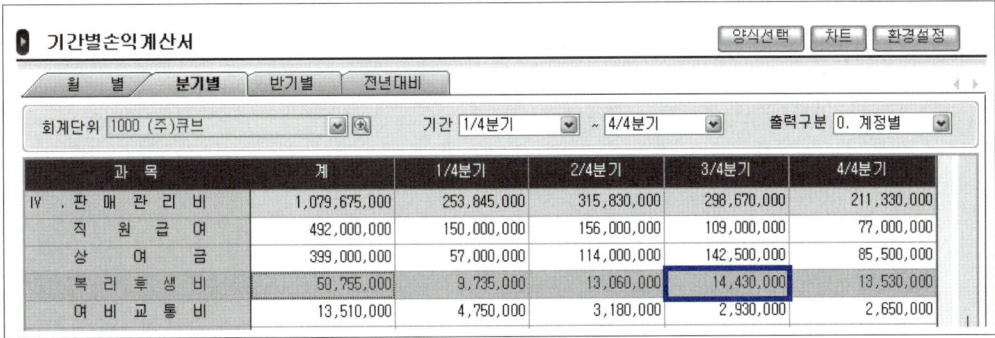

③ 3분기 14,430,000원 > 4분기 13,530,000원 > 2분기 13,060,000원 > 1분기 9,735,000원

13

[회계관리] – [결산/재무제표관리] – [재무상태표] – [제출용] 탭
→ [기간 : 2024/09/30]

과 목	제 21 (당)기 금 액	제 20 (전)기 금 액
자 산		
Ⅰ. 유 동 자 산	3,406,253,183	2,260,933,183
(1) 당 좌 자 산	2,991,603,183	1,759,283,183
현금 및 현금성자산 ④	1,121,489,900	366,605,600
단 기 매 매 증 권	19,900,000	15,600,000
매 출 채 권	1,640,699,100	1,232,783,400
대 손 충 당 금 ③	(13,465,817)	(8,465,817)
미 수 금	52,000,000	46,500,000
(2) 재 고 자 산 ①	414,650,000	501,650,000
Ⅱ. 비 유 동 자 산	4,957,430,714	4,600,930,714
(1) 투 자 자 산		
(2) 유 형 자 산	4,945,430,714	4,588,930,714
(3) 무 형 자 산		
(4) 기타 비유동자산	12,000,000	12,000,000
자 산 총 계	8,363,683,897	6,861,863,897
부 채		
Ⅰ. 유 동 부 채	3,048,768,000	2,016,053,000
Ⅱ. 비 유 동 부 채	35,500,000	35,500,000
부 채 총 계 ②	3,084,268,000	2,051,553,000

④ 현금및현금성자산의 합계액은 1,121,489,900원이다.

① 재고자산의 총합계 금액은 414,650,000원이다.

② 부채의 총합계 금액은 3,084,268,000원이다.

③ 매출채권의 대손충당금 13,465,817원이다.

14

[회계관리] – [결산/재무제표관리] – [재무상태표] – [관리용] 탭
→ [기간 : 2024/12/31]

과 목	제 21 (당)기 금 액	제 20 (전)기 금 액
미 수 금	52,000,000	46,500,000
소 모 품	8,000,000	9,000,000
선 급 금	8,000,000	8,000,000

④ 소모품 사용분(소모품비) = 소모품 장부액 8,000,000원 − 실제재고액 2,000,000원 = 6,000,000원
→ 회계처리 :   (차) 소모품비   6,000,000원   (대) 소모품   6,000,000원

15 (1) 신고유형 확인

[시스템관리] – [회사등록정보] – [시스템환경설정]

→ [조회구분 : 0.전체] – [환경요소 : 신고유형]

(2) 납부유형 확인

[시스템관리] – [회사등록정보] – [사업장등록]

→ 좌측 [1000.㈜큐브] 선택 – 상단 [주(총괄납부)사업장등록] 버튼 – [주(총괄납부)사업장 등록] 팝업창 확인

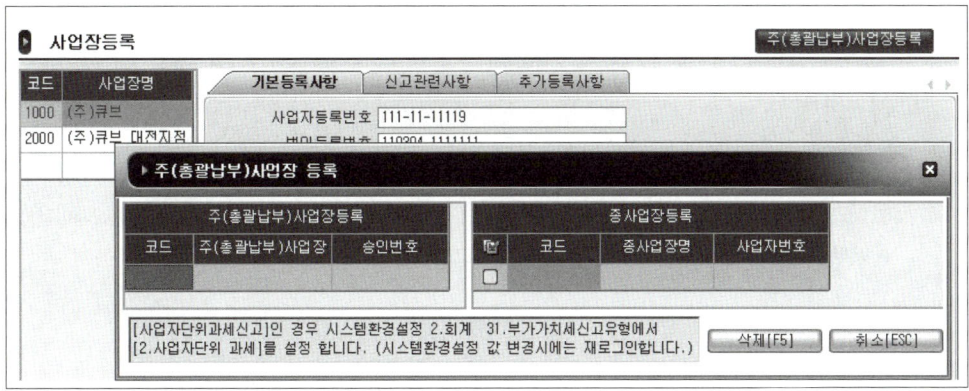

① 각 사업장별로 신고 및 납부한다.

16 [회계관리] - [전표/장부관리] - [매입매출장] - [세무구분별] 탭
→ [조회기간 : 신고기준일_2024/04/01 ~ 2024/06/30] - [출력구분 : 2.매입]

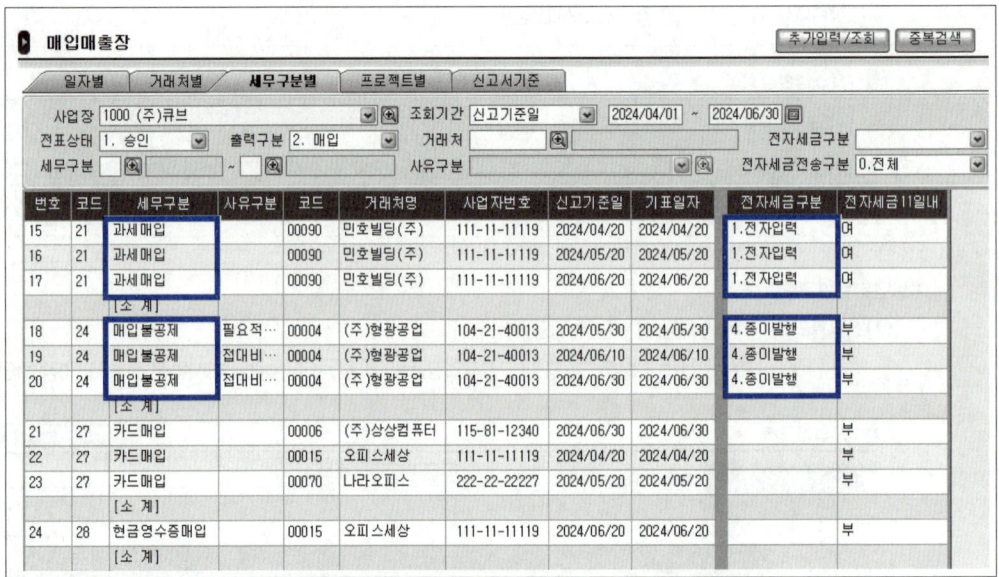

② 매입처별 세금계산서합계표에 반영될 세무구분의 종류는 [21.과세매입], [24.매입불공제] 총 2개이다.
※ 세무구분이 어려울 경우 [전자세금 구분]란을 참고한다.

17 (1) 간주임대료 확인
[회계관리] - [부가가치세관리] - [부동산임대공급가액명세서]
→ [기간 : 2024/10 ~ 2024/12] 조회 후 변경이자율 적용팝업창 [예] 클릭 - [이자율 : 3.5] 적용 확인

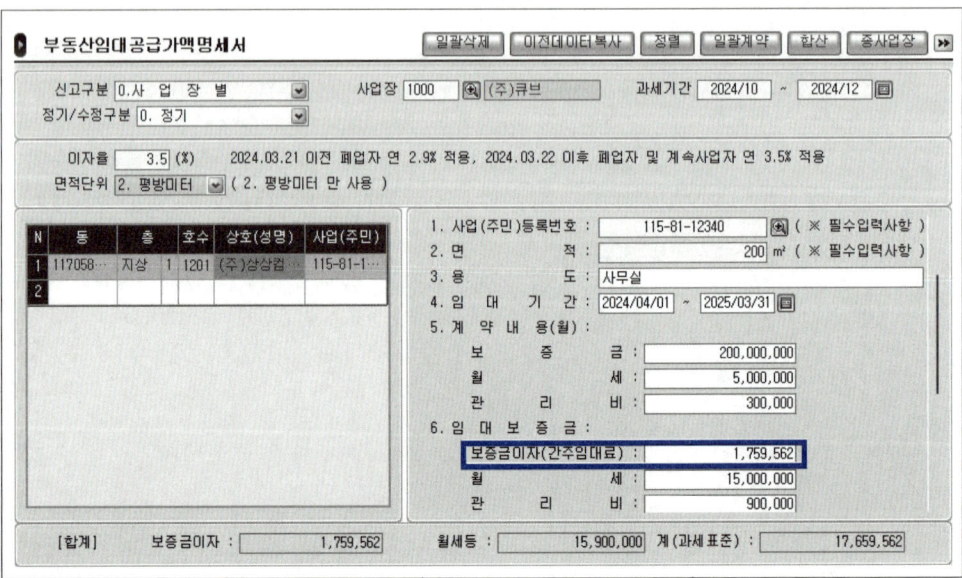

• 보증금이자(간주임대료)는 1,759,562원이다.

(2) 회계처리

[회계관리] – [전표/장부관리] – [전표입력]

→ [2024/12/31]

- 상단 [유형(일반)] 입력
- 중간 [구분(3.차변), 계정과목(81700.세금과공과금), 금액(175,956)] 입력 – [구분(4.대변), 계정과목(25500.부가세예수금), 금액(175,956)] 입력
- 하단 [세무구분 : 14.건별매출] 입력

• 부가세예수금 = 보증금이자(간주임대료) 1,759,562원 ×10% = 175,956원(소수점 이하 절사)

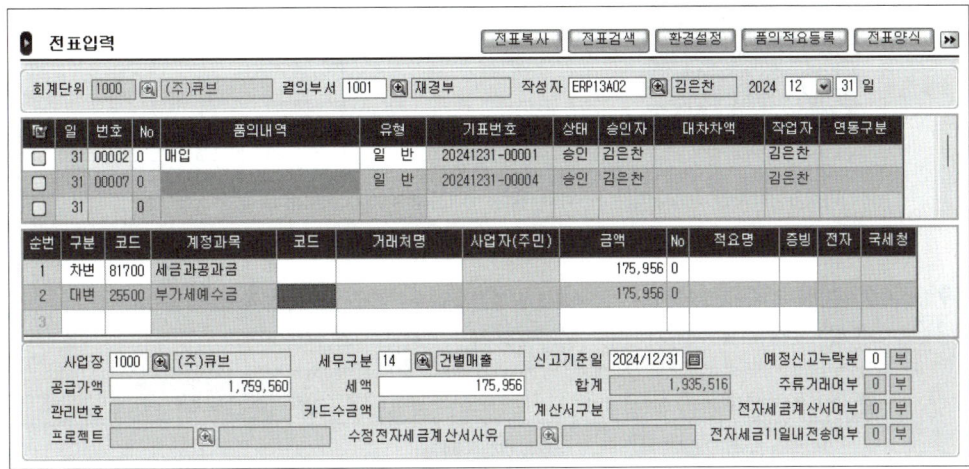

(3) 부가세신고서 작성

[회계관리] – [부가가치세관리] – [부가세신고서] – [일반과세] 탭

→ [기간 : 2024/10/01 ~ 2024/12/31] – 상단 [불러오기] 버튼

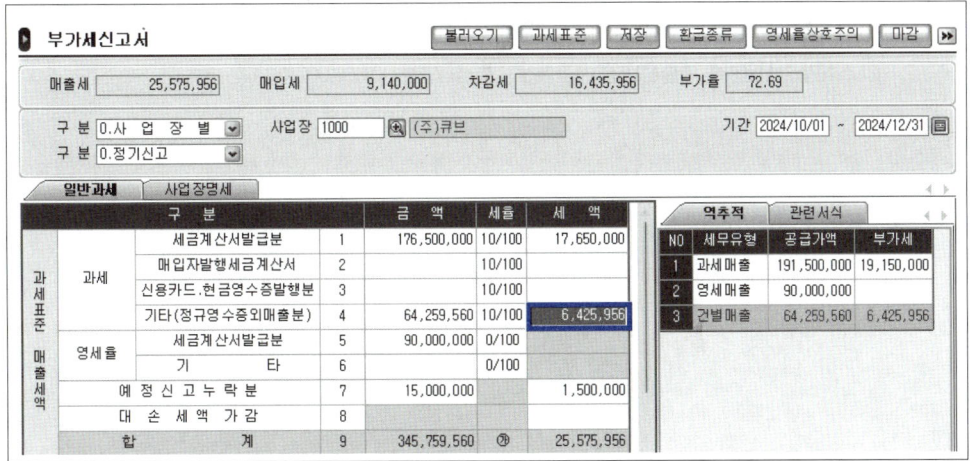

④ 부가세신고서상 [기타(정규영수증외매출금)]에 반영된 세액은 6,425,956원이 된다.

18 [회계관리] - [부가가치세관리] - [건물등감가상각자산취득명세서]
→ [기간 : 2024/01 ~ 2024/03] - [정기/수정구분 : 0.정기]

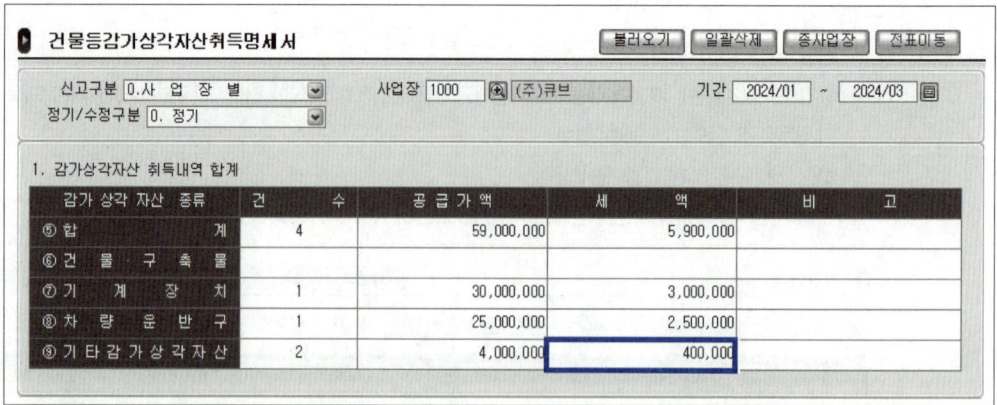

① 기타감가상각자산 취득내역은 2건이며, 관련 세액은 총 400,000원이다.

19 [회계관리] - [부가가치세관리] - [신용카드발행집계표/수취명세서] - [신용카드발행집계표] 탭
→ [기간 : 2024/04 ~ 2024/06] - [정기/수정구분 : 0.정기] - 팝업창 [예] 클릭

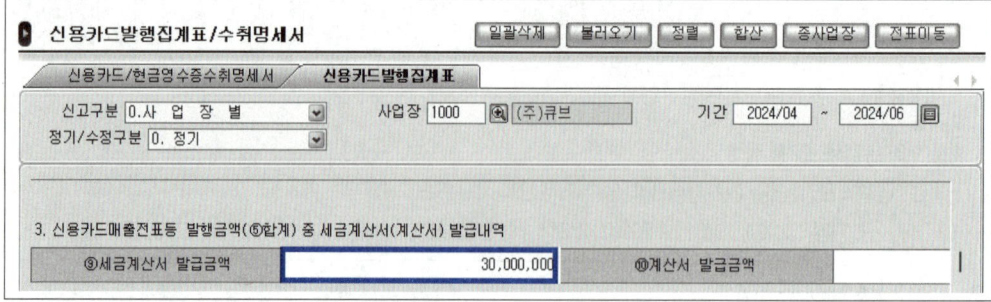

② 조회기간 신용카드 매출전표 중 세금계산서 발급금액은 30,000,000원이다.

20 [회계관리] – [부가가치세관리] – [부가세신고서] – [일반과세] 탭
→ [기간 : 2024/01/01 ~ 2024/03/31] – 상단 [불러오기] 버튼

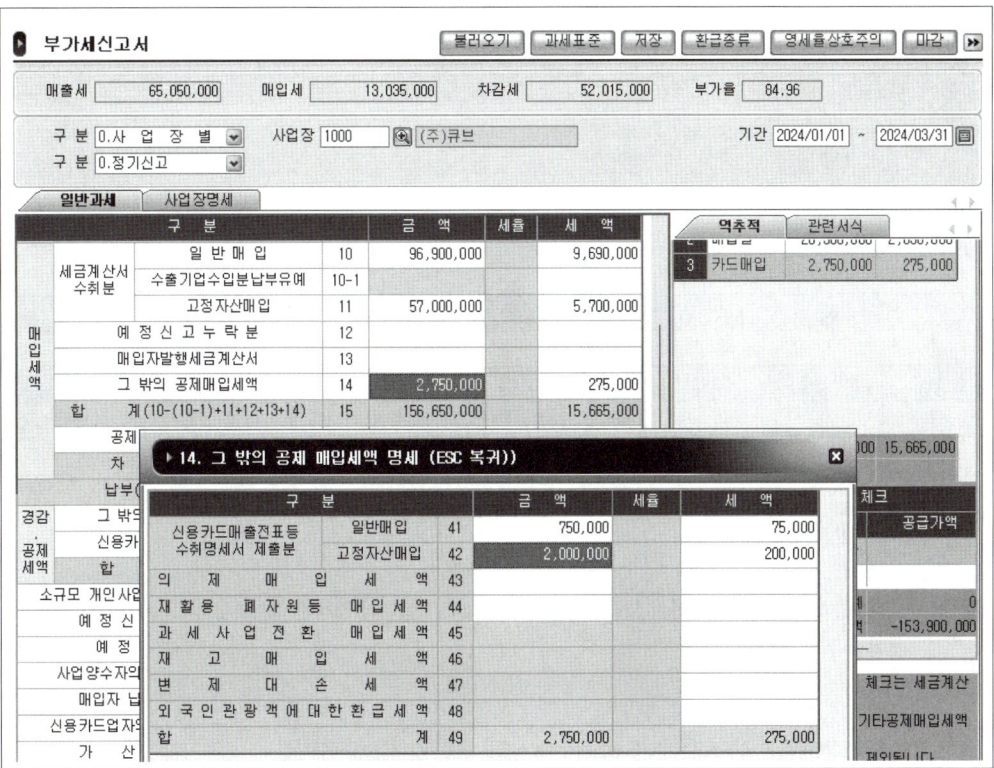

③ 고정자산 매입분에는 신용카드 매입분이 존재한다.

제100회 정답 및 해설

이론문제

01	02	03	04	05	06	07	08	09	10
④	①	③	④	③	②	③	④	②	③
11	12	13	14	15	16	17	18	19	20
③	④	③	③	④	④	④	③	②	④

01 ④ 자사에 맞으며 사용할 수 있는 패키지를 선택해야 한다.

02 ① Open Multi-vendor : 특정 하드웨어 및 소프트웨어 기술이나 업체에 의존하지 않고 다양한 시스템과 조합하여 사용할 수 있다.

03 ③ SaaS(서비스형 소프트웨어 : Software as a Service)에 대한 설명이다.
① DaaS(Desktop as a Service) : 클라우드에서 운영체제, 애플리케이션, 파일 및 사용자 기본설정을 비롯한 완전한 가상 데스크톱 환경을 사용자에게 제공하는 것
② PaaS(Platform as a Service) : 소프트웨어 개발을 위한 플랫폼을 클라우드 서비스로 제공받는 것
④ IaaS(Infrastructure as a Service) : ERP 구축에 필요한 IT인프라 자원을 클라우드 서비스로 빌려 쓰는 것

04 ④ 마케팅(marketing), 판매(sales) 및 고객서비스(customer service)의 자동화는 확장된 ERP 시스템 환경에서 CRM(Customer Relationship Management : 고객관계관리) 모듈을 실행함으로써 얻는 장점이다.

05 ③ 발생주의에 대한 설명이다.

06 ② 영업이익이 감소했는데 당기순이익이 증가하려면 이자수익과 같은 영업외수익이 증가하거나 이자비용과 같은 영업외비용이 감소해야 한다.

07 ③ 유동성이 높은 자산은 [당좌자산 〉 재고자산 〉 투자자산 〉 유형자산 〉 무형자산 〉 기타비유동자산] 순이다. 따라서 [보통예금(당좌자산) 〉 상품(재고자산) 〉 장기성예금(투자자산) 〉 영업권(무형자산)] 순으로 기록된다.

08 ④ 대손상각비는 비용으로서 기말 결산 시 손익계정으로 대체된다. 반면 자산과 부채는 계속기업의 가정에 의해 이월되는 영구성 계정과목이다.

09 ② 선급금에 대한 설명이다.

10 ③ 가지급금과 가수금은 임시적인 계정과목이므로 결산 시 본 계정으로 대체한다.
- 2023년 12월 2일 (차) 가지급금　　　　　　300,000원　(대) 현금 등　　　　　　300,000원
- 2023년 12월 31일 (차) 여비교통비　　　　　220,000원　(대) 가지급금　　　　　300,000원
　　　　　　　　　　　현 금　　　　　　　　 80,000원

11 • 현금및현금성자산에 대한 설명으로서 당좌예금, 보통예금, 통화 및 타인발행수표 등이 해당한다.
③ 외상매출금은 매출채권에 해당한다.

12 ④ ㉠은 단기매매증권, ㉡은 지분법적용투자주식에 대한 설명이다.

구분	내용
단기매매증권	단기간 내의 매매차익을 목적으로 취득한 유가증권으로 매수와 매도가 적극적이고 빈번하게 이루어지는 경우
만기보유증권	상환금액 및 만기가 확정된 채무증권으로 만기까지 보유할 적극적 의사와 능력이 있는 경우
지분법적용투자주식	특정기업을 지배·통제할 목적으로 의결권 있는 타사발행 주식의 20% 이상 취득 시 당해 주식
매도가능증권	위의 분류로 분류할 수 없는 경우

13 ③ 순매입액 = 총매입액 20,000,000원 + 매입운임 1,100,000원 − 매입할인 1,500,000원 − 매입에누리 1,200,000원 − 매입환출 1,100,000원 = 17,300,000원

14 ③ 토지의 취득원가 = 토지매입 500,000원 + 철거비용 100,000원 + 중개수수료 50,000원 + 구획정리비용 40,000원 − 고철매각 20,000원 = 670,000원
• 취득 목적에 합당한 상태에 이르기까지 발생하는 부대비용은 취득원가에 포함하며, 철거건물의 부산물 매각액과 같은 이득이 발생하는 경우에는 취득원가에서 동일 금액을 상계 처리한다.

15 • 배당금 = 자본금 2,000,000원 × 주주배당률 10% = 200,000원
• 이익준비금 적립액 = (자본금 2,000,000원 × 현금배당 7%) × 10% = 14,000원
④ 이익잉여금 감소액 = 배당금 200,000원 + 이익준비금 적립액 14,000원 = 214,000원
• 회계처리　　　(차) 이익잉여금　　　　214,000원　(대) 이익준비금　　　　　14,000원
　　　　　　　　　　　　　　　　　　　　　　　　　　　미지급배당금　　　　140,000원
　　　　　　　　　　　　　　　　　　　　　　　　　　　미교부주식배당금　　 60,000원

16 ④ [자산 = 부채 + 자본] → [자산 – 부채 = 자본]

17 ④ 매도가능증권평가손익은 자본의 기타포괄손익누계액에 해당된다.

18 ③ 수익은 기업의 통상적인 경영활동에서 발생하는 경제적 효익의 총유입을 의미한다.

19 ② 판매비와관리비에 해당하는 것은 급여, 교육훈련비, 수도광열비, 감가상각비, 접대비, 복리후생비로 모두 6개다.
- 기타의대손상각비, 이자비용, 기부금, 재해손실은 영업외비용에 해당하고, 선급비용은 자산, 미지급비용은 부채에 해당한다.

20 ④ 외화환산손익 = 외화장기차입금 $20,000 × (기말시점 환율 ₩1,200/$ – 차입시점 환율 ₩1,100/$) = 2,000,000원 (손실)

실무문제

01	02	03	04	05	06	07	08	09	10
③	①	②	①	③	①	④	②	③	①
11	12	13	14	15	16	17	18	19	20
②	②	③	④	④	②	③	③	①	④

01 [시스템관리] – [회사등록정보] – [부서등록]

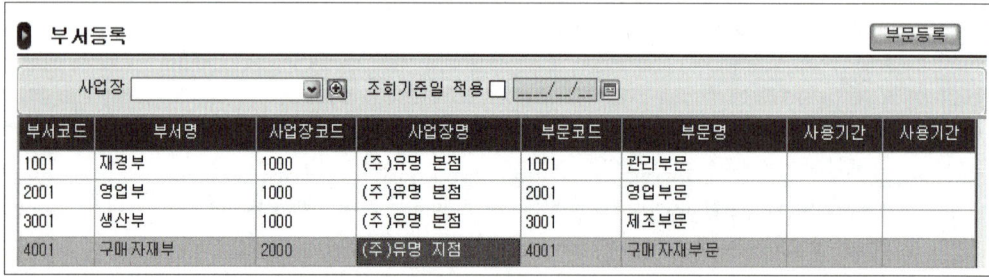

③ [4001.구매자재부]는 [2000.㈜유명 지점]에 속한다.

02 [시스템관리] - [회사등록정보] - [시스템환경설정]

→ [조회구분 : 0.전체] - [환경요소 : 예산]

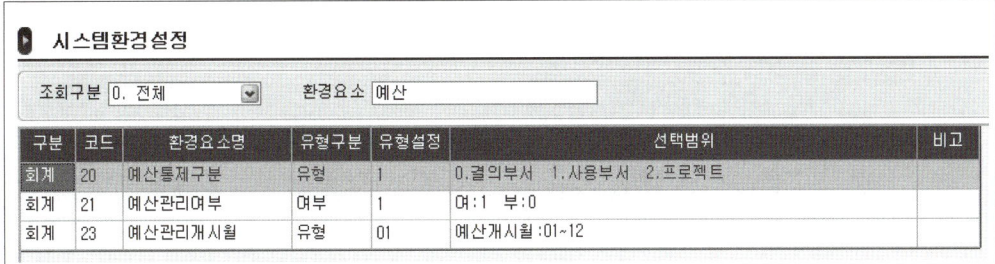

① 예산통제구분 유형이 [1.사용부서]로 설정되어 있다.

03 [시스템관리] - [회사등록정보] - [사용자권한설정]

→ [모듈구분 : A.회계관리]

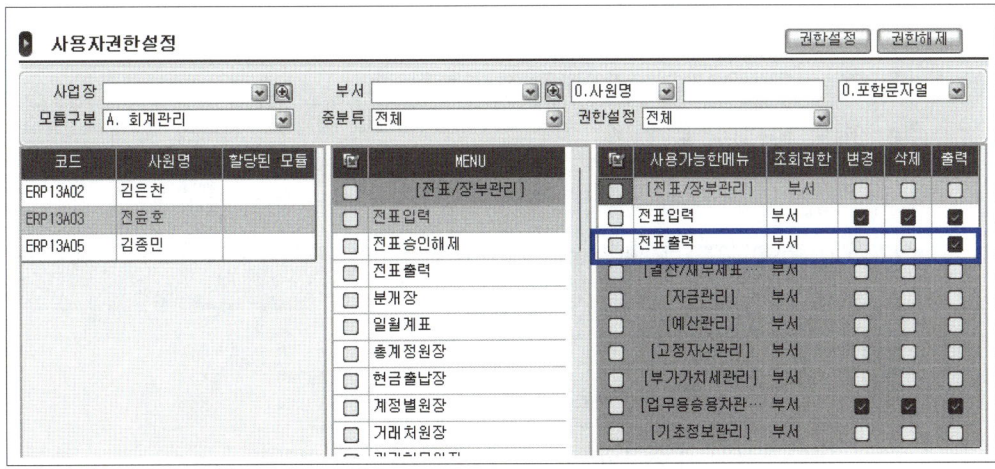

② [ERP13A03.전윤호]는 전표출력 메뉴에서 출력에 대한 권한이 있다.

04 [회계관리] - [전표/장부관리] - [일월계표] - [일계표] 탭

→ [기간 : 2024/03/01 ~ 2024/03/31]

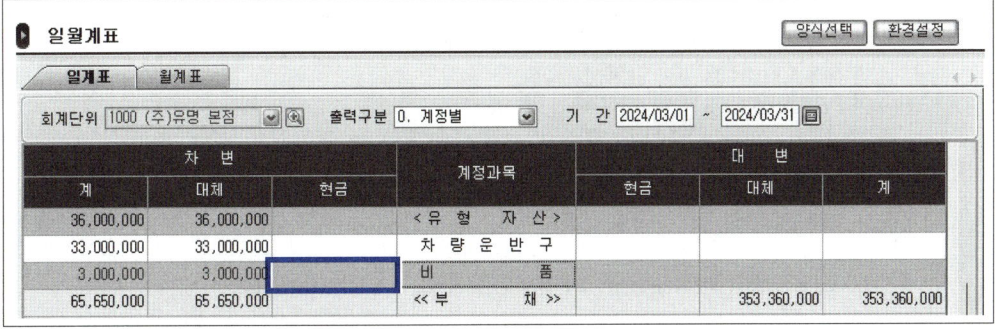

① 해당 기간 비품에 대한 현금 매입액은 없다.

05 [회계관리] – [전표/장부관리] – [총계정원장] – [월별] 탭
→ [기간 : 2024/01 ~ 2024/06] – [계정과목 : 1.계정별_40100.상품매출 ~ 40100.상품매출]

년/월	차변	대변	잔액
2024/01		132,500,000	132,500,000
2024/02		67,000,000	199,500,000
2024/03		195,000,000	394,500,000
2024/04		80,000,000	474,500,000
2024/05		243,000,000	717,500,000
2024/06		180,000,000	897,500,000
[누 계]		897,500,000	

③ 5월에 243,000,000원으로 가장 많이 발생했다.

06 [회계관리] – [업무용승용차관리] – [업무용승용차 차량등록]

NO	코드	차량번호	차종	부서 코드	부서명	사원 코드	사원명	직책	사용여부
1	0102	12가 0102	티볼리	1001	재경부	ERP13A02	김은찬		사용
2	0717	14가 0717	투싼	1001	재경부	ERP13A03	전윤호		사용
3	2664	15가 2664	QM6	2001	영업부	ERP13A06	박혜수		사용
4	8087	17가 8087	쏘렌토	2001	영업부	ERP13A04	신서율		사용

① [ERP13A02.김은찬]이 관리하고 있는 업무용승용차는 [12가 0102.티볼리]다.

07 [회계관리] – [전표/장부관리] – [채권년령분석]
→ [채권잔액일자 : 2024/06/30] – [전개월수 : 4] – [계정과목 : 1.계정별_10800.외상매출금]

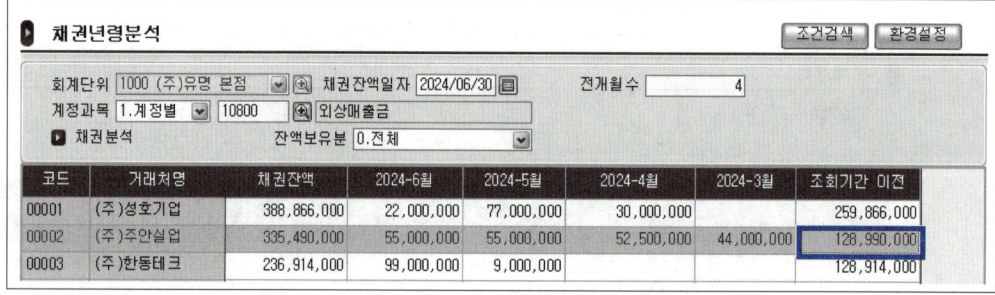

코드	거래처명	채권잔액	2024-6월	2024-5월	2024-4월	2024-3월	조회기간 이전
00001	(주)성호기업	388,866,000	22,000,000	77,000,000	30,000,000		259,866,000
00002	(주)주안실업	335,490,000	55,000,000	55,000,000	52,500,000	44,000,000	128,990,000
00003	(주)한동테크	236,914,000	99,000,000	9,000,000			128,914,000

④ [00002.㈜주안실업]의 '외상매출금 조회기간 이전' 금액은 128,990,000원이다.

08 [회계관리] - [결산/재무제표관리] - [기간별손익계산서] - [분기별] 탭
→ [기간 : 1/4분기 ~ 4/4분기]

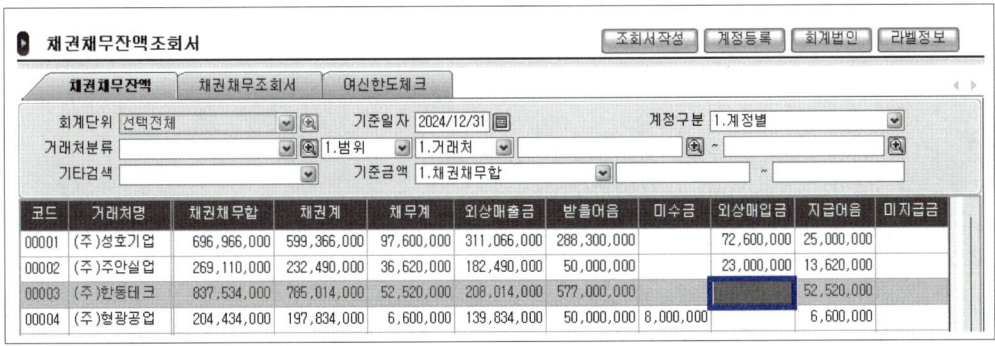

② 보험료 계정이 가장 많이 발생한 분기는 14,400,000원 발생한 2/4분기다.

09 [회계관리] - [전표/장부관리] - [채권채무잔액조회서] - [채권채무잔액] 탭
→ [기준일자 : 2024/12/31]

③ [00003.㈜한동테크]의 외상매입금 잔액은 없다.

10 [회계관리] - [전표/장부관리] - [전표승인해제]
→ [전표상태 : 미결] - [결의기간 : 2024/06/01 ~ 2024/06/30]

① 조회기간 전표상태가 미결인 전표는 모두 4건이다.

11 [회계관리] – [예산관리] – [예산초과현황]
→ [조회기간 : 2024/01 ~ 2024/03] – [집행방식 : 2.승인집행]

코드	계정과목	신청예산	편성예산	실행예산	집행실적	차이	집행율(%)
80200	직원급여		120,000,000	120,000,000	60,000,000	60,000,000	50
80300	상여금		60,000,000	60,000,000		60,000,000	0
81100	복리후생비		9,000,000	9,000,000	5,270,000	3,730,000	59
81200	여비교통비		2,000,000	2,000,000	1,970,000	30,000	99
81300	접대비		5,000,000	5,000,000	3,430,000	1,570,000	69
81400	통신비		1,000,000	1,000,000	735,000	265,000	74
81500	수도광열비		1,000,000	1,000,000	695,000	305,000	70
81900	지급임차료		2,000,000	2,000,000		2,000,000	0
82100	보험료		10,000,000	10,000,000	5,200,000	4,800,000	52
82200	차량유지비		3,000,000	3,000,000	1,230,000	1,770,000	41
82900	사무용품비		2,000,000	2,000,000	710,000	1,290,000	36
83100	지급수수료		200,000	200,000	17,000	183,000	9

② 집행율이 가장 큰 계정과목은 99%가 집행된 [81200.여비교통비]다.

12 [회계관리] – [전표/장부관리] – [현금출납장] – [전체] 탭
→ [기표기간 : 2024/01/01 ~ 2024/01/31]

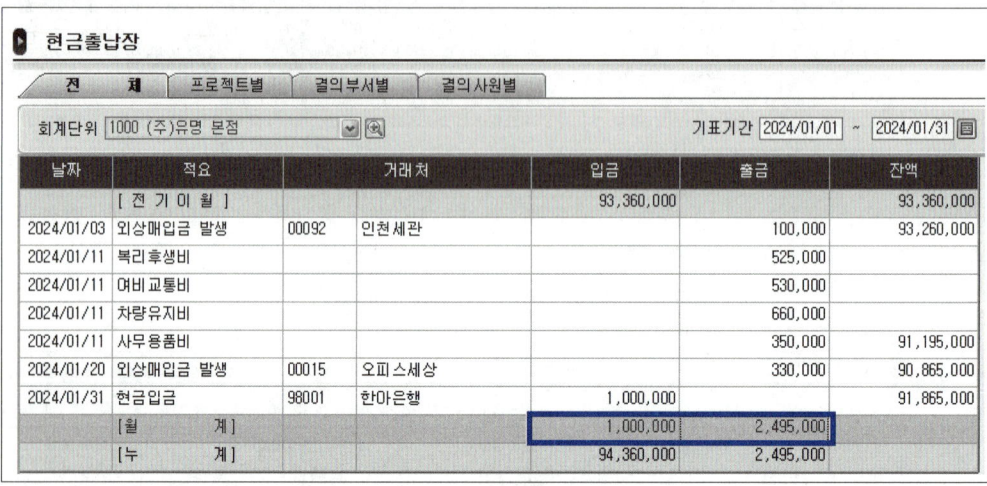

② 조회기간 월계를 통해 입금 1,000,000원, 출금 2,495,000원임이 확인된다.

13 (1) 자본적 지출 등록

[회계관리] – [고정자산관리] – [고정자산등록]

→ [자산유형 : 21200.비품] – 좌측 [21200008.에어컨] 클릭 – 우측 [주요등록사항] 탭 – [취득원가(4,000,000원), 상각방법(1.정액법), 내용연수(4)] 입력

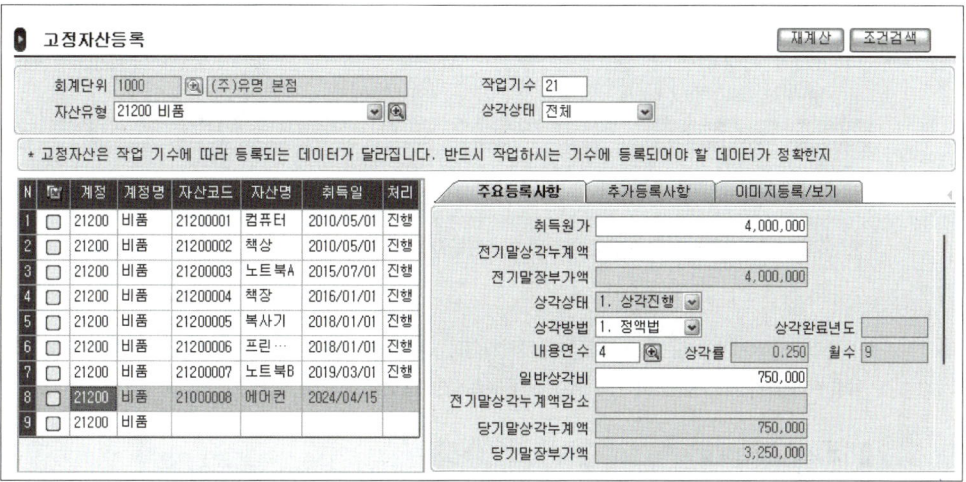

(2) 감가상각비 조회

[회계관리] – [고정자산관리] – [감가상각비현황] – [총괄] 탭

→ [기간 : 2024/01 ~ 2024/12]

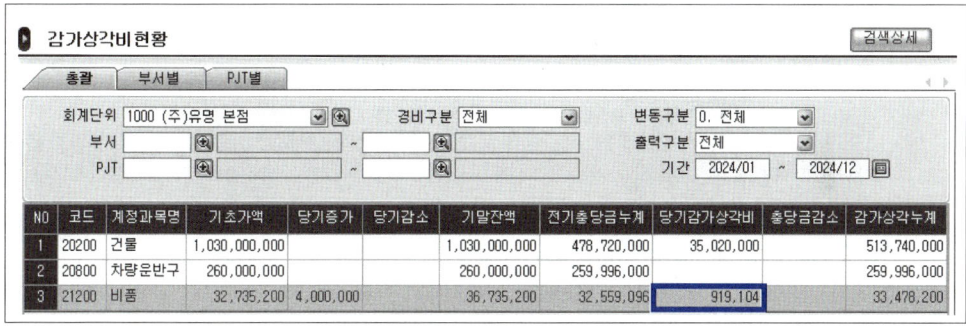

③ 신규 취득한 에어컨의 감가상각비 750,000원을 포함해 비품의 당기 감가상각비는 919,104원이다.

14 [회계관리] – [전표/장부관리] – [외화명세서] – [원장] 탭
→ [기표기간 : 2024/01/01 ~ 2024/12/31] – [계정과목 : 10302.외화예금]

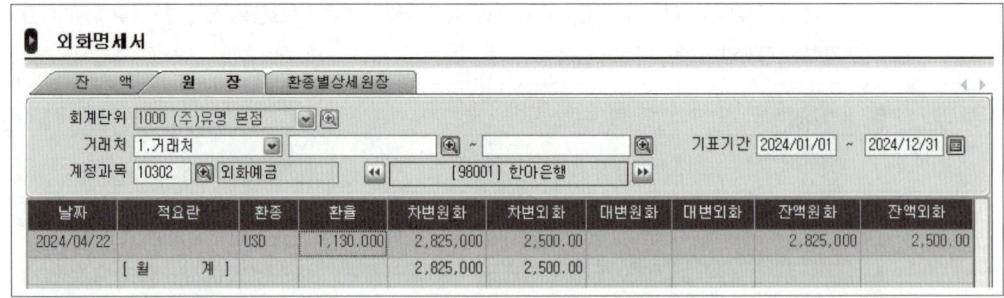

④ 외화환산손익 = (결산시점 환율 1,230원/$ – 거래시점 환율 1,130원/$) × 외화수량 2,500$ = 250,000원(이익)

15 [회계관리] – [부가가치세관리] – [세금계산서합계표] – [전자세금계산서외(전자 11일경과 전송분포함)] 탭
→ [기간 : 2024/01 ~ 2024/03] – [구분 : 1.매출] 조회 후 팝업창 [예] 클릭

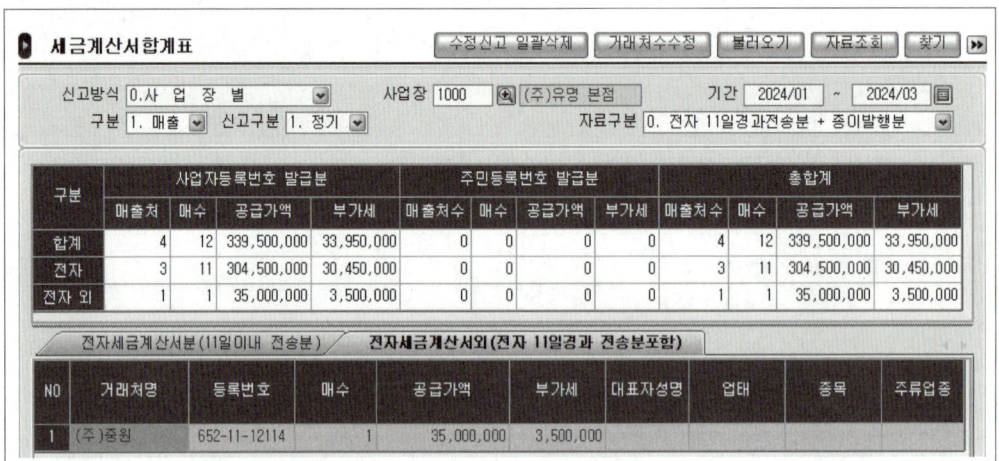

④ 전자세금계산서 외 거래건이 1건(㈜중원) 존재한다.

16 [회계관리] – [전표/장부관리] – [매입매출장] – [세무구분별] 탭
→ [조회기간 : 신고기준일_2024/04/01 ~ 2024/06/30] – [출력구분 : 1.매출] – [세무구분 : 17.카드매출 ~ 17.카드매출]

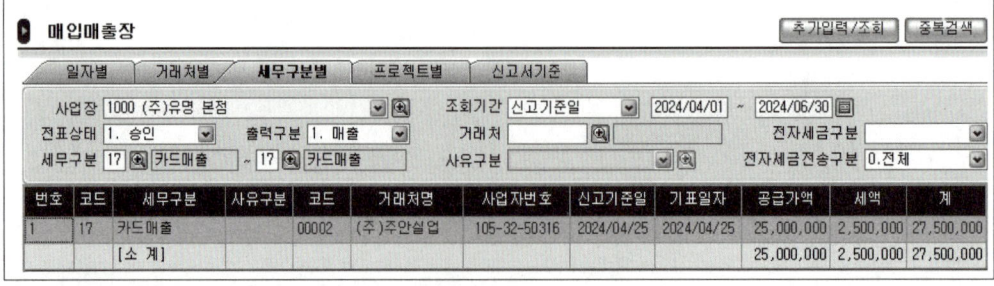

② 카드매출은 거래처 [00002.㈜주안실업]와의 거래에서 발생했다.

17 [회계관리] - [부가가치세관리] - [부가세신고서] - [일반과세] 탭
→ [기간 : 2024/04/01 ~ 2024/06/30] - 상단 [불러오기] 버튼

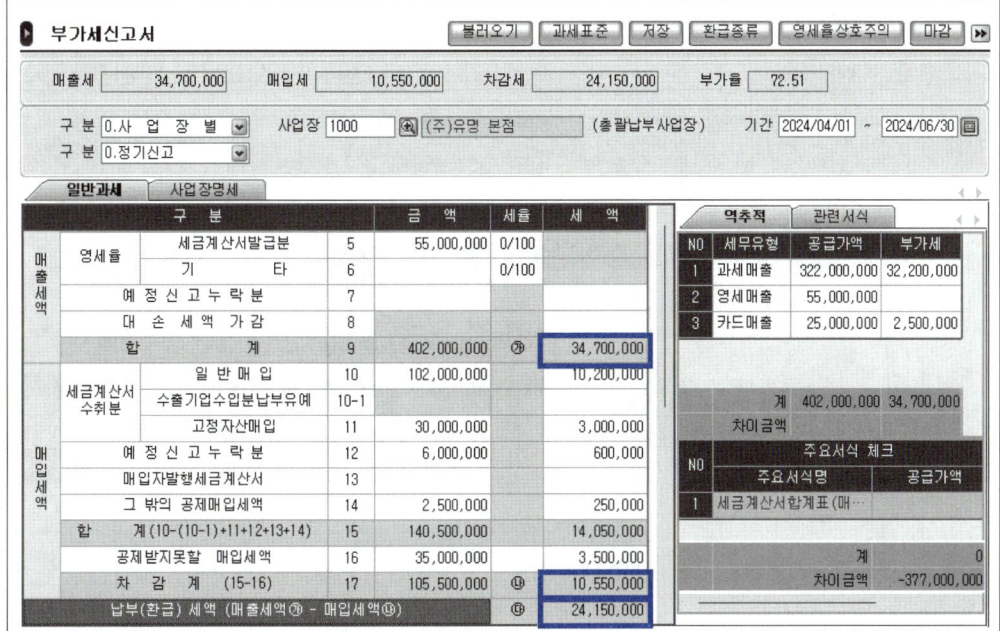

- 차변에는 매출세액의 합계액을 부가세예수금 계정으로 기입하고, 대변에는 공제대상인 매입세액의 합계액을 부가세대급금 계정으로 기입한 후 [부가세예수금 > 부가세대급금]이면 대변에 미지급금, [부가세예수금 < 부가세대급금]이면 차변에 미수금을 기입한 후 대차평균에 맞는 금액을 기입한다.

※ 경감세액 등이 있는 경우 대변에 잡이익, 가산세 등이 있는 경우에는 차변에 잡손실로 관련 금액을 기입한 후 대차평균을 진행하면 된다.

③ 회계처리   (차) 부가세예수금   34,700,000원   (대) 부가세대급금   10,550,000원
                                                                                               미지급금   24,150,000원

18 [회계관리] – [부가가치세관리] – [부가세신고서] – [일반과세] 탭
→ [기간 : 2024/04/01 ~ 2024/06/30] – 상단 [불러오기] 버튼 – [예정신고누락분]란 더블클릭 – [12.예정 신고 누락 명세서 [매입] (ESC 복귀)] 팝업창 확인

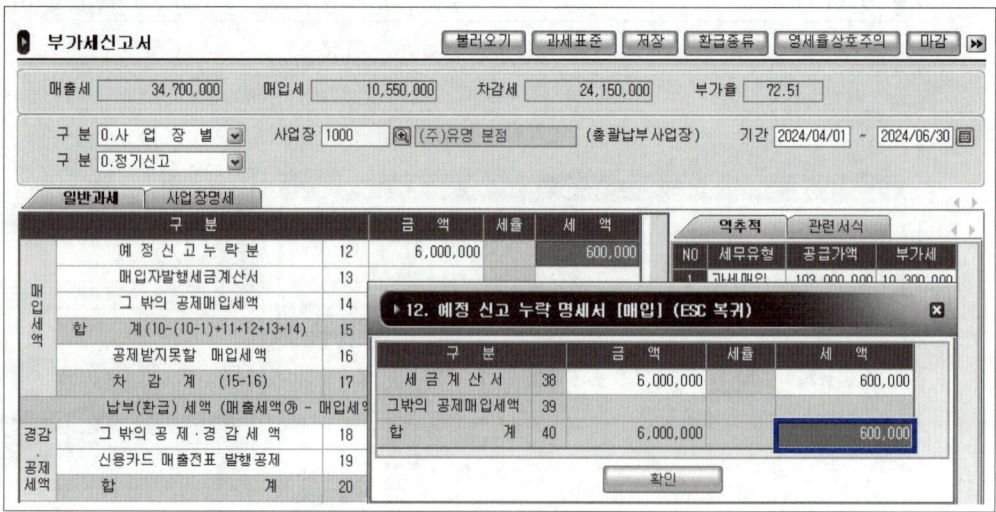

③ 예정신고누락분 합계 세액은 600,000원이다.

19 [회계관리] – [부가가치세관리] – [건물등감가상각자산취득명세서]
→ [기간 : 2024/01 ~ 2024/03] – [정기/수정구분 : 0.정기] – 상단 [불러오기] 버튼 – 팝업창 [예] 클릭

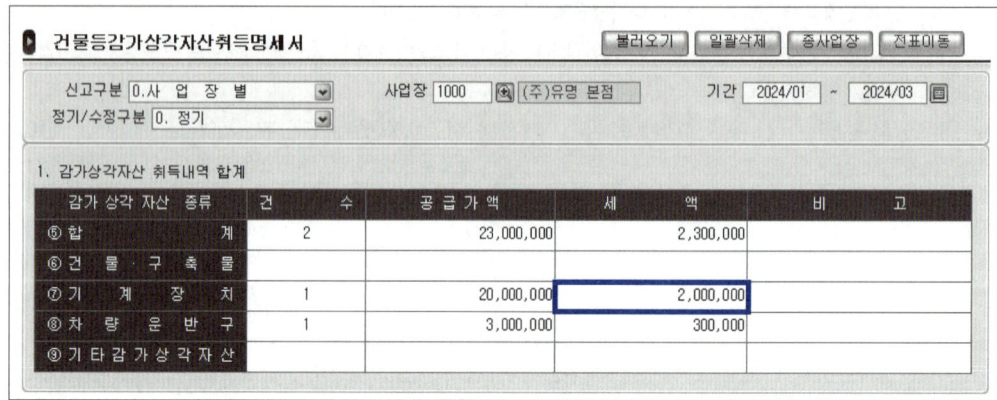

① 기계장치 매입(취득)에 대한 세액 합계액은 2,000,000원이다.

20 (1) 신고유형 확인

[시스템관리] - [회사등록정보] - [시스템환경설정]

→ [조회구분 : 0.전체] - [환경요소 : 신고유형]

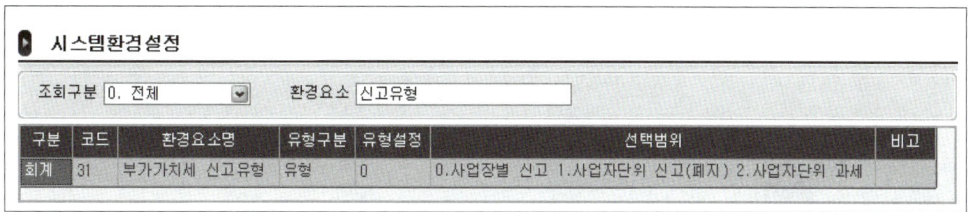

(2) 납부유형 확인

[시스템관리] - [회사등록정보] - [사업장등록]

→ 상단 [주(총괄납부)사업장등록] 버튼 - [주(총괄납부)사업장 등록] 팝업창 확인

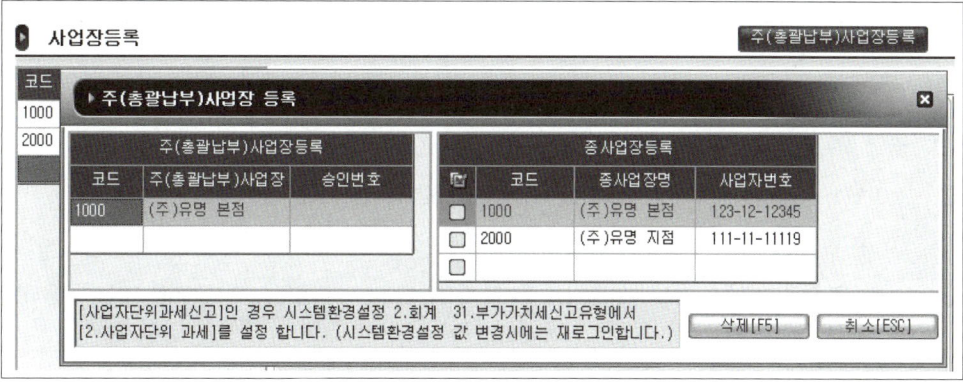

④ 총괄납부 사업자로 신고는 각 사업장별로 하고 납부는 주사업장에서 총괄하여 납부한다.

제 99 회 정답 및 해설

이론문제

01	02	03	04	05	06	07	08	09	10
③	①	③	③	③	①	③	④	④	②
11	12	13	14	15	16	17	18	19	20
④	②	②	③	①	①	③	④	②	③

01 ③ 총소유비용(Total Cost of Ownership)에 대한 설명이다.

02 ① ERP는 [MRP Ⅰ → MRP Ⅱ → ERP → 확장형 ERP] 순으로 발전된다.

03 ③ 기존 업무에 맞추어 커스터마이징하는 것보다 최적화 솔루션이 적용된 ERP 패키지를 그대로 사용하는 것이 효과적이다.

04 ③ 모든 어플리케이션을 보관할 수 없으므로 어플리케이션을 지원받거나 설치하는 데 제약이 있을 수 있다.

클라우드 ERP의 특징과 효과
• ERP 구축 시 드는 비용과 유지보수비용 절감 • 안정적 데이터 관리와 뛰어난 보안성 • IT자원 관리의 효율화와 관리비용의 절감 • 원격근무 환경 구현을 통한 스마트워크 환경 정착

05 ③ 재무제표의 기본가정은 계속기업의 가정, 기업실체의 가정, 기간별 보고의 가정이다.

06 ① 기초자본 = 기말자본 4,000,000원 − (총수익 8,000,000원 − 총비용 5,000,000원) = 1,000,000원

07 ③ 유형자산에 대한 감가상각비는 판매관리비에 속하는 손익계산서 항목이다.
• 자기주식처분이익(자본), 매도가능증권의 평가손익(자본), 특허권을 취득하기 위해 지급한 금액(자산)은 재무상태표에 포함되는 내용이다.

| 08 | ④ 거래의 이중성에 대한 설명이다. |

| 09 | ④ (차) 재해손실(비용의 발생)　　　　6,000,000원　　(대) 상품(자산의 감소)　　　　6,000,000원 |

• 주문, 근로계약, 지급하기로 한 거래는 회계상 거래에 해당되지 않는다.

| 10 | ② 영업용 화물자동차의 자동차세를 납부한 경우에는 세금과공과로 처리하고, 사장 개인의 보험료를 지급한 경우와 같이 기업주가 개인용도로 사용한 경우에는 인출금으로 처리한다. |

| 11 | • 만기가 1년 이내로 도래한 장기차입금은 '유동성장기부채로'도 전환해야 한다.
④ 2023년 12월 31일　(차) 장기차입금　　10,000,000원　(대) 유동성장기부채　　10,000,000원 |

| 12 | ② 매출채권에 대한 어음 수령은 받을어음으로, 타인발행수표 수령은 현금으로 처리한다.
• 회수 시　　(차) 받을어음　　700,000원　(대) 외상매출금　　1,000,000원
　　　　　　　　현　금　　300,000원 |

| 13 | ② 단기 시세차익을 목적으로 하는 타사발행주식은 단기매매증권으로 처리한다. |

| 14 | • 받을어음 대손충당금 보충액 = (받을어음 4,000,000원 × 대손율 2%) − 대손충당금 잔액 70,000원 = 10,000원
• 외상매출금 대손충당금 보충액 = (외상매출금 3,500,000원 × 대손율 2%) − 대손충당금 잔액 50,000원 = 20,000원
③ 회계처리　　(차) 대손상각비　　30,000원　(대) 대손충당금(받을어음)　　10,000원
　　　　　　　　　　　　　　　　　　　　　　　　대손충당금(외상매출금)　　20,000원 |

| 15 | ① 취득원가 = 주식수 2,000주 × 취득단가 5,000원 = 10,000,000원
※ 단기매매증권 취득 시 수수료 및 제세는 취득원가에 포함하지 않는다. |

| 16 | ① 감가상각비 = (취득원가 50,000,000원 − 잔존가액 5,000,000원) ÷ 내용연수 20년 = 2,250,000원 |

| 17 | ③ 자본 = (외상매출금 800,000원 + 당좌예금 50,000원 + 미수금 90,000원 + 현금 160,000원 + 단기대여금 110,000원) − (단기차입금 290,000원 + 예수금 140,000원 + 지급어음 60,000원) = 720,000원 |

18 • 누락분개　　(차) 미수수익(자산의 증가)　　500,000원　　(대) 수수료수익(수익의 발생)　　500,000원

④ 누락분개에 따라 자산(미수수익)과 수익(수익수수료)이 과소계상되며, 수익의 과소계상에 따라 당기순이익이 과소계상되어 자본의 과소계상을 야기한다.

19 • 누락분개　　(차) 임대료(수익의 이연)　　5,000원　　(대) 선수수익(부채의 증가)　　5,000원

② 누락분개 계상 시 임대료 5,000원이 차기로 이월되어 당기수익이 감소되므로 당기순이익도 5,000원 감소한다.

20 ③ 감자차손·자기주식·주식할인발행차금은 자본의 차감계정이고, 주식매수선택권은 자본의 가산계정이다.

실무문제

01	02	03	04	05	06	07	08	09	10
①	④	④	②	③	①	④	②	③	②
11	12	13	14	15	16	17	18	19	20
③	④	①	④	③	④	②	③	①	①

01 [시스템관리] – [회사등록정보] – [시스템환경설정]
→ [조회구분 : 0.전체] – [환경요소 : 전표출력]

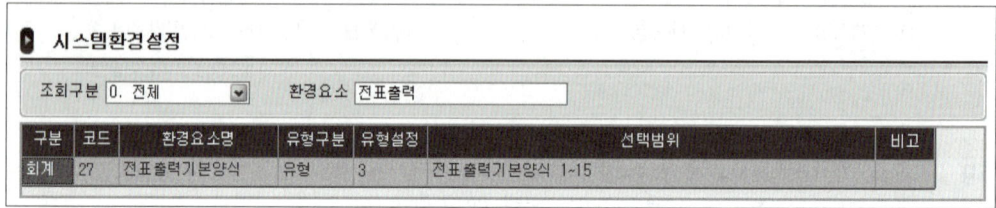

① 전표출력의 기본양식은 '3'번이다.

02 [시스템관리] – [회사등록정보] – [사원등록]
→ [부서 및 사원명검색 공란으로 조회]

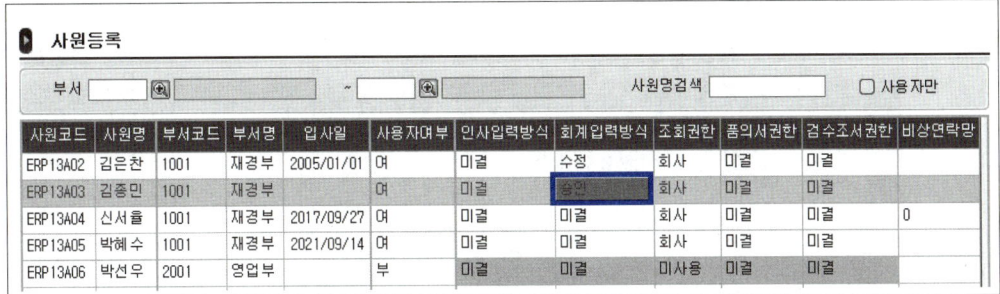

④ 김종민의 회계입력방식이 [승인]이므로 전표수정 권한은 승인이 해제된 미결전표에 대해서만 가능하다.

구 분	전표입력 시	전표수정 권한
0.미결	전표상태 미결로 저장	미결전표만 수정 가능
1.승인	전표상태 승인으로 저장(단, 대차차액 발생 시 미결)	미결전표만 수정가능
2.수정	전표상태 승인으로 저장(단, 대차차액 발생 시 미결)	미결 및 승인전표 모두 수정 가능

03 [시스템관리] – [기초정보관리] – [계정과목등록]
→ 우측 해당 계정과목 [자산/당좌자산/11000.받을어음] 클릭 후 좌측 [증빙필수입력여부] 확인

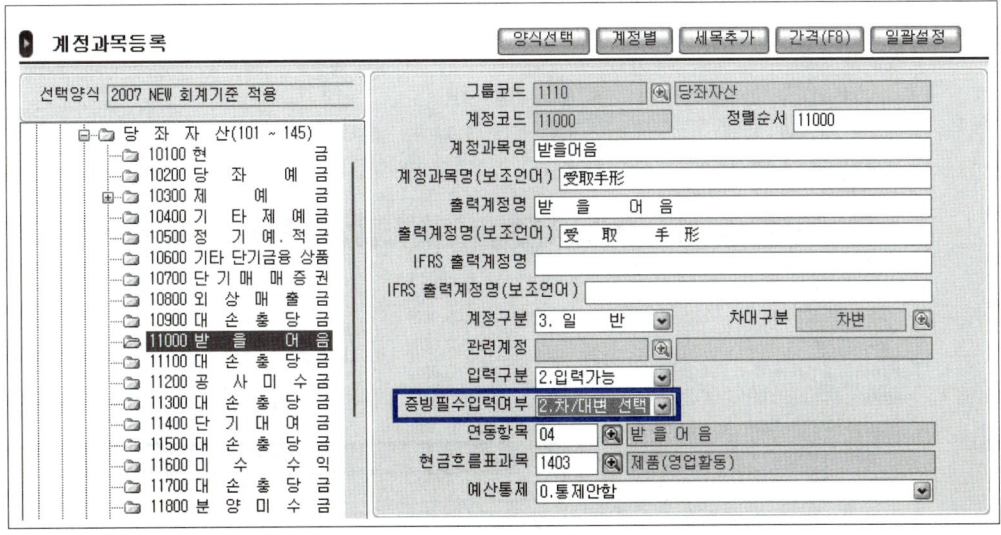

④ 전표입력 시 증빙입력 여부가 '선택'이므로 필수로 입력하지 않아도 된다.

04 [시스템관리] – [초기이월관리] – [회계초기이월등록] – 상단 [10800.외상매출금] 클릭 – 하단 확인

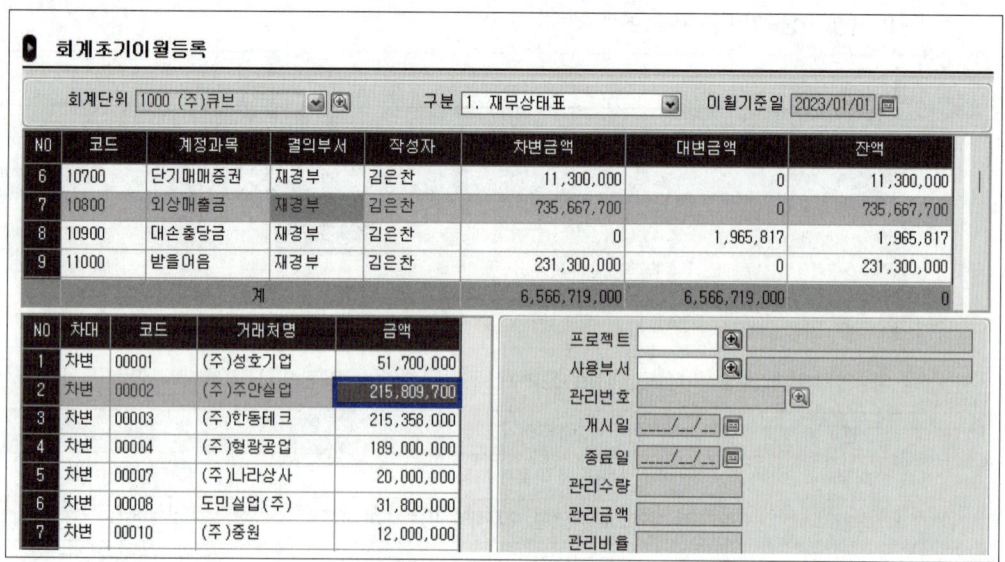

② 초기이월금액이 가장 큰 거래처는 215,809,700원의 ㈜주안실업이다.

05 [회계관리] – [전표/장부관리] – [거래처원장] – [잔액] 탭
→ [계정과목 : 1.계정별_40100.상품매출] – [기표기간 : 2023/01/01 ~ 2023/12/31]

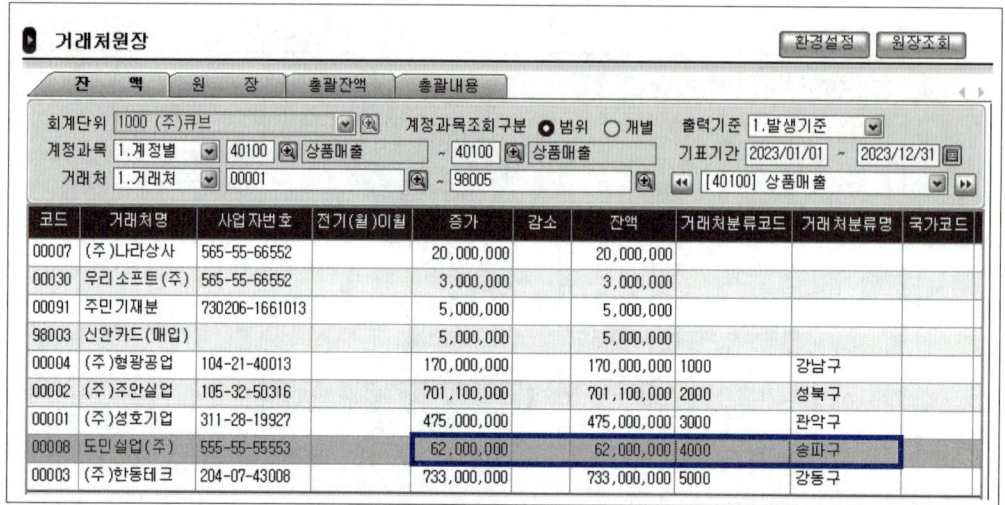

③ 지역별로 거래처분류가 된 거래처 중 상품매출액이 가장 적은 거래처는 도민실업㈜이며 해당 거래처의 거래처분류는 [4000.송파구]다.

06

(1) 예산통제구분 확인

[시스템관리] – [회사등록정보] – [시스템환경설정]

→ [조회구분 : 0.전체] – [환경요소 : 예산]

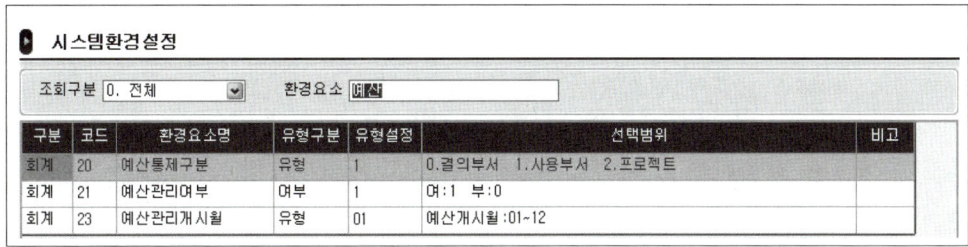

(2) 예산통제방식 확인

[시스템관리] – [기초정보관리] – [계정과목등록]

→ 우측 해당 계정과목 [손익/판매관리비/81100.복리후생비] 클릭 후 좌측 [예산통제] 확인

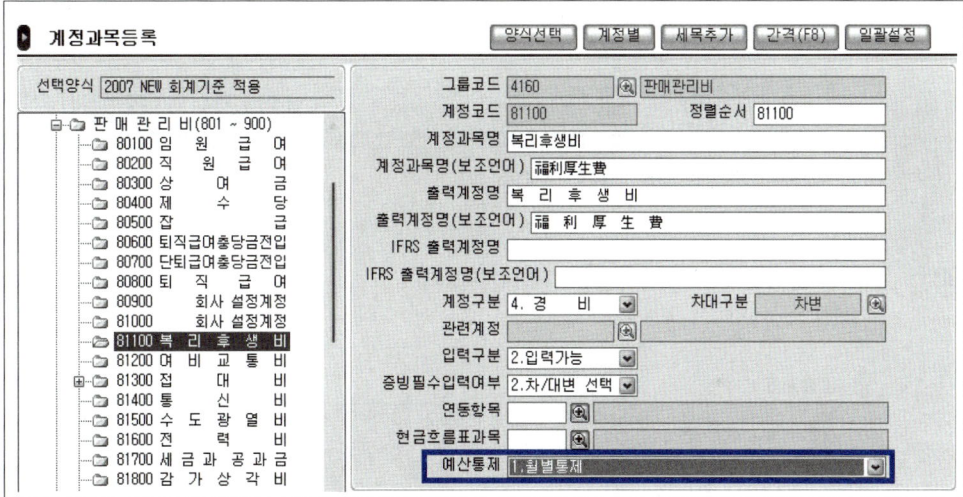

① 예산통제구분은 [1.사용부서]이며, 복리후생비의 예산통제방식은 [1.월별통제]다.

07 [회계관리] – [자금관리] – [일자별자금계획입력] – [자금계획입력] 탭
→ [계획년월 : 2023/05] – 조회 후 상단 [고정자금] 버튼 – [자금계획입력-고정자금등록] 팝업창 확인

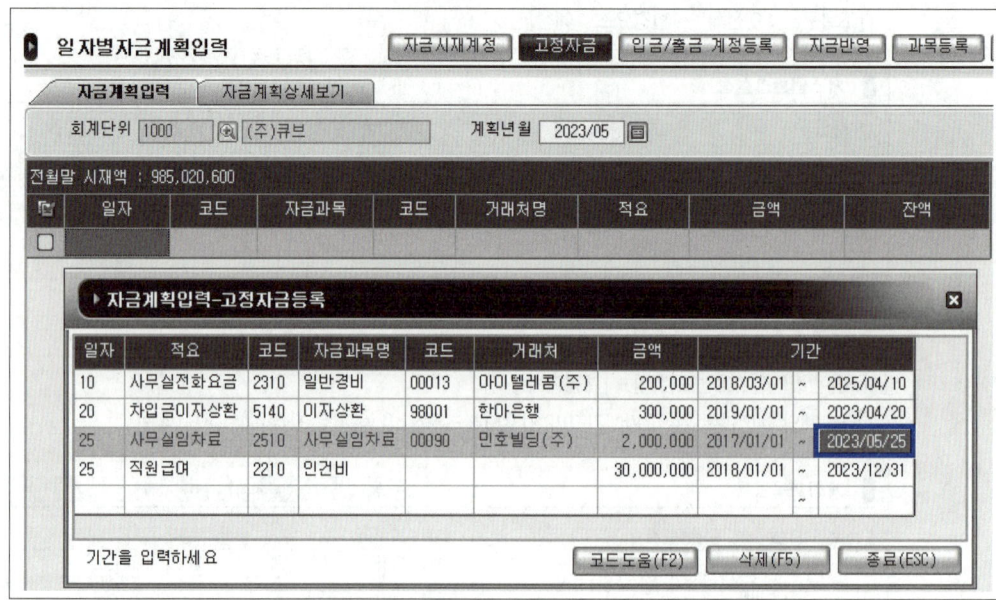

④ 사무실임차료의 종료일자가 2023년 5월 25일이다.

08 [회계관리] – [전표/장부관리] – [일월계표] – [일계표] 탭
→ [기간 : 2023/06/01 ~ 2023/06/30]

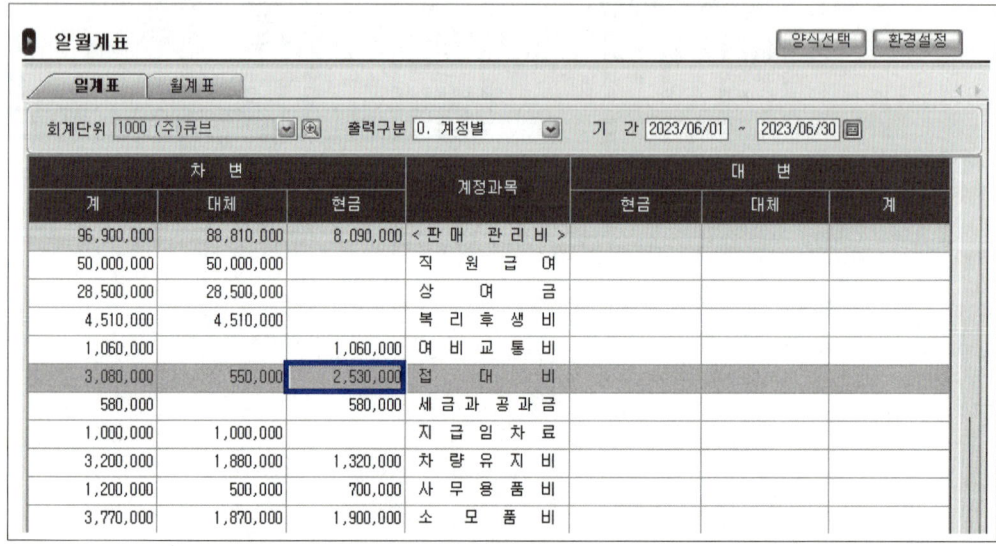

② 현금지출이 가장 큰 판매관리비는 2,530,000원의 [접대비]이다.

09 [회계관리] – [고정자산관리] – [고정자산관리대장]
→ [계정과목 : 20800.차량운반구]

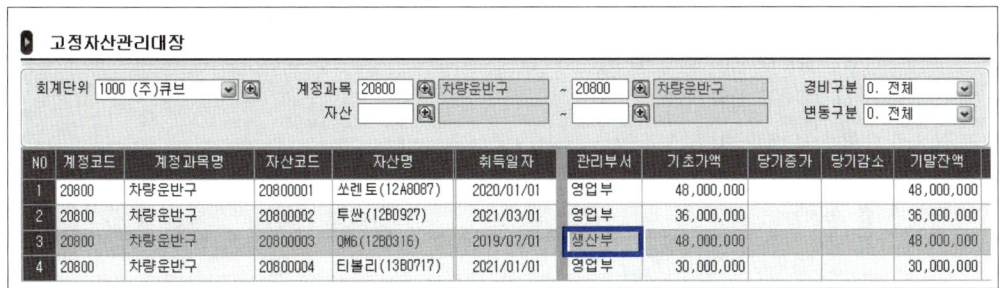

③ [20800003.QM6(12B0316)] 차량의 관리부서는 [2001.생산부]다.

10 [회계관리] – [결산/재무제표관리] – [기간별손익계산서] – [분기별] 탭
→ [기간 : 1/4분기 ~ 4/4분기]

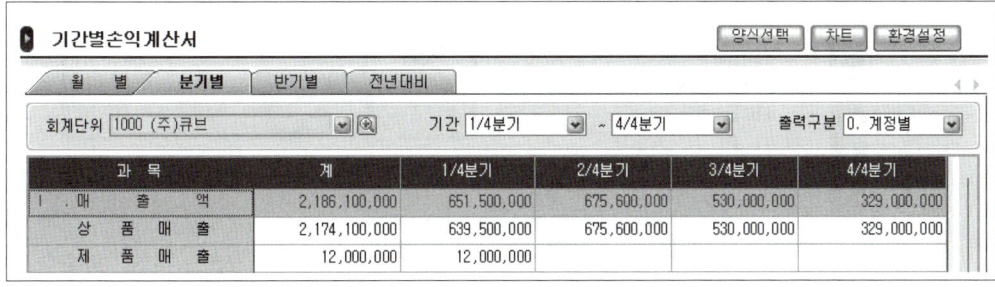

② 2023년 가장 큰 분기 매출액은 675,600,000원으로 2/4분기에 해당한다.

11 (1) 결산자료 입력

[회계관리] – [결산/재무제표관리] – [결산자료입력] – [결산자료] 탭

→ [기간 : 2023/01 ~ 2023/12] – [2.매출원가/(6)기말상품재고액/분개대상금액]란에 '200,000,000' 입력

→ 상단 [감가상각] 버튼 – 팝업창 [예] 클릭 – [4.판매비와일반관리비/5)감가상가가비/건물/분개대상금액]란에 '71,200,000' 반영 확인

→ 하단 [당기순이익] 확인

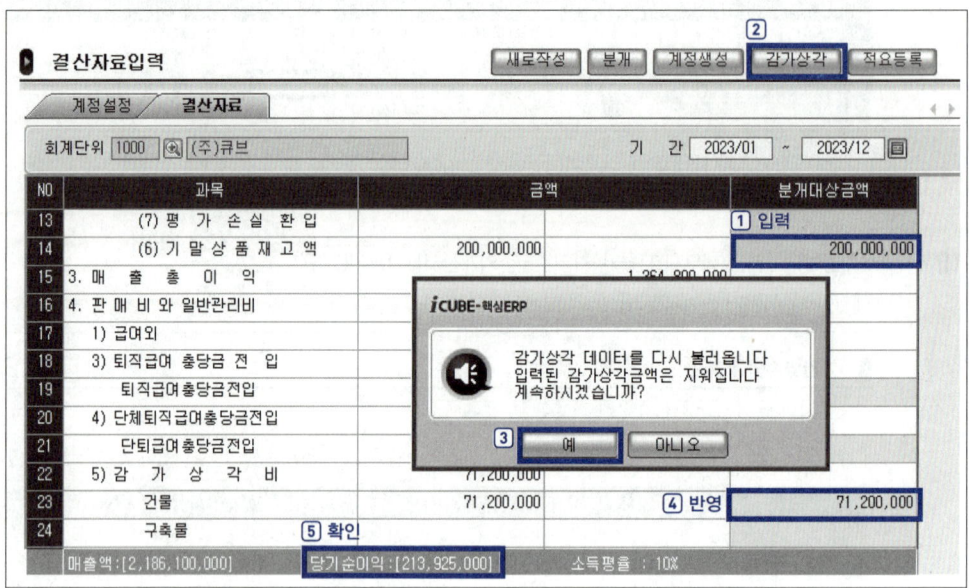

③ 기말상품재고액과 감가상각비 반영 이후 당기순이익은 213,925,000원이다.

12 [회계관리] – [전표/장부관리] – [관리항목원장] – [잔액] 탭

→ [관리항목 : D1.프로젝트] – [기표기간 : 2023/01/01 ~ 2023/12/31] – [계정과목 : 1.계정별_40100.상품매출 ~ 40100.상품매출]

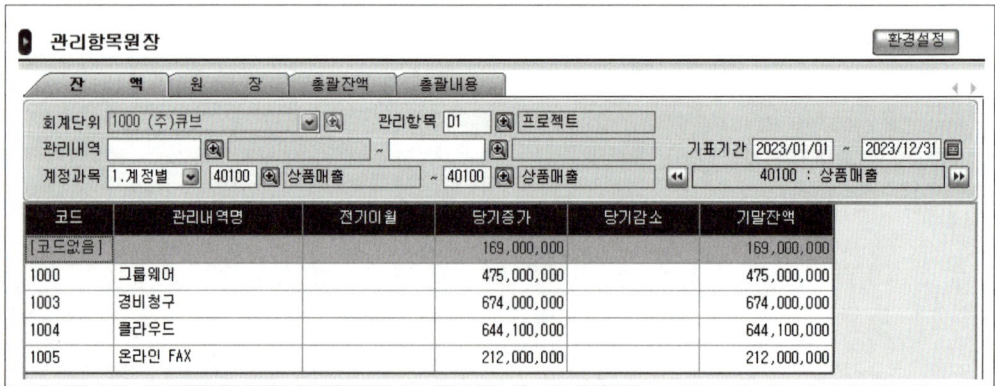

④ 관리항목별로 계정과목을 조회하는 경우 [관리항목원장] 메뉴가 가장 적합하다.

13 [회계관리] – [자금관리] – [지급어음명세서] – [어음조회] 탭
→ [조회구분 : 3.처리일_2023/07/20 ~ 2023/07/20]

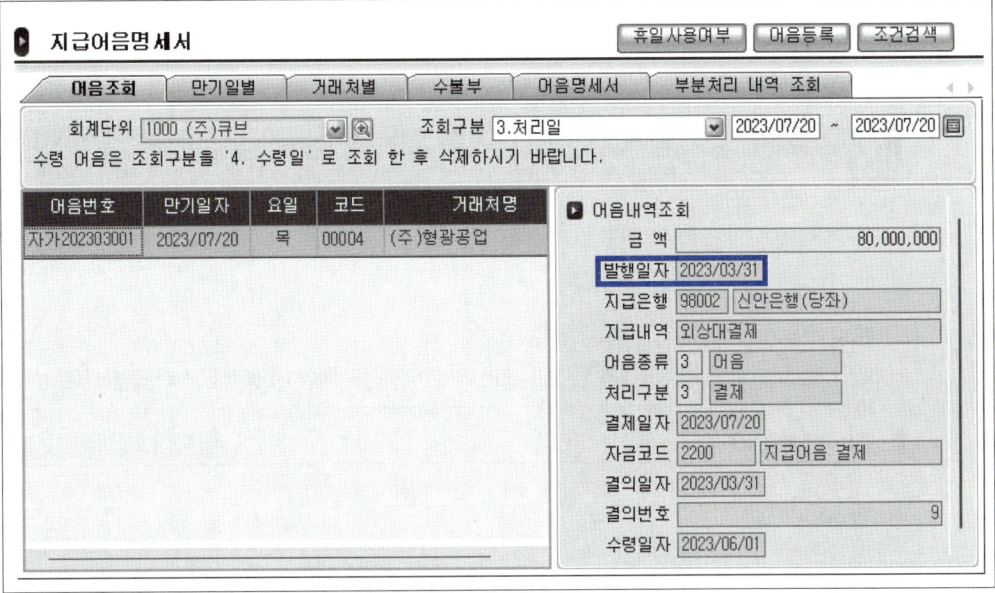

① 해당 어음의 발행일자는 2023년 3월 31일이다.

14 [회계관리] – [전표/장부관리] – [지출증빙서류검토표(관리용)] – [집계] 탭
→ [기표기간 : 2023/01/01 ~ 2023/12/31]

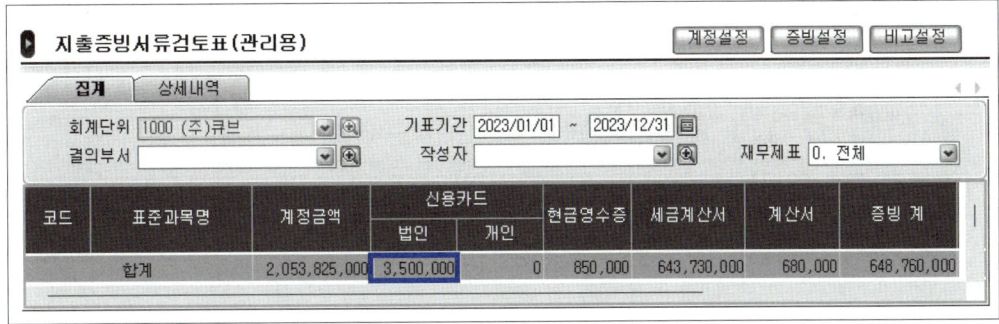

④ 하단 합계란에서 신용카드(법인) 3,500,000원, 계산서 680,000원, 현금영수증 850,000원, 세금계산서 643,730,000원이 확인된다.

15 [시스템관리] – [회사등록정보] – [시스템환경설정]
→ [조회구분 : 0.전체] – [환경요소 : 신고]

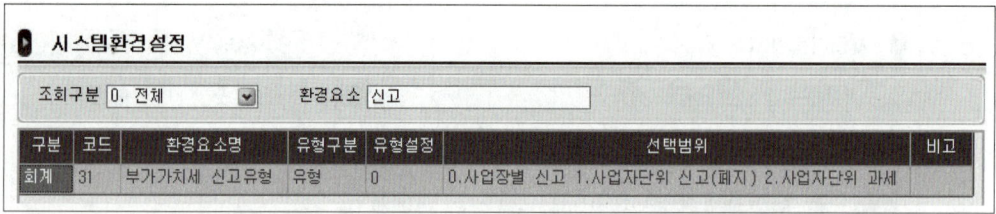

③ 부가가치세 신고유형은 [0.사업장별 신고]이다.

16 [회계관리] – [부가가치세관리] – [매입세액불공제내역]
→ [기간 : 2023/07 ~ 2023/09] 조회 후 상단 [불러오기] 버튼 – [공제받지 못할 매입세액] 팝업창 [예] 클릭

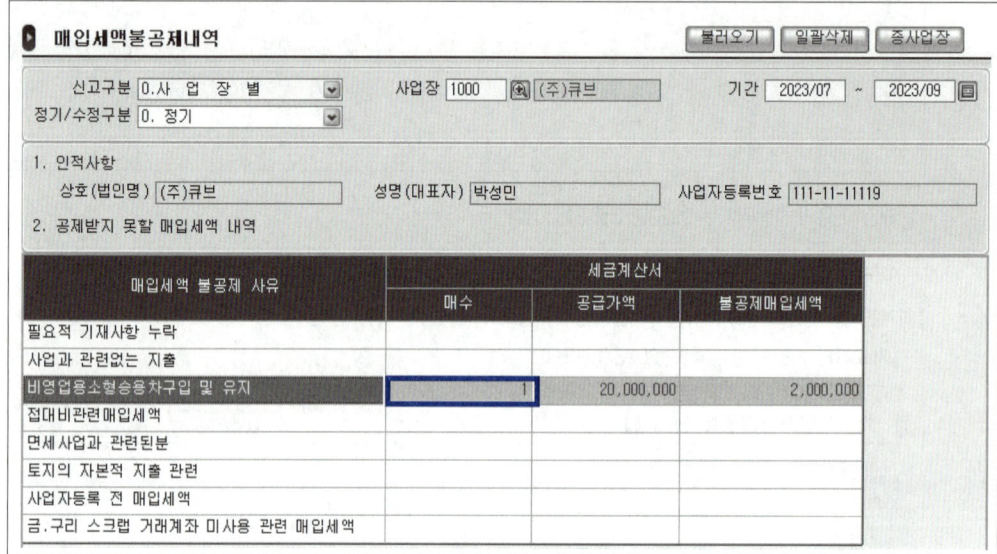

④ 1건이 [비영업용소형승용차구입 및 유지]의 사유로 작성되어 있다.

17 [회계관리] – [전표/장부관리] – [매입매출장] – [세무구분별] 탭
→ [조회기간 : 신고기준일_2023/07/01 ~ 2023/09/30]

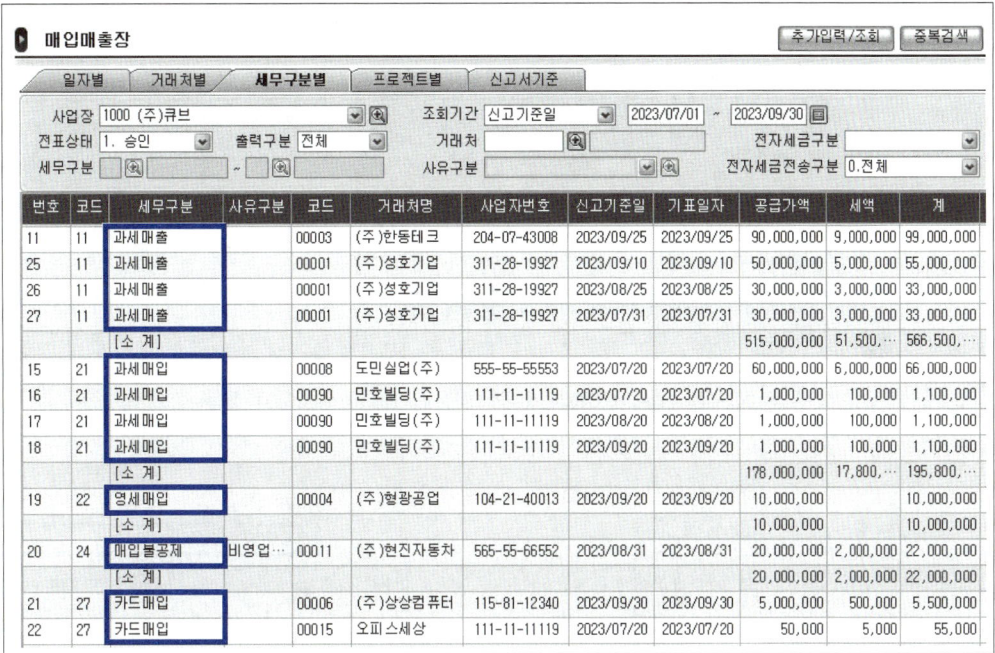

② [11.과세매출], [21.과세매입], [22.영세매입], [24.매입불공제], [27.카드매입]은 존재하며, [12.영세매출]은 발생하지 않았다.

18 [회계관리] – [부가가치세관리] – [세금계산서합계표]
→ [기간 : 2023/10 ~ 2023/12] – [구분 : 1.매출] 조회 후 하단 [전자세금계산서분(11일이내 전송분)]

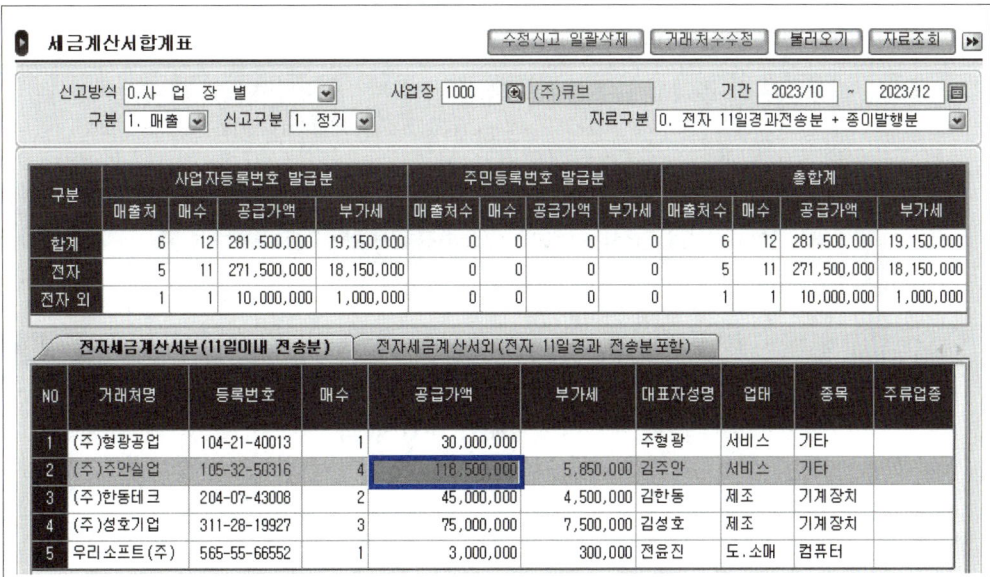

③ 조회기간 거래처별 세금계산서 중 발급금액이 가장 큰 거래처는 ㈜주안실업이다.

19 [회계관리] – [부가가치세관리] – [부동산임대공급가액명세서]
→ [기간 : 2023/07 ~ 2023/09] 조회 후 팝업창 [아니오] 클릭
→ [이자율 : 2.9] 확인 – 주어진 내용 입력 – [보증금이자(간주임대료)] 확인

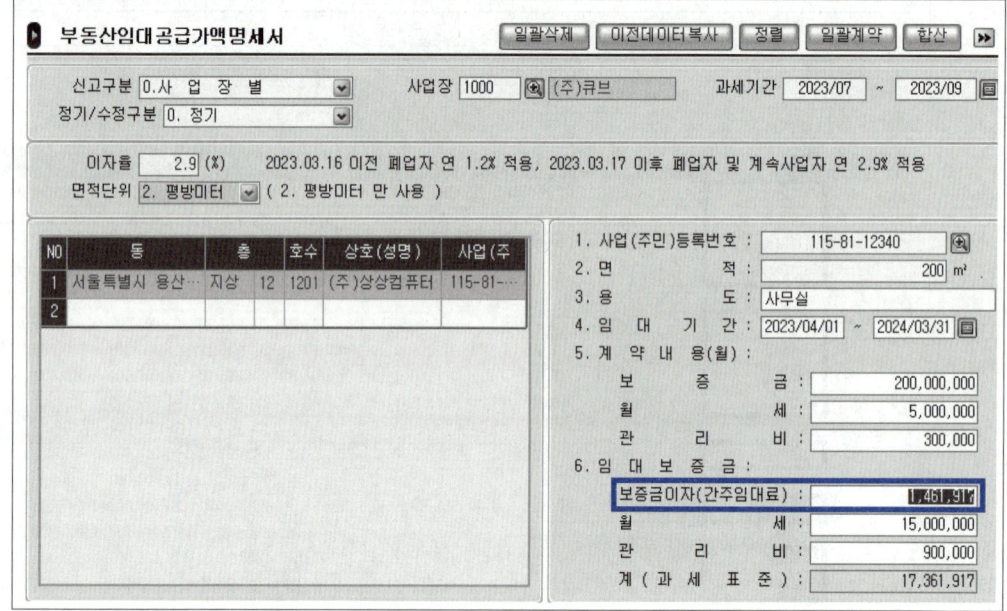

① 보증금이자(간주임대료)는 1,461,917원이다.

20 [회계관리] – [부가가치세관리] – [신용카드발행집계표/수취명세서] – [신용카드/현금영수증수취명세서] 탭
→ [기간 : 2023/07 ~ 2023/09] – 팝업창 [예] 클릭

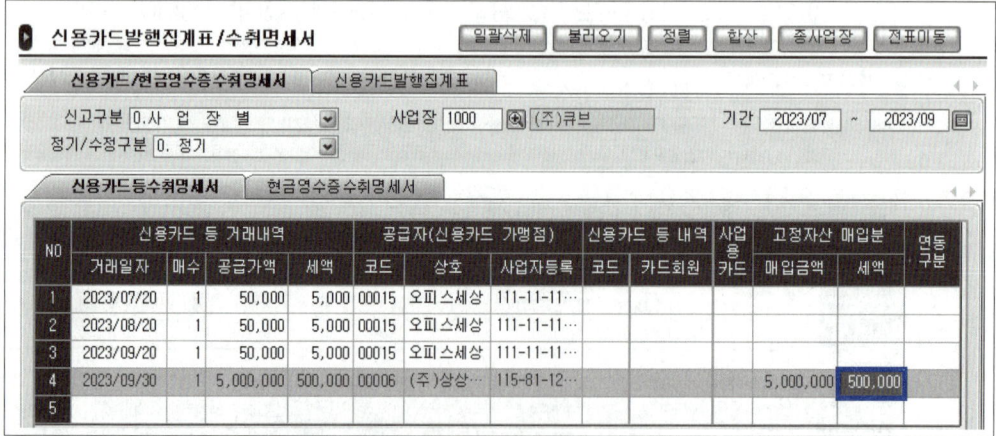

① 고정자산을 신용카드로 매입한 거래의 세액 합계는 500,000원이다.

제98회 정답 및 해설

이론문제

01	02	03	04	05	06	07	08	09	10
③	④	④	④	②	③	③	②	③	③
11	12	13	14	15	16	17	18	19	20
①	③	④	④	③	④	③	②	③	②

01 ③ 기존 정보시스템은 수직적으로 업무를 처리하고, ERP는 수평적으로 업무를 처리한다.

02 ④ 부서별, 사용자별로 업무의 범위를 사용권한으로 지정함으로써 내부적 보안을 도모한다.

03 ④ 모든 어플리케이션을 보관할 수 없으므로 어플리케이션을 지원받거나 설치하는 데 제약이 있을 수 있다.

04 ④ IT아웃소싱 업체로부터 독립적으로 운영하는 것은 어렵다.

05 ② 경영자는 내부이해관계자이고, 고객ㆍ금융기관ㆍ정부기관은 외부이해관계자다.

06 ③ 적시성에 대한 설명이다.

07 ③ 유동자산 = 현금및현금성자산 50,000원 + 매출채권 700,000원 + 상품 400,000원 = 1,150,000원
① 자본 = 자본금 1,200,000원 + 이익잉여금 50,000원 = 1,250,000원
② 투자자산 = 투자부동산 100,000원
④ 비유동부채 = 장기차입금 1,000,000원 + 퇴직급여충당부채 200,000원 = 1,200,000원

08 ② 기말 재고자산이 과소계상되면 매출원가는 과대계상되며, 당기순이익은 과소계상된다.

09 ③ 자본변동표에 대한 설명이다.
① 현금흐름표 : 일정기간 동안 기업의 현금 유출입에 대한 정보를 제공하는 재무제표
② 손익계산서 : 일정기간 동안 기업의 경영성과를 제공하는 재무재표
④ 제조원가명세서 : 제품 제조에 소요된 원가의 계산 명세를 나타내는 보고서

10 ③ 매출에누리에 대한 설명이다.
① 매출할인 : 상품의 매입자가 판매대금을 조기에 지급하는 경우에 값을 깎아주는 것
② 매출환입 : 판매된 상품에 파손이나 결함이 있어 판매된 상품이 반품되는 것
④ 매출채권처분손실 : 매출채권을 처분해 자금을 조달하는 거래에서 발생한 손실

11
① (차) 현 금(자산의 증가)　　　　　　xxx　　(대) 단기차입금(부채의 증가)　　　xxx
② (차) 미지급금(부채의 감소)　　　　xxx　　(대) 현금 등(자산의 감소)　　　　xxx
③ (차) 외상매입금(부채의 감소)　　　xxx　　(대) 현 금(자산의 감소)　　　　　xxx
④ (차) 받을어음(자산의 증가)　　　　xxx　　(대) 외상매출금(자산의 감소)　　xxx

12 ③ 미지급금은 일반적인 상거래 외의 거래에서 발생하는 부채다.

13 • 동점이 발행한 당좌수표는 현금 계정으로 기입한다.
④ (차) 현 금　　　　　200,000원　　(대) 상품매출　　　200,000원
① (차) 당좌예금　　　　300,000원　　(대) 외상매출금　　300,000원
② (차) 상 품　　　　　200,000원　　(대) 당좌예금　　　200,000원
③ (차) 당좌예금　　　　500,000원　　(대) 현 금　　　　500,000원

14 ④ 장기보유를 목적으로 취득했으므로 매도가능증권이며, 매도가능증권의 거래수수료는 취득원가에 가산한다.
• 회계처리　　(차) 매도가능증권　　6,100,000원　　(대) 현금 등　　6,100,000원

15 • 상품매출 = 수량 500개 × 판매단가 1,000원 = 500,000원
③ 상품매출 500,000원을 받을어음 300,000원과 외상매출금 200,000원으로 받은 거래로, 받을어음과 외상매출금을 모두 포함하는 개념인 매출채권의 금액은 500,000원이 된다.

16 ④ 선입선출법에 대한 설명이다.

17 ③ 할증발행과 할인발행 여부와 관계없이 상각액은 매년 증가한다.

18 ② 자기주식에 대한 설명이다.

19 ③ 감자차익 = (감자주식 수 150주 × 액면가액 5,000원) − 현금지급액 500,000원 = 250,000원

20
② (차) 현금 등(자산의 증가) ×××　(대) 임대료수익(수익의 발생) ×××
① (차) 비 품(자산의 증가) ×××　(대) 미지급금(부채의 증가) ×××
③ (차) 매출채권(자산의 증가) ×××　(대) 상품매출(수익의 발생) ×××
④ (차) 차입금(부채의 감소) ×××　(대) 현 금(자산의 감소) ×××

실무문제

01	02	03	04	05	06	07	08	09	10
②	③	④	①	①	③	①	④	②	①
11	12	13	14	15	16	17	18	19	20
②	③	④	③	④	④	③	②	②	①

01 [시스템관리] − [기초정보관리] − [계정과목등록]
→ 우측 해당 계정과목 클릭 후 좌측 확인

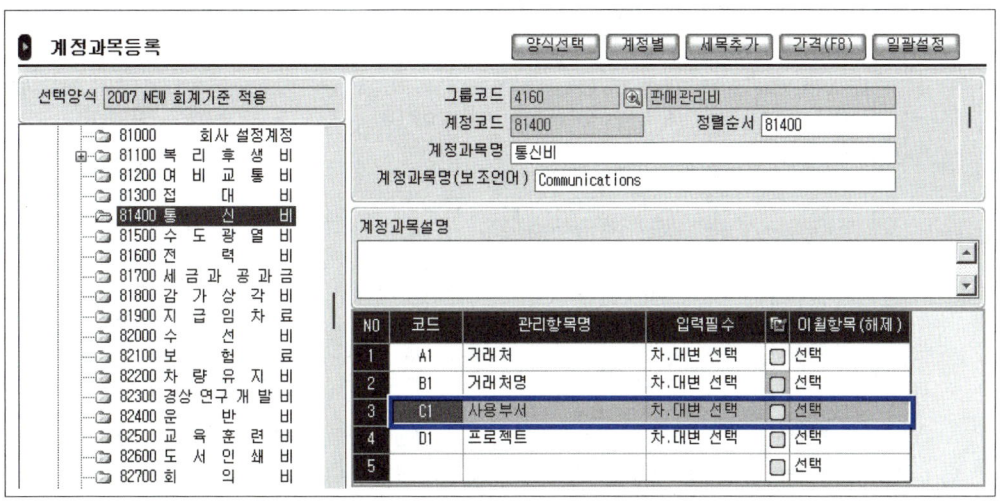

② [81400.통신비] 계정은 이월항목이 선택되어 있지 않으므로 사용부서별로 이월되지 않는다.

02 [시스템관리] – [회사등록정보] – [시스템환경설정]
→ [조회구분 : 0.전체] – [환경요소 : 키워드 입력]

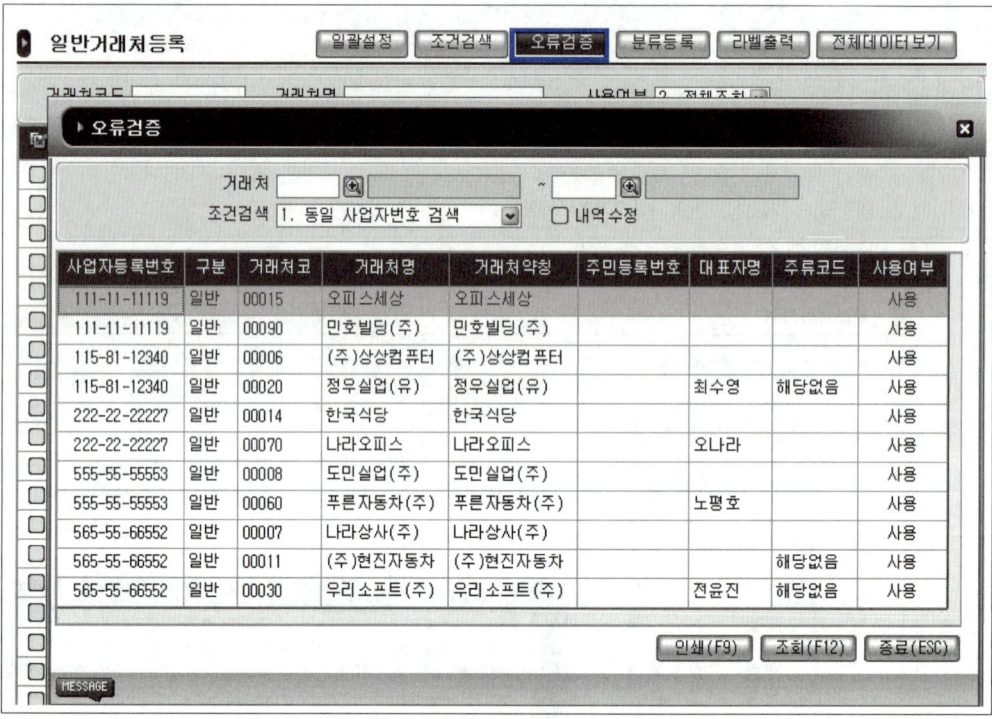

③ [거래처코드자동부여]의 유형설정이 [0.사용안함]이므로 코드가 자동부여되지 않는다.

03 [시스템관리] – [기초정보관리] – [일반거래처등록]
→ 상단 [오류검증] 버튼 – [오류검증] 팝업창 – [조건검색 : 1.동일 사업자번호 검색]

④ [오류검증] 버튼 및 팝업창으로 확인되는 사업자번호 중복 거래처는 모두 11개다.

04 [회계관리] – [전표/장부관리] – [채권채무잔액조회서] – [여신한도체크] 탭
→ [기준일자 : 2023/03/31] – [기타검색_여신한도 사용업체만] 체크

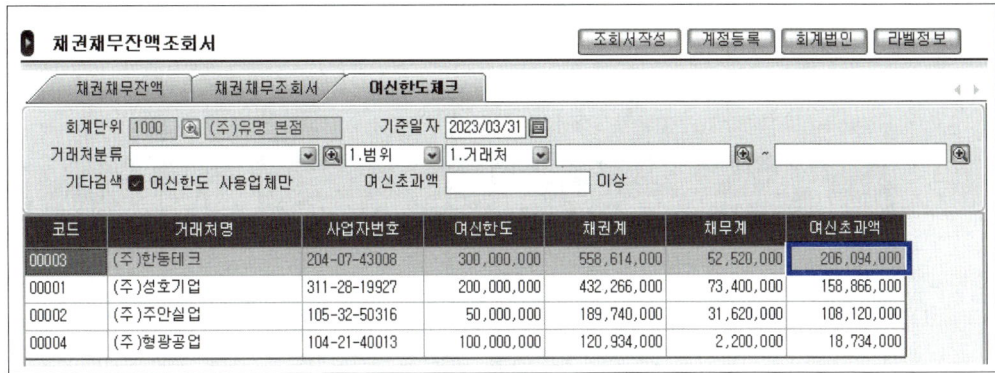

① 여신초과액이 가장 큰 거래처는 206,094,000원의 ㈜한동테크다.

05 [회계관리] – [예산관리] – [예산초과현황]
→ [조회기간 : 2023/01 ~ 2023/06] – [집행방식 : 2.승인집행] – [관리항목 : 0.부서별_1001.재경부]

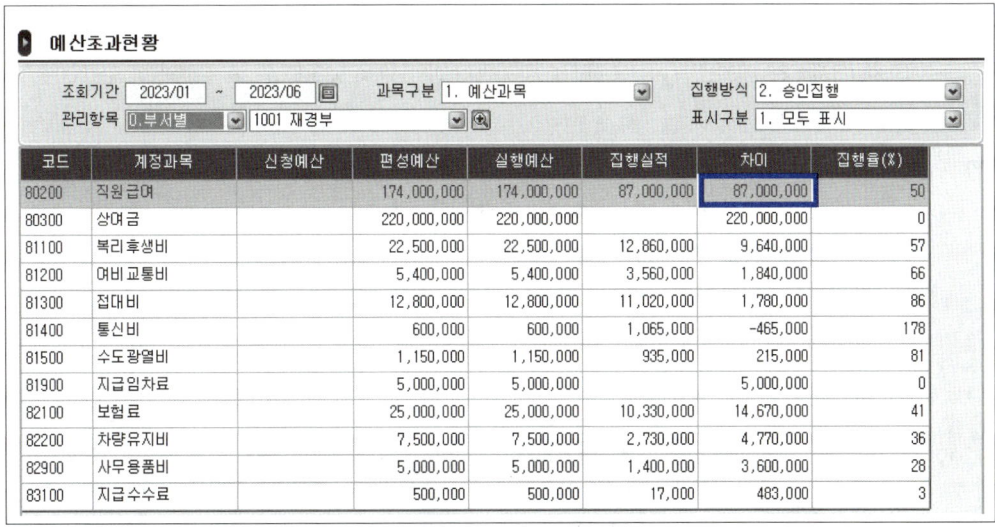

① 집행실적금액이 가장 큰 계정과목은 87,000,000원의 [80200.직원급여]다.

06 [회계관리] – [전표/장부관리] – [일월계표] – [월계표] 탭
→ [기간 : 2023/01 ~ 2023/01]

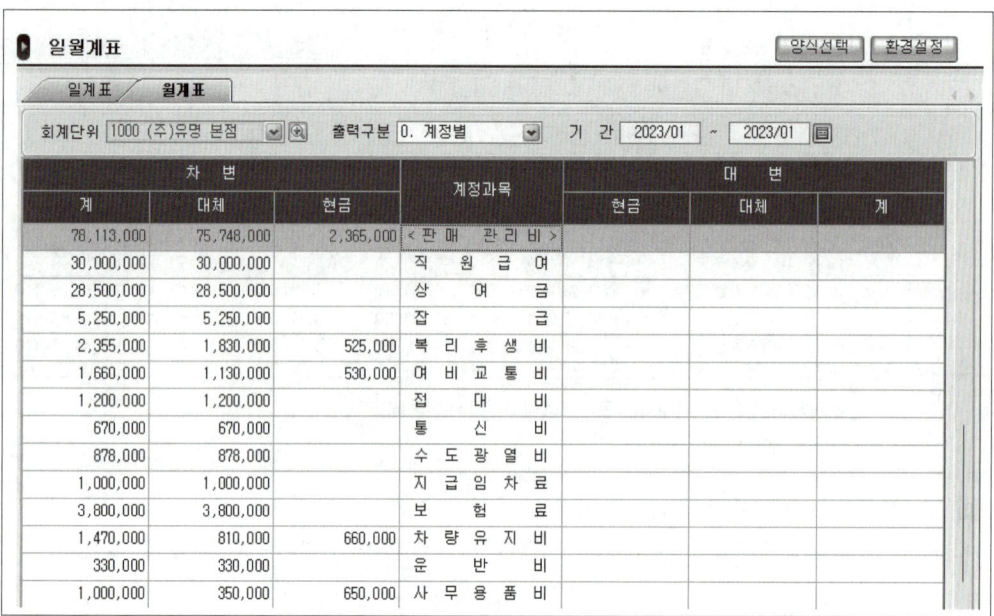

③ 차량유지비 660,000원 > 사무용품비 650,000원 > 여비교통비 530,000원 > 복리후생비 525,000원

07 (1) 증빙연결
[회계관리] – [전표/장부관리] – [지출증빙서류검토표(관리용)]
→ 상단 [증빙설정] 버튼 – [증빙 설정] 팝업창
 – 좌측 [30.세금계산서] 클릭 – 우측 빈칸에 [1.세금계산서] 입력
 – 좌측 [40.계산서] 클릭 – 우측 빈칸에 [2.계산서] 입력 – [종료(ESC)] 클릭

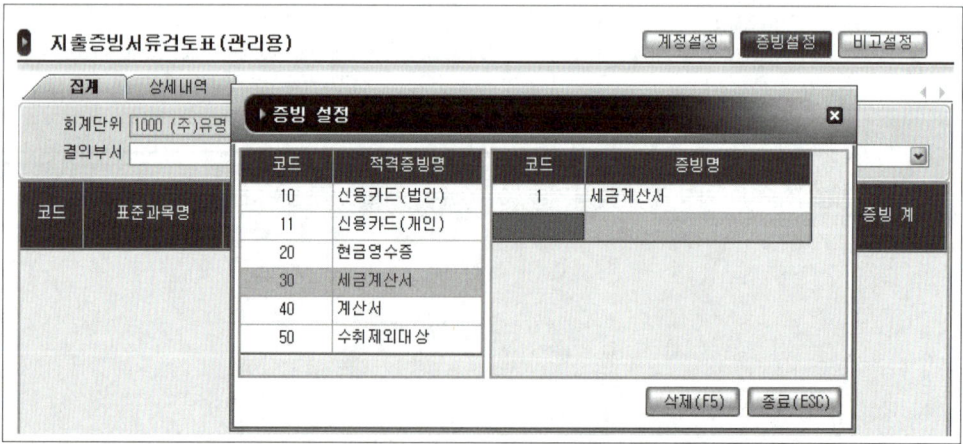

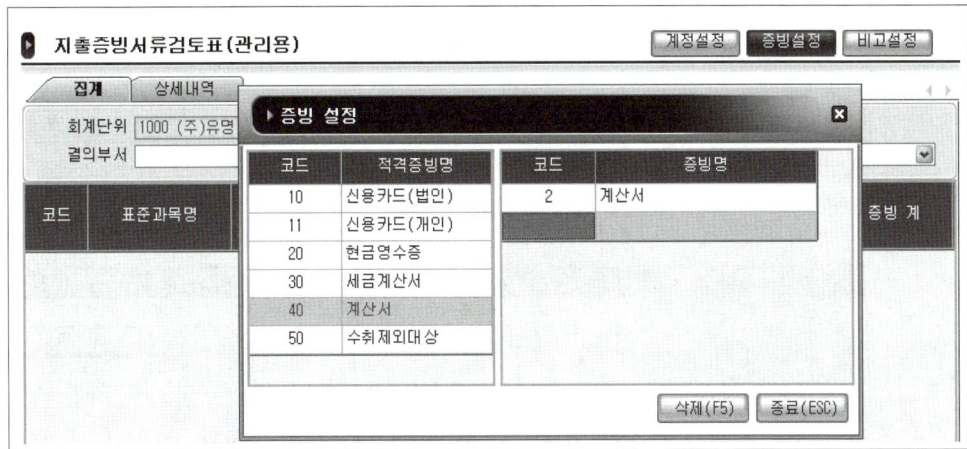

(2) 증빙별 합계금액 조회

[회계관리] – [전표/장부관리] – [지출증빙서류검토표(관리용)] – [집계] 탭

→ [기표기간 : 2023/01/01 ~ 2023/12/31]

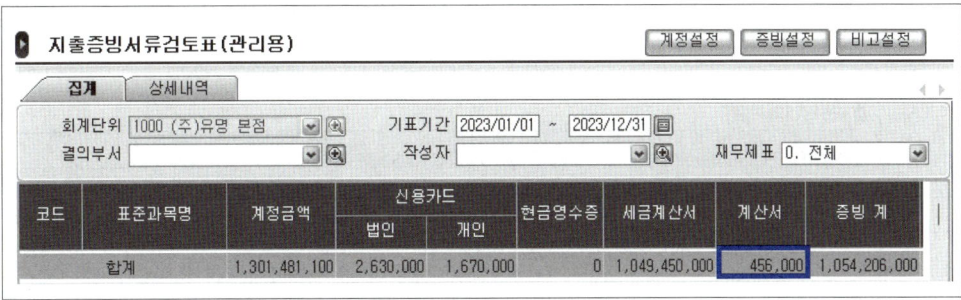

① 증빙연결 후 계산서 합계금액은 456,000원이다.

08 [회계관리] – [자금관리] – [지급어음명세서] – [어음조회] 탭

→ [조회구분 : 1.발생일_2023/07/31 ~ 2023/07/31]

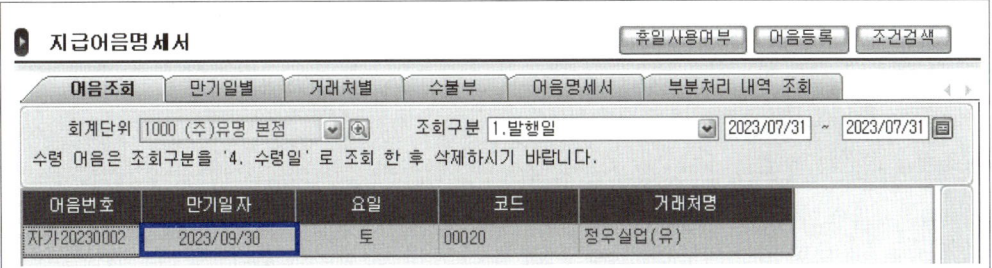

④ 정우실업(유)에 지급한 어음(자가20230002)의 만기일은 2023년 9월 30일이다.

09 [회계관리] – [결산/재무제표관리] – [관리항목별손익계산서] – [PJT별] 탭
→ [PJT : 선택전체] – [기간 : 2023/04/01 ~ 2023/06/30]

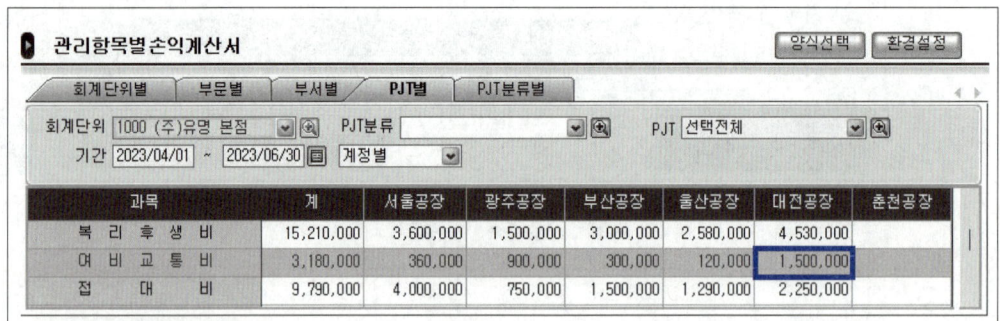

② 여비교통비가 가장 많이 발생한 프로젝트는 1,500,000원 발생한 [대전공장]이다.

10 [회계관리] – [전표/장부관리] – [관리내역현황] – [잔액] 탭
→ [관리항목 : C1.사용부서] – [관리내역 : 2001.영업부 ~ 2001.영업부] – [관리항목 : D1.프로젝트] – [관리내역 : 1000.서울공장 ~ 1005.춘천공장] – [기표기간 : 2023/01/01 ~ 2023/06/30] – [계정과목 : 1.계정별_82900.사무용품비]

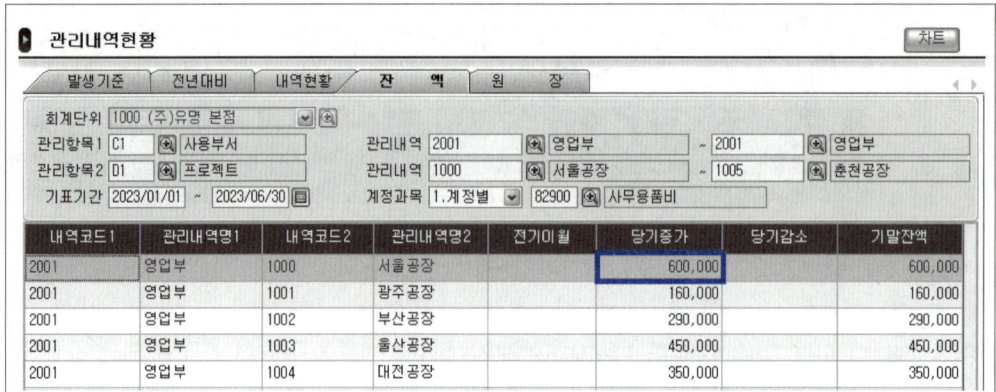

① [2001.영업부] 부서에서 사무용품비(판매관리비)가 가장 많이 증가한 프로젝트는 [1000.서울공장]이다.

11 [회계관리] – [고정자산관리] – [고정자산관리대장]
→ [계정과목 : 21200.비품 ~ 21200.비품]

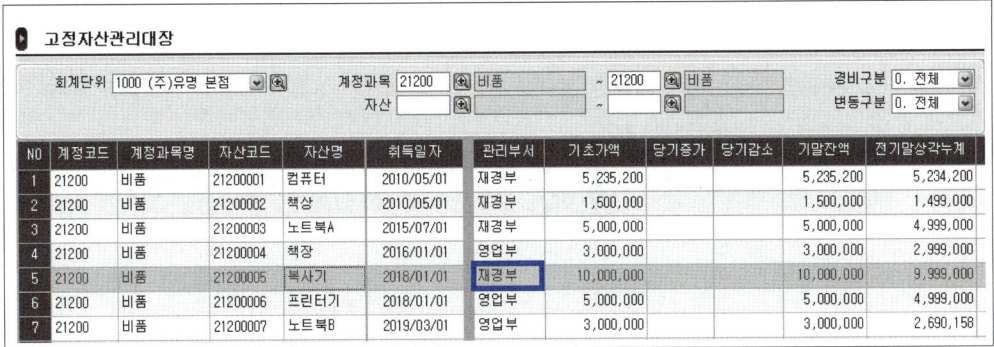

② [21200005.복사기]는 [1001.재경부]가 관리한다.

12 [회계관리] – [전표/장부관리] – [총계정원장] – [월별] 탭
→ [기간 : 2023/07 ~ 2023/12] – [계정과목 : 1.계정별_10800.외상매출금 ~ 10800.외상매출금]

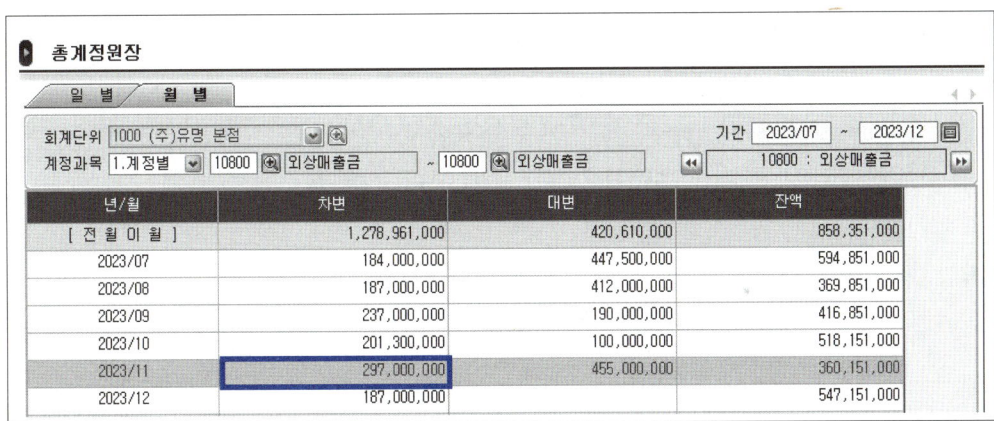

③ 11월에 297,000,000원으로 가장 많이 발생했다.

13 [회계관리] – [업무용승용차관리] – [업무용승용차 운행기록부]
→ [기간 : 2023/01/01 ~ 2023/01/31] – [차량 : 0102.12가 0102.티볼리]

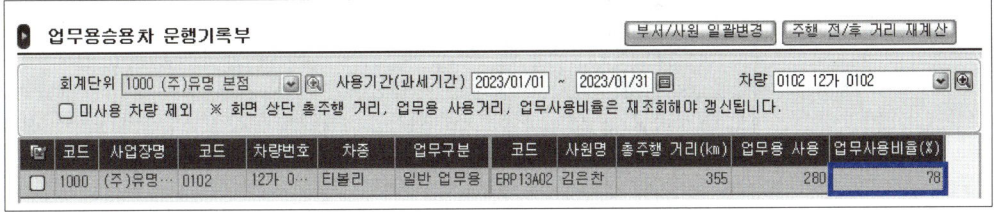

④ 업무사용비율은 78%다.

14 [회계관리] - [결산/재무제표관리] - [손익계산서] - [관리용] 탭
→ [기간 : 2023/03/31]

③ 판매관리비가 증가하면 영업이익이 감소하고 당기순이익도 감소한다.

15 (1) 납부유형 확인

[시스템관리] - [회사등록정보] - [사업장등록]

→ 상단 [주(총괄납부)사업장등록] 버튼 - [주(총괄납부)사업장 등록] 팝업창 확인

(2) 신고유형 확인

[시스템관리] - [회사등록정보] - [시스템환경설정]

→ [조회구분 : 0.전체] - [환경요소 : 신고유형]

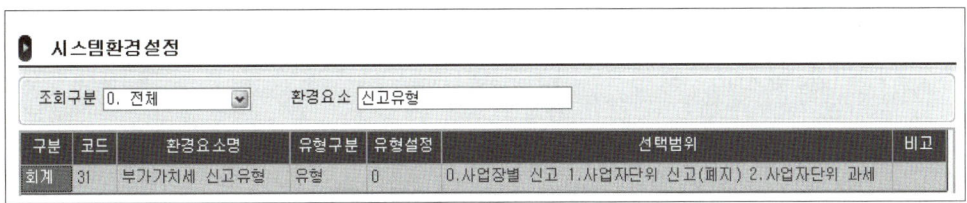

④ ㈜유명 본점은 총괄납부 사업자로서 부가가치세 신고유형은 '0.사업장별 신고'다.

16 [회계관리] - [전표/장부관리] - [매입매출장] - [세무구분별] 탭

→ [조회기간 : 신고기준일_2023/01/01 ~ 2023/03/31] - [출력구분 : 2.매입]

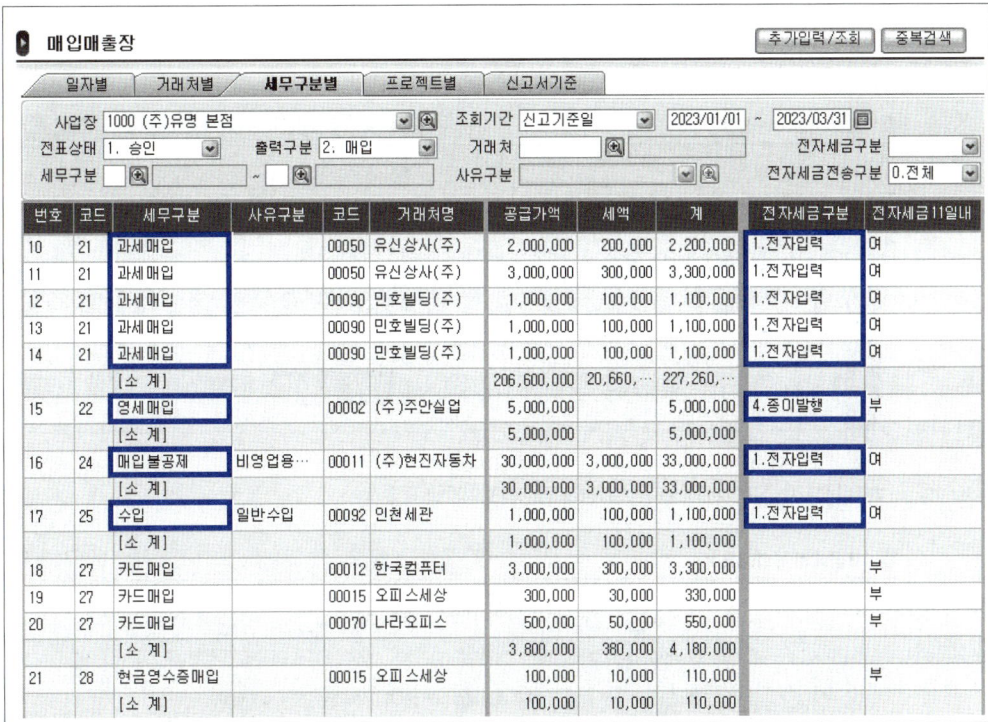

④ [매입처별 세금계산서합계표]에 반영되는 세무구분은 [21.과세매입], [22.영세매입], [24.매입불공제], [25.수입]이다.

17 [회계관리] – [부가가치세관리] – [신용카드발행집계표/수취명세서] – [신용카드발행집계표] 탭
→ [기간 : 2023/01 ~ 2023/03] – 팝업창 [예] 클릭

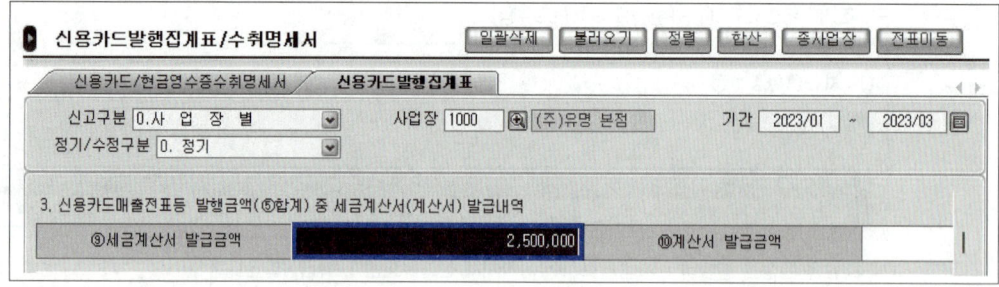

③ 세금계산서 발급금액은 2,500,000원이다.

18 [회계관리] – [부가가치세관리] – [세금계산서합계표]
→ [기간 : 2023/04 ~ 2023/06] – [구분 : 1.매출]
→ 하단 [전자세금계산서분(11일이내 전송분)] 탭 확인

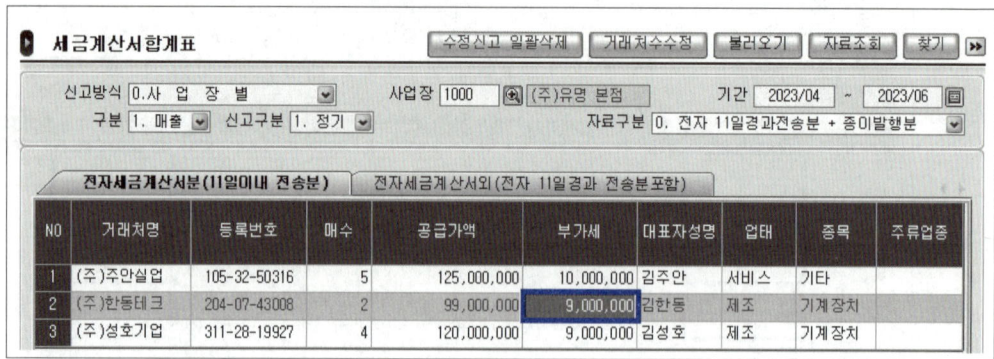

→ 하단 [전자세금계산서외(전자 11일경과 전송분포함)] 탭 확인

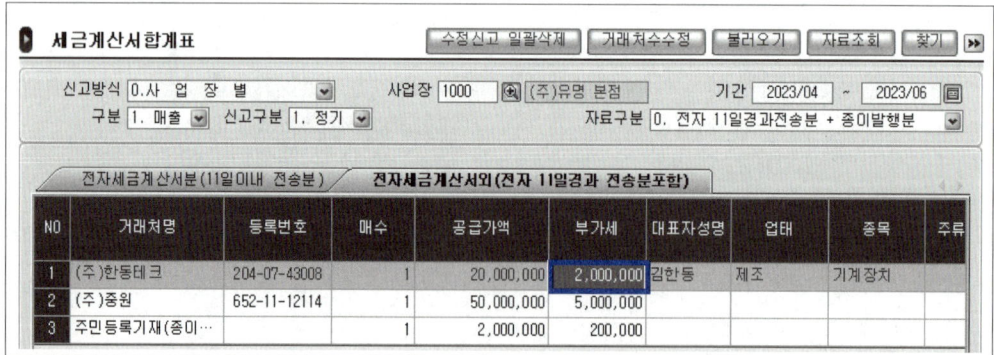

② ㈜한동테크(11,000,000원)가 ㈜주안실업(10,000,000원), ㈜성호기업(9,000,000원), ㈜중원(5,000,000원)보다 세액이 더 크다.

19 [회계관리] – [부가가치세관리] – [건물등감가상각자산취득명세서]
→ [기간 : 2023/07 ~ 2023/09] – 상단 [불러오기] 버튼 – 팝업창 [예] 클릭

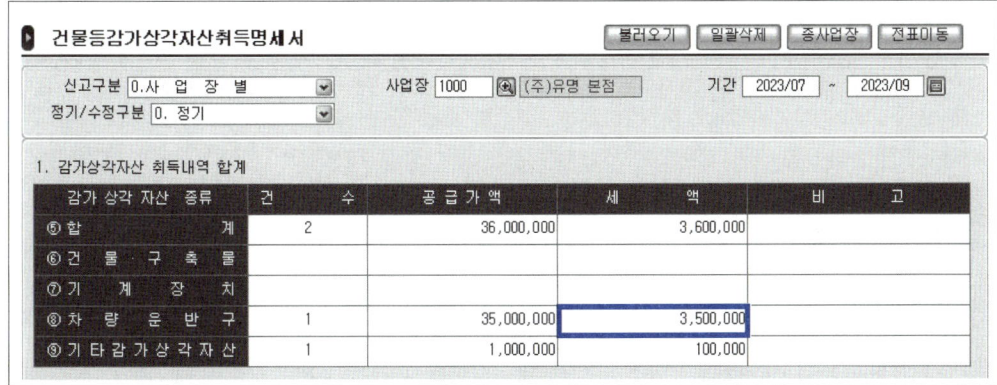

② 차량운반구 세액은 3,500,000원이다.

20 [회계관리] – [부가가치세관리] – [부가세신고서] – [일반과세] 탭
→ [기간 : 2023/10/01 ~ 2023/12/31] – 상단 [불러오기] 버튼 – 팝업창 [예] 클릭
→ 상단 [과세표준] 버튼 – [과세표준명세] 팝업창

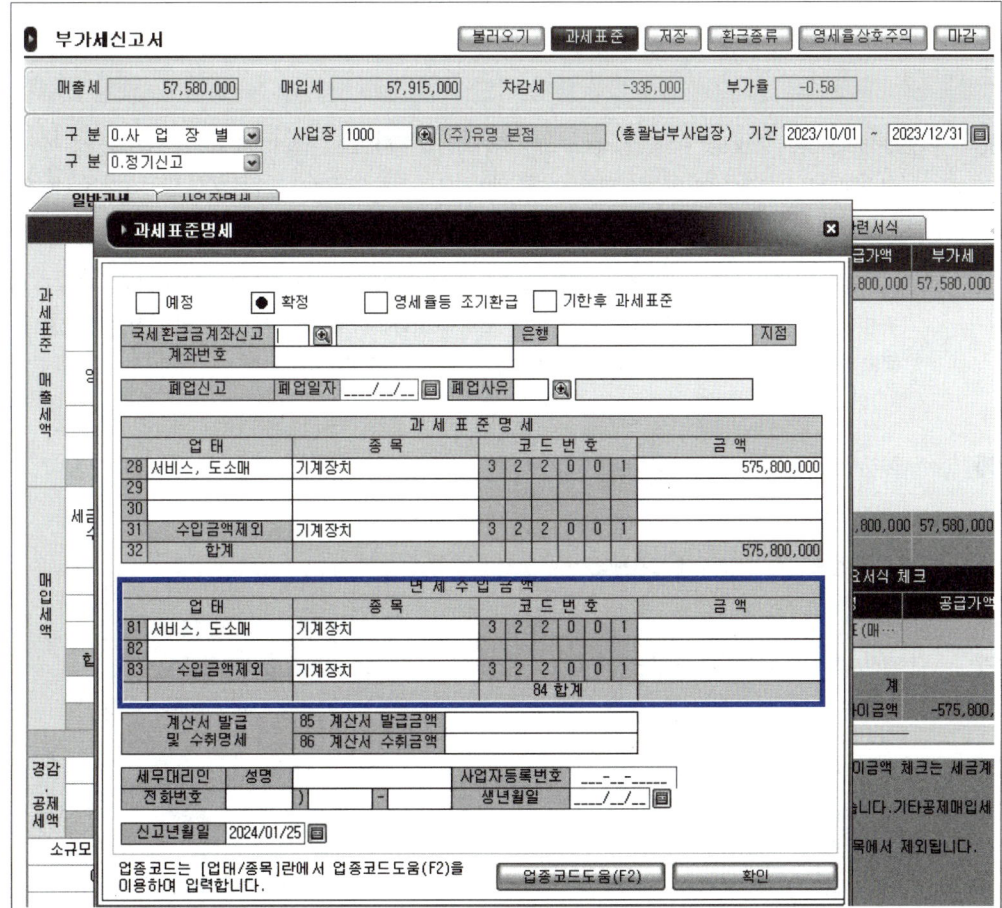

① 면세수입금액은 존재하지 않는다.

제 97회 정답 및 해설

이론문제

01	02	03	04	05	06	07	08	09	10
②	③	③	④	③	①	③	④	④	①
11	12	13	14	15	16	17	18	19	20
②	③	③	②	①	③	③	③	④	②

01 ② 점증적으로 비즈니스 프로세스를 개선하는 방식은 'BPI(Business Process Improvement)'다.
- 급진적으로 비즈니스 프로세스를 개선하는 방식은 'BPR(Business Process Re-Engineering)'이다.

02 ③ ERP 구축은 [1단계 분석 → 2단계 설계 → 3단계 구축 → 4단계 구현] 순으로 진행된다.

03 ③ BPR(Business Process Re-Engineering)은 경영혁신의 일환으로 기업의 업무프로세스를 급진적·혁신적으로 다시 계획하고 재설계해 수익을 극대화하는 것을 의미하므로 기존 업무방식 고수를 위한 방안 모색은 적절하지 않다.

04 ④ ERP 도입의 최종목적은 고객만족과 이윤의 극대화. 이 외에도 기업의 다양한 업무를 지원하고, 효율적 의사결정을 위한 지원기능, 통합정보시스템 구축, 선진업무 프로세스(Best Practice) 도입, 재고비용 절감, 정보공유, 투명경영 등이 가능하도록 하며, 기업의 경쟁력을 강화하는 데 도입의 목적이 있다.

05 ③ 장기차입금은 보고기간종료일로부터 1년을 초과해 상환될 부채다.

06 ① 비용계정으로 손익계산서에 표시된다.

07 ③ 결산시점에 현금시재액과 장부금액의 차이가 발견되면 잡이익 또는 잡손실로 처리한다.

08 ④ (차) 현금 등(자산의 증가) ××× (대) 이자수익(수익의 발생) ×××
① (차) 비 품(자산의 증가) ××× (대) 미지급금(부채의 발생) ×××
② (차) 차입금(부채의 감소) ××× (대) 현 금(자산의 감소) ×××
③ (차) 매출채권(자산의 증가) ××× (대) 상품매출(수익의 발생) ×××

09 ④ 부채의 증가와 수익의 발생은 모두 대변 요소다.

10 ① 차기이월로 마감되는 계정과목은 재무상태표의 계정인 영업권(무형자산)이다.

11 ② 현금및현금성자산 = 현금 9,000,000원 + 송금환 100,000원 = 9,100,000원

12 ③ 기타의대손상각비 = (선급금 3,000,000원 + 단기대여금 2,000,000원) × 1% = 50,000원

13 ③ 매입자의 매입의사가 표시된 시송품은 구매자의 재고자산이다.

14 ② 유형자산처분이익 450,000원 = 처분가액 850,000원 − (취득가액 750,000원 − 감가상각누계액)
∴ 감가상각누계액 = 350,000원

15 ① 원래 성능을 유지하기 위한 수선비는 금액의 크기와 관계없이 수익적 지출로 처리한다.

구 분	자본적 지출	수익적 지출
내 용	유형자산의 내용연수를 증가시키거나 가치를 현실적으로 증가시키는 지출	유형자산의 원상을 회복하거나 능률을 유지하기 위한 지출
주요 키워드	설치, 증설, 확장, 증가, 추가 등	교체, 수리, 교환, 회복, 유지 등

16 ③ 감가상각누계액은 유형자산의 가치감소를 반영한 차감적 평가계정이다.

17 ① 사채의 할인발행차금은 매년 유효이자율법에 의해 상각한다.
② 사채할인발행차금상각액은 사채할인발행차금 계정을 상각한다.
④ 유효이자율법을 적용하는 경우 사채할인발행차금상각액은 매년 증가한다.

18 ③ 주식발행초과금 = (발행가 1,200원 − 액면가 1,000원) × 주식수 1,000주 − 신주발행비 50,000원 = 150,000원

19 ④ 미교부주식배당금은 자본의 가산적 계정이고, 나머지는 자본의 차감적 계정이다.

20 ② 종업원 회식비 500,000원만 복리후생비에 해당하고 거래처 선물대금은 접대비, 회사의 인터넷통신 요금은 통신비, 출장사원의 고속도로 통행료는 여비교통비에 해당한다.

실무문제

01	02	03	04	05	06	07	08	09	10
③	①	②	①	③	②	④	③	④	③
11	12	13	14	15	16	17	18	19	20
④	①	②	③	②	①	①	③	④	②

01 [시스템관리] – [기초정보관리] – [일반거래처등록] – [기본등록사항] 탭
→ 상단 [조건검색] 버튼 – [조건검색] 팝업창 – [거래처분류 : 1000.강남구] 입력 – [검색(TAB)] 클릭
→ 좌측 해당 거래처 확인

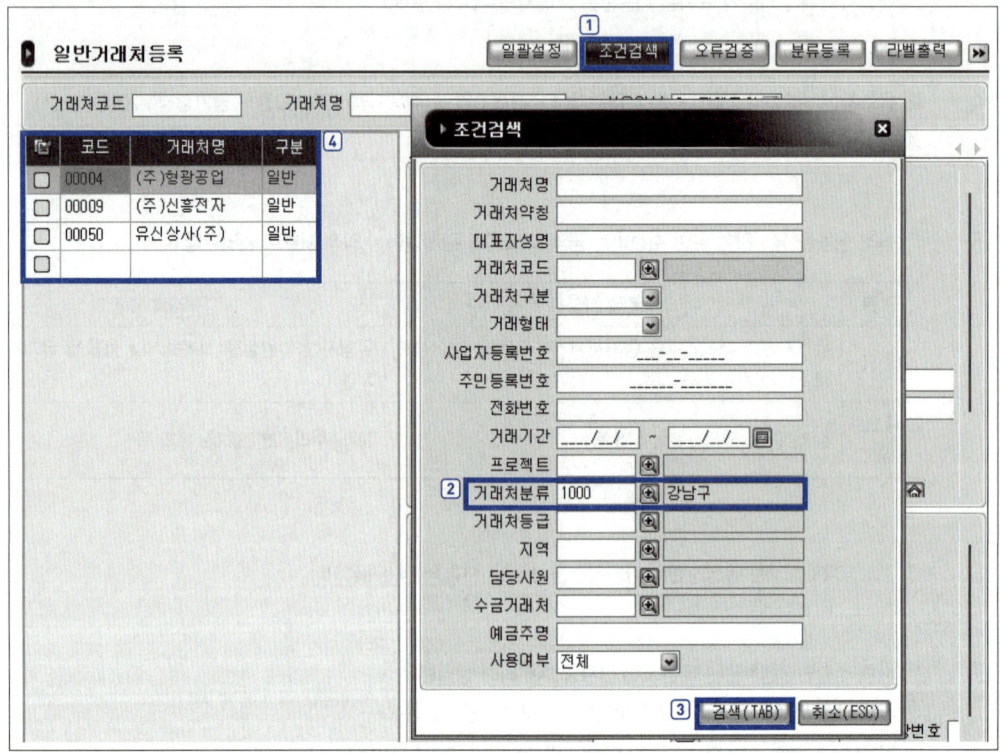

③ 거래처분류가 [1000.강남구]인 거래처는 ㈜형광공업, ㈜신흥전자, 유신상사㈜ 등 총 3개다.

02 [시스템관리] - [회사등록정보] - [사원등록]
→ [부서 및 사원명검색 공란으로 조회]

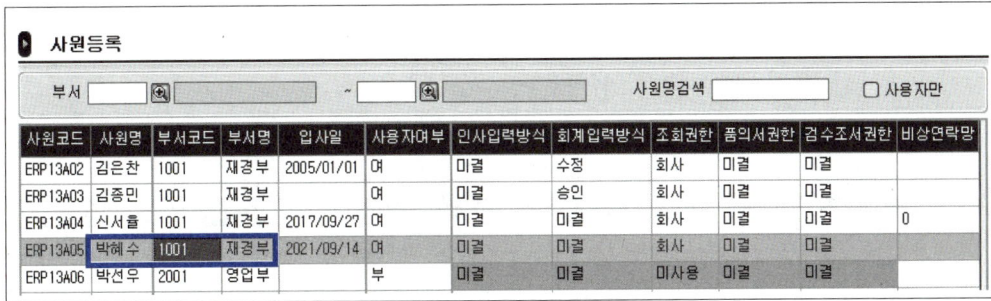

① [ERP13A05.박혜수]는 [1001.재경부] 소속이다.

03 [시스템관리] - [회사등록정보] - [사용자권한설정]
→ [모듈구분 : A.회계관리] - 좌측 [ERP13A03.김종민] 클릭

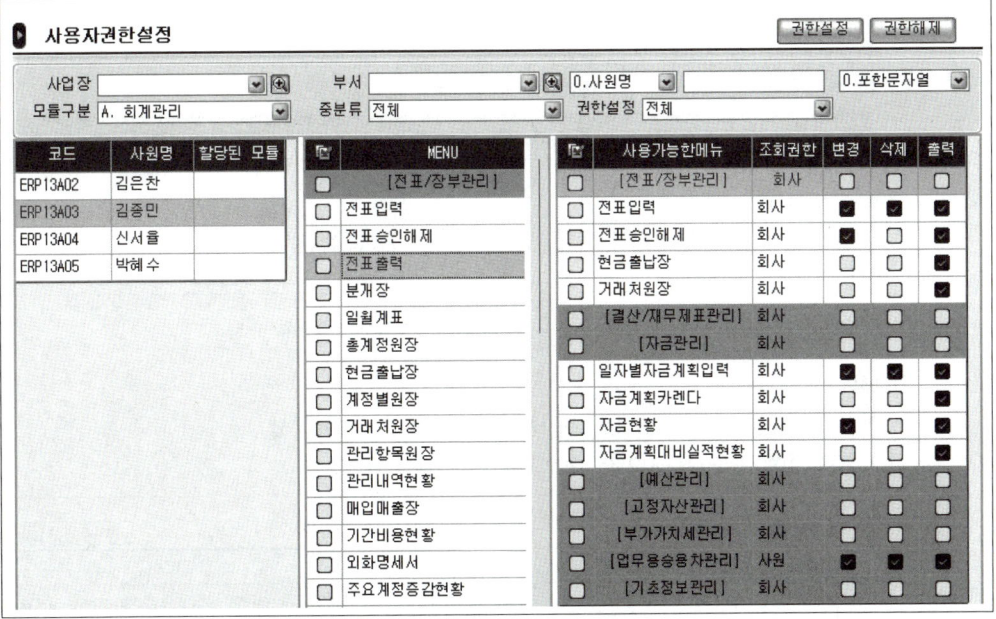

② [ERP13A3.김종민]은 [전표출력] 메뉴를 사용할 수 없다.

04 [회계관리] - [전표/장부관리] - [기간비용현황] - [기간비용현황] 탭
→ [구분 : 1.선급비용] - [계약기간 : 2023/01 ~ 2023/12]

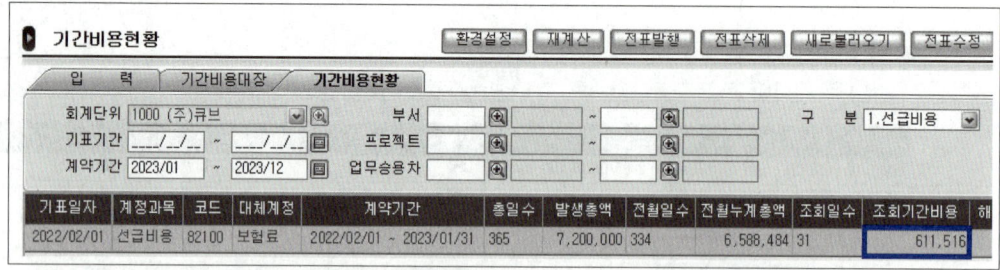

① 당기 비용으로 인식해야 하는 금액은 611,516원이다.

05 (1) 부서부문 수정

[시스템관리] - [회사등록정보] - [부서등록]
→ [4001.총무부]의 [부문코드(3001.제조부문 → 1001.관리부문)] 수정

※ 수정기입 후 Enter 를 계속 눌러 다음 줄로 내려가야 수정입력이 완료됩니다.

(2) 비용 조회

[회계관리] - [결산/재무제표관리] - [관리항목별손익계산서] - [부문별] 탭
→ [부문 : 1001.관리부문] - [기간 : 2023/04/01 ~ 2023/04/30]

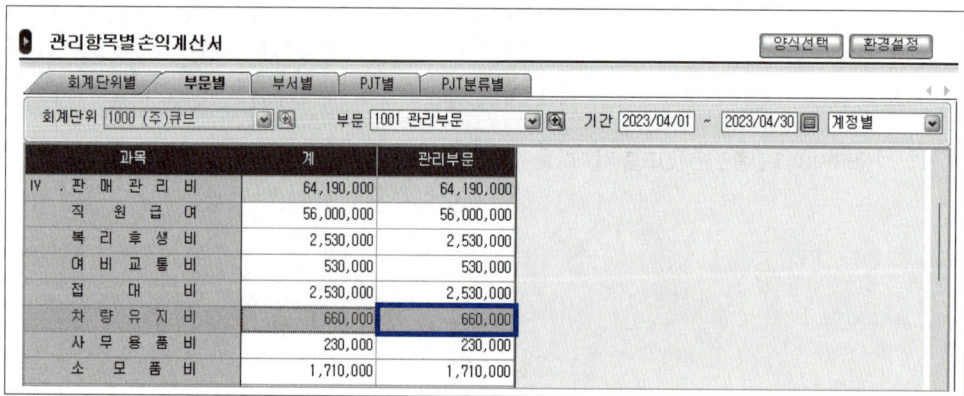

③ [1001.관리부문]에서 사용한 차량유지비(판매관리비) 금액은 660,000원이다.

06 (1) 증빙연결

[회계관리] – [전표/장부관리] – [지출증빙서류검토표(관리용)]

→ 상단 [증빙설정] 버튼 – [증빙 설정] 팝업창

- 좌측 [20.현금영수증] 클릭 – 우측 빈칸에 [9A.현금영수증] 입력
- 좌측 [40.계산서] 클릭 – 우측 빈칸에 [2.계산서] 입력 – [종료(ESC)] 클릭

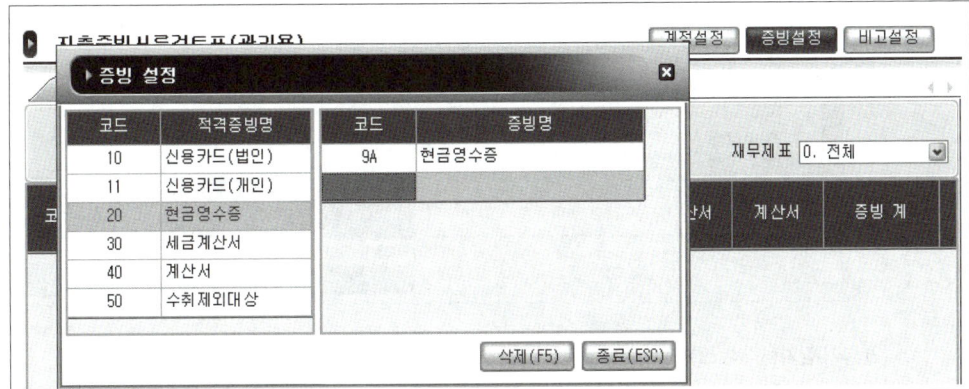

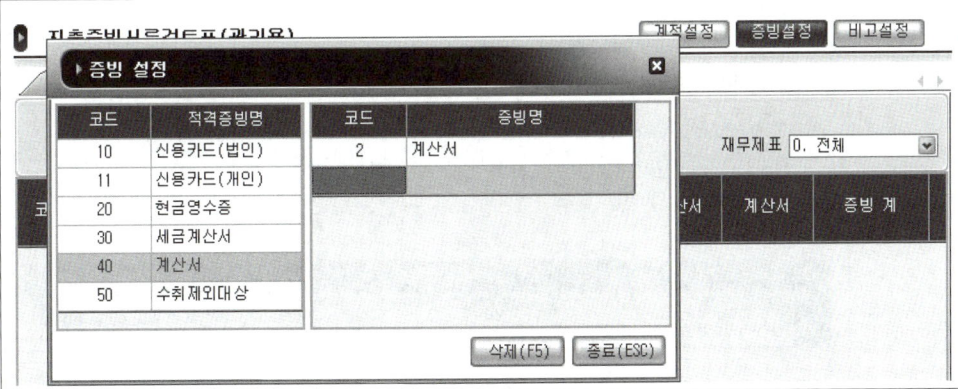

(2) 증빙별 합계금액 조회

[회계관리] – [전표/장부관리] – [지출증빙서류검토표(관리용)] – [집계] 탭

→ [기표기간 : 2023/01/01 ~ 2023/12/31]

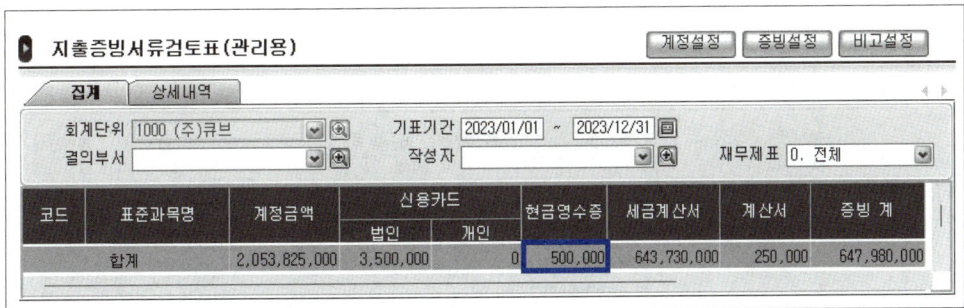

② 조회기간 현금영수증 합계금액은 500,000원이다.

07 (1) 고정자산 등록

[회계관리] – [고정자산관리] – [고정자산등록]

→ [자산유형 : 20200.건물] – 좌측 [202003.복지1동] 클릭 – 우측 [추가등록사항] 탭 하단 [자산변동처리] 내용 입력

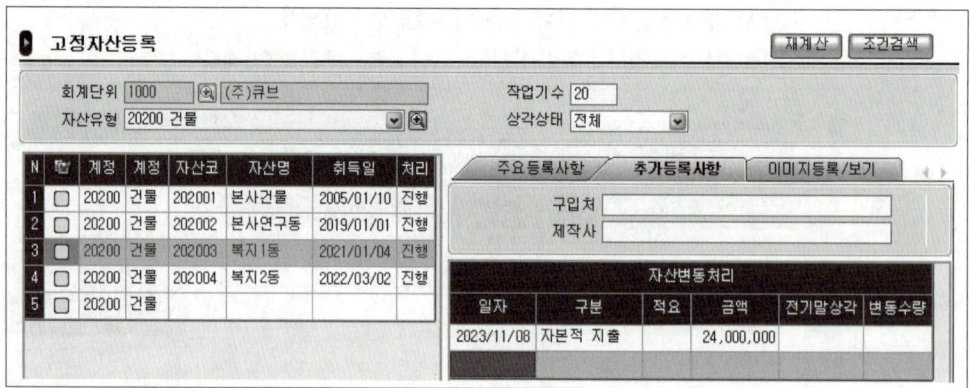

(2) 당기 감가상각비 조회

[회계관리] – [고정자산관리] – [감가상각비현황] – [총괄] 탭

→ [기간 : 2023/01 ~ 2023/12]

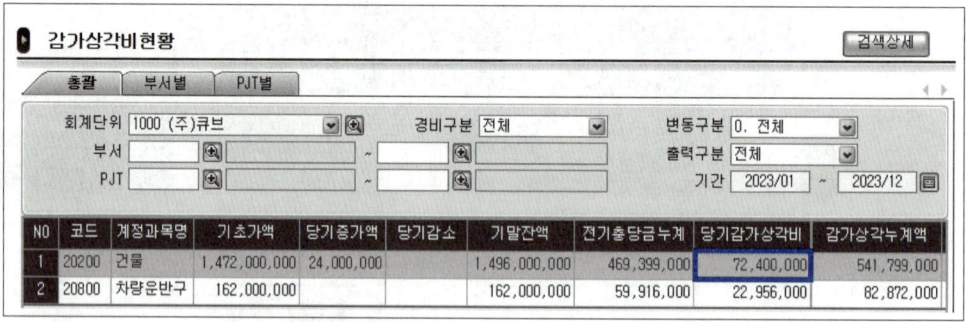

④ 건물 자산의 당기 감가상각비는 72,400,000이다.

08 [회계관리] – [예산관리] – [예산초과현황]

→ [조회기간 : 2023/01 ~ 2023/01] – [과목구분 : 1.예산과목] – [집행방식 : 1.결의집행] – [관리항목 : 0.부서별_1001.재경부]

코드	계정과목	신청예산	편성예산	실행예산	집행실적	차이	집행률(%)
81300	접대비	3,000,000	3,000,000	3,000,000	400,000	2,600,000	13
81400	통신비	500,000	700,000	700,000	405,000	295,000	58
81500	수도광열비	500,000	500,000	500,000	455,000	45,000	91

③ 1월 신청예산은 500,000원이다.

09 [회계관리] – [결산/재무제표관리] – [재무상태표] – [관리용] 탭
→ [기간 : 2023/03/31]

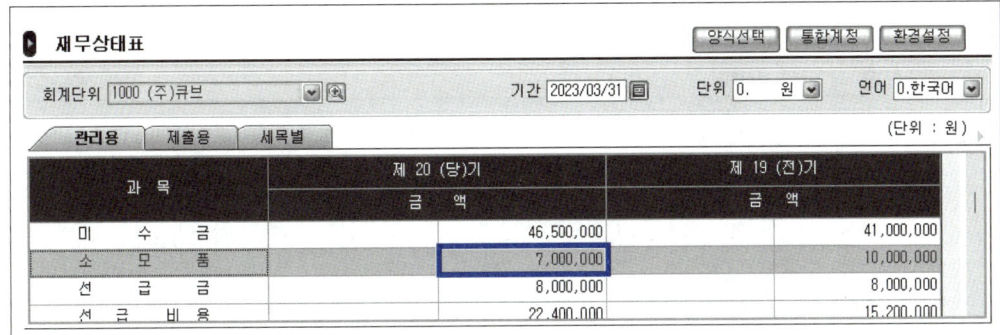

④ 소모품 사용분(소모품비) = 장부금액 7,000,000원 – 기말재고 1,500,000원 = 5,500,000원
→ 결산 수정분개   (차) 소모품비   5,500,000원   (대) 소모품   5,500,000원

10 (1) 미결전표 승인처리
[회계관리] – [전표/장부관리] – [전표승인해제]
→ [결의부서 : 1001.재경부 ~ 4001.총무부] – [전표상태 : 미결] – [결의기간 : 2023/11/30 ~ 2023/11/30] – 해당 전표 체크 후 상단 [승인처리] 버튼 – [승인확인] 팝업창 [승인처리] 클릭 – [확인]

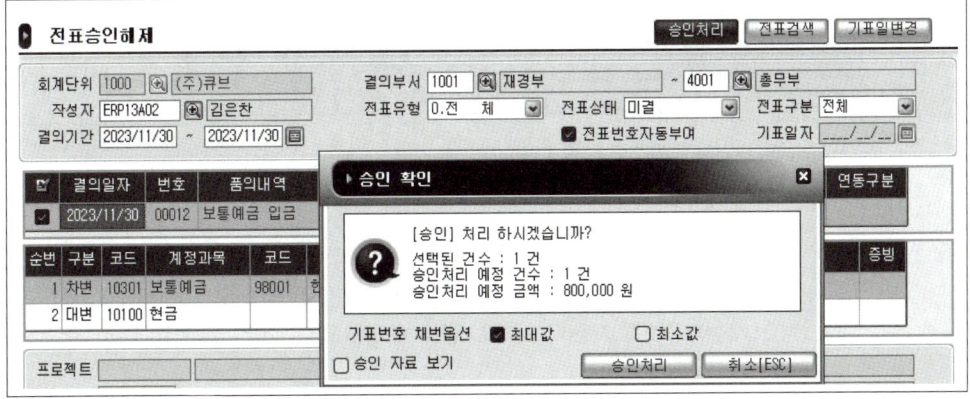

(2) 현금 계정 잔액 조회

[회계관리] – [결산/재무제표관리] – [합계잔액시산표] – [계정별] 탭

→ [기간 : 2023/11/30]

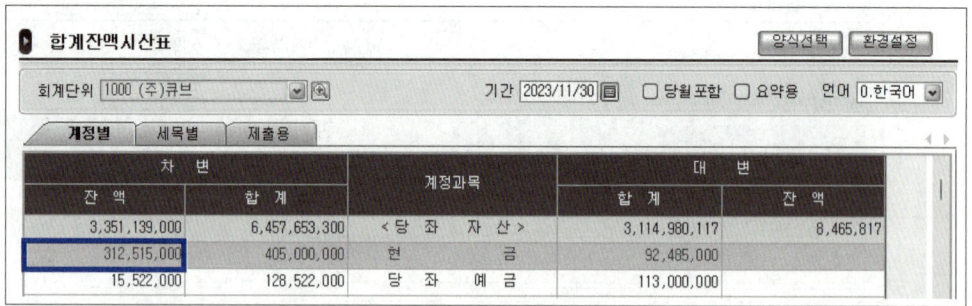

③ 미결전표 승인처리 후 조회기간 현금 계정의 잔액은 312,515,000원이다.

11 [회계관리] – [자금관리] – [받을어음명세서] – [어음조회] 탭

→ [조회구분 : 1.수금일_2023/10/02 ~ 2023/10/02]

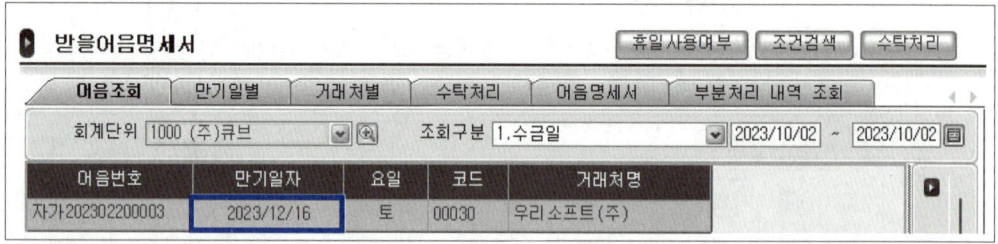

④ 해당 어음의 만기일은 2023년 12월 16일이다.

12 [회계관리] – [전표/장부관리] – [관리내역현황] – [잔액] 탭

→ [관리항목1 : D1.프로젝트] – [관리내역 : 1000.그룹웨어 ~ 1000.그룹웨어] – [관리항목2 : C1.사용부서] – [관리내역 : 1001.재경부 ~ 1001.재경부] – [기표기간 : 2023/01/01 ~ 2023/03/31] – [계정과목 : 1.계정별_81200.여비교통비]

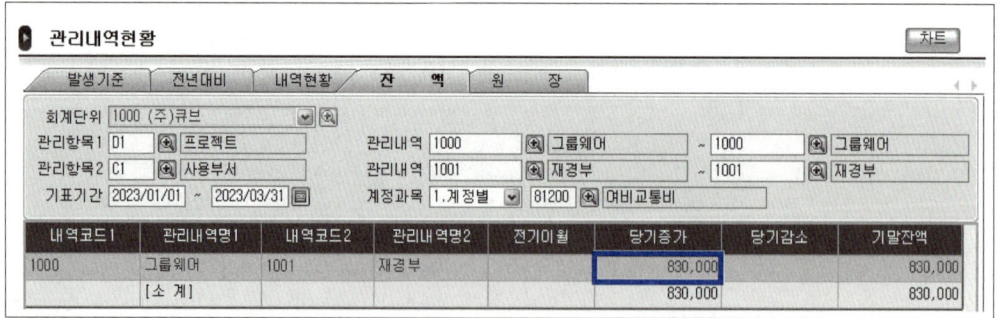

① 프로젝트 [1000.그룹웨어], 사용부서 [1001.재경부]로 입력된 여비교통비의 금액은 830,000원이다.

13 [회계관리] – [결산/재무제표관리] – [재무상태표] – [관리용] 탭
→ [기간 : 2023/06/30]

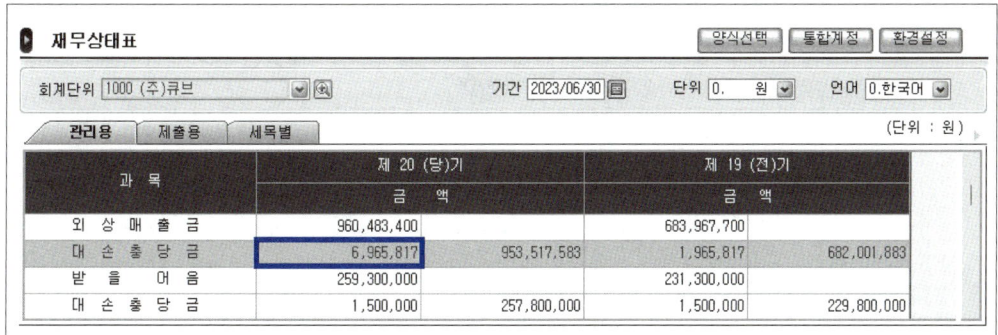

② 외상매출금의 대손충당금은 6,965,817원으로 설정되어 있다.
① 현금 계정의 잔액은 317,660,000원이다.
③ 상단 [통합계정] 버튼을 누르고 [통합계정등록] 팝업창에서 [101.현금및현금성자산]을 클릭하면 우측에 현금, 당좌예금, 제예금 계정이 합산된다고 설정되어 있다.
④ 상단 [환경설정] 버튼을 누르고 계정표시설정을 [1.본계정집계포함]으로 설정 후 [세목별] 탭에서 해당 기간을 조회하면 제예금 세목으로 외화예금이 설정되어 있는 것을 확인할 수 있다.

14 [회계관리] – [전표/장부관리] – [거래처원장] – [잔액] 탭
→ [계정과목 : 1.계정별_82900.사무용품비 ~ 82900.사무용품비] – [기표기간 : 2023/01/01 ~ 2023/01/31] – [거래처 : 1.거래처_공란]

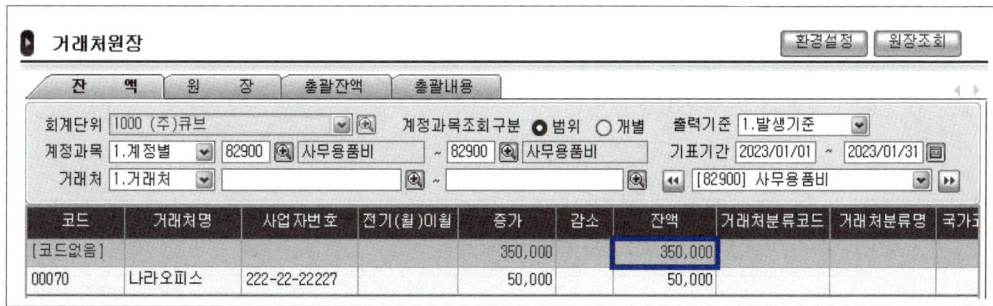

③ 거래처가 등록되지 않은 전표의 합계액은 350,000원이다
※ 거래처가 등록되지 않은 전표까지 조회해야 하므로 조회조건에서 거래처 기입란을 공란으로 해야 한다.

15 [회계관리] – [부가가치세관리] – [신용카드발행집계표/수취명세서] – [신용카드발행집계표] 탭
→ [신용카드등수취명세서] 탭 – [기간 : 2023/04 ~ 2023/06] – 팝업창 [예] 클릭

② 세금계산서 발급금액은 30,000,000원이다.

16 [회계관리] – [부가가치세관리] – [건물등감가상각자산취득명세서]
→ [기간 : 2023/01 ~ 2023/03] – 상단 [불러오기] 버튼 – 팝업창 [예] 클릭

① 차량운반구의 세액은 2,500,000원이다.

17 [회계관리] – [부가가치세관리] – [부가세신고서] – [일반과세] 탭
→ [기간 : 2023/10/01 ~ 2023/12/31] – 상단 [불러오기] 버튼 – 팝업창 [예] 클릭

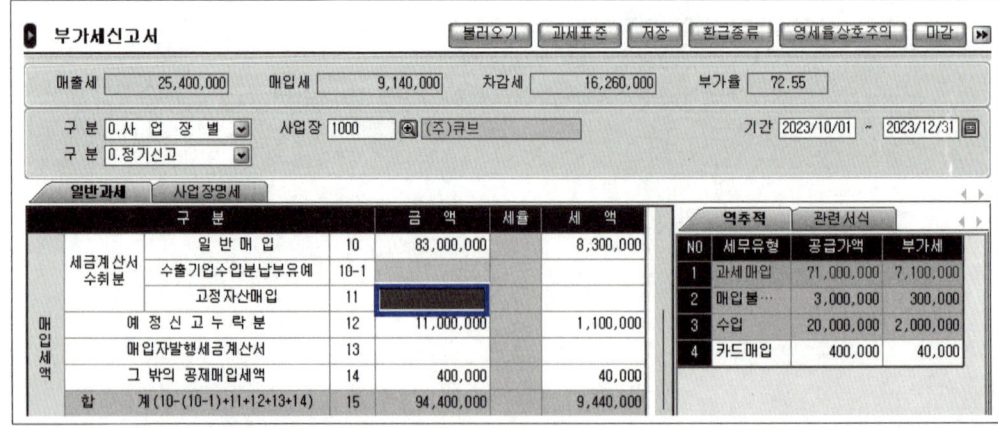

① 고정자산 매입세액은 존재하지 않는다.

18 (1) 예정신고 조회

[회계관리] – [부가가치세관리] – [세금계산서합계표]

→ [기간 : 2023/01 ~ 2023/03] – [구분 : 1.매출] – 팝업창 [예] 클릭

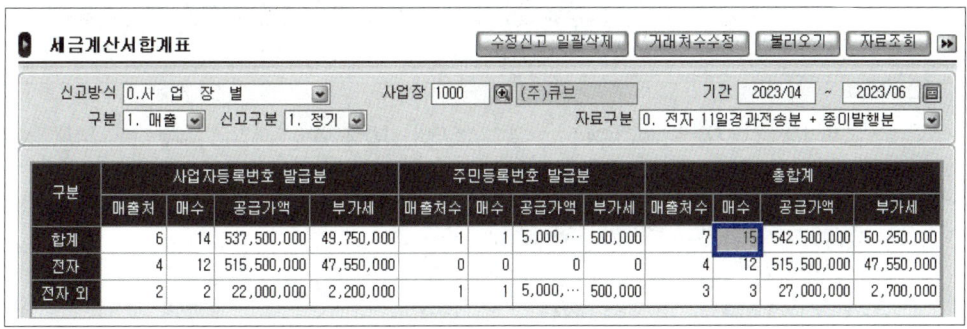

(2) 확정신고 조회

[회계관리] – [부가가치세관리] – [세금계산서합계표]

→ [기간 : 2023/04 ~ 2023/06] – [구분 : 1.매출] – 팝업창 [예] 클릭

③ 매출세금계산서 감소분 = 예정신고 20매 – 확정신고 15매 = 5매

19 [회계관리] - [전표/장부관리] - [매입매출장] - [세무구분별] 탭

→ [조회기간 : 신고기준일_2023/04/01 ~ 2023/06/30] - [출력구분 : 1.매출] - [세무구분 : 12.영세매출]

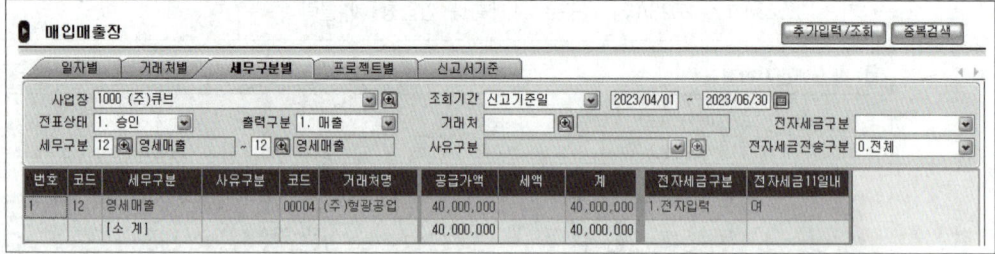

→ [조회기간 : 신고기준일_2023/04/01 ~ 2023/06/30] - [출력구분 : 2.매입] - [세무구분 : 21.과세매입]

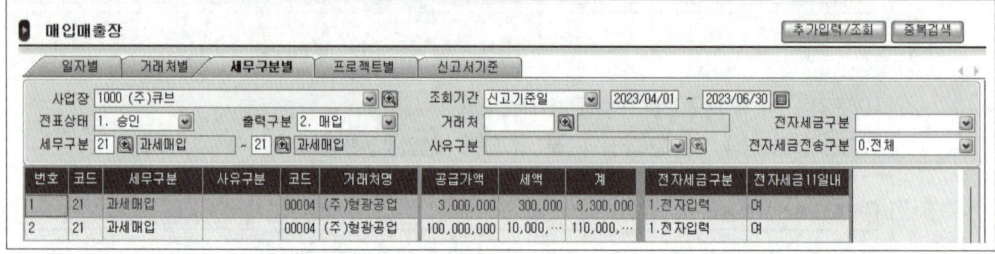

→ [조회기간 : 신고기준일_2023/04/01 ~ 2023/06/30] - [출력구분 : 2.매입] - [세무구분 : 24.매입불공제]

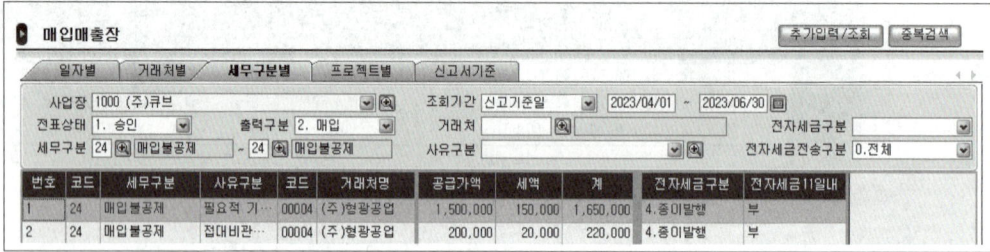

→ [조회기간 : 신고기준일_2023/04/01 ~ 2023/06/30] - [출력구분 : 2.매입] - [세무구분 : 25.수입]

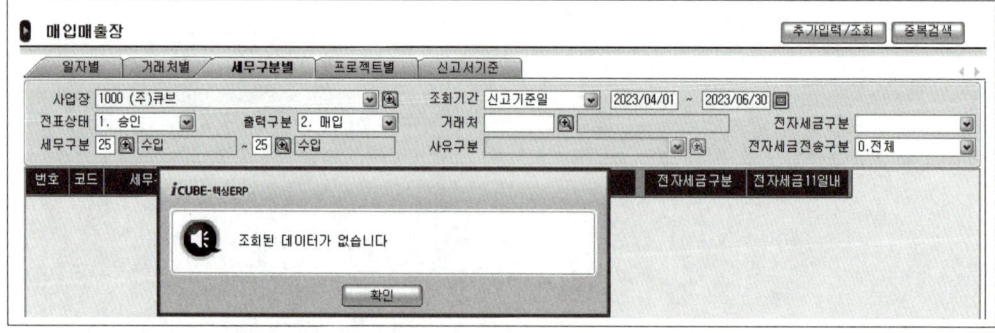

④ 제시된 보기 중 [25.수입]은 존재하지 않는다.

20 [회계관리] - [부가가치세관리] - [세금계산서합계표]
→ [기간 : 2023/10 ~ 2023/12] - [구분 : 1.매출]
→ 하단 [전자세금계산서분(11일이내 전송분)] 탭

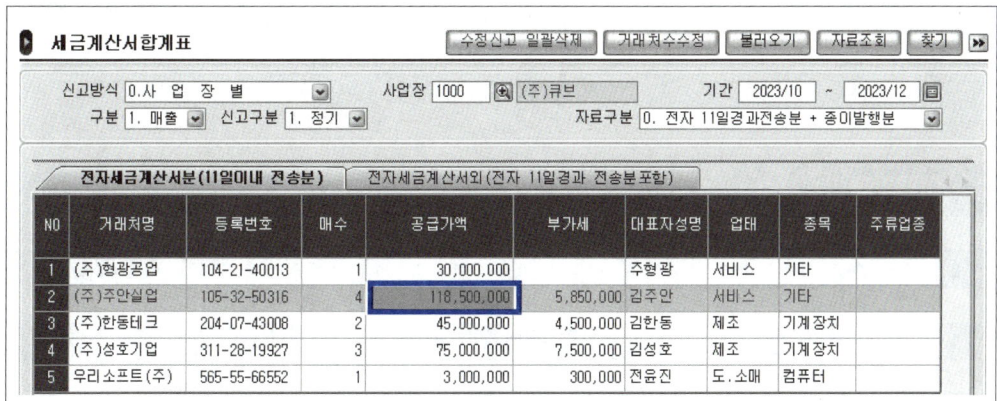

→ 하단 [전자세금계산서외(전자 11일경과 전송분포함)] 탭

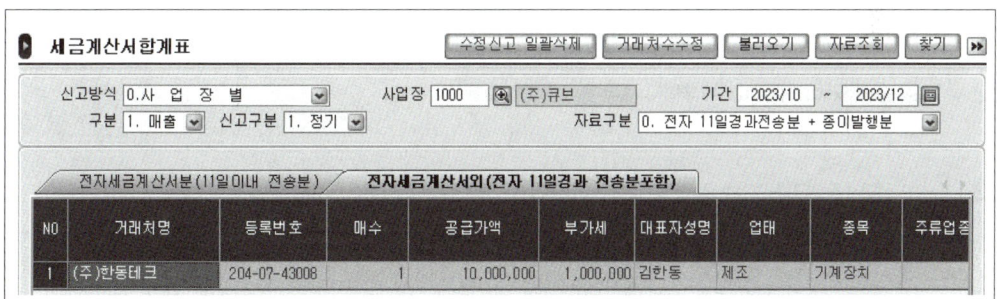

② 공급가액 합계액은 [00002.㈜주안실업]이 118,500,000원으로 가장 크다.

제96회 정답 및 해설

이론문제

01	02	03	04	05	06	07	08	09	10
②	④	①	③	①	④	③	④	④	①
11	12	13	14	15	16	17	18	19	20
②	④	②	④	③	④	③	①	②	③

01 ② IT 중심의 프로젝트가 아닌 전사 차원의 프로젝트로 추진해야 한다.

02 ④ 설계단계에 해당하는 내용이다.

03 ① 성과측정관리(BSC)는 전략적기업경영(SEM) 시스템에 해당한다.

e-Business 지원시스템을 구성하는 단위 시스템	• 고객관계관리(CRM) 시스템 • 전자상거래(EC) 시스템	• 공급체인관리(SCM) 시스템 • 의사결정지원시스템(DSS)
전략적 부분 지원 시스템 - SEM 시스템	• 성과측정관리(BSC) • 부가가치경영(VBM)	• 활동기준경영(ABM)

04 ③ 리엔지니어링에 대한 설명이다.

05 ① 재무제표는 재무상태표, 손익계산서, 현금흐름표, 자본변동표, 주석으로 구성된다.

06 ④ 기말 재고자산이 과대계상되면 매출원가는 과소계상, 당기순이익은 과대계상된다.

07 ③ 회계기간 중 분개는 결산 전에 발생하는 절차다.

08 ④ 빌려준 돈에 대해 받은 이자는 수익의 발생이므로 대변에 이자수익 계정으로 기입한다.

09 ④ 판매용 컴퓨터는 상품으로, 직원 사무용 컴퓨터는 비품으로 회계처리한다.
- 회계처리 (차) 상 품　　　　　　　　10,000,000원　　(대) 외상매입금　　　　　　10,000,000원
　　　　　　　　비 품　　　　　　　　 2,500,000원　　　　 당좌예금　　　　　　　 2,500,000원

10 ① 차입금의 상환은 결산정리사항이 아니다.

11 ② 매입할인은 재고자산의 취득원가에서 차감한다.

12 ④ 회수불능 미수금에 대해서는 대손충당금에서 먼저 차감하고, 나머지 잔액은 기타의대손상각비 계정으로 비용처리한다.
- (차) 대손충당금　　　　　　　　 50,000원　　(대) 미수금　　　　　　　　　 150,000원
　　　기타의대손상각비　　　　　 100,000원

13 ② 계속기록법은 재고자산의 수량결정방법이다.

14 ④ 자본적 지출 = 엘리베이터 설치 6,000,000원 + 피난시설 설치 50,000,000원 = 56,000,000원

15 ③ 주식발행초과금 = (발행가 11,000원 − 액면가 5,000원) × 주식수 100주 − 주식발행비 20,000원 = 580,000원

16 ④ 자기주식처분손실은 자본조정 항목이다.

17 ③ 자사 직원들에게 제공하는 명절선물세트는 복리후생비다.

18 ① 사채는 할증발행과 할인발행 여부와 관계없이 상각액은 매년 증가하며, 할증발행할 경우 이자비용은 매년 감소하고 장부가액도 매년 감소한다.

19 ② 자본 = 자산(외상매출금 800,000원 + 현금 160,000원 + 미수금 90,000원 + 단기대여금 110,000원) − 부채(단기차입금 290,000원 + 외상매입금 140,000원) = 730,000원

20 ③ 매출원가 = 기초재고액 200,000원 + (총매입액 1,500,000원 − 매입환출 50,000원) − 기말재고액 100,000원 = 1,550,000원

실무문제

01	02	03	04	05	06	07	08	09	10
④	①	④	②	②	③	②	③	③	④
11	12	13	14	15	16	17	18	19	20
①	②	①	④	④	③	④	①	②	①

01 [시스템관리] – [회사등록정보] – [사용자권한설정]
→ [모듈구분 : A.회계관리]

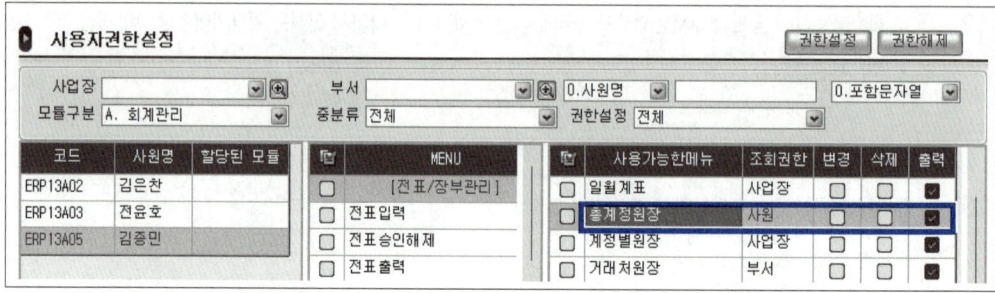

④ [ERP13A05.김종민]의 [총계정원장] 메뉴 조회권한은 '사원'이다.

02 [시스템관리] – [회사등록정보] – [시스템환경설정]
→ [조회구분 : 0.전체] – [환경요소 : 각 지문 키워드]

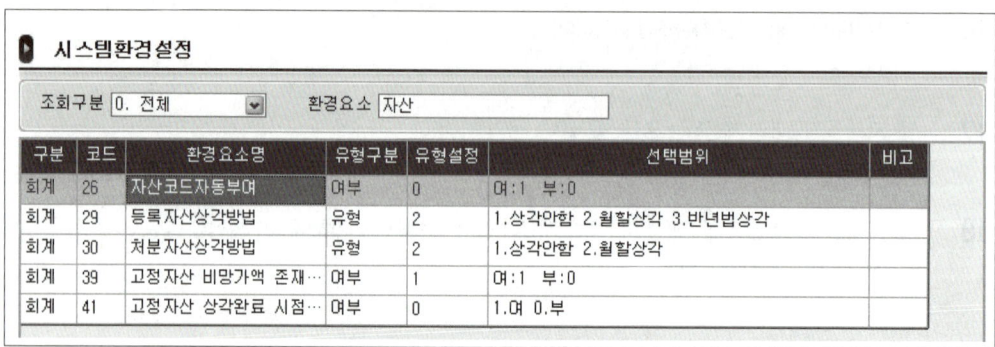

① 자산코드자동부여의 유형설정이 [0.부]이므로 코드가 자동부여되지 않는다.

03 [시스템관리] – [기초정보관리] – [계정과목등록]
→ 우측 [부채/유동부채/25200.지급어음]

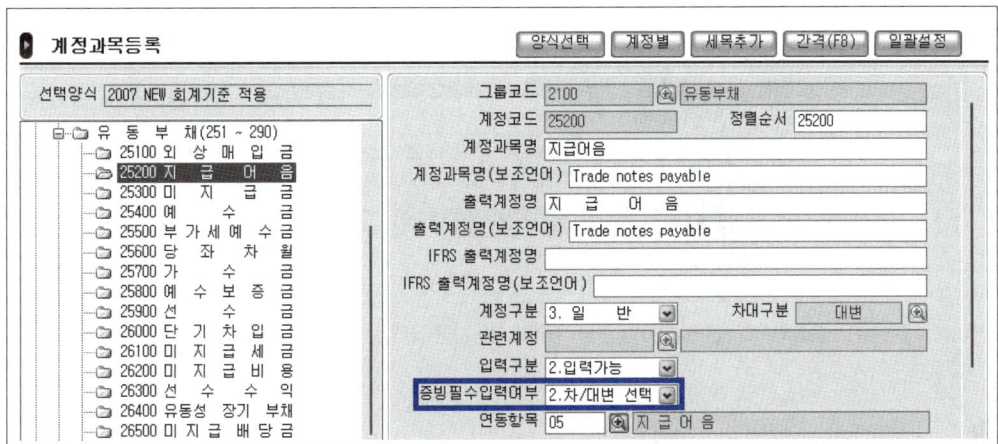

④ [25200.지급어음] 계정과목의 증빙필수입력여부는 '선택'으로 설정되어 있다.

04 [회계관리] – [전표/장부관리] – [관리내역현황] – [전년대비] 탭
→ [관리항목 : C1.사용부서] – [관리내역 : 1001.재경부 ~ 4001.구매자재부] – [기표기간 : 2023/01/01 ~ 2023/12/31] – [계정과목 : 82900.사무용품비]

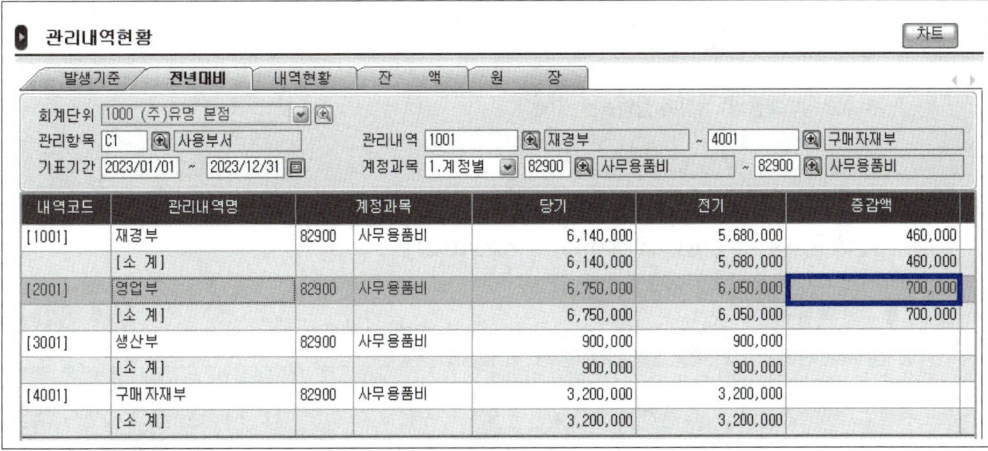

② [2001.영업부]의 증감액이 700,000원으로 전년 대비 가장 많이 증가했다.

05 [회계관리] – [자금관리] – [자금현황] – [총괄거래현황] 탭
→ [조회기간 : 2023/05/25 ~ 2023/05/25] – [자금계정 : 10100.현금]

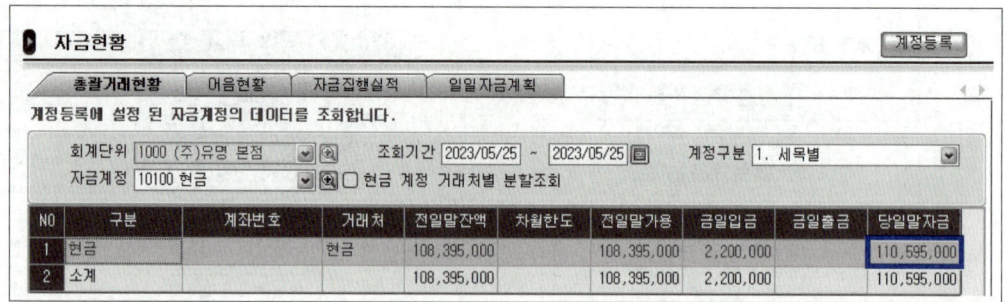

② ㈜유명 본점의 2023년 5월 25일 현금 계정의 가용자금 금액은 110,595,000원이다.

06 [회계관리] – [예산관리] – [예산초과현황]
→ [조회기간 : 2023/01 ~ 2023/12] – [집행방식 : 2.승인집행] – [관리항목 : 0.부서별_1001.재경부]

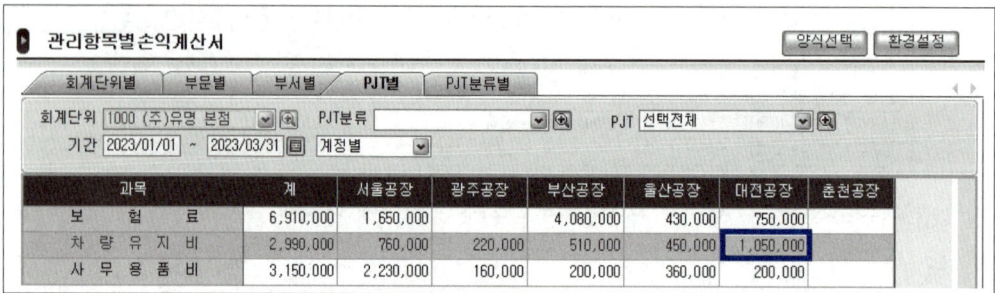

③ [81200.여비교통비] 계정의 집행율은 53%이다.

07 [회계관리] – [결산/재무제표관리] – [관리항목별손익계산서] – [PJT별] 탭
→ [PJT : 선택전체] – [기간 : 2023/01/01 ~ 2023/03/31]

과목	계	서울공장	광주공장	부산공장	울산공장	대전공장	춘천공장
보 험 료	6,910,000	1,650,000		4,080,000	430,000	750,000	
차 량 유 지 비	2,990,000	760,000	220,000	510,000	450,000	1,050,000	
사 무 용 품 비	3,150,000	2,230,000	160,000	200,000	360,000	200,000	

② 차량유지비는 대전공장에서 1,050,000원으로 가장 많이 발생했다.

08 [회계관리] – [전표/장부관리] – [총계정원장] – [월별] 탭
→ [기간 : 2023/01 ~ 2023/06] – [계정과목 : 1.계정별_10800.외상매출금]

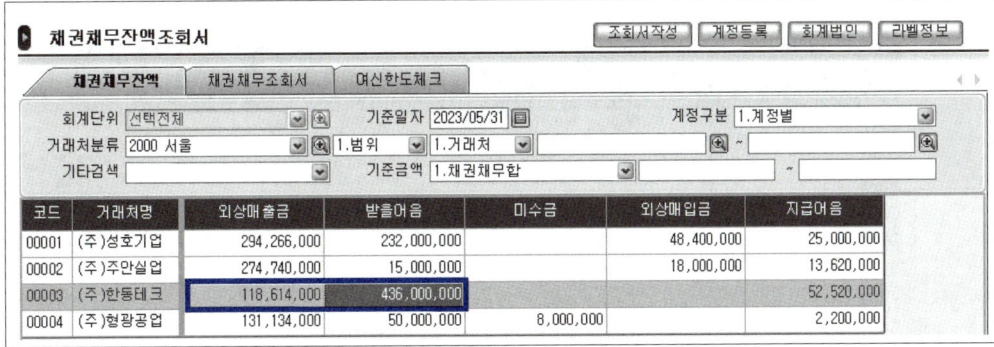

③ 외상매출금 발생금액은 5월이 264,200,000원으로 가장 크다.

09 [회계관리] – [전표/장부관리] – [채권채무잔액조회서] – [채권채무잔액] 탭
→ [기준일자 : 2023/05/31] – [거래처분류 : 2000.서울]

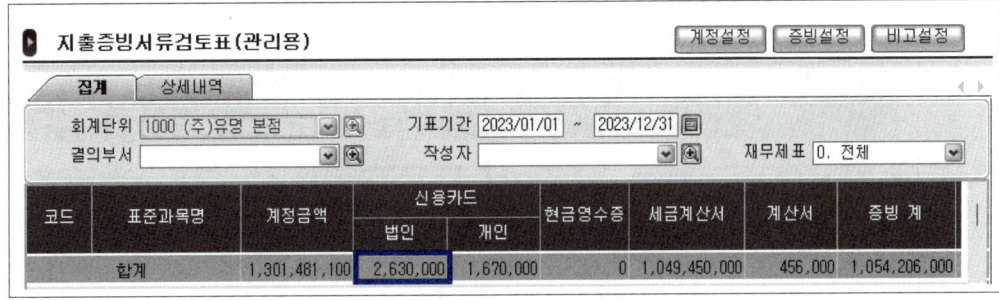

③ [00003.㈜한동테크]의 외상매출금(118,614,000원)의 잔액보다 받을어음(436,000,000원)의 잔액이 크다.

10 [회계관리] – [전표/장부관리] – [지출증빙서류검토표(관리용)] – [집계] 탭
→ [기표기간 : 2023/01/01 ~ 2023/12/31]

④ 신용카드(법인)의 합계금액은 2,630,000원이다.

11 [회계관리] - [자금관리] - [지급어음명세서] - [어음조회] 탭
→ [조회구분 : 1.발행일 : 2023/01/20 ~ 2023/01/20]

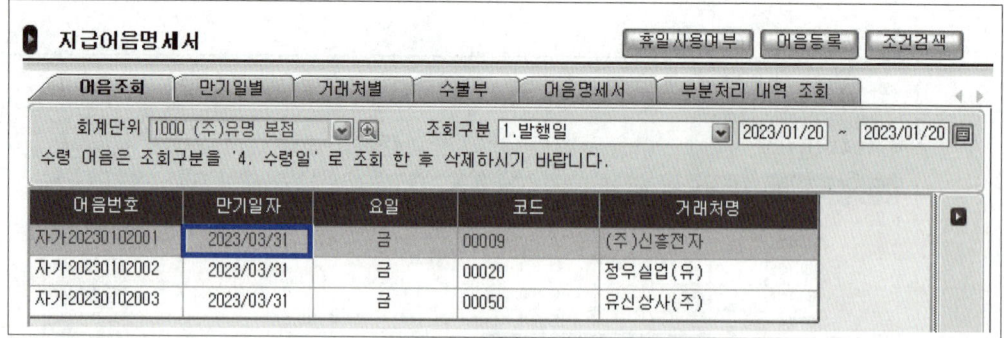

① ㈜신흥전자에 대한 지급어음(자가20230102001)의 만기일은 2023년 3월 31일이다.

12 [회계관리] - [업무용승용차관리] - [업무용승용차 차량등록]

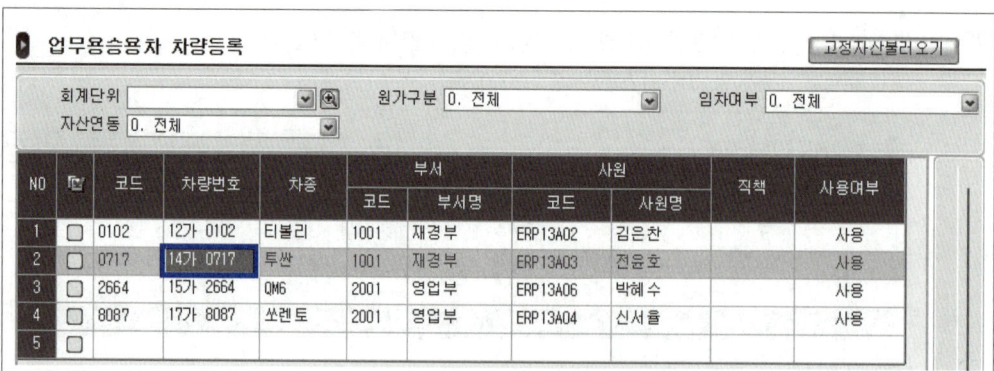

② [ERP13A03.전윤호] 사원이 관리하고 있는 차량의 차량번호는 14가 0717이다.

13 [회계관리] - [결산/재무제표관리] - [재무상태표] - [관리용] 탭
→ [기간 : 2023/06/30]

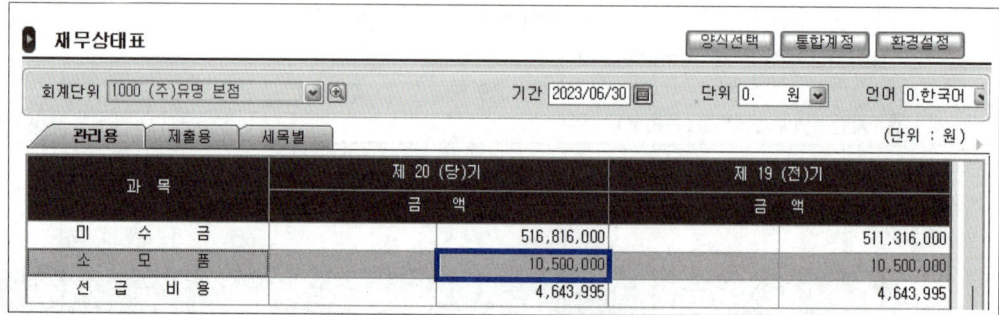

① 소모품 사용분(소모품비) = 장부액 10,500,000원 − 기말재고액 2,500,000원 = 8,000,000원
→ 결산 수정분개   (차) 소모품비   8,000,000원   (대) 소모품   8,000,000원

14 [회계관리] – [전표/장부관리] – [일월계표] – [일계표] 탭

→ [기간 : 2023/01/01 ~ 2023/01/31]

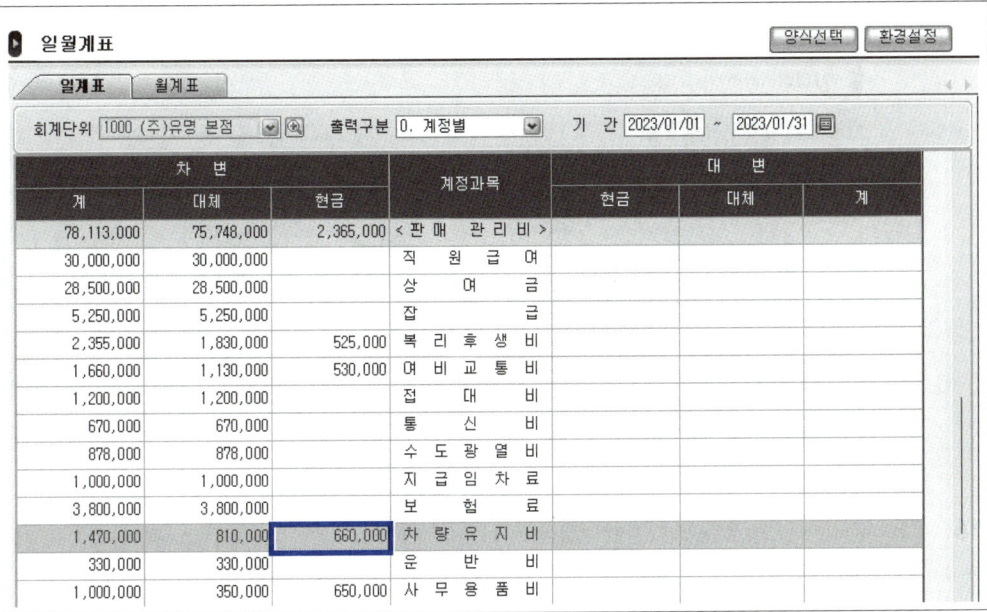

④ [82200.차량유지비]의 현금지출이 660,000원으로 가장 많다.

15 (1) 부가가치세 신고유형

[시스템관리] – [회사등록정보] – [시스템환경설정]

→ [조회구분 : 0.전체] – [환경요소 : 신고유형]

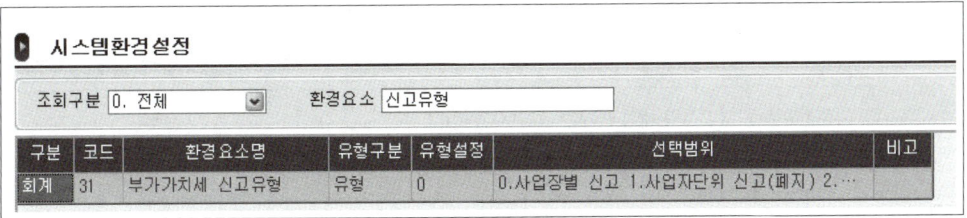

(2) 부가가치세 납부유형

[시스템관리] – [회사등록정보] – [사업장등록]

→ 상단 [주(총괄납부)사업장등록] 버튼 – [주(총괄납부)사업장 등록] 팝업창 확인

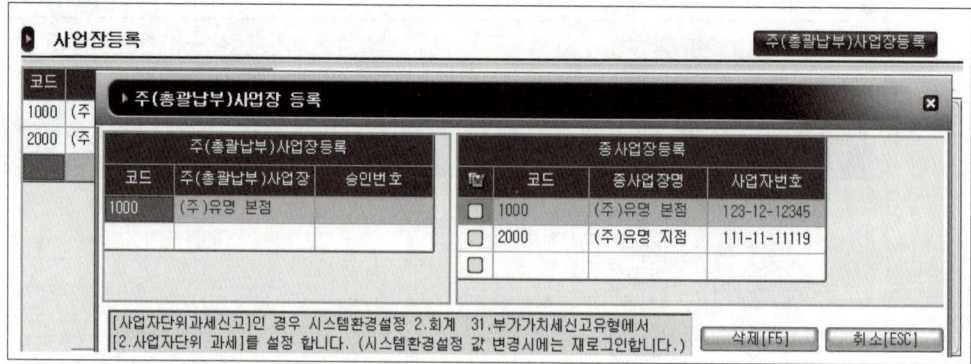

④ 신고는 각 사업장별로 하고 납부는 주사업장에서 총괄납부한다.

16 [회계관리] – [전표/장부관리] – [매입매출장] – [신고서기준] 탭

→ [조회기간 : 신고기준일/2023/04/01 ~ 2023/06/30] – 조회 후 상단 [예정신고누락분 조회] 버튼 클릭

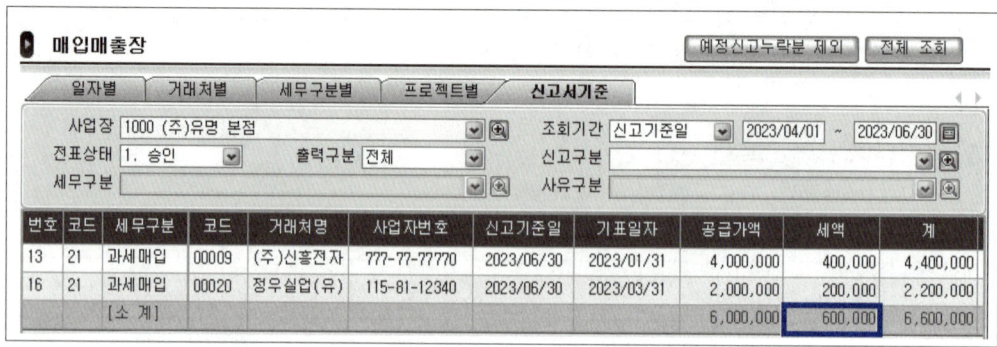

③ 예정신고 누락분 2건의 세액 합계는 600,000원이다.

17 [회계관리] – [전표/장부관리] – [매입매출장] – [세무구분별] 탭

→ [조회기간 : 신고기준일_2023/01/01 ~ 2023/03/31] – [출력구분 : 1.매출] – [세무구분 : 13.면세매출 ~ 13.면세매출]

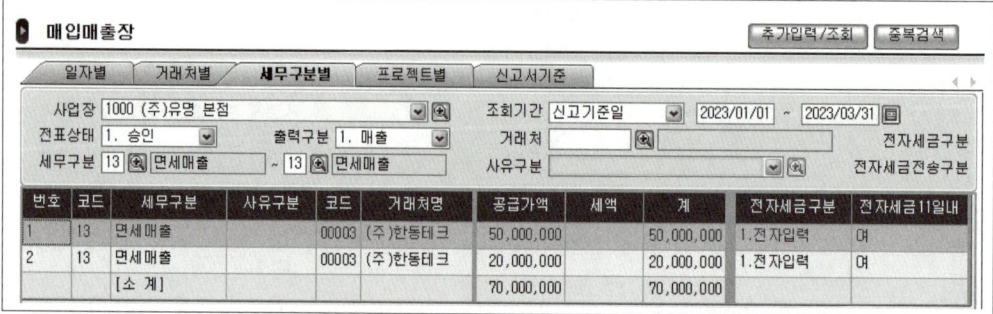

④ ㈜한동테크에서 면세매출이 2건 발생하였다.

18 [회계관리] – [부가가치세관리] – [신용카드발행집계표/수취명세서] – [신용카드/현금영수증수취명세서] 탭
→ [기간 : 2023/01 ~ 2023/03] → 조회 후 상단 [불러오기] 버튼 클릭 – [신용카드등수취명세서] 탭

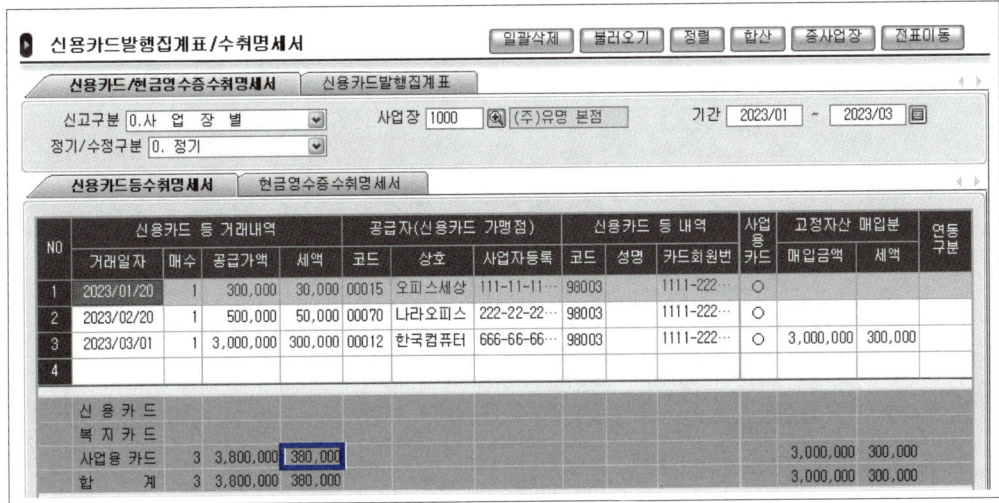

① [신용카드등수취명세서]에서 조회되는 내역 중 사업용 신용카드로 사용한 매입세액 합계는 380,000원이다.

19 [회계관리] – [부가가치세관리] – [매입세액불공제내역]
→ [기간 : 2023/04 ~ 2023/06] → 조회 후 상단 [불러오기] 버튼 – 팝업창 [예] 클릭

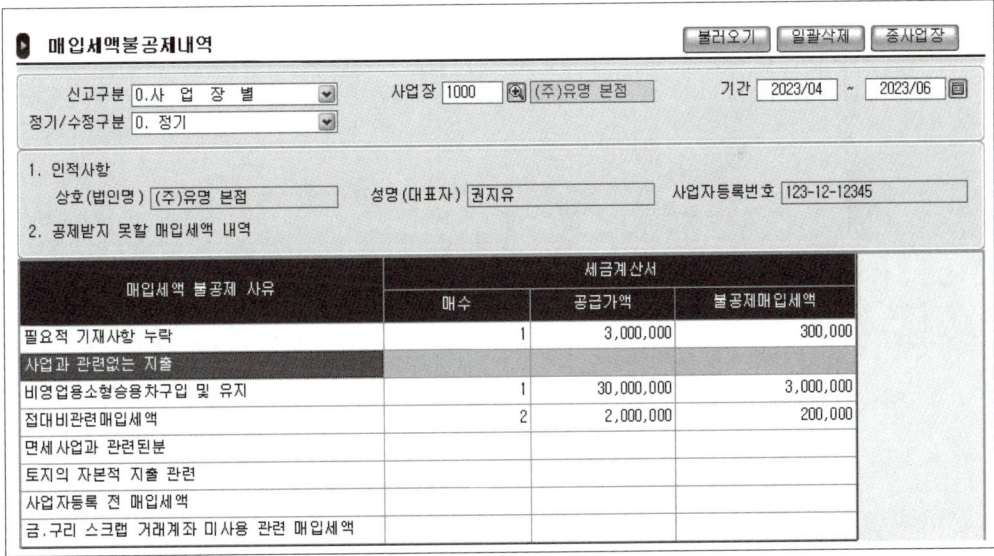

② 해당 기간에 '사업과 관련없는 지출'은 발생하지 않았다.

20 [회계관리] – [전표/장부관리] – [매입매출장] – [거래처별] 탭
→ [조회기간 : 신고기준일_2023/04/01 ~ 2023/06/30] – [출력구분 : 2.매입]

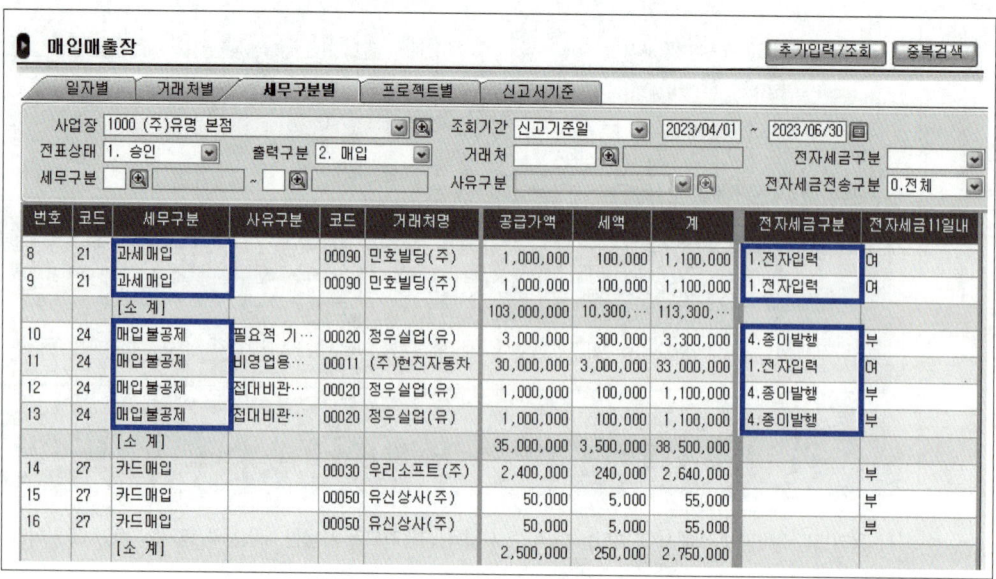

① [21.과세매입], [24.매입불공제] 세무구분만 '매입처별 세금계산서합계표'에 반영된다.

[기출이답이다] ERP 정보관리사 회계 2급 최신기출문제집 12회

개정2판1쇄 발행	2025년 09월 05일 (인쇄 2025년 06월 26일)
초 판 발 행	2022년 10월 05일 (인쇄 2022년 08월 18일)
발 행 인	박영일
책 임 편 집	이해욱
저　　자	세무회계연구소
편 집 진 행	이세경 · 백한강 · 권민협
표지디자인	김지수
편집디자인	양혜련 · 이다희
발 행 처	(주)시대고시기획
출 판 등 록	제10-1521호
주　　소	서울시 마포구 큰우물로 75 [도화동 538 성지 B/D] 9F
전　　화	1600-3600
팩　　스	02-701-8823
홈 페 이 지	www.sdedu.co.kr
I S B N	979-11-383-9501-4 (13320)
정　　가	18,000원

※ 이 책은 저작권법의 보호를 받는 저작물이므로 동영상 제작 및 무단전재와 배포를 금합니다.
※ 잘못된 책은 구입하신 서점에서 바꾸어 드립니다.

시대에듀
회계 · 세무 관련 수험서 시리즈

한국 세무사회	전산회계 1급 이론 + 실무 + 기출문제 한권으로 끝내기	4×6배판	25,000원
	전산세무 2급 이론 + 실무 + 기출문제 한권으로 끝내기	4×6배판	26,000원
	hoa 기업회계 2·3급 한권으로 끝내기	4×6배판	34,000원
	hoa 세무회계 2·3급 전과목 이론 + 모의고사 + 기출문제 한권으로 끝내기	4×6배판	36,000원
	전산회계 1급 엄선기출 20회 기출문제해설집	4×6배판	20,000원
삼일 회계법인	hoa 재경관리사 전과목 핵심이론 + 적중문제 + 기출 동형문제 한권으로 끝내기	4×6배판	37,000원
	hoa 재경관리사 3주 완성	4×6배판	28,000원
	hoa 회계관리 1급 전과목 핵심이론 + 적중문제 + 기출문제 한권으로 끝내기	4×6배판	27,000원
	hoa 회계관리 2급 핵심이론 + 최신 기출문제 한권으로 끝내기	4×6배판	23,000원
한국공인 회계사회	TAT 2급 기출문제해설집 7회	4×6배판	19,000원
	FAT 1급 기출문제해설 10회 + 핵심요약집	4×6배판	20,000원
	FAT 2급 기출문제해설 10회 + 핵심요약집	4×6배판	18,000원
대한상공 회의소	무료 동영상 강의를 제공하는 전산회계운용사 2급 필기	4×6배판	20,000원
	무료 동영상 강의를 제공하는 전산회계운용사 2급 실기	4×6배판	22,000원
	무료 동영상 강의를 제공하는 전산회계운용사 3급 필기	4×6배판	19,000원
	무료 동영상 강의를 제공하는 전산회계운용사 3급 실기	4×6배판	19,000원
한국 생산성본부	ERP 정보관리사 회계 2급 기출문제해설집 12회	4×6배판	18,000원
	ERP 정보관리사 인사 2급 기출문제해설집 12회	4×6배판	20,000원
	ERP 정보관리사 생산 2급 기출문제해설집 10회	4×6배판	17,000원
	ERP 정보관리사 물류 2급 기출문제해설집 10회	4×6배판	17,000원
한국산업 인력공단	세무사 1차 회계학개론 기출문제해설집 10개년	4×6배판	24,000원
	세무사 1차 세법학개론 기출문제해설집 9개년	4×6배판	23,000원
	세무사 1차 재정학 기출문제해설집 10개년	4×6배판	23,000원

※ 도서의 제목 및 가격은 변동될 수 있습니다.

시대에듀와 함께하는 합격의 STEP

Step. 1 회계를 처음 접하는 당신을 위한 도서

★☆☆☆☆ 회계 입문자

무료 동영상 + 기출 24회
**전산회계운용사
3급 필기**

전강 무료강의 제공
**hoa 전산회계운용사
3급 실기**

핵심이론+기출 600제
**hoa 회계관리 2급
한권으로 끝내기**

자격증, 취업, 실무를 위한
회계 입문서
왕초보 회계원리

Step. 2 회계의 기초를 이해한 당신을 위한 도서

★★☆☆☆ 회계 초급자

무료 동영상 + 기출 23회
**전산회계운용사
2급 필기**

전강 무료강의 제공
**hoa 전산회계운용사
2급 실기**

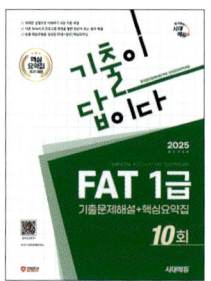
기출 핵심요약집을 제공하는
**[기출이 답이다]
FAT 1급**

실제 화면으로 쉽게 배우는
**[기출이 답이다]
ERP 인사 2급**

성공의 NEXT STEP
시대에듀와 함께라면 문제없습니다.

Step. 3 회계의 기본을 이해한 당신을 위한 도서

★★★☆☆
회계 중급자

단원별 기출 1,400제 +
모의고사 3회 +
최신기출 6회
**hoa 세무회계 2·3급
한권으로 끝내기**

핵심이론 + 적중문제 +
기출문제로 합격하는
**hoa 회계관리 1급
한권으로 끝내기**

기출 트렌드를
분석하여 정리한
**hoa 기업회계 2·3급
한권으로 끝내기**

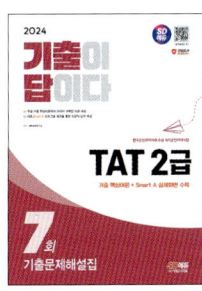

동영상 강의 없이
혼자서도 쉽게 합격하는
**[기출이 답이다]
TAT 2급**

Step. 4 회계의 전반을 이해한 당신을 위한 도서

★★★★★
회계 상급자

기출유형이 완벽 적용된
**hoa 재경관리사
3주 완성**

합격으로 가는 최단코스
**hoa 재경관리사
한권으로 끝내기**

※ 도서의 이미지 및 세부사항은 변경될 수 있습니다.